ケネス・M・エイムス
KENNETH M. AMES
ハーバート・D・G・マシュナー
HERBERT D.G.MASCHNER

複雑採集狩猟民とはなにか

アメリカ北西海岸の先史考古学

佐々木 憲一・監訳／設楽 博己・訳

雄山閣

1 ポール・ケイン Paul Kane が 1848 年に描いたクラッカマス Clackamas 族の 4 人の男。クラッカマス族はチヌーク語を話す人々であり，現在のオレゴン州ポートランドの市街地あたりに住んでいた。この 4 人は，頭蓋変形や鼻栓の装飾品をしており，高い地位の者であることを示している。

2 (上) オレゴン州のケープ・ブランコ。オレゴン州の海岸の典型的な風景である，長くて直線的な海岸線を見せている。

3 (下) クレイオクォット・サウンドから見たパシフィック・リム・パークの北端。複雑な地形と海岸線が，ブリティッシュ・コロンビア州とアラスカ州南部の特徴的な風景である。

4 (上) ブリティッシュ・コロンビア州北部のカッツ川。このような小さな河口は大変局地的であるが、人々が利用するのに大変豊かな生態系をもっている。

5 (右) バンクーバー島の雨林。背の高い常緑樹が繁茂し、地面にはシダ類が生い茂る。

環境とエコロジー

6 (下) アラスカ州南部、スティキーニ川の河口。

7（下）ブリティッシュ・コロンビア州マニング・プロビンシャル・パークの草原と高い尾根。海岸の人々はこのような標高の高いところでシロイワヤギやオオツノヒツジを狩猟した。

8（左）ブリティッシュ・コロンビア州のカッツ川。北部や中央海岸に典型的な高低差のある風景。

9 （上）ナムー遺跡の厚く堆積した貝塚。この写真は川岸のトレンチであり，海岸中央や北部にみられる厚くて膨大な量の貝塚を説明するのにとてもよい写真である。

貝塚

10（左）アラスカ州東南部にあるアネット島の魚の罠。1910年に撮影された。この写真は、海岸では魚の罠がこのような荒れ狂う急流に仕掛けられることがよくあったことを伝えている。細い足場板は網漁で魚をすくうためのものであり、海岸全域でこうした施設がつくられていたことを、この写真は物語っている。

12（右）カリフォルニア州クラマス川。投げ込み網漁でサケをとっている。

漁撈と貯蔵

11（下）タックスシェーカンのトリンギット族の村で魚を棚で乾燥させているところ。1891年撮影。このような棚は、海岸の大部分の村や町の浜に面した場所に立っていたと思われる。手前に写っている婦人は、棚の下で料理でもしているようであり、子犬がそれを待ち遠しそうに見ている。中央の背景に写っている家は、ヨーロッパ・スタイルの丸太小屋に伝統的な屋根が組み合わさった折衷様式の建物である。

カヌー　13　（上段）ポール・ケインが描いたコロンビア川のカヌーと櫂。コロンビア川流域の人々は，さまざまなサイズと形態のカヌーを使っていたが，目的によってそれぞれの装飾が異なっていた。（下段）ポール・ケインが描いた海岸北部地方のカヌー。北西海岸の意匠をカヌーに上手に描いている。

14 (上)マセットの4人の男、(1881年)。マクドナルド(1983)は左から二人目の男がK!oda'I(バークと翻訳される)あるいはヨーロッパ人にドクター・クーデとして知られている人物であるとつきとめた。彼はこの時期のマセットでもっとも有名なシャマンだった。右の男はXa'naという名前の酋長で、グリズリー・ベアーの家の酋長だった(マクドナルド 1983)。彼らのキルトにつけられたダンス用の鳴子は、パフィンの嘴でできている。

人々

15 (右)唇飾りないし口栓をした初老のハイダ族夫人(1881年)。唇飾りは北西海岸北部の近代初期を通じて、自由民女性がつけたが、唇飾りが大きければ大きいほど彼女の地位は高い。口絵33(1904年)の若い女性は誰も唇飾りをつけていないし、かつてそれらをつけていた証拠もない。

16 (上) トリンギット族のチルカット毛布，19世紀後半。チルカット毛布は，チルカット・トリンギット Chilkat Tlingit 族が編んだものだが，個人の高い地位の表彰の一つとして北西海岸沿岸すべてにわたってとても大切にされた。

17 (下) ハイダ族の箱，1864年。これは北西海岸の生活で重要な役割を演じた貯蔵用の箱であり，手の込んだ装飾を彫りこんだ一例である。

美術品と工芸品

18 (上) コイチャン＝コースト・サリッシュ Cowichan 族の紡錘車，19世紀。ヤギとイヌの毛がつむがれて，毛布やロープに織られた。

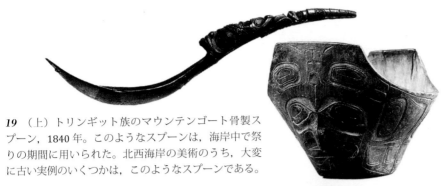

19（上）トリンギット族のマウンテンゴート骨製スプーン，1840年。このようなスプーンは，海岸中で祭りの期間に用いられた。北西海岸の美術のうち，大変に古い実例のいくつかは，このようなスプーンである。

20（左）ハイダ族のマウンテンシープ角製鉢，1882年。マウンテンシープの角は海岸沿いの高山地帯で入手された。この鉢は1800年代後半の北西海岸美術北部様式のすぐれた一例である。

21 トリンギット族のトウヒの根でつくった帽子。1850年，俯瞰写真。動物の体をあしらった意匠が，読者左手に見える鳥を伴って縁のまわりに配置されている。

22 鳥の形をしたステアタイトパイプの先。

23 トリンギット族のバスケット，1860年以前。バスケットには一般的に見られる幾何学的な意匠の類をあしらっている。

24（下）フトイの類の植物でござを編む女性，ワシントン州スタンウッド付近，1878年。フトイの類のござは幅広い目的で用いられたが，床敷きや部屋の分割用の目的を含んでいる。

25（左）チェスレイク村，ベラベラ（ヌーカルク）族。北西海岸の村では一般的な線状に配置された村を描く。家は，丘の斜面を上へと列をなして一直線に並ぶ。

26（右）クイーン・シャーロット諸島のハイダ族ヤン村，1881年。最前面付近の家の骨格は，伝統的な2つの梁からなる北部建築構造を例示しているが，遠くに添って立ち並ぶ家なみには，合いじゃくりのクラディングや四角い窓とドアをもつヨーロッパ風の家がある。これらの建造物の前には，魚の罠が見える。最前面近くの家はクジラ殺しの家で，「財産移動」によって所有されている。その家の枠組みには前面の家の柱にワタリガラスを彫刻してある。家の正面の柱の棟飾りは，上から下に，頭に四つのポトラッチ円筒をつけたグリズリーベア，梶棒を抱えた母親クマ，カエルを食べるグリズリーベア，そして舌をつき出したグリズリーベアである（MacDonald 1983）。

27（上）ヌートカ・サウンドの村。中央海岸の左仕掛け屋根の様式の家が描かれ，中央海岸に面した村でもまた一般的な景観である。クック探検隊のジョン・ウェバー John Webber によって1778年に描かれた。

村と町

28（右）スキッジゲートのハイダ族の町。その正面と東南部分を見せている。1881年。北西海岸の村は海岸を向いているか，直線的な家並が海岸と並行している。

29（上）ヌートカ・サウンドの家の中。この絵は北西海岸における沿岸全域の家の内部に共通する多くの特徴を示している。すなわち，垂木に架けられた格子棚に魚が吊るされて燻製にされ，壁に向かってバスケットや他の品物といっしょに貯蔵箱が積み重ねられている。家の中での活動は，床に設けた炉のまわりに集中している。背後の二つの巨大な彫刻はおそらく家の柱である。

家の中

30（左）1830年代のクラトソップ族の家の中。この建物には，内壁に沿って二つの階の寝床がある。上段の寝床には装飾の覆いがついている。マスケット銃，角製火薬入れ，金属製のやかんなどを含む，交易で手に入れた物がある。貯蔵の箱は目に付かない。チヌーク族の家は，家の貯蔵庫として地下倉が一般的である。彩色によって家はやや神秘的にされた。上方右手の隅のひだのよった垂れ幕に注意されたい。

31 この絵はポール・ケインが1848年に描いた，チヌーク族の集団家屋の内部であり，それはチヌーク族が1792年以来，ヨーロッパ人と接触をもっていた時に描かれた。この絵は，エイムスが発掘調査したそれらの小屋の三棟にもとづいており，家の内部を判断するよい材料となっている。この絵は，朝早く人々が起きて活動する前の世帯の風景を描いたものと思われる。その装飾と彫刻は，北西海岸美術のコロンビア川様式のきらめきを放っている。屋根を支える材に彫られた顔は，これら二つの建物の後方に，考古学的知見にもとづいて複製された。この絵は住居の後方に見られ，おそらくその端が高い地位の場所なのだろう。チヌーク族の社会は，すべての北西海岸原住民社会と同じく，階層化しており，寝床から顔をのぞかせた眠そうな人は，この建物の首長の家族であろう。

32 クイーン・シャーロット諸島のマセットにおける首長ウィアの巨大な家の内部写真。この家は 1840 年代の初期に建てられ，1900 年ごろに崩壊した。それは北部海岸で知られた家の中でももっとも大きな家の一つであった。この家がどれほどの容量と印象をもっているかは，内部の発掘調査—その床面は 3 層からなる—によって増幅された。炉は北西部の家に伝統的な中央炉で，ヨーロッパ風の家具によって取り囲まれている。写真中央の後方の四角い窓は，この家の正面に設けられたヨーロッパ調ガラス窓二つのうちの一つである。全体的な建築様式はハイダ族のもので，板張りの床もその様式に従っている。

33　1904年にシトカで開催されたポトラッチに招かれた，ヤクタットのトリンギット族の客。中列の中央の初老の男性は，ポトラッチ用の帽子をかぶり，ポトラッチ用の三つのリングをしているが，それは三つのポトラッチを贈与されたことを示している。その列のほかの男性は，チルカット毛布をまとっているが，それは高い地位と財産を所有している証である。そのほかの者は，また別の高い地位の表示である鼻輪飾りをつけている。花模様は，はるか東のカナダ中央部からもたらされたデザインである。

34 ヌー・チャー・ヌルス族の首長，チーフ・タトゥーシュ Chief Tatoosh。握りのついた捕鯨者用の帽子をかぶり，毛皮のローブをまとっているが，いずれも彼の地位を示している。捕鯨の意匠を描いた帽子は，高い地位のレガリアとして一般的に用いられた。

35 「クイーン・シャーロット諸島の若い女性」1787年撮影。この若い女性は二つの地位表示物を身につけているが，それは大きな唇飾りあるいは口栓と毛皮ないし毛でできたローブである。

地位

36 頭蓋変形の様子を描いた，チヌーク族の男性の肖像。頭蓋変形はコロンビア川下流にみられる習俗である。

37 トリンギット族の儀礼用の銅板。1876年以前。「銅板」はこのような独特な形態に銅を打ち出してつくった大型の板であり，19世紀の地位と権威をもっともよくあらわすものである。銅製品は，過去2000年にわたって地位の表示物としてあり続けた。

38（左）ハイダ族の高い地位の人を追悼した葬儀用のポール。こうしたモニュメントのほとんどと同じように，この例は全体が滑らかに仕上げられ，大きな彫刻がその先端につけられている。同じようなポールは，口絵40にも見ることができる。

葬送儀礼

39（右）ポート・マルグレーブにおける葬儀用のモニュメント。ポート・マルグレーブは，アラスカ州東南部のヤクタット湾にある。埋葬用のポールと棺が描かれているが，このような大きさもあり得ただろう。考古学的にはまったくといってよいほど残っていないが，手の込んだ葬送儀礼によってこのような相当大きなモニュメントがつくられたのであろう。

40（下）クイーン・シャーロット諸島のマセットで，1910年に撮影された記念碑。ここに写っている記念碑にはさまざまな種類があるが，いずれも頂部と基部に彫像が彫られ，その間にポトラッチ用のシリンダーが彫られている。

41（上）コロンビア川下流のチヌーク族の首長，コンコモリー Concomoly の墓。この絵は，海岸地域で見ることのできる葬送のモニュメントと装飾意匠に違いのあることを示している。

戦争と武器

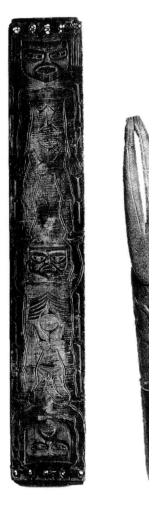

42（左図の左）ヌー・チャー・ヌルス族の矢筒の蓋。キャプテン・クックが1778年に収集したもの。表面に施された彫刻は,西海岸の美術を説明するのに役に立つ。

43（左図の右）カナダヅルをかたどった石製棍棒。この棍棒は,19世紀にハグィレット・キャニオン B.C. で発見されたユニークな隠匿物（キャッシュ）の例である。

44（右）トリンギット族の銅製の剣。上下の両方に刃をもった伝統的なデザインである。

45（下）「友好的なインディアンの村」というタイトルのある絵。丘の上に要塞あるいは防備を固めた村がある。1791年にバンクーバー Vancouver が描いた。

46（上）1888年に収集された彫りものがある木製のヘルメット。このヘルメットは，もとは羽毛で飾られていたようだ。顔の表情は，顔面麻痺か殴られた痛みでゆがんでいるのであろう。

47（下）トリンギット族のよろいの胸当て。皮でできており，絵が描かれている。19世紀の前半のもの。この意匠は，チルカット毛布に描かれたものと似ている。皮製のよろいかぶとは，海岸の広い範囲で用いられた。

48 北西海岸の仮面がついたヘルメット。現在はバークレーのレーベ人類学博物館に収蔵されている。

50 (上) ヌクサーク族の家の柱。柱や船の舳先、屋根の梁材には斧のあとがよく残っている。こうした痕跡は、ヨーロッパ人好みの表面をつるつるにやすりがけしたのとは対照的な「仕上げ」と思われる。このカットは、ブリティッシュ・コロンビア州の海岸中央部の丸くて彫刻のような彫りの様式を示している。

彫刻のある記念像

49 (上)（扉に付設してあった）トーテム・ポスト、「空の穴」。1870年キトワンクール Kitwancool 撮影。北西海岸でもっとも有名なポールの一つ。このポールは家の前に立てられており、儀式の際に人々はこの穴から家の中に入ったのであろう。

51 (左) マスクィアムで1898年に撮影された家の柱。これは中央コースト・サリッシュ族の彫刻様式を示しており、図版50と対照的である。この像は有名な戦士であったカピラノ Capilano をモデルにしたものと思われる。隣に立っている男性は、カピラノの三代目の甥であるカピラノ三世と思われる。

仮面

52（上図左上）唇飾りをつけた婦人をかたどったトリンギット族のスギ製の仮面。19世紀。唇飾りがとても大きいことからすると、この婦人は地位の高い者だったようだ。

53（上図左下）貝を象嵌したトリンギット族の銅製の仮面。1850年作成。この仮面は高い金属加工技術が海岸に存在していたことを物語っている。

54（上図右）海岸チムシァン族の変身用仮面をかたどった石製品。同じ仮面がもう一つあるが、一つは目を閉じ、もう一つは開けている。北西海岸の石製彫刻品の最高傑作の一つ。

55（上）口を閉じた変身用の仮面。オオカミをかたどった仮面で，口を開けると中に人の顔が見える。（左）オオカミに変身した仮面をつけたダンサー。初期のころの写真スタジオのポートレート。両側に海の魔物の顔がついた形のものを持っている。

56（下）クジラかサメの仮面をかぶったダンサーのスタジオで撮った写真

57 （左）サウビー島の彫像。この彫像はコロンビア川下流様式のすぐれた例であり、海岸ではどこでも見られる人物像の変形品である。同じ地域（オレゴン州ポートランド付近）からは、高度に様式化した土偶も発見されている。

58 （右）カスケード地方におけるチヌーク族の骨の彫刻品。斧の柄につけられた意匠と様式は、北西海岸の美術のうちコロンビア川下流の様式要素を表現している。手の位置は、海岸の彫像に共通したものである。

59 （右）サウビー島から出土したフクロウの立像

60 （右）北西海岸の先史美術でもっとも有名なものの一つ。この小さなアオサギの彫像は、マーポール段階の彫刻家の技術が大変優れていたことを示している。

61 スシア島から出土した人物像。中央・南部海岸における骨や角の彫像の典型的な例である。

62 ジョージア湾のメープル・バンク Maple Bank 遺跡から出土したオオカミをかたどった後期パシフィック期の櫛。

63 （左図左）ブリティッシュ・コロンビア州中央海岸のアヌッシックス Anutcix 遺跡から出土した人物像。

64 （左）腕を抱えて座った人物像。この像は北西海岸様式の「古典的」な特徴を多く残している。ブリティッシュ・コロンビア州の内陸リロート付近から出土した。

65 （右）チムシャン族の角製棍棒。1882年撮影。この棍棒はボードウォーク遺跡から考古学的な調査によって出土したものに形が似ている。ボードウォークのものは紀元1〜5世紀。

北西海岸の美術作品

66 （下）カーチスが撮影したさまざまな鳥の仮面をかぶった北西海岸の踊り手。この衣装と仮面は、今日の博物館で見られる装飾のないものに比べて非常に手が込んでいる場合が多い。

67　（左）コースト・サリッシュ・スクウェイクスウェイ族の彫像。1882 年に収集。この彫像は，スクウェイクスウェイ族の仮面をかぶった踊り手を表現しているのであろう。こうした仮面は，19 世紀の清めの儀式に中央コースト・サリッシュ族が参加する際に着用したものである。

北西海岸美術の多様性

68　（右）スギの木でクジラの背びれの部分を模した彫像。およそ 700 個のラッコの歯で装飾されている。このクジラを模した鞍状の装飾品は，オゼット遺跡から出土したものであり，クジラ漁をめぐる儀式といった，マカー族など海岸でクジラ漁をおこなった人々の重要な儀礼行為に用いられたものと思われる。

69　（上）ヌー・チャー・ヌルス族の絵を描いたパネル。1850 年ころのもの。このような作品は，地方のエリート層の依頼を受けて働いていた専門工人の手になるものである。左から右へ，素早い動きをする蛇，サンダーバード，オオカミを描き，サンダーバードの鍵爪の下にはサケが描かれる。

70（上）ツァガルグララル族の岩壁画―「誰かを見つめる女性」。彼女はかつてセリオ・フォールズと呼ばれたコロンビア川第一のサケの漁場、あるいはウェイクマップ・マウンドという大きな村の遺跡を見下ろしている。彼女は、南部のフォームラインを示す北西海岸様式のうちのコロンビア川様式のもっともよい例でもある。

岩絵

71（左）ロング・ナロウズ様式のX線画法の像と同心円模様の岩壁画。オレゴン州ダレス付近。

複雑採集狩猟民とはなにか
アメリカ北西海岸の先史考古学

本書を
ジェーン・M・エイムス Jane M. Ames, ジョアンナ・M・M・エイムス Joanna M. M. Ames
キャサリン・L・リーディー—マシュナー Katherine L. Reedy-Maschner
にささげる。

目次

謝辞 …………………………………………………… 5
はしがき ……………………………………………… 7
年代について ………………………………………… 9
序　文 ………………………………………………… 11

第1章　序　章 ……………………………………… 15
第2章　生態系：自然環境と人口動態 …………… 41
第3章　アメリカ北西海岸最初の人々 …………… 57
第4章　パシフィック期と近代 …………………… 83
第5章　アメリカ北西海岸の生業 ………………… 113
第6章　世帯とその外延世界 ……………………… 143
第7章　社会的地位と儀礼 ………………………… 179
第8章　戦　争 ……………………………………… 201
第9章　北西海岸の美術 …………………………… 219
第10章　結　論 ……………………………………… 255

図の出典 ……………………………………………… 265
参考文献 ……………………………………………… 267
訳者あとがき ………………………………………… 284
索引 …………………………………………………… 287

謝　辞

　1992年のある夜，マシュナーからエイムスへの一本の電話によって，この本のメーキング・エピソードが始まった。

　北西海岸の考古学に関するこの書物の案には，いくつかの試みが含まれていた。それは，時系列よりもテーマを重視して組み立てる，類似性や継続性よりも差異に焦点をあてる，そして世界中の読者に向けての書物とするといったものである。エイムスはあまり自信がなかったが，相談のうえ本書の筆頭著者の役目を担うことになった。

　詳細な概要を分担して仕上げ，章の構成の計画を練るのに長時間にわたる議論が重ねられ，エイムスは戦争に関する章以外の全章にわたる予備的な草稿を仕上げた。マシュナーはそれらに手を入れ，アラスカ州東南部の考古学の節や自らの理論と解釈，そして自らが調査しているテーマの資料を付け加えた。マシュナーはエイムスがつくった構成原案に手を入れる過程で，いくつかの章に重要な節を次から次へと加えていった。すべての地図はマシュナーの手によるものであり，そのほかの図面を集めたり手配したりといった作業は二人がかりでおこなったものである。

　わたしたちは大勢の人に感謝の気持ちを述べなくてはならないが，漏れがあるかもしれないことをあらかじめお断りしてお詫び申し上げたい。多くの同僚のみなさんから，貴重な情報やまだ発表されていない草稿，ご教示，議論と批判的な検討を要する指摘など，じつにさまざまなものを提供していただいた。

　バージニア・バトラー Virginia Butler，デビッド・フェルスベック David Huelsbeck，ガリー・ウェッセン Gary Wessen，トム・コネリー Tom Connelly，リック・マイナー Rick Minor，ケーシー・トーペル Kathy Toepel，ロイ・カールソン Roy Carlson，パット・ランバート Pat Lambert，R.G. マトソン R.G.Matson，ガリー・コープランド Gary Coupland，ドグ・レイガー Doug Reger，デーブ・マクマホン Dave McMahan，ビル・ワークマン Bill Workman，マイク・ジョシム Mike Jochim，アル・マクミラン Al McMillan，アル・マーシャル Al Marshall，マックス・パーバシック Max Pavesic，ジェリー・チュブルスキー Jerry Cybulski，パット・サザーランド Pat Sutherland，ビジョン・シモンセン Bjorn Simonsen，クヌート・フラッドマーク Knut Fladmark，ドン・ミッチェル Don Mitchell，リーランド・ドナルド Leland Donald，ゲイ・カーベルト Gay Calvert，ジム・ハガティー Jim Haggarty，ブライアン・ヘイディン Brian Hyden，テリー・ハイフィールド Terry Fifield，デビッド・アーチャー David Archer，ジョージ・マクドナルド George MacDonald，ランドール・シャルク Randall Schalk，グレッグ・バーチャード Greg Burtchard，メリー・リックス Mary Ricks，ロバート・ボイド Robert Boyd，イボンヌ・ハジダ Yvonne Hajda，R. リー・ライマン R.Lee Lyman，マドンナ・モス Madonna Moss，ジョン・アーランドソン Jon Erlandson，マーク・マッカラム Mark McCallum，スティーブ・ラングドン Steve Langdon，ナポレオン・チャグノン Napoleon Chagnon，ブランアン・ビルマン Brian Billman の皆様に感謝申し上げたい。

　わざわざ実例をあげながらご助力いただいたロイ・カールソン，マーガレット・ホルム Margaret Holm，ヒラリー・スチュアート Hilary Stewart，R.G. マトソン，デビッド・ハースト・トーマス

David Hurst Thomas，リサ・ストック Lisa Stock の同僚の皆様，そしてスターク美術博物館の職員すべての皆様に感謝申し上げる。とくに，ロイ・カールソンにはお世話になった。ポートランド州立大学とウィスコンシン－マジソン大学の多くの卒業生と学生の皆さんにはわたしたちの構想を最初に聞いていただき，ときにハッとするような辛口の有効な批判を頂戴した。

　アルドナ・ジョナイタス Aldona Jonaitas には北西海岸の美術の章の草稿にすべてにわたり目を通していただき，ブライアン・ファーガソン Brian Ferguson には戦争の章の素原稿を読んでいただきコメントをいただいた。ウェイン・サットルス Wayne Suttles の北西海岸とその文化に対する深い造詣と理解は，エイムスにとって非常に有益であった。ブライアン・フェイガン Brian Fagan にはこの本の最初の構想のときから有効なアドバイスをいただき，絶えず助けていただいた。デビッド・フェルスベックとウェイン・サットルスは最後の草稿を批判していただいたが，長時間にわたり苦痛を強いることになってしまった。

　わたしたちは，皆様のご助力に深く感謝申し上げる次第である。本書に何か誤りがあったとすれば，それはすべてわたしたちの責任であることは言うまでもない。

　エイムスは父，ケネス・L・エイムス Kenneth L. Ames から学問の喜びを教わって育ったが，惜しむらくは本書の完成を待たずに 1994 年に他界した。享年 84 歳であった。自分の説におぼれることなく，それに対してもっとも批判的にならなくてはならないのが自分自身であるということを教えてくれたのは父であった。

　マシュナーは両親のハーバート・マシュナー Herbert Maschner とジェーン・シェルマーホーン Jane Schermerhorn に感謝申し上げる。二人は人生でこの先どのような方向に進むのかわからなくなっても，自分らしくふるまいなさいといつも言ってくれたのが強く心に残っている。祖母のジュネーブ・パーカー Geneva Parker とベス・マッキンタイアー Bess McIntire にも感謝をささげたい。

はしがき

　雨の日を除けば，プリンス・ルパート・ハーバー Prince Rupert Harbor の夏の日は長い。プリンス・ルパート，それはブリティッシュ・コロンビア州の海岸北端に位置する。エイムスにとってこの本の執筆は，さながら高緯度の地方に特有な極端に長い夏の日のように長いものとなった。1969 年の夏，エイムスは，カナダ国立博物館主催の北部海岸先史遺跡発掘調査プロジェクトの調査隊長として，ボードウォーク Boardwalk 遺跡の発掘にあたっていた。ボードウォーク遺跡は過去 5,000 年にわたるとても大きな遺跡であり，プリンス・ルパートの市街から湾を横切るように広がっている。

　発掘調査の規模は大きく，一日がてんやわんやだった。晴れた日の夕刻になると，エイムスはコーヒーを片手に厚く堆積した貝塚の発掘現場に降り，大きな発掘区の底に腰を下ろして層の堆積を観察するのを日課のようにしていた。忙しいなかのそのときだけが，海の貝や土の複雑な堆積状況が人類の歴史の何を語っているのか，答えを引き出すのに考えをめぐらす唯一のチャンスであった。というのも，ニュー・メキシコ大学のルイス・ビンフォード Lewis Binford から出されたゼミの課題で発表するためのアイデアを絞り出さなくてはならなかったからである。それ以来，海岸の歴史に対する取り組みは絶えることなく今に続いている。

　アラスカ州で育ったマシュナーは，ここで考古学に従事するとは思ってもいなかった。大学生のときにホンジュラス，フランス，ワイオミングとサウス・ダコタの高原で調査隊に加わった経験はあったが，卒業したのちには別の職業につくものと思っていた。ところが自分自身も驚いたことに，アラスカ大学の修士課程に身を置いて，極北の考古学と民族誌学に夢中になっていくのである。

　マシュナーは 1980 年代の半ばに複雑採集狩猟民に対して興味をもつようになり，アラスカ州東南部の先史時代後期の研究という明確な目的をもって 1987 年にカリフォルニア大学サンタ・バーバラ校に入学した。

　1 年後，マシュナーは二人の学生を連れて，合計 1.5 トンの道具，ボート，モーターと 450 リットルのガソリンとともに，テベンコフ湾 Tebenkof Bay の浜辺に降り立った。そこは野生そのままであり，夕日が美しかったが，いったいどこのどの辺りにいるのかも十分わからないまま上げ潮に乗って上陸したのである。これが 10 年間に及ぶ，北太平洋における海に生きた人々の数多くの複雑な社会に対する取り組みの第一歩だった。

　海岸の魅力がその美しさにあることに，言葉をさしはさむ余地はない。そこに住んで仕事をするには，地球のなかでももっとも美しい場所の一つであるといってよい。もう一つの魅力は，挑戦しがいのある考古学へのプレゼントの品々である。遺跡は複雑で，ときに豊かであり（いくら努力をしてもデータの解析が実を結ばないことも同じくらいあるが），そして解釈がやっかいである。気候，海と陸，そのすべてが考古学者に技術と精神力と知性が備わっているのかという厳しい問いかけをしてくるようである。

　しかし，北西海岸を研究する考古学者で海岸に住んでいるのはまれであるし，土砂降りの雨のなかをつき進んだり，小舟で入江を横断したり，ぬかるみに機材を山のように積みこんだ車を走らせたりといった作業に時間を費やすことはない。大多数の人は研究室で静かに仕事をしているのだ。

考古学が明らかにする海岸の人々の歴史は，本当にやりがいのある課題と魅惑の宝庫である。その歴史は豊かで長きにわたり，伝えなくてはならないことが山のようにある。しかしそれはひどく不完全でもある。人類学者にとって北西海岸は，人類の文化を理解するうえで，中心的な位置を占めるものであるが，それと同時に逆説的な役割も演じてきたように。

　海岸の人々の歴史は，人類の性格や文化に対する根源的な疑問に答えてくれるものとして期待されてきた。つまりそれは，社会的な不平等はなぜ生まれるのか？　どのようにして彼・彼女らを取り巻く環境に適応しそれを利用してきたのか？　神話の構造のなかに彼・彼女らの世界観や行動がどのように埋め込まれているのか？　西洋人以外の人がいかなる思想をもっていたのか，また彼・彼女らの美術がいかなる意味をもっていたのか？　といった問いかけである。

　それに対して，海岸の文化は人類学者や一般の人たちの多くの頭にすりこまれた多くの既成概念とはおよそ異なるものであった。海岸の人々は獣を狩り，魚をとらえ，野生の植物を採集していたが，大きな共同体をつくり，世界に冠たる美術を生み出し，一種の貴族政治をおこなっていた。人類学や考古学の入門書をひも解くと，結論部分で人類の文化に大雑把な概括が述べられ，そのなかで「もちろん北西海岸の文化は特殊な例外であるが…」というほとんど異口同音のくだりに出会うことになる。その時点で著者は北西海岸を無視することになるのである。わたしたちの海岸に対する魅惑は，このような特殊性にも起因している。

　この本にはいくつかの目標がある。一つには，海岸に対する魅惑を単純にお伝えすることであり，おそらく読者の皆さんは魅了されることだろう。非西洋人，とくに採集狩猟民の歴史に対するステレオタイプ的思考を批判するのもその一つである。この問題は第1章でより詳しく述べることにするが，わたしたちは彼・彼女らが過去の時間が止まったままの変化のない「歴史をもたない人々 people without history」ではなかったという点を示したい。

　さらに彼・彼女らは，産業化社会がとうの昔に失った，すべての人類がかつて等しく共有していた遠い過去の状態のプリミティブな残影などではないということも主張したい。人類の歴史というものは，すべからく一定の長さをもっており，その文化は等しい長さの歴史が生み出したものなのである。

　本書の読者層はいくつかを想定しているが，主要な読者は一般の方々である。わたしたちは本書を，この地域に興味のある方々であれば面白く読めるように努力して書いたつもりである。

　考古学者は，野外調査をおこなったからにはその結果をすぐに出して広く公開しなくてはならないと考えるようになってきた。ところがプロの考古学者が記録した北アメリカの考古学で著名なものはほとんどないのが実情であり，この読者層がわたしたちにとってもっとも手ごわい相手である。物理学のフィールドは，一般の方々向けに素晴らしい仕事を次々と示してくるが，その物理学の声明を見習ってみることにしよう。もし諸賢がそれを簡明に説明することができなければ，理解するのをやめてそこから立ち去っていただいてもよい。わたしたちがうまく説明することができたかどうか，読者の判断にお任せすることにしよう。

　第二の読者層は，大学の学部生と大学院生である。彼・彼女らにとって，本書は海岸の考古学に対する入門書であり，考古学への疑問に対する研究の情報源として手っ取り早く役に立つであろう。

　第三の読者層はわたしたちの考古学者仲間であり，それは北西海岸の研究者いかんを問わない。

専門家ではなくとも，海岸の考古学の入門書の役割をもたせた。北西海岸と採集狩猟民を専門に研究している人にとっては，この本のそこここに新しい視点と試みを見出すことができるのではないだろうか。

　そしてこの地に最初に居住した先住民の方々であるが，それが第四のもっとも重要な読者層である。先住民の方々が考古学に対して不信感をもっていたり，それがまったく不要なものだと思われていたときに，わたしたちは少しでもそれが価値のあるものだと説明しようとしてきた。海岸の人々はみずからの歴史を口碑によって伝承してきた。考古学はその歴史を別の方法で学び，そして補うものである。

　本書の執筆にとりかかったときに，出版社テムズ・アンド・ハドソン Thames and Hudson の編集者コリン・リドラー Colin Ridler は，対立する意見はすべからくバランスをとって価値判断するよりも，まずはわたしたちの見解を示してほしいと要求されたので，わたしたちはそのようにしたつもりである。したがって，以下に書かれたことは，何がどうして起こったか，何が重要であるか，我々自身が考えたことである。

　未解決の問題はたくさんあるのだが，それらは章末の註に回すか引用文と参考文献をたくさんつけたので，興味のある読者諸賢はそれを参照していただきたい。

年代について

　本書で用いている年代は，とくに炭素年代と断っていない限り，すべて実年代である。近年にいたるまで，考古学者は放射性炭素年代を実年代に較正する，あるいはその年代に移行するのをためらってきた。

　しかし，このところ高速のパーソナルコンピューターの普及や放射性炭素年代を西暦に較正するコンピュータープログラムの実用化によって較正が容易になった。最近では放射性炭素年代を実年代に較正することのできる範囲が，非常に古くまでさかのぼってきた。

　本書では 15,000BP の放射性炭素年代よりも若いすべての炭素 14 年代を較正したが，15,000BP の放射性炭素年代は実年代に置き換えるとおよそ紀元前 15,500 年であった。

　較正は二つのプログラムを用いて IBM の互換性のあるパソコンを用いておこなった。二つのプログラムは，CALIB ⓒ v.3.0.3c.（シアトルのワシントン大学の第四紀研究所が開発した放射性炭素較正プログラム）と OXCAL ⓒ v.2.01（オックスフォード大学の考古学研究室が開発した放射性炭素の統計学的分析プログラム）である。読者のみなさんは，ピアソン，スタイヴァー，リーマーらによる諸論文〔Pearson and Stuiver 1986〕，〔Stuiver and Pearson 1986〕，〔Stuiver and Reamer 1986〕，〔Stuiver and Reamer 1993〕を参照されたい。放射性炭素年代を較正した表を掲げておく。

放射性炭素年代を較正した年代表

放射性炭素年代 BP（1950年以前）	較正したおよその実年代
500BP	紀元1450年
1000BP	紀元1000年
2000BP	紀元1年
2500BP	紀元前600年
3000BP	紀元前1250年
3500BP	紀元前1850年
4000BP	紀元前2500年
4500BP	紀元前3300年
5000BP	紀元前3850年
5500BP	紀元前4300年
6000BP	紀元前4850年
6500BP	紀元前5400年
7000BP	紀元前5700年
7500BP	紀元前5950年
8000BP	紀元前6450年
8500BP	紀元前7100年
9000BP	紀元前7650年
9500BP	紀元前8200年
10,000BP	紀元前8950年
10,500BP	紀元前9800年
11,000BP	紀元前10,600年
11,500BP	紀元前11,100年
12,000BP	紀元前11,600年
12,500BP	紀元前12,200年
13,000BP	紀元前12,900年
13,500BP	紀元前13,700年
14,000BP	紀元前14,300年
14,500BP	紀元前15,000年
15,000BP	紀元前15,500年

序　文

　ジェームス・クック James Cook が船長を務める 2 隻の船，レゾリューション *Resolution* とディスカバリー *Discovery* が，オレゴンの海岸に到着した。1777 年 2 月 7 日，夜のあけかかったころのことである[1]。

　クックは，フランシス・ドレーク Francis Drake 提督が北アメリカをニュー・アルビオンと呼んでいたことにちなみ，その土地もニュー・アルビオンと呼んだ。クックは，次のように記している。「その土地はそこそこの高さがあり，丘あり谷ありで，ほとんどが森に覆われている。いただきが平らな丘をのぞけば，目印になるようなところはなく，われわれは正午にそこから東へと向かった。北の先端は岬になっており，到着後すぐに出会ったひどい天気にちなんで，ケープ・フォウル・ウェザー──いやな天気の岬──と呼んだ。」

　次の日の朝 4 時にはひどい天気となり，そして 3 週間断続的に繰り返す悪天候のなかを苦悶しながら進んだ。クックが見た山はオレゴン海岸山脈のマリーズ・ピーク山であり，ケープ・フォウル・ウェザーは今でもそう呼ばれている。

　クックは最初，海岸沿いに南に向かって進んだ。しかし，海辺から押し流されてしまい，U ターンして北へと向かうことにした。オレゴン海岸は美しいが，危険な風が吹く海岸でもある。クックは行きつ戻りつしながらジグザグに進んだ。時に陸が見えたが，コロンビア川の河口を見失ってしまったときには途方に暮れた。しかしクックは，苦労の末に，やっと存在すら疑っていたファン・デ・フカ Juan de Fuca 海峡に至ることができたのである。

　初期のころのアメリカ大陸西海岸沿いの探検は，大陸を横断することができると信じられた伝説上のアニアン海峡を探し求めることが常であった。クックが再び海岸に向かって船を進め，飲料水を求めることができたのは，ようやく 3 月 29 日になってからのことである。クックの 2 隻の船は，今日ヌートカ・サウンド Nootka Sound と呼ばれているバンクーバー島の西側に入港した。

　ヌートカ・サウンドに住むヌー・チャー・ヌルス Nuu-chah-nulth 族には，この大事件の言い伝えが残っている。英国人が北アメリカ大陸の西海岸の大半の所有権を主張する根拠は，クックの航海とその航海日誌であった[2]。ヌー・チャー・ヌルス族は，公式にはヌートカ Nootka 族と呼ばれている。彼・彼女らの言い伝えによれば，ヌートカ族の名前はクックが乗っていた船に対する彼らの言動に由来するようである。彼らはクックに「ヌ，トカ？イチム，ヌ，トカ？イチム nu.tka.? icim, nu.tka.? icim」と言ったが，それは「港のまわりから出て行け！」つまり，「おまえの船を動かせ」というものだった。しかし，クックたちは彼らが「ヌートカ」と言って自分たちの名前を叫んでいるのだと誤解したのだ。

　1974 年に記録されたヌー・チャー・ヌルス族の口承によれば，最初に船が着いたとき，大首長のマクインナ Maquinna は 2〜3 隻のカヌーで何人かの戦士を探索に向かわせたが，ヨーロッパ人を見た戦士たちは彼らが人間のかっこうをしてヌートカ港に現れた魚だと思ったという。

　北西海岸に降り立った外人は，クックが初めてではない。ジョージ・クィンビー George Quimby は，海岸沿いに残された漂着物に注目して，それらは今日に至るまでのおよそ 1,700 年間にわたりア

ジアの海岸から流れ着いた，1,000 隻とはいわないまでも数百隻の船が積んでいた積み荷だと考えている。

オレゴン海岸の難破船は，15 ないし 16 世紀のスペインのガレオン船の難破船であるという記憶の口承が，クラトソップ Clatsop 族とティラムーク Tillamook 族に残されている。オレゴン海岸のヘルム川河口の砂地でよく蜜蝋が見つかることから，ガレオン船は蜜蝋の荷を運んでいたと考えられている。しかし，これら初期のころの偶然の漂着は，海岸の歴史にさして大きな影響はもたらさなかった。

16 世紀初頭のスペイン人によるメキシコと，さらにはペルーの征服がすべてを変えた。公式な見解によれば，太平洋を見た初めてのヨーロッパ人はバスコ・ヌニィエス・デ・バルボア Vasco Nunez de Balboa であり，それはコルテス Cortes がアステカに対して軍事行動をはじめた 6 年前，1513 年のことである。

1521 年 11 月，フェルディナンド・マゼラン Ferdinand Magellan の船が太平洋に入ったが，同じ年にコルテスとその同盟者たちがアステカを征服し，テノチティトランを破壊し，廃墟の上にメキシコシティーを築いた。

その後，1565 年までにスペインの船は東から西から太平洋を渡った。クラトソップ族の物語以外は，これらの出来事のどれもが北西海岸に直接影響を及ぼしたという記録はない。しかし，間接的だが重大な影響を及ぼしたもののなかに，天然痘がある。

1577 年に，フランシス・ドレークが地球一週旅行の途上，太平洋に入った。ドレークは，「ゴールデン・ハインド」という自分の船を北アメリカの海岸沿いのどこかにある場所に着岸させて修理しており，その時に残したと考えられる金属製の記念板が発見されている。接岸した場所は，カリフォルニア海岸のサンフランシスコ湾だと考えられているが，さらに北のオレゴン海岸だと考えている人もいる。

1773 年，海岸沿いに北へと遠征隊を組織して送るきっかけをつくったのは，メキシコシティーにあるニュー・スペインの総督，アントニオ・ブスレリ Antonio Bucareli である。スペインの船乗りは，そのころにはすでにサンディエゴとモンタレー湾に入っていたが，そのなかのファン・ペレツ Juan Perez は，サンティアゴという船で北に向けて航海した。最初にモンタレーに行ってから北へと向かったが，悪天候に遭遇する。

1774 年 7 月 19 日，船はクイーン・シャーロット諸島に着いた。あくる日，積荷を積んだ 21 隻の現地のカヌーが，鋭い刃をもつ鉄製品との交換を求めて船に近づいた。カヌーに乗った人々はハイダ Haida 族に間違いない。それからペレツは南に方向を変え，入江には入らなかったようだが 8 月 8 日にヌートカ・サウンドのどこか近くに到着し，再び現地人と交易をおこなっている。ペレツはさらに南に向かい，8 月 26 日までにサンフランシスコに到着した。

その後もスペイン人の航海は続き，1779 年にはセントエリアス岬よりはるか北のアラスカ太平洋岸にたどり着いた。これはスペイン人の最後の北アメリカ大陸西海岸沿いの遠征であり，ヌートカ・サウンドのユークァット Yuquot に砦を築いた 1789 年以前におこなわれたものと思われる。

クックの遠征が砦の建設に拍車をかけ，沿岸にはアメリカやイギリスの毛皮交易船の数が目立つようになる。砦の設置は，スペインの沿岸航海を再び活気づけたが，1795 年になるとその活動は弱まり，砦は荒廃した。スペイン人はユークァットにおける多数のヌー・チャー・ヌルス族のなかに悪感

情も残したが，その一方でたくさんの地名といくつかの詳細な探検日誌を残している。

　しかし，それらが北西海岸に長期にわたる直接的な影響を与えることはなかった。影響の多くは，イギリス人，アメリカ人，そしてロシア人によるものであった。

　アメリカ北西海岸の北部を航海した最初のヨーロッパ人は，ロシア人だろう。彼・彼女らが文字による記録を残した最初の人々であったことは確かだ。

　ロシア政府に奉職したデンマーク人のバイテス・ベーリング Vitus Bering が，アラスカ州とブリティッシュ・コロンビア州とユーコン地域の境界線が交わる付近に屹立する 5,500 m（18,000 フィート）のセントエリアスのいただきを観測したのは 1741 年 7 月のことである。ベーリングは，プリンス・ウィリアム Prince Willam 湾を流れるコッパー川河口の少し南にあるカヤック島に一日停泊した。その後西に方角を変え，故国であるロシアの太平洋岸に向けて帰還したが，その旅行は時として恐怖に満ちた苦難を伴い，一年間を費やすものであった。

　彼・彼女らはペトロポロボスカの母港に，ラッコの毛皮数百枚を持ち帰った。ラッコの毛皮はロシア皇帝が熱望したものというわけではなかったが，最初のうちは毛皮がヨーロッパ人をあおり，北西海岸に彼・彼女らが頻繁に出没する原因となった。

　それにつづく 20 年間，ロシア人のラッコ交易はアリューシャン列島に集中したが，ラッコの数が減り始めるにしたがい，さらに東や南に目を向け始めた。ロシア政府はエカテリーナ大帝 Catherine the Great のもとに，北極海を越えアラスカ海岸に沿って海軍遠征隊を急派した。この北極海探検隊は，氷に閉ざされて二度引き返すこともあったが，アリューシャンとアラスカ半島の地図を仕上げた。英国人がキャプテン・クックを太平洋に急派する計画も，これらの遠征をきっかけに進められたものである。スペイン人がヌートカ湾にとどまる権利を放棄したのも，1780 年代におけるロシア海軍の活動が北太平洋で続いたことが原因である。

　ロシア海軍の活動もさることながら，アラスカ州においてロシア人の地位を確固たるものとしたのは商人であった。グリゴリー・シェリコフ Grigorii Shelikov は，1783 年にコディアック島を容赦ないかたちで征服した際，ロシア人としてはじめて北アメリカ大陸における居留地をその島に建設した。彼の後継者のアレクサンダー・バラノフ Alexsandr Baranov は，アラスカ州東南のシトカ Sitka に居留地を建設した。この居留地は 1802 年にトリンギット Tlingit 族によって壊されたが，1804 年にアラスカ州，まさに現在のシトカ市の場所にあらたに再建設された。1812 年に，バラノフはカリフォルニア海岸にロス砦を建設したが，それが北アメリカにおいてロシア人の活動範囲がもっとも南に拡大した印であった。

　1784 年，キャプテン・クックの日誌が出版された。ヨーロッパ人や当時建国されて間もないアメリカ合衆国の人々は，ロシア人の中国に対する毛皮の交易について知らなかったわけではないが，クックの報告によって北西海岸の毛皮がもつ潜在的な富の力がよく知られるようになった。

　1785 年，ジェームス・ハンナ James Hanna は，交易品にふさわしいラッコ号 *Sea Otter* と名づけられた船でラッコを中国の広東まで運んでヌートカ・サウンドに戻ったが，そのとき 560 枚の毛皮を 20,400 スペイン＄で売りさばいた。

　北西海岸に向けて航海したアメリカ人初の船はコロンビア・レディビバ号 *Columbia Rediviva* とレディー・ワシントン号 *Lady Washington* であり，1787 年にボストンから船出し，ヌートカに 1 年後

に着いた。そこにはすでに 3 隻の英国船が着いており，さらに 2 隻が出航したあとだったと記されている。次の 10 年間，たくさんの船が毛皮を求めて海岸沿いを航海した。彼・彼女らは，貴重な毛皮と交換するために，金属，玉類，銃，着物などのヨーロッパ産の品物を運んだのである。

毛皮の交易は 1840 年代初頭まで続くが，そのころまでにはラッコが絶滅に瀕して，海岸沿いに生息するラッコ以外の海の哺乳類がほとんど殺害された。ヨーロッパと中国のファッションの変化が，その終焉の原因となった。海運による毛皮貿易は毛皮貿易会社にとってかわったが，そのなかにはハドソン湾会社 Hudson Bay Company が含まれていた。その会社は，一時期北西海岸における商業帝国を支配した。

1840 年代までに開拓者と宣教師は北西海岸，なかでもオレゴン街道の当初の目的地であったオレゴン州のウィラメット渓谷に多数集結した。毛皮商人が現地の人々から毛皮を買おうと平和的に接触したのに対して，開拓者は毛皮商人よりもはるかに大きな影響力を現地の文化に対して及ぼしている。つまり，開拓者は現地の人々を迫害した。そして現地の社会と文化にきわめて大きな破たんをもたらしたのである。

---

1) 以下の記述は，〔Gibson1992〕などによる。
2) Arima1983.

第1章

序 章

はじめに

　アメリカの海岸に最初にやって来たヨーロッパの人々が暮らしていた社会は，農耕社会であった。そんな彼・彼女らが抱いていた人間社会に対する数々の思い込みは，アメリカで出会った人々によって無残にも打ち砕かれてしまった。

　人類学という科学が進化を遂げた今日にいたっても，なおアメリカ北西海岸は人類学上の法則にあてはめることのできない地域である。また，人類学者がおこなった文化と社会に対する分類のいずれにもあてはまらない。

　北西海岸の人々は採集狩猟民であり農耕民ではなかったが，彼・彼女らのなかにはエリートがいた。また，彼・彼女らの美術はたいへんすぐれていた。なぜなのだろうか？北西海岸の何が特別なのだろうか。

　本書で明らかにするように，その問いの答えのいくつかは海岸との関係性のなかにある。しかし，人類学者や考古学者が採集狩猟民について精一杯考えをめぐらしても，本当のことを知ることはできないというのが，もう一つの答えである。

第1節　北西海岸

　採集狩猟民の一般的なイメージは，小さな移動集団であり，所有物をほとんどもたず，季節ごとの食糧に頼って生きている，というものであろう。したがって，彼・彼女らは財産をほとんどもたず，社会的な権力や威信といった点でも固定的で恒久的な差がない。言いかえれば，彼・彼女らの社会組織は平等であるという印象が強い。もちろん世界中の採集狩猟民を隅々まで調査したわけではないが，こうしたステレオタイプが通用しているのは，彼・彼女らの多くが上に述べたような性格をもっているからにほかならない。

　北西海岸の社会は，型にはまった一般的な採集狩猟民の社会とは明らかに異なっている。それらは知られている限りもっとも複雑化した採集狩猟社会であり，社会的階層化の程度はおそらく農耕民の域に達している【口絵1】。

　北西海岸の文化的特性は，社会的階層化のほかに巨大で恒久的（すなわち定住的）な村と町での生活，専業職人の存在，洗練された複雑な物質文化，財産の所有権と管理，そして記念碑的建造物をあげることができる。集落の人口密度は，その経済構造とは関係なく前近代の北アメリカでもっとも高い。彼・彼女らの町と村はごく小さなのものから1,000人を超えるものまで，規模に差がある。これ

第 1 章 序章

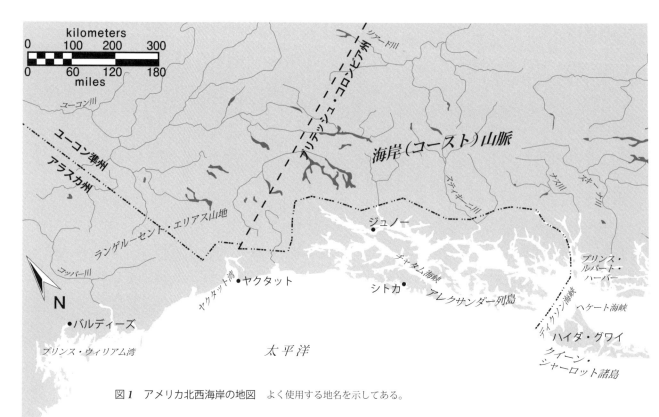

図1 アメリカ北西海岸の地図　よく使用する地名を示してある。

らの町のいくつかは数百年続いているが，それを維持するには莫大な努力と技術が欠かせない。

人類史のなかで，北西海岸社会は社会の複雑化といった社会進化に対するそれまでの考え方の枠組みにはおさまりきらない。それは文明社会とはいえないこの社会で明らかにされた多くの特徴が，まさに文明社会の条件と一致していたからだ。

歴史学者，人類学者，考古学者などは，こうした進化の背景として，必ず農業が必要だと考えてきた。北西海岸の採集狩猟社会は，非農耕社会ではあるがこれらの特性をすべて取り揃えている。少なくとも過去2,500年の間に，あるいはもっと古い段階にそうした段階に到達していたであろう。

さらに最近の考古学的な知見によれば，アメリカ北西海岸以外にも世界のあちこちで，過去にこうした「複雑」な採集狩猟民（complex hunter-gatherers を複雑化した採集狩猟民という意味で，「複雑採集狩猟民」と呼ぶ：監訳者註）が存在していたことが明らかである。

複雑採集狩猟民—「裕福な採集民」としても知られる—の発見は，今世紀における考古学上の重要で画期的な成果の一つである。わからないことが多いという点でも，おそらく同じ程度に画期的な発見の一つであろうが…。

考古学の大発見を思い浮かべなさいというと，すぐに墓やアイスマンやジャングルに埋もれた都市が思いつく。これらは華々しい発見ではあるが単独の遺跡や遺物の発見にすぎないのに対して，複雑採集狩猟民の発見は社会形態そのものを丸ごと発見したのであり，その社会形態は北西海岸にしかないとかつてみなされたほどである。そしてそれは，人類の文化と社会的行動の領域に対する

わたしたちの理解と知識がさらに広がったことを意味している。また、人類の文化がどのように変化し進化するのかという理解に対しても、きわめて大きな展望が開ける。

およそ 10,000 年前の植物の栽培化と動物の家畜化を導いた第一歩は，裕福な採集民によってのみ可能だった。この考えは，サイモン・フレイザー大学の考古学者ブライアン・ヘイデン Brian Hayden が力説するところである。過去百万年のなかで人類が生きていくために経験した大きな変化が，農業の成立であることは論をまたない。北西海岸と，それに関する膨大な民族学と考古学の文献なくしては，「複雑採集狩猟民」の概念の可能性に疑問をもたれるだろうし，それらを理解するのはとてもむずかしい。

ここで，採集狩猟民に対するステレオタイプ的な考えを振り返っておこう。文化人類学者のエリック・ウォルフ Eric Wolf が名づけた「歴史から除外された人々」が，その典型例である。ヨーロッパ人が最初彼・彼女らに出会ったとき，その生活様式がほとんど変化していないように見えたために，彼・彼女らの社会と文化は時間の経過に影響されない，変化のないものとして扱われたのである。

近代的な産業に組み込まれた部族や人々を含めて，採集狩猟民を原初的社会の生き残り，すなわち生きた化石とみなすのは，思慮の浅い単純な発想であり間違っている。ウォルフも主張するように，アメリカ北西海岸を含む近・現代の採集狩猟民の社会は，非常に長い歴史の産物である。本書の主題は，その長い歴史を紹介することである。

もう一つ別のステレオタイプ的な考えは，採集狩猟民は歴史意識をもたず，自らの歴史情報をも

たないというものであるが，これらも誤った認識である。北西海岸の口承には，彼・彼女らの社会や人間観に対する基礎的な歴史情報が豊富にある。

　自らの伝統を語ることのできない人々は，「あなたの「歴史」とはいったい何なんだ？」とあざけられるであろう。もしあなたがそれを語ることができなければ，「あなたのおじいさんの名前は？そしてあなたの紋章はどこ？あなたはどのようにして過去を知るの？あなたはどこに住んでいたの？あなたにはおじいさんがいない。あなたは私と話せない。なぜなら私はそれをもっている。あなたには祖先の家がない。あなたは野獣みたいだ。あなたは身の置き所がない。」といって笑われる[1]。

　アメリカ北西海岸の社会が生んだ美術様式は，世界でもっとも有名なものの一つである。その美術は，権力構造や義務，そして歴史を実際に映し出す産物である。海岸の美術家は尊敬され経済的援助を享受している。肩書を与えられる（個人的に高い地位にある）ほどの偉大な美術家のなかには，イタリアのルネッサンス期の画家や彫刻家のように，スポンサーの注文により家の正面や仮面，箱，墓標，トーテム・ポールなどを彫刻し，色を施す者もいる【口絵28・49】。なかには危害を及ぼすほど危険だと思われる強い精神的な力をもつ者すらいる。

　北西海岸の人々が有する美術，歴史，精神と世界観の社会的経済的な結びつきはさまざまな面にみることができるが，ポトラッチほど有名なものはない。それはおしげもなく富をばら撒いて自らの地位を確認することを目的とした饗宴であり，演劇的な演出である。

　西洋人がはじめてポトラッチに出会ったのは18世紀後半であるが，それ以来，ポトラッチは彼・彼女らを魅了し続けてきた【口絵33】。ポトラッチは人類学者や他の社会科学者から，人類が上演してきた儀式のどれよりも大きな注目を集め，人類学と社会理論の発達の中心的な役割を演じてきた。フランス構造主義からマルクス主義まで，過去百年間に生み出されたほとんどすべての社会理論にとって，ポトラッチへの取り組みは不可欠であった。

　北アメリカの人類学の創始者であるフランツ・ボアズ Franz Boas は1894年11月に，バンクーバー島の北のはずれにあるフォルト・ルパート Fort Rupert のクワクワカワクワ Kwakwaka'wakw 族（かつてのクワキュートル Kwakiutl 族）のポトラッチをはじめとする儀式を観察し，すばらしい記録を残した。ほかにもポトラッチの記録を残した者はいるが，ボアズの記録は西洋人の心に深く刻まれた。ボアズの仕事の重要性は，そのタイミングとも関係している。つまり，カナダ政府は1885年にポトラッチを禁止するが，その結果，皮肉なことにボアズの記録が歴史に残ったのだ。

　ポトラッチ禁止の理由は，宣教師とインディアンの代理人がその制度を有害だと考えたことによる。カナダ政府は，ポトラッチは怠惰や放蕩，浪費を助長するものであり，西洋人であれば生産的な方法で運用すべき莫大な富を投げ捨てることにつながりかねず，文明化の前進を遅らせるに違いないと考えたのである。文化に対するいらぬお世話は失敗に転じ，1951年にその法律は破棄されてポトラッチは合法的に復活した。

　19世紀後半に調査が開始されて今日にいたるまで，数々の民族誌が生み出された。それは，ボアズやジョージ・フント George Hunt，ウィリアム・ベニヨン William Benyon によるものである。彼ら以前に北西海岸に到達した旅行者たちのうち，とくに有名な人とグループとしてキャプテン・クックとルイスとクラーク Lewis and Clark 探検隊があげられるが，彼らによる詳細な観察報告，その他

の数え切れない史料は，北西海岸と比較できるような地球上の他の地域と比べても最大の量と質を誇る民族誌を生み出すこととなった。北西海岸の文化に人間の自然の姿や文化を洞察するための実り多い情報が詰まっていると考えた多くの人文科学研究者は，この民族誌に魅了された。

考古学者は，あまり調査の及んでいない他の地域の人々のことを類推するための情報源として，北西海岸の民族誌に大きく依存する。ボアズの研究の中心的目標の一つは，歴史を通して，調査した社会を説明することである。その歴史というのは，ボアズが自ら記述した文化や先住民の口承・言語を用いて再構築したものであった。しかし，彼はほとんどあるいはまったく考古学を用いていない。その理由は，当時は北西海岸の考古学がほとんど明らかにされていなかったからである。

北西海岸の魅力のいくつかは，その雄大な美しさと自然環境の豊かさに由来する。地図の見方はいろいろあるが，一般的に陸地を形のあるかたまりとして，そして水をその間の空間として見る傾向がある。この方法でアメリカ北西海岸を眺めると，海岸は北アメリカ大陸の縁ということになる。

北西海岸の海岸線はまず，アラスカ州の南海岸にあるヤクタット湾からファン・デ・フカ海峡の西の入り口まで南から東南に大きなカーブを描く。それはアメリカ合衆国とカナダの境界に引かれた線の端で終わる。ここで海岸線は南から西南よりに西に向かってゆっくりと逆に折れ曲がり始める。そして最後にメンドーシノ岬でカリフォルニア州北部に結合する。

この見方によると，二つの北西海岸があることになる。国境線を境にした北のそれと南のそれである。任意に引かれた国境線ではあるが，この場合に限って国境線は実際の地勢と地理—文化ではないが—の変換点となっている。北緯49度の北部海岸は大小の島々，深いフィヨルド，曲がりくねった水路，広々とした浅海域と奥深く入り込んだ湾によってぎざぎざに刻まれている【口絵3】。境界の南の島の端は，ナイフのように切り立った割れ目が湾や入江に沿ってそこかしこに刻まれ，高い岬により切込みを入れられたかのようである【口絵2】。大陸の先端は，長く白い浜によってきらきらと輝いている。

しかし，アメリカ北西海岸の地図にはもう一つの見方がある。すぐれた航海図のように，海を実態のあるものとして，陸を空間として見る方法である。そのように見たときに，アメリカ北西海岸は北太平洋の北東の縁であり，それはメンドーシノ岬から日本列島の九州の最南端を回って中国東海岸の長江の河口へと続く広大な三日月のなかに広がる海岸線の一部をなしているのがわかるだろう。

この第2の見方は，北西海岸の先住民の考古学と歴史に関する本書を理解するために役に立つであろう。第9章で詳しく述べるが，彼・彼女らの美術で実際に実体をもっているのは，輪郭をはっきりと削り出した線によって囲まれた内部の空間の形である。彼・彼女らの口承によれば，英雄は彼・彼女らが食糧として頼りにしている海の生物—サケや海の哺乳類など—と交渉するために，海の底に旅する物語が多い。

北太平洋の北東端は，アラスカ湾に始まってそこから南に向かうが，海岸線はアラスカ州とブリティッシュ・コロンビア州の海岸のあちこちで無数の島を取り巻き，大陸やフィヨルド，広い浜辺に指のように深く浸食することによって数千kmにわたる海岸を形成し，潮間帯における豊富な生物の生息地を提供している。ファン・デ・フカ海峡の南では，沿岸や河口を好む生物がたくさん棲んでいる小さな湾，あるいは入江を除けば，海流は直接陸地にぶつかる。この海流はカリフォルニア州のメンドーシノ岬の南で停止する。

第 1 章 序章

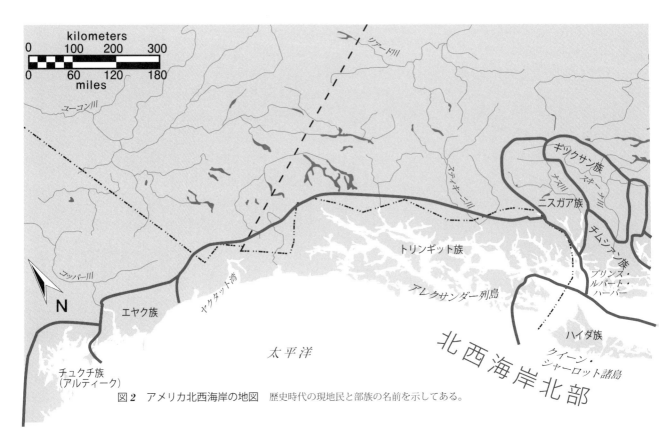

図 2 アメリカ北西海岸の地図　歴史時代の現地民と部族の名前を示してある。

　陸と海はスティキーニ川，スキーナ川，フレーザー川，コロンビア川，そしてクラマス川といった巨大な川によって緊密に結ばれている。大陸を流れる大河川は，あたかも獲物の保管庫の役割をなす海から遡上して，死と再生産を繰り返すことで人間に食糧を提供する，規則的な遡上旅行をおこなう無数のサケの揺籃の場でもある。

　アメリカ北西海岸文化圏は，北から南まで直線距離にしておよそ 2,000 km（1,300 から 1,400 マイル）の長きにわたっている。海岸線は大変複雑なので，実際はもっと長いが，ここでは 2,000 km という数字を使っておこう。それがどのくらいの距離かといえば，おおよそニューヨークとキューバ，ロンドンとイスタンブール，南中国の広東と東京の間ほどである。

　しかし，また別の意味での距離が存在している。もしロンドンからイスタンブールに直線で旅行したとすると，トルコ語をのぞいて旅行期間中に話したすべての言語はインド－ヨーロッパ語族の仲間である。ちなみにトルコ語は，ウラル－アルタイ語族の仲間である。

　北西海岸は，カリフォルニア州についで北アメリカのなかで二番目に多様な言語地帯であった。19 世紀の海岸沿いの旅行者は，39 の異なる言語を含む 11 の言語族の地域を通過した。今日，これらの言語のいくつかは絶滅したが，その他は話者が生き残っている。多くの先住民集団は，彼・彼女らの言語を保護するための言語プログラムを開発している。

　彼・彼女らの言語を数えるよりもさらに困難なのは，海岸沿いの異なる文化集団や部族を列挙することである。『北アメリカ先住民族百科全書 Handbook of North American Indians』の北西海岸の巻

第 1 節　北西海岸

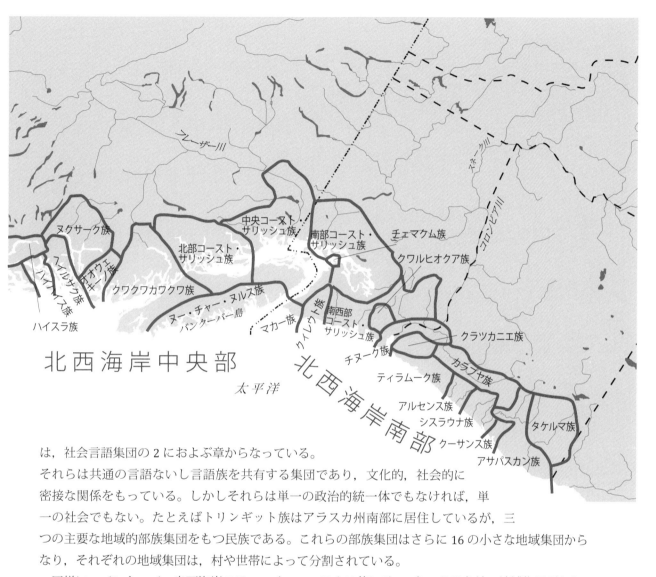

は，社会言語集団の 2 におよぶ章からなっている。
それらは共通の言語ないし言語族を共有する集団であり，文化的，社会的に
密接な関係をもっている。しかしそれらは単一の政治的統一体でもなければ，単
一の社会でもない。たとえばトリンギット族はアラスカ州南部に居住しているが，三
つの主要な地域的部族集団をもつ民族である。これらの部族集団はさらに 16 の小さな地域集団から
なり，それぞれの地域集団は，村や世帯によって分割されている。

　同様に，バンクーバー島西海岸のヌー・チャー・ヌルス族には 20 をこえる名前の地域集団がおり，
海岸のもっとも大きな言語集団のコースト・サリッシュ Coast Salish 族は，20 の地域集団をかかえて
いる。これらの地域集団は，それぞれ伝統や習慣，歴史などが異なっている。地域集団のなかでは村
ないし町が政治的単位であり，世帯は経済的単位であった。その結果，北西海岸の社会はたくさんの
共通した文化的特徴を共有する一方，重要で興味深い文化的社会的多様性の数々ももつことになった。

　この多様性にもかかわらず，あるいはそれゆえに北西海岸の研究者は一般的な三つの文化地域な
いしは北，中，南の小地域という，北西海岸の中の小地域を認識するようになった。

　しかしながら，人類学者は南部の地域の間に境界線を引くことにはかなり疑問をもっていた。北の
地域を認識するのはそれほどむずかしくない。だれが分類しても，それは常にチムシアン Tsimshian
族，ハイダ族にそれにトリンギット族を含んでいる。しかし，人類学者であるウェイン・サットルス
Wayne Suttles によると，「ワカシァン（中央）地域についてはそれほどしっかりした合意をみていな

いし，バンクーバー島の南は大きな意見の不一致は大きい。」2)。その中央小地域は，バンクーバー島の西海岸に沿ったヌー・チャー・ヌルス族集団，北バンクーバー島とブリティッシュ・コロンビア州の大陸部に近接した一部分にいるクワクワカワクウ族を含むことについてはどの研究者も一致する。

大陸部の他の地域集団は，ヘイルサク Heiltsuk（かつてのベラベラ Bella Bella）族，ハイスラ Haisla 族とヌクサーク Nuxalk（かつてのベラクーラ Bella Coola）族である。その南の地域には，ブリティッシュ・コロンビア州南部のコースト・サリッシュ族の言語集団とワシントン州北西部がいつでも含まれるが，その他の集団の位置づけについては議論が多い。アメリカ合衆国・カナダ国境もいくらかの混乱の原因となっている。というのは，カナダで北西海岸南部というと，普通は南部ブリティッシュ・コロンビア州とワシントン州のサリッシュ語を話す地域を指し，ワシントン海岸，オレゴン州やカリフォルニア州北部の沿岸地域を含まないのである。

本書では南，中央，北海岸といった単純な，どちらかというと恣意的な区分を用いていく。それは海岸を北と南の小地域に単純に分けるのに，そしてとくに北西海岸の美術を論じるときにより有効だからである。

第2節　歴史的情報源

北西海岸先住民の過ぎ去った歴史は 11,000 年間に及ぶ。それを掘り起こして理解するための方法は，三つある。それは，まず過去 250 年にわたる北西海岸先住民文化の文字による記録であり，それから先住民の口承であり，三つ目は考古学である。

(1) 文字による情報

北西海岸の人々に対するもっとも古い文字記録は，18 世紀から 19 世紀初頭の間にヨーロッパの探検家によって残された。それらの記録のいくつかは短いものだが，英国海軍キャプテンのジェームズ・クックやジョージ・バンクーバー George Vancouver，マラスピナ Malaspina とモシナ Moziña のようなスペイン人，ルイスとクラークのようなアメリカ人によるしっかりした長文のものもあり，それらのなかには彼らがみた範囲での経済的あるいは社会的な習慣に言及しているものもある。

沿岸に生息する莫大な数のラッコの毛皮を求めた毛皮交易者が，それらの探検家のあとを追うようにしてやってきた。ラッコの毛皮の需要が中国で非常に高かったからである。毛皮交易者は船のなかにとどまっている場合が多く上陸することはあまりなかったが，船長や一等航海士の多くは探検家と同じように上陸して文字による記録を残した。

毛皮交易が拡大するにつれ，そしてとくにビーバーのような陸の哺乳動物が重要性を増すにつれて，毛皮交易会社は陸上に恒久的な交易場を建設するようになったが，1812 年以降，地元の先住民も交易場に誘われるようになった。仲買人やそのほかの人々もまた，日記や手紙，日誌などの歴史的な価値ある文字記録を残している。

毛皮交易者はめったに定住したり土地を我が物にしたり，先住民にヨーロッパ人の生活様式を押し付けようとはしなかった。毛皮交易者は先住民の毛皮交易の方法にしたがっていたし，彼らの軍事的

な装備は先住民集団の多くとあまりかわることはない。毛皮交易者が先住民を見下していたことはあったかもしれないが，ほとんど対等とみなしていた。毛皮交易者は毛皮交易を除けば先住民の生活に干渉するようなことはなかったのである。

　毛皮交易者の後には，宣教師と開拓者が続く。北西海岸における最初のヨーロッパ人の農場は，おそらくアレクサンダー・マッケー Alexander MacKay のものであり，それは 1828 年にオレゴン州のポートランドのそばにつくられた。

　オレゴン西部の肥沃なウィラメット渓谷にオレゴン街道が建設され，1840 年代後半になってはじめて数千の開拓者がやってきたが，毛皮交易者と違い彼・彼女らはそこに住みついた。毛皮交易が先住民の生活に与えた影響は小さくはなかったかもしれないが，それに続く人々の与えたものと比較にはならない。

　新しくやってきた者の多くは，先住民の生活を大きく変え，完全に彼・彼女らに取って代わろうとした。1840 年代にはヨーロッパ人と先住民との関係は徐々に敵対的となり，彼・彼女らの間の抗争が日常茶飯事になった。1850 年代，合衆国政府は先住民を居留地に移動させる政策をとるようになる。そして，ブリティッシュ・コロンビア州ではポトラッチを禁止しようとする運動がほとんど同時に始まった。

　その一方では，先住民の暮らしと社会に対する利用価値の高い文字記録も多く残された。ワシントン州西部にあるスココミッシュ Skokomish 族の居留地の宣教師マイロン・エルス Myron Eels 牧師は，コースト・サリッシュ族集団についての重要な論文を書いている。

　さらに有名なのはジェームズ・スワン James Swan の記録である。彼は 3 年の間，ワシントン州のウィラパ湾の牡蠣養殖師としてさえない日々を過ごしていたが，1857 年に『北西海岸，ワシントン準州での 3 年間の生活 The Northwest Coast, or Three Years' Residence in Washington Territory』を出版する。それは 19 世紀のその地域でもっともよく知れわたった書物である。彼はワシントン州の北西角にあるマカー Makah 族居留地で数年間学校の教師を務め，その経験にもとづいてマカー族に関する論文を書いたが，それは 1870 年に出版された。1 世紀後，アメリカの小説家アイバン・ドイッグ Ivan Doig がスワンの本と雑記帳にもとづいて，『ウィンター・ブラザーズ Winter Brothers』と題する北西海岸の近代生活に対する瞑想録を書いた。

　しかしながら，北西海岸の文化の民族学的記録と記述のほとんどは，フランツ・ボアズの功績になることは間違いない。ドイツ生まれのボアズはベルリン大学という，19 世紀後半のヨーロッパ流の研究者養成機関としては最高の場所で，物理学と地理学の教育を受けた。彼の博士論文は，水の色に関するもので，それは当時の光学の重要な課題であった。博士論文が完成すると，カナダの北極中央北部に住むイヌイット Inuit 族のなかで地理学と民族学の現地調査をおこない，1884 年にそれを研究書にしあげた。

　かねてより北西海岸に興味をもっていたボアズは，北極から一転してアメリカ海岸に 3 ヶ月の旅行をおこなった。1886 年のことである。その旅行はけたはずれに多忙なスケジュールであり，彼が家に送った手紙には，調査に時間が足りないことと彼と話ができる先住民を見つけることがむずかしいといった苦悩がつづられている。

　ボアズは 1888 年から 1931 年の間に，アメリカ海岸の旅行を 13 回以上おこなった。この地方の

すべての主要な民族集団の調査をおこない，オレゴン州からアラスカ州までの人々に関する比類ない量と質の書物を残したが，彼の生涯を通じて主要な研究は，ブリティッシュ・コロンビア州のフォルト・ルパートにおけるクワクワカワクワ族に関するものであった。

ボアズは 1896 年からコロンビア大学で人類学を教えたが，卒業生の多くは北西海岸の現地調査をおこない，さらにその教え子もあとを継いだ。

1897 年には北太平洋沿岸の研究をおこなうため，ジェサップ北太平洋探検隊を組織した。この探検隊はアメリカ自然史博物館理事長のモーリス・K・ジェサップ Morris K. Jesup が資金援助したもので，東北アジアと北アメリカ北西部の民族学，考古学，形質人類学，言語学の野心的な研究計画である。それは一回だけの探検でなく，1897 年から 1903 年の間にいろいろなチームによっておこなわれた一連の調査であった。

その探検に従事した人は膨大な人数に及び，数え切れないほどのデータを生み出した。多くの探検隊の構成員のなかには，ジョン・スワントン John Swanton のように探検が終わってから後も研究をおこない，北西海岸に関する書物の出版を続けたものもいる。北西海岸の研究に対してボアズが与えたインパクトは，もちろん彼自身の研究によるところもあったが，同時に彼の絶大なエネルギーと努力，他者にやる気を起こす彼の能力によるものであった。

この時期に北アメリカでボアズなど人類学者によっておこなわれた野外調査の企画は，切迫した強い観念に後押しされたものである。つまり，先住民は文化的に消滅する（先住民の子孫は生物学的に生き残っても，彼・彼女らは文化的にはヨーロッパ人になるであろう）か，身体的にも消滅する—彼・彼女らは完全に消え去ってしまう—であろうというものであり，いずれにしても彼・彼女ら先住民はじきに消滅するだろうという切迫感がヨーロッパ人を広く覆っていたのである。民族学の野外調査は，これらのおそらくは死にかかっている文化の記録を子孫に残す目的でおこなわれたわけだ。

先住民がいなくなるのではないかという切迫感は，19 世紀後半の北アメリカの社会的状況下においてはじめて意味をなす。19 世紀の間に先住民の人口は破滅的に減少し，北部中央平原のマンダン Mandan 族のようないくつかの民族集団は，ほとんど生物学的な意味での消滅を迎えた。合衆国とカナダの国境のいずれの側においても，政府は能動的にも受動的にもできるだけ早く先住民をヨーロッパ人へと転換させることに政策の焦点を当てた。

民族学者は，ヨーロッパ人が到達する前に暮らしていた先住民の生活の情報を収集するのに全力を注いだ。彼らの関心は，先住民の現在の暮らしではなく，彼・彼女らの過去のそれに対してであった。これは，20 世紀初期の間にエドワート・カーティス Edward Curtis が撮影した有名な先住民の写真のなかに，芝居がかった姿で映し出されている。この写真に写っているのはそのとき彼・彼女らが実際おこなっていた生活ではなく，カーティスが彼・彼女らの過去を想像して再現した姿を撮影したものである。たとえば彼・彼女らがまとっている衣装は，明らかに写真のために用意されたものであった。

民族学者らの関心はヨーロッパ人と接触する以前の先住民の生活情報にあったので，彼らが焦点を当てたのは今日「記憶文化 memory culture」と呼ばれているものである。民族学者は接触以前の時代を覚えているか，あるいはさらにさかのぼった彼・彼女らの両親の話を記憶している年寄りに話を聞いて情報を得た。ボアズのような研究者は，接触以前につくられた神話や歴史的な説話をも集めて

いる。

　これらの作業は二つの重要な仮定にもとづいている。一つ目は北アメリカの先住民の歴史はおそらく 2,000 年くらいのわずかなものであるという仮定であり，二つ目はヨーロッパ人が最初にその土地に入り込んだ 18 世紀半ば〜後半の前後 1 世紀ほどの期間，彼・彼女らの文化はほとんどあるいはまったく変化しなかったという仮定であった。彼らはヨーロッパ人との接触が，最初のうちは先住民の生活にまったく影響を与えなかったとすら考えた。そしてアメリカ先住民の文化が 19 世紀にどの程度変化したか，破壊されたかというのは，今日でも続いている論争なのである（第 2 章参照）。

　北西海岸における民族学的研究は現在も続いているが，過去 40 年の間にその関心は記憶文化から近代の社会的背景のなかでの先住民族へと移行した。しかしながら，最初の接触のときの先住民の生活を再現する試みは，今もなお続いている。

(2) 語り伝えによる情報

　語り伝えによる物語の収集は，ボアズをはじめとした黎明期の北西海岸を研究する人類学者の主たる研究方法であった。その結果として，未刊行のものを含めて先住民物語の莫大な著述が残っている。

　口承を学問的な証拠として用いることに対しては，ある種の抵抗や偏見がある。人類学者は先住民の世界観を研究するために，彼・彼女らの社会や文化的習慣と同じような扱いで口承の記録を積極的に用いる。それに対して考古学者は，物語を歴史的資料としてはほとんど用いない。

　この傾向はなにも考古学ばかりではない。たとえばブリティッシュ・コロンビア州におけるギックサン Gitksan 族とウェスツウェン Wet'suwet'en 族の二つの先住民集団の土地争いをめぐり，口承はあくまで口承であって歴史的な証拠にならないという理由のもとに，判事は訴えを退けた。これは最近の事例である。先住民は自分たちの口承の収集と記録に熱心で，1880 年代以来これらの材料を人類学者に提供してきたことを考えたとき，この事例は皮肉なことである。

　ボアズはイヌイットを研究した以外は，北西海岸に長期間住むことはなかった。彼は，資料と遺物を集めてくれる土地の人々に大きく依存していた。これらの人々の多くは先住民であり，人類学者が先住民を大切にする慣習はボアズだけに限ったものではない。

　ジョージ・フントは，クワクワカワクワ族におけるボアズの仕事の右腕だった。フントはトリンギット族系英国人家系の家に生まれでフォルト・ルパートで育ち，クワクワラ語[3)] を話した。ボアズがチムシャン族の資料を研究したときは，二人のチムシァンを頼りにした。その一人であるヘンリー・テート Henry Tate は物語を収集し，もう一人のアーチー・ドゥンダス Archie Dundas は口承を文章化するのを手伝った。すでに登場したウィリアム・ベニヨン。この人は母親がチムシャン族であるが，非常にたくさんの物語を収集してそれらを人類学者数名に提供している。ルイス・ショートリッジ Louis Shortridge は身分の高いトリンギット族であり，彼自身資料を刊行するとともに，ペンシルベニア大学博物館の研究者に提供した。

　このように先住民研究者は，19 世紀後半から 20 世紀にボアズをはじめとする人類学者によるデータや資料の収集と通訳に大きな貢献をなしたのである。

　先住民が急速に消滅したという 19 世紀の仮定は間違いであった。そして，アメリカ北西海岸の先住民文化は生き残って，過去 20〜30 年の間に復興をとげている。彼・彼女らは口承を大切に維持し，

彼・彼女ら自身の口承を収集し，必要に応じてそれらを出版するプロジェクトを立ち上げた

（3）考古学による情報

北西海岸における考古学的な研究はすでに 1870 年代という早い段階におこなわれたが，北アメリカにおける多くの地方と同じく，この地域の考古学は第二次大戦後急速に進展した。

初期のころの海岸の研究者は，ほとんどがいわゆるアマチュア考古学者であった。チャールズ・ヒル・トゥール Charles Hill-Tout はその代表格である。彼は 1890 年代にフレーザー川下流沿いに遺跡を探索し，その成果を広くカナダ，英国とアメリカで刊行した。

ハーラン・I・スミス Harlan I. Smith は，ボアズによるジェサップ北太平洋探検隊の一員として考古学的調査をおこなうために雇われ，ブリティッシュ・コロンビア州とワシントン州で海岸の野外調査をおこなったが，彼がおそらく初めてのプロの考古学者であろう。

アメリカ合衆国農務省森林公共事業部門は，1934 年と 35 年にシトカで古ロシア砦の発掘をおこなった。彼らは先史遺物の記録は残したが，分析はやらなかった。1938 年，フィリップ・ドラッカー Philip Drucker はブリティッシュ・コロンビア州の一部と南アラスカ海岸の表面採集を中心とする踏査をおこなったが，本格的な発掘調査のはじまりは第二次大戦後をまたねばならない。

1940 年代の終わりごろ，ブリティッシュ・コロンビア大学のカール・ボーダン Carl Borden はブリティッシュ・コロンビア州のバンクーバーの都心のなかにあるいくつかの遺跡の発掘に着手した。これらの遺跡の多くは海岸線に沿った市営公園のなかに位置していた。同じころ，ワシントン大学のアーデン・キング Arden King はワシントン州のサン・ファン諸島にあるキャトル・ポイント Cattle Point 遺跡で発掘をおこなった。1940 年代の後半と 50 年のはじめにフレデリカ・デ・ラグナ Frederica de Laguna は，アラスカ州東南部のヤクタット Yakutat 族とアングーン Angoon 族の地域で発掘した。この発掘で彼女は，先史トリンギット族の資料を探索する過程で，その時間がさほどさかのぼらないことに気づいたのである。

北アメリカ先住民の居住はおそらく 2,000 年程度だろうというのが，20 世紀初頭の考古学研究者の一般的な見解であった。この見解は 1920 年代の終わりごろ，ニューメキシコ州のフォルサム近郊の遺跡でバイソンのあばら骨と共伴して道具が見つかったときに訂正を余儀なくされた。なぜならば，そのバイソンは絶滅したバイソン属 *Bison antiquus* 種の仲間であり，現代のバイソンよりも大きく最終氷期の終わりには絶滅しているので，10,000 年くらい前だということが 1920 年代の終わりころにはすでに考えられていたからである。それにもかかわらず，北西海岸で調査していた考古学者は，先住民が海岸と北西部内陸に住みはじめたのはおそらく 2,000 年前だろうという考えに縛られ続けたのだ。

1950 年代のもっとも重要な考古学的調査成果の一つが，北西アメリカに古代人のいたことが明確にされたことである。考古学者は放射性炭素年代測定をおこない始めた。それは今では普通に用いられる技術であるが，当時ウィラード・リビー Willard Libby によって開発された有機物の年代を測定するための当時はまだ新しかった技術である。

ワシントン州の乾いた内陸部に立地するリンド・クゥーリー Lind Coulee 遺跡は 1950 年代の初めにリチャード・ドーティー Richard Daugherty によって発掘された。ドーティーはアメリカバイソン modern bison（*Bison bison*）を発見したが，それに伴う木炭の試料がおよそ 8,700 年前の値を示し，

アメリカ北西海岸の人類の歴史は氷河期のすぐ後であったことが確実視されるようになった。

しかし決定打となったのは，オレゴン州のダレス・ダム付近のファイブ・マイル・ラピッズ Five Mile Rapids 遺跡の発掘調査である。

その遺跡はロング・ナロウズをさかのぼったところに位置する。そこは，ダム建設以前は狭い岩にはさまれた川を数マイル進んで，コロンビア川が急に狭くなったところである。ロング・ナロウズは北アメリカにおける先住民の主要なサケの漁場であったが，今ではダレス・ダムの貯水池の真下になっている。ダムの建設は，ロング・ナロウズが水没するだけでなく，多くの遺跡もいっしょに水没することを意味した。貯水池ができる前に，考古学的な遺跡救済調査が始まった。

オレゴン大学のルーサー・クレッスマン Luther Cressman と大学院生数名は，1952年にファイブ・マイル・ラピッズの発掘を開始し，何枚も遺物の堆積層がある深くて重層的な遺跡をついに発見した。遺跡の底から15万から20万におよぶ大量のサケの椎骨が発見されたが，これはロング・ナロウズに古代にさかのぼるサケ漁が存在していたことを物語るものである。そのとき採集した木炭を分析したところ，9,800年前の年代を示した。このようにして海岸からコロンビア川を320km（200マイル）さかのぼったところに，今から10,000年前までに人類が居住していたことがつきとめられたのである。

考古学的研究は1950年以来，海岸のさらに広い範囲にわたって続けられているが，むらなくおこなわれているわけではない。発掘の準備や設営には骨が折れ，時にひどい天候にみまわれ，雑木の生い茂る森林に入らねばならず，そして調査資金は常に不足しているので，北西海岸の多くの地帯は考古学的な状況がよく知られていないままでいる。

考古学的な解明がもっともよく進んでいる地域はジョージア湾 Gulf of Georgia であり，それはブリティッシュ・コロンビア州のバンクーバー，ブリティッシュ・コロンビア州の首都であるビクトリア，そしてワシントン州のシアトルなどの繁華街を含んでいる。この地域はサンフランシスコよりも北の海岸ではもっとも人口密度が高く，もっとも多くの大学があり，もっとも開発が多くて，もっとも多くの考古学者がいるところである。ボーダンによって研究に手がつけられた地域であり，たくさんの彼の弟子たちが研究を続けている。

第3・4章で述べるが，これらの事実はすべて，北西海岸地域全体の考古学を理解するために重要な意味をもっている。ここでは，北西海岸の同様の地域に比べて，ジョージア湾地域の過去10,000年間の編年がもっとも整備されていることを指摘するにとどめる。

第3節　複雑採集狩猟民

北西海岸先住民の社会と経済は，複雑採集狩猟民 complex hunter-gatherers あるいは裕福な遊動民 affluent foragers に対する世界でもっともよい例である。「遊動民 forager」と「採集狩猟民 hunter-gatherer」の言葉はここでは互換的に使用するが，植物栽培と動物飼育よりもそのほとんどを野生動植物に依存した生業経済をとっている人々に適用する。

1970年代後半以来，考古学者は過去における多くの採集狩猟民の社会が，実際にはこれまで考え

られてきた型にはまったものではないことに気づくようになった。これら古代における型破りの遊動民の社会は，北西海岸沿いの 19 世紀の社会にたいそうよく似ており，彼・彼女らは裕福な遊動民あるいは複雑採集狩猟民と呼ばれている。前者の用語は彼・彼女らの豊富な生業経済や物質文化の安定性を強調している一方，後者の用語は彼・彼女らの社会や政治組織に焦点を当てたものである。

複雑採集狩猟民を理解するためには，「一般化された採集狩猟民 generalized hunter-gatherer」あるいはもっと単純に遊動民と呼ばれる者は何かということについて，予備知識を得ておく必要がある。

リチャード・B・リー Richard B. Lee とアーヴィン・デュボア Irven DeVore は有名な編著である『マン・ザ・ハンター Man the Hunter』のなかで，次のような古典的定義を示した。遊動民に対して「採集狩猟民について（1）小さな集団での生活，（2）頻繁な移動，という二つの仮定を定義する」[4]。上に記したように，そのような採集狩猟民はたしかに存在している。そしてそのような採集狩猟民の研究は『マン・ザ・ハンター』の刊行以来，人類学的考古学的研究の主要なテーマとなっている。

採集狩猟民の徹底的な研究がおこなわれたのは，向う数十年以内に採集狩猟民の生活様式が消えてしまうのではないか，というのが切実なこととして受け止められたのが理由の一つである。細部に異論はあるものの，食糧獲得のいくつかの形態は，少なくとも 200 万年にわたる人類の環境への適応と順応の基本的な方法である。別の言い方をすれば，食糧獲得は農業を始めてそれが広まる 10,000 年前までの長い期間にわたるわたしたちの祖先，あるいはわたしたち自身の生態学的適応といってよい。

食糧獲得は，わたしたちが進化するなかで獲得していったさまざまな生態学的な事象を生み出した母体であるが，それらはすなわち頭脳の劇的な進化，技術への依存，そして言語の習得，文化的な発達などである。

人類学者や医学者は，現代の病気の多くは採集狩猟民の生活から定住的，農耕的，都市的生活様式への適応に原因があるとしている。胃と腸のガンは心臓病と肺ガンと同じく，近代の採集狩猟民には知られていない。彼・彼女らの規則正しく体を動かす生活に加えて，質素で変化に富み，加工処理されていない飲食物を常食とすることが，それらの病気をもたないことの理由に違いないと考えられている。

デビッド・コーエン David Cohen の採集狩猟民の健康状態に対する最近の評価[5]では，採集狩猟民は大部分の第三世界すなわち発展途上国の農耕民よりは健康でないとしても，世界中の多くの地域で採集狩猟民にとって変わった古代農耕民よりは健康であったと指摘している。採集狩猟民を徹底的に研究するもう一つの理由は，彼・彼女らを理解することなしには答えを出すことができない，人間の自然に対する基本的な疑問に対する答えをもっていると思われるからだ。

複雑採集狩猟民は，リーとデュボアの定義とは異なり，以下の重要な性格を有している。

1. 複雑狩猟民は遊動民ほど頻繁に移動しない。彼・彼女らは半定住ないし完全な定住をおこなっている。

    定住している人々は一年のほとんどの間一つの場所に住んでおり，一世代あるいはそれをこえるような長い期間，定住している。半定住の人々は毎年，1 ないし 2 シーズン（通常，少なくとも冬の間）同じ居住地に毎年暮らすが，あとの季節は毎年同じ周期で移住するようである。

    定住は，ラテン語の動詞「すわる *sedere*」に由来するが，それ以上にさまざまな重要な結果

をもたらした，人類の歴史のなかで大きな転換点を意味する。定住民は本質的に財産をもちそれを管理する。彼・彼女らはそれを相続するが，相続に対する決まりごとをもっている。彼・彼女らの社会組織は財産に大いに影響される。遊動民は財産をもっているかもしれないが，それは少なく，それらのほとんどは小さくて動かしやすい。

　　定住民は移動しないので，彼・彼女らの住む場所に大きな投資をする傾向がある。遊動民は一年のほとんどの時間を動いているので，堅固な家や壁や井戸のようなものをまったくつくれない。定住民は，彼・彼女らの住む場所に自分たちを強力に縛り付けておくそうした施設をつくる。定住民は多くのものをためこむ。遊動民はいたるところを歩きまわりしばしば移動するので，所有物を最小限にとどめなくてはならない。
2. 複雑採集狩猟民の経済は，膨大な量の加工されて貯蔵された食糧を生み出すことに基礎をおいていた。

　　人類学者と考古学者のなかには，食糧の貯蔵が社会の複雑化と農耕化を導いた決定的な要因ではあっても定住を導いたのではないと主張する者もいるが，わたしたちは複雑化にとっては定住と貯蔵の両方とも必要だったと主張したい。

　　食糧は二つの方法で貯蔵することができる。一つの方法は，加工して冬のためにそのいくばくかをとっておくことである。もう一つの貯蔵形態は，社会的な関係を用いて，食糧獲得源の利用を他の集団に許可するものである。

　　遊動民は集団間で結婚すると，それぞれの集団が他の集団の領域と資源の源に出入りすることを許されることはよくあることである。北西海岸の人々は，積極的にそのような結びつきをつくる一方，莫大な量の貯蔵食糧に依存している場合も多い。

　　貯蔵は余剰の一形態である。したがって，それは所有され，管理され，分配されるべき財産の一つの形態である。通常の遊動民は食糧を収穫物として消費するだけで，めったに貯蔵をおこなわない。
3. 複雑採集狩猟民の経済は，世帯を基礎としている。考古学的な見地から裕福な遊動民の存在を推測する指標の一つが，確固とした家をもつことである。これは定住の証拠でもある。

　　北西海岸においては，世帯の規模は 30 人から優に 100 人を超すほどの幅がある。彼・彼女らは皆一つの家かいくつかの家に住んでいたに違いないが，彼・彼女らは一つの社会集団であり，資源などあらゆる富を利用する権利を管理したのはこの集団であった。
4. 遊動民は，その環境のなかで収穫可能なものを，可能な場所と可能な時期に収穫する。

　　彼・彼女らがこれらの資源を開発するにあたっては，最小限の努力で最大限の見返りを得るようにする傾向がある。それは彼・彼女らが怠惰だからでなく，彼・彼女らの小規模な人口を支えるために彼・彼女らに用意されたもっとも経済的な道筋だからである。

　　対照的に，複雑採集狩猟民の生業経済は，数は少ないがより生産的な資源に焦点を当てる傾向があり，そのうえ集中的にいっせいにこれらの資源を幅広く活用する傾向がある。

　　たとえば北西海岸の生業経済は，サケ，オヒョウ，ニシン，海獣，そしてヘラジカないしシカに集中していた。しかし，実際にはたくさんの他の食糧資源も同時に利用した。いわゆる二次的な食糧資源は，サケのような主要な資源の獲得に万一失敗した（常にそうかも知れない）

場合の担保であった。また，それらは主食以外の重要な栄養や食生活の多様化にも一役買った。もし，北西海岸の人々がたくさんの食糧のレパートリーを開発することができなかったならば，たとえばサケに集中する危険を冒すこともできなかったように思われる。

さらに複雑採集狩猟民の資源の開発には，収穫と加工のための相当な労力と人手を必要とするものが多かった。北西海岸のサケは，そのような資源の一例である。サケの貯蔵のための加工は，魚がとれて72時間以内にすばやくおこなわねばならず，それを逃せば腐ってしまう。たくさんの魚をとることができても，同時に魚を切り身にして乾燥することができなければ，それらを捕まえた努力はむだになってしまう。

5. 採集狩猟民のもう一つのステレオタイプ的な見方は，彼・彼女らは自然環境に対して受身で暮らしており，ほとんどそれに影響を与えることがないという考えである。たしかにそのような採集狩猟民もいるが，裕福な採集狩猟民に対してはその考えはまったくあてはまらない。

彼・彼女らは特別な植物や動物の種を栽培したり飼育したりしない（ただし，ほとんどの採集狩猟民はイヌをもっている）が，生産力を高めるために身の回りの自然に手を加える。

北アメリカ西部では，火入れはそのための主要な技術であった。そしてカリフォルニア州から少なくともブリティッシュ・コロンビア州北部までの人々は，定期的に彼・彼女らの身の回りの土地を燃やした。火入れは森を犠牲にすることによって草原の勢いを高め，ベリーの茂みやカシやその他の植物からの収穫を増やした。火入れした土地は人間ばかりでなく，彼・彼女らが狩猟の対象とした動物にとっても雨林などよりはるかに魅力的である。

6. 裕福な遊動民の技術は複雑かつ複合的であった。このいくつかは定住の結果かもしれない。

遊動民は移動する際に道具を持っていかねばならないので，それらは軽くて持ち運び可能で簡単な傾向がある。これに対して定住民は財産を持っていく必要はないから，技術により多く投資した。さらに裕福な採集狩猟民は，とくに依存する資源をより効率的に収穫するために，個々の収穫物に特化した道具を開発した。北西海岸では，特定の目的と状況のために設計された網からボートにいたるまで，道具はさまざまに及んでいることがわかる。さらに職人が使う彫り物の道具など，工人・職人の専業化が，結果として道具の個別機能化につながった。

定住と物質文化に関心を寄せる考古学者，スーザン・ケント Susan Kent は，これら物質文化にみられる手の込んだ技術の発達を，一つの所に長期にわたって住んだことの必然的な結果とみなしている。これはわたしたち自身の生活のなかにもみつけることができる。若いときは自分のものはすべて小型車の後ろのトランクに入ったかもしれないが，家を買い子どもをもつと，所有物は急激に増えるのだ。

7. 複雑採集狩猟民は，遊動民よりも多くの人口と高い人口密度をかかえていた。北アメリカでは，カリフォルニア州と北西海岸という，ともに複雑採集狩猟民が生活していた地域にもっとも多くの人が住んでいた。南西部，中西部，東部のような農業地域は，意外に人口密度は低かった。

北西海岸における共同体の人口の規模は，100人以下からおよそ2,000人までの範囲におよぶ。おそらく北アメリカ先住民のもっとも大きな町はカホキア Cahokia であり，それはミズーリ州セントルイスの東にある巨大な集落である。カホキアがもっとも繁栄したとき（800年〜

1200 年）には，30,000 人が居を構えていた。南西部のプエブロ・ボニト Pueblo Bonito は北東アリゾナにおけるアナサジ Anasazi 文化の大集落であり（監訳者注：アナサジ文化圏はアリゾナ州北東部を中心とするが，プエブロ・ボニト遺跡自体は現在のニュー・メキシコ州北西隅に位置する），1100 年ごろには 5,000 人（付近にはおそらく数千人を超える人が住んでいた）住んでいたであろう。

これらは目立つ存在であるが，一般的には北アメリカ大陸のほとんどの農業集団は大きくなかった。その多くは北西海岸の採集狩猟集団よりも小さかったのである。

8. 最後に，複雑採集狩猟民は高い地位と名声と権力さえ伴う恒久的な指導者のいる社会的階級制度を有していた。移動する遊動民は小さな集団で暮らしており，個性や身につけた技術によって仲間に対して上位に立つ場合もある。しかし恒久的な指導者といったものはおらず，一時的な指導者を立てることはあっても，人々は指導者を完全に無視することができる。

これに対して複雑採集狩猟民の間では，指導者の地位は相続されているらしい。その地位は権力（本質的に他の人々がしたくないことをさせる能力）を有しているようにも思える。実際にはそうでないかもしれないが，彼・彼女らは高い名声と威厳と権威を有し，社会の構成員が彼・彼女らを無視することができるにもかかわらず，人々から尊敬と賞賛を受けている。

北西海岸では，自由身分と奴隷身分の二つの社会階級があった。自由身分の階級では二つから三つの基礎的な階層があった。最上位にいるのは地域のなかで選ばれた人物ないし少数の権力者で構成される首長層と彼・彼女らの直系の家族であった。首長はたくさんの称号と権利と特権を有していた。首長の下の層は，一種の中流階級であり，その構成員には個人的称号をもつ者もわずかにいる。これらの人々の下の層は，称号をもたない「一般民 commoners」である自由人であった。

この社会階層からはずれたものは，奴隷であった。奴隷ゆえに彼・彼女らは社会的存在でなく，ジェンダーすなわち社会的な性（生物学的な性と対立するものとしての社会的な役割）も有しておらず，所有者の財産として売り払われることもあった。上位階級のものは奴隷の労働に頼っていた。奴隷は戦争の捕虜であった。北西海岸社会では，およそどこでも自由人と奴隷の間にできた子どもは奴隷だという決まりがあった。社会的な複雑さについては，第 6 章で詳細に触れることにしよう。

複雑化は，職業の専門化にも反映している。北西海岸の多くの人々は，常勤かパートタイムかの違いはあるが，さまざまな工芸と職業の専門家であった。一般的な専門分野としては，木工芸，大工仕事，籠つくり，シャマニズム，銛つくり，毛布つくりなどをあげることができる。専門化は，とくに違った作業を同時にこなさなければいけないような，必須の作業をこなすために必要な技術を増やすことに直結する。専門化した仕事は男女を問わない。そして家庭内経済には男女両方の仕事が重要だった。また，集団レヴェルで工芸が専門化していた証拠も，多くはないがあがっている。ボアズは，チムシャン族の村の人々が重要なポトラッチのためにさまざまな贈答品を運んだことを記録している。

若い首長が，チムシャン族のギトラン Gitlan 部族の男に，木彫りの皿のつくり方は誰が知っているのかと聞いた。また，ギスパクラッツ Gispaxlats 部族に木彫りのスプーンのつくり方を聞いた。そして，ギナクシャンギク Ginaxangik 部族に木彫りの箱のつくり方を聞いた。ギドウルガッヅ

Gidwulgadz 部族に木彫りの深い皿をつくるように注文した。ギツシス Gitdzis 部族には木彫りのスプーンをつくるように注文した。ギナダックス Ginadaxs 部族にはもっとやぎの肉と獣脂をつくるように注文した。そしてギルヅザー Giludzar 部族にクランベリーと山りんごを摘んでくるように注文した。さらに彼は……に注文した[6]。

と，注文リストは続く。

複雑採集狩猟民が遠距離交易網をもっており，考古学者が「相互交流圏 interaction spheres」と呼ぶものに関与しているという証拠も，北西海岸やアメリカ合衆国東部などの地域からあがってきている。地域を越えて社会的経済的な結びつきを身近に保とうとする圏域が，彼・彼女らの間には存在しているのである。これらのつながりは交易を基礎をとしているが，結婚や親族どうしの結びつきはそれ以上に重要である。

裕福な遊動民が太古の昔に存在していた証拠は，世界の多くの場所で，そして多くの時代でみつかっているが，一般に知られているのは過去 12,000 年の間である。

もっともよく知られた例に，日本の縄文文化がある。それは日本列島のほとんどの地域で 12,000 年前から 2,000 年前まで続いた。縄文文化は，おそらく世界でもっとも早く土器を用いた文化であった。

もう一つの重要な例は，中東のナトゥーフ文化である。ナトゥーフ文化は，14,000 年前から 12,000 年前の間に植物を栽培した最初の人々の文化である。その他の裕福な遊動民として，有名な洞窟美術を残した多くのヨーロッパの上部旧石器文化をあげることができよう。ナトゥーフ文化は，上にあげた複雑採集狩猟民の特徴のいくつかと比較できるよい例である。

1) 彼・彼女らは小さな村で比較的長期にわたって住む家に居住していた。ナトゥーフ文化の家は石の基礎をもっていたようであり，そのことは住まいに対する労働の投入と定住のはじまりを暗示している。
2) ナトゥーフ文化の人々は，貯蔵食糧に大きく依存していた。とくにコムギのような穀物がその中心をなしたが，他の資源もまた集中的に利用している。たとえばレイヨウであるが，彼・彼女らは群れのなかからよいものを選別する管理をおこなっていたようだ[7]。
3) ナトゥーフ文化の墓に伴う遺物に差があるが，それはある程度の社会的経済的な不平等が社会のなかに存在していたことを示唆している。
4) ナトゥーフの物質文化は，より移動性のつよい同じ時代の採集狩猟民よりも裕福であった。

裕福な遊動民は，第二次大戦後に考古学が爆発的に進展した結果，「発見 discovered」された。1970 年代後半までに発見された大昔の遊動文化のなかには，近代の一般化された採集狩猟民や農耕民の規範からみた採集狩猟民的行動についての理解と容易に折り合うことができないもののあることが明らかになった。

戦後，考古学者は次第に二つの大きな研究課題に興味を示すようになる。それは農業の起源と複雑社会の出現である。研究の当初は，農業が複雑社会に先行するに違いないから，農業と複雑社会の出現は互いに関係をもつ問題だと考えられた。採集狩猟はつらく偶然に左右されるものだから，農業に出会う機会を与えられた遊動民は，その幸運を喜んで農業を受け入れたであろうと憶測された。このような憶測にもとづいて，農業の研究は簡単だと当初は思われた。

採集狩猟民の情報が蓄積されるにしたがい，採集狩猟民は辺境においてさえもほどほどの暮らしを

しており，大変つらい労働は必要としないことがわかってきた。リチャード・B・リーはカラハリ砂漠のあるサン San 族といっしょに生活し，身振り手振りの研究を数週間以上おこなったが，彼・彼女らは食べ物を探すのに一週間のうちたった数時間しか費やさないことを確かめた。ジェームス・ウッドバーン James Woodburn は東アフリカのハドザ Hadza 族のなかで同じような観察をおこなった。

人類学者のマーシャル・サーリンズ Marshall Sahlins はこうした研究にもとづき，採集狩猟に対してはじめて「裕福な社会 affluent societies」という言葉を用いた。富裕ということに関して，わたしたちは本書のなかでそれをある種の物質的な豊かさという意味で用いるが，サーリンズはそのような意味ではなく，彼・彼女らはほしいものを手に入れるけれども多くを望まないという，禅のような生活様式の意味で用いた。

遊動民の労働に対するデータのいくつかには異論が提示されており，サーリンズの禅的遊動民の意見は厳しく批判されている。しかし，マーク・コーエン Mark Cohen がおこなった太古の採集狩猟民の健康に関する研究は，遊動による食糧探しは初期の人類学者や考古学者が描いたようなみじめで厳しいものではなかったことを示唆しており，一般的な遊動民は産業社会の人々のようにハードに働かないことは明らかである。

採集狩猟民のなかには一世紀の間農耕民のそばや中に住んでも，断固として農耕民にならないものがいたことも明らかになっている。南カリフォルニアの先住民は，2,000 年近くにわたり南アリゾナの古代農耕民のかたわらで暮らしていた。その間，彼・彼女らは農製品を交易で入手したが，決して農耕を受け入れなかった。

数世紀の間農耕をおこなっていた人々からすれば，なぜ農業をやらないのだろうと思えるかもしれない。しかし，遊動民からすれば農業はまったく不合理なのかもしれないのだ。だから考古学者の興味の対象は，採集狩猟民が農耕民になった条件とはいったいなんだったのかということに移りはじめた。

第二次大戦後の考古学的研究のまた別の重要な課題は，複雑な社会の起源と発達である。考古学者は，まずメソポタミアや中国，メソアメリカ，そしてアンデスのような世界で最初に生まれた黎明期の文明を調査した。その研究によって，極度の不均等によって特徴づけられた初期の社会で，不均等をもたらした原因とその過程が解き明かされていく。すると，採集狩猟民を研究する考古学者はこれらの多くと同じ過程と結果が，自分たちが研究している太古の社会のなかで起こっていることに気づき始めた。

研究者は，いわゆる普通の採集狩猟民と政治，社会，経済の仕組みが異なっている過去の採集狩猟民に対する認識を深めていくと，裕福な遊動民は何に似ているのか理解するために北西海岸の民族学の文献をあさりはじめた。

当時の考古学者の採集狩猟民の複雑性に対する解釈は，ほとんどすべてそれらの文献にもとづいているといってよいだろう。これらの文献を用いた考古学者のほとんどすべては，もっぱら民族学的材料に依拠しており，考古学的な知見に依拠することはなかった。これはいったいなぜだろうか。

民族誌が残っている複雑採集狩猟民の大部分は北西海岸の部族であり，それ以外のほとんどはカリフォルニア州である。北西部の考古学的な調査結果の刊行が調査の速度についていけなかったため，考古学から学ぶのがたやすくはなかったことがその理由としてあげられよう。そして，このことが北

第1章　序章

西海岸の人々が歴史を欠いた人々として扱われる結果となってしまったのだ。

　これが，本書の基礎をなす根本的な理解へとわたしたちを導く。採集狩猟民は動的な，その動きが予測困難な歴史を有するが，その歴史は，人類の文化と社会の進化を理解するうえできわめて重要である。社会理論学者は，人類の歴史の道筋にはいったん渡ってしまうと決して後戻りできないいくつかの発達上の境界があると長い間信じてきた。

　偉大な考古学者のV・ゴードン・チャイルド V.Gordon Childe は，これらの境界を革命ととらえた。チャイルドは過去10,000年の間には，産業革命と同じような二つの革命があったと考えた。一つは農業への移行であり，もう一つは小さな村から都市への移行である。また考古学者ピーター・ウィルソン Peter Wilson は，一か所での定住生活への移行が，人類にとって農業や都市や産業革命よりもさらに重要な変化だと主張した。

　しかしここで問題にしたいのは，これらの移行が概して絶対的なように語られている点である。つまり，ひとたび定住すると永久に定住するように。これらの不可逆的な点をこえてしまうことで，社会には必然的に不可逆的な経済的，社会的，政治的変化がおとずれる。

　これに対して，遊動民を研究すると，採集狩猟民集団のあるものは大きな社会変化に表立って巻き込まれることなく，定住・非定住の境界を横切ったり行ったり来たりしている。その一方で，新しい変化の方向性にしっかりと，そして瞬く間に吸い込まれる集団もいる，ということがわかる。こうした採集狩猟民の方向性の一つが，社会的な複雑性と不平等性の進展である。

第4節　本書の構成

　本書は，三つの基礎的なテーマによって構成されている。第一のテーマは，採集狩猟民は長く豊かな歴史をもっていることについて，第二のテーマは，どのようにして，そしてなぜ文化の変化や進化が起こるのかという問いに答えることであり，第三のテーマは，文化の地域的な類似性と地域差の問題，あるいはそれを自然環境の側面から説明することや地域的な豊かさと地方ごとの多様性の問題についてである。

　これら三つのテーマをあわせて用いることによって，どのようにして，そしてなぜ北西海岸の複雑採集狩猟民が進化したのか，またそれのどこが重要なのかという問いに答えるための枠組みとしたい。採集狩猟民の歴史という第一のテーマはすでに紹介したので，この節では文化の進化と地域的な類似性と差異について述べてみよう。

　文化が変化する原因に関しては，実にたくさんの理論がある。したがって，ここでわたしたちの考え方をすべて披露するのは無理であり，要約にすぎないことをご承知おきいただきたい。

　わたしたちが描く文化的な進化は，人々がなす決定の産物，すなわちそれらの決定の行動的な帰結である。文化的進化の本質は壮大なものでもわたしたちの生活とかけ離れたものでもなく，めいめいが毎日おこなっているものである。すなわちそれは人々の意図にもとづいてなされる決定と行動である。それらの決定に対して下される評価は人々の行動の結果が決めるのであり，評価はそれらの結果を考慮したうえで考えや行動をどのように変えたのか，ということにかかっている。その決定は，ナ

ポレオンのロシアに対する侵略とはまったく違い，たとえてみれば朝コーヒーにするかお茶にするか，仕事に車で行くかバスを使うかといったようなものである。

　同じく重要なのは，子どものころに学んだものを彼・彼女らが大人になっても用いて，次の世代に伝えることである[8]。文化的な進化は日常生活の結果なのであり，ナポレオンのような壮大な計画の結果ではない。

　決定を下し，それらを評価するための基礎は何なのだろうか。ある決定が下され，その結果が評価されるのは，わたしたちの意思と価値観にもとづいている。コーヒーにするかお茶にするかという，物事を決定するための理由をわたしたちはもっているのだ。

　多くの決定は，さしたる根拠もなくなされているのが普通であり，いつでも完全なあるいはぶれない正確な知識にもとづいた合理的な計算によって決定しているわけではない。しかし，その根拠が何であれ，わたしたちによかれと思う選択肢のなかから選んでいるのは確かである（選択肢がたった一つのこともあるかもしれないが）。コーヒーは眠気覚ましによかったが，車は道路が混んでいたので時間がかかってしまった，というようにそれらの結果を評価しているのである。眠気が覚めたということと，はやく会社にこられたということは，朝の選択に対する評価の基準が伴っている。

　その一方，車を使用するということが，通勤時間に対しての効果となんの関係もないこともありうる。つまり，値段の高い名車を買ってそれをみせびらかして楽しむこと，つまり社会的な威信に無上の喜びを見出しているならば，交通渋滞のなかに車を割り込ませることは，その目的のためにはかえってよい結果を生むことになる。

　わたしたちは，自らの生活を左右する決定のいかなるものをも他の人におしつけることはないし，逆に他人の選択とその結果に対する評価はその人の価値観と意思にかかわるものであって，自らのものではない。ただし，自分の頭の上に広がる雨空を見上げてほかの人々も雨にぬれるかもしれないという分かち合う力を決定と評価はもっており，傘を持っていった方がいいよとアドバイスすることになる。その意味で，決定と評価は天気と同じくわたしたちをとりまいている環境の一部なのである。

　これらの意思と価値観を生み出すものはなんだろうか。一つは文化[9]，すなわち分かち合う思想，信条，価値，習俗，世界観，習慣，人間の頭の中に記憶された知識である。

　文化は，同じ文化集団の他の人々や，次の世代の人々との間で社会的に分かち合われている。文化はわたしたちに何がよくて何が悪い行為か，何が賢くて何がおろかな行為かということを規定的に語りかけてくる。文化的な情報は，わたしたちを取り巻く世界をどのように理解するかということに大いに影響を及ぼし，わたしたちを取り巻く環境や他の人々との関係のもち方を組み立てている。それは，世界とそれがどのように働くかということに関する知識の体系である。そしてそれはある世代から次の世代へと社会的な学習を通じて伝承される[10]。

　したがって，文化は社会的な歴史といえよう。今日の文化は，いずれもたえまない時の流れを通じてその伝統が次の世代に伝えられてきたものであり，すべからく思想や習慣の残存形態をなす[11]。ある世代から次の世代に伝えられるのは思想や習慣のすべてではなく，それらのほんのわずかである。したがって，文化は大いに歴史的な産物といってよい。

　文化は共有されているとはいえ，統一的ではない。わたしたちはそれぞれ自分たちの文化のバージョンを学んでおり，それは他人の学んだバージョンとまったく同じではない。

さらに宗教の歴史が明確に示しているように，文化は思想や習慣の複数の形態を含んでいるようだ。もっとも厳格な宗教においてさえも，考えや解釈の多様性は必然的に発達する。宗教のいくつかの考え方・解釈それ自体が独立した宗教になる場合もあるだろうが，その一方他のものは衰退し，消え去ってしまう。

思想や行動が広い範囲で花開き栄えるような生活の場もあれば，思想や行動がほとんど機能しないような場もあろう。たとえば，超自然についての概念は世界中にきわめて多くの変異があるが，魚釣りの針の形態的な変異はきわめて限られている。シャマニズム，ヒンズー教，仏教，カトリックなどは皆等しく社会的な「務め」を果たしているかもしれないが，魚をとるための実際の方法は限られている。

もう一つのわたしたちの目的と価値観の源泉は，生物学的要因である。この分野は異論が絶えないが，わたしたちの行動がある種の遺伝学的な基盤に左右されているのは必然的なことではないだろうか。最近の認識論によれば，たとえば脳の中では「ハードワイヤード・モジュール hardwired modules（論理的ではなく生物学的に結ばれた単位）」と呼ばれるものないし，何らかの種類の行為に対する能力を働かせていることが説かれている。

たとえば，スティーブン・ミズン Steven Mithen は[12] 近年，わたしたちはいくつかのそのような単位（モジュール）をもっており，そのなかにはある自然の歴史の情報を正確に学ぶための，もう一つのものは道具をつくるための，そしてさらにもう一つは社会的に複雑な状況のなかで効果的に仕事をするための単位がある，と主張している。

ミズンはそれ以前に出した論文のなかで，無意識でおこなうような，すばやい決定をするために，自分の脳の中ではしっかりと「目の子算 rules of thumb」をやっているということも述べている[13]。それらは「虫の知らせ hunches」あるいは直観と呼んでいるものである。

しかし，わたしたちはまたある種の行動に対する生まれつきの癖のようなものをもっているようにも思われる。ヒトは，チンパンジー，ゴリラやボノボ（かつてピグミーチンパンジーと呼ばれた）と密接な関係をもった現生の霊長類である。これらわたしたちの親戚の行動は幅広く，チンパンジーとゴリラは支配階級制をとっている。多くの人間社会のなかに社会的な不平等が存在しているのは，こうした性癖が純粋に表現されているのではないだろうか。

わたしたちが支配階級制度を組織するのにさまざまな方法をとるが，それはいかに柔軟にこれらの生来の「性癖」を表現できるかを示しているように思われる[14]。

生物学的な結果は，生物学的進化がどのように働いたのかということを考えればより単純だと思われる。数百万年の進化の結果として，わたしたちが下す決定の帰結が，ヒトの生殖能力にいかなる影響を及ぼしているのかということにもとづいて評価する方向に導かれているのかもしれない。言葉を変えれば，わたしたちは次の世代への遺伝的貢献を最大限増加させるように行動する傾向がある，ということだ。これらの評価はわれわれが感づいているか，あるいはまったく気づいていない目の子算にもとづいているのかもしれない。

決定と価値観の源泉がなんであれ，さまざまな思想，習慣と行動は，それらの結果に応じて選りすぐられる。その結果，いくつかの文化的な変異が持続してより一般的になるであろう。その一方，他のものは消えうせる。自動車は馬と馬車にとって変わり，キリスト教は生き残り，ミトラ教は生き

残らなかった[15]。これらの例は，文化的な進化に対するアプローチが，技術や信仰にも同じように当てはまることを示している。

決定と行動の結果のあるものはごく短時間で認識できるが，結果がでるのに大変長い時間かかる場合もあり，時には数百年かかって現れることさえある。また，時として短い期間と長い期間の結果が矛盾することもある。たばこをすうことですぐに満足が得られるかもしれないが，20～30年後に肺がんになってしまう可能性がある。自動車は街路にあふれる馬の糞という公害問題の一つをすぐに解決したが，その一方滝のように増加しつづけ，現在わたしたちが抱えている問題をもたらした。

だから，人間の意思決定が文化進化の基礎的な原因となるとはいうものの，意思決定の重大性が決定自体を延命させる場合もあるし，わたしたちが個人として次以降の意思決定をおこなっていく環境（自然と文化両方の）の一部にさえもなりうる。

どれだけ長くそうした重大性が持続するかということに対しては，環境，技術，そして社会と経済の規模の違いが，包括的な影響を与えている。たとえば，農耕地を継続して灌漑することが塩の蓄積（塩害）をもたらし，生産性がまったく損なわれてしまう可能性がある。近代アメリカ合衆国西南部では集中的な農地の灌漑は1920年代に始まり，そのときから塩害は問題になっていたが，それに対して，数千年前のメソポタミア（今のイラク）では塩害を認識するのに1,000年あるいはそれを超えるほど長い時間がかかったのである。

もちろん，今されている決定が何らかの結果をもたらすのに1,000年かかるのか，あるいは20～30年なのかだれも知ることはできない[16]。しかし，文化の変化のあるものは，これら不測の結果によって引き起こされるのである。

文化の変化を理解するために，これらすべては何を意味するのだろうか。第5章では，生業と経済の範型の変化に対して述べるが，その変化を理解するために自然環境の地方的，地域的な変動性の重要さについての議論をおこなう。これらはオタク用語だらけの話であり，かいつまんで述べれば以下のようである。

北西海岸では過去11,000年を通じてそしてどこでも，人々は季節や所有している道具と技術や知識，そして彼・彼女らがおかれている境遇（世帯には小さな子どもがいるかあるいは年取った両親がいるか，貯蓄食糧は不足しているかあるいは数週間の蓄えは残っているか，海は思いもよらずに穏やかか，湾の外にタラを求めて釣りに出かけるのは適切かどうか，あるいは彼・彼女らが魚釣りをしようとしている方向に低く嵐の雲が垂れ込めているか）をもとにしてその日ごとにどのような行動をとるか決定していた。自然環境に応じて，彼・彼女らはある季節の間だけでなく何年もの間自分たちがつくる食糧の増産を目指した（あるいは強制的にさせられた）。自然環境の変化のために捕まえる魚を変えねばない場合もあったろうし，新しい技術を学ぶことさえしなくてはならなかったろう。

これは言わずもがなのことのように思われるかもしれない。「集中化 intensification」（一人あたりの生産性の増加，言い換えれば誰かがよりたくさんの食糧を生産する）あるいは「経済の進化に影響する自然環境の多様性 environmental variability affected the evolution of the economy」というような言葉でこれらの問題を議論することはたやすいし，必要でさえあるだろう。しかし，それをなす人間の決定が進化的な変化の基礎であることは忘れるべきでない。

本書の三番目の中心的なテーマは，地方ごとの差異と地域的な類似性であり，それに対応した自

然環境の地域的な豊かさと地方ごとの差異である。この章の前半で，海岸沿いの言語的社会的な差異と，その差異が領域の中にどのように集中して分布しているのか，また人類学者がいかにそれと格闘したかを述べた。この地方的／地域的な範型は，北西海岸を理解するための基礎である。

　北西海岸は，文化と社会組織の多くの類似性によって，またその一方強い地方的な，あるいは地域的な違いによって特徴づけられた文化圏である。北西海岸の美術様式と方言（第9章）はそのよい例である。海岸の多くの場所における美術作品は，認識できる共通した特徴を有しているが，重要な地域的違いもある。たとえばそれらの美術はいずれも共通した基礎的な原理とテーマをもっているが，コロンビア川下流の美術は北のものとまったく異なっており，バンクーバー島の美術はアラスカ州のものとは異なっているといったように。

　海岸の地域的類似性と地方ごとの差異に対する研究方法は共通性をもっているので，時として一つの領域あるいは一つの種族にもとづいて「典型的な北西海岸集団 typical Northwest Coast group」像を提示してしまうようなことがある。たとえば，クワクワカワクワ族は，ボアズがもっともよく研究した集団であり，またもっとも多くの文献が存在しているので，典型的な北西海岸集団とみなされることがしばしばだ。

　同じように，南のジョージア湾から北のプリンス・ルパート・ハーバーに及ぶ一連の考古学的な資料は，それらがもっともよく知られているために，典型例の基準資料といってもよいくらいだ。

　ただ，危険なことは「平均の average」あるいは「典型的な typical」状態に頼ってしまうがために，ありもしないもの，あるいはわたしたちが理解しようと思っているものとは関係ない文化や状況にもとづいて考えているかもしれないということである。

　しかし典型例によって差異があいまいにされることにより，進化や変化あるいは生活それ自体を明らかにするための真の素材を見失ってしまうのはより深刻である。環境の多様性や人々がなす決定の多様性，あるいはそれらの決定の結果の多様性から，文化の変化が生じるであろう。したがって，過去に何が起きたか理解するためには，「多様性 variability」がキーワードになる。

　その一方，近似性も実際にあり，海岸では地域を異にしても重要な類似性を共有している。多様性だけに焦点を当ててしまうと，文字通り木を見て森を見ざることになる。

　それでは，地方ごとの差異のなかからどのようにして広域的な類似性が生じるのだろうか。自然環境が広い範囲で類似しているからだと単純にいえるだろうか。それはある意味正しいが，若干言い換えないといけない。

　地域的な文化的類似性が存在するのは，ある領域における特定の場所はどこでも，ある仕事を成功させるための解決策のセット，あるいはその達成可能な目標のセットを共有しているからこそ，そこそこ似ているのである。海岸はいつでもどこでもというわけではないにしても，海岸の経済基盤がサケになり得るほど，サケの遡上は期待でき，かつ貯蔵するに十分豊富であったのだ。

　もう一つの答えは，「共有された目標 a common set of goals」という語句にある。

　北西海岸の人々は，大規模な社会的交易的ネットワークの一部となることで，地方ごとの差異に対応していた。そのネットワークを通じて，彼らは時として広い地域にわたってよその人々やほかの資源との間に関係性をつくりあげている。それによって彼・彼女らは地域的社会的なネットワークを長期にわたって維持し，共通する文化的特徴を共有してきた。これは文化の歴史である。

したがって，以下本書は三つの考え方ないしテーマをめぐって構成されることになる。それは，採集狩猟民は動的で興味深く重要な歴史をもっていること，これらの歴史（文化の進化）は個々人の日々の決定の結果であるということ，そして地方ごとの差と地域的な類似性の両方とも文化変化の根本的な要素であるということである。これらのテーマは，北西海岸の複雑採集狩猟民の進化を説明しうる枠組みとなるであろう。

第5節　本書の要点

以下，9章にわたってアメリカ北西海岸の複雑採集狩猟民の考古学と歴史を記述するが，これらの章は年代順というよりもテーマにもとづいて構成した。それを採用したのは，それらのテーマと重要な概念によって，北西海岸を人類学的な文脈のなかによりよく位置づけることができると考えたからにほかならない。したがって，生業，地位と階級，戦争，美術といったようなテーマは，それぞれの章のなかで時間的空間的な構成要素を含んでいることに注意されたい。

第2章では，北西海岸の地形と気候の空間的，時間的な変異を論じるが，海岸と陸の間のおもな地域的違いと，北南の間の変動性を示す。過去12,000年の間に起こった気候と景観の変化と，それらの変化が食糧資源の分布状態にどのような影響を与えたのか，記述を進める。

次の二つの章は北西海岸の考古学史をひも解いて，編年的概要を示す。第3章は紀元前11,000年から前4400年間を，第4章は紀元前4400年から紀元1775年までの期間を扱う。

第5章では人々が過去13,000年間にわたってどのように生活してきたか，その多様性を説明する。地域全体としてはたくさんの地域的な差異があるものの，彼・彼女らが海の生業に基礎を置いていたことを章の大半で示す。いくつかの地域はおもにサケに頼って生活しているという点で，民族学的なパターンに従うものである。サケ以外では，日々の食事はクジラ，オヒョウ，タラ，ニシンやアザラシ類といったものからなる多様で幅広い種類の動物から成り立っている地域もある。ある地域では過去1,000年の間でサケにウェイトを置くようになっていくなど，食生活も時間とともに変化することをみていこう。

第6章で，北西海岸の世帯の発達，専業化，地域間交流をはじめとするいくつかの話題を論じる。本書の冒頭で議論した，規模（スケール）についてのいくつかの問題もこの章で扱う。また，北西海岸の世帯経済どうしの関係，エリート階級の形成，社会的な性の役割も話す。地域間交流については，交易とそれによる社会的結びつきが非常に遠距離にわたっていたことからも，北西海岸の発達にとっては重要な要素であったことがわかる。

第7章で焦点を当てるのは，北西海岸の人々がどのようにして階級と地位を表示したのかということと，考古学的にいかにしてそれを認識すればよいのかということである。北西海岸の研究者が地位と階級を認識するのに用いる三つのおもな指標は，埋葬と家の大きさと外来の品や原料の交易である。北西海岸では，この三つはすべてが同程度とはいえないようであるし，狩猟採集民の複雑さの研究には，すべてが異なる意味をもっているかもしれないことを議論しよう。

戦争は，北西海岸の重要な制度であったが，それは第8章の焦点である。ここでは，地域間の暴

第1章　序章

力的交渉の歴史と，考古学者が考古学的な記録のなかからどのようにして戦争を認識するのか論じる。戦争は東南アラスカで広範囲に及んでおり，その程度（深刻さ）はさまざまであるが，過去5,000年起こっていたことを示したい。北西海岸における戦争の記述と説明を目指している二つの研究計画を取り上げる。最初はキトワンガにおけるジョージ・マクドナルド George MacDonald の発掘調査で，二番目のものは南東アラスカのトリンギット族の戦争についてのハーバート・D・G・マシュナー Herbert D.G. Maschner の研究である。

おそらく北西海岸の文化のもっとも長きにわたる特性は，彫刻と彫像である。これほど世界の注目をひきつけた地域の慣習はほかにない。第9章は，北西海岸の美術を概観する。それは北西海岸の文化の発達を理解するうえで欠くことはできないものととらえ，さまざまな観点から議論する。わたしたちはその起源を追跡し，5,000年前の単純な彫刻と幾何学的デザインから現代の特殊化した工芸と工人への流れを通じて，その変化を議論する。

最後の章は，本書を通じてわたしたちが本当にアメリカ北西海岸の先史像に近づくことができたのか考えるためにとっておいた。わたしたちはすべての問題に答えを出したとは思っていないが，大かた穏当な合意に到達することができた。第10章は，北西海岸を織り成す過去の糸をつむぐためのわたしたちの試合場である。わたしたちがこれから述べることは，世界の先史時代のなかでももっとも驚くべき歴史と文化景観の一つであるに違いない。

---

1) John Brown, a Gitksan elder speaking to the ethnographer, Marius Barbeau, in Kispiox, British Columbia 1920（〔Cove 1987, p.49〕より引用）．
2) Suttles 1990, 11. 括弧内は我々（引用者）のコメント。
3) クワクワラ語はクワクワカワクワ族が話す言語である。
4) Lee and DeVore 1968, 11.
5) Cohen 1989.
6) Franz Boas, Tsimshian Ethnography, 1916, p.274.
7) Cope 1991.
8) 大変多くの書物があるので，冗長な出典明記はさけた。この章のアイディアの基礎の多くをなしたとくに以下の文献を読者は参照されたい〔Winterhalder 1980〕，〔Boyd and Richerson 1985〕，〔Cosmides and Tooby 1987〕，〔Durham 1991〕，〔Mithen 1990・1996〕，〔Smith and Winterhalder 1992〕。
9) 文化に対するここでの議論は，〔Durham 1991〕によっている。
10) 他者から受ける社会的な学習。文化は社会があって初めて成り立つ。
11) 〔Durham 1991,8〕を改変引用。〔Boyd and Richerson 1985〕は，世代間の文化的特色の伝達は，文化進化のうえで鍵となる過程であると考えるのに対して，ダーラム Durham はそうした伝達は，その帰結により評価される決定の評価の過程である。この問題は別の機会に論じたい。
12) Mithen 1996.
13) Mithen 1996.
14) たとえば Hayden〔1990・1992b〕は，採集狩猟民が一般的にもっているとされる個人の権力の拡大に対してそれを強く押しとどめる作用を取り除くほどに資源が十分に豊かであるか，生業の技術が十分に生産性を有しているようなときに，採集狩猟民における社会的な不平等が生じると述べており，さらにまた自らの優越性を追求するような権力者は，ある社会のなかでは抑圧されているだけであって，ごく自然な人間性の存在形態であると述べている。
15) 1〜2世紀に，ミトラ教はキリスト教に対する強力なライバルであった。ミトラ教はとくにローマ帝国東部とローマ軍の間に浸透した。ミトラ教はキリスト教との間にその特色を共有しているが，キリスト教よりも善と悪の二つの側面をつよく備えている。
16) これは些細なことかもしれないが，農耕は明らかにこの脈絡のなかから生み出されたものである。採集狩猟民は，2,000〜3,000年の将来を見越してではなく，切羽詰まった目的で何らかの方法を用いて植物を用い，操作することを始めたが，それが農耕を導いたのである。彼らはその結果に対する知識をもっていなかったわけだから，それは自らの意思ではない，すなわち農耕は結果だった。

第 2 章
生態系：自然環境と人口動態

はじめに

　1806 年 3 月 28 日の夜，ルイスとクラークの探検隊は，探検旅行の帰途に現在のオレゴン州ポートランド付近でキャンプをおこなった。探検記によると，彼らはたくさんの鳥が騒がしくて眠れなかったとこぼしている[1]。ほかにはとくに困ったことはなかったようだが，鳥に困らされるのも北西海岸の自然の豊かさならではのことであろう。

　当時そこには莫大な数のラッコが生息していると記述したキャプテン・クックらの航海日誌が，ラッコの毛皮交易に火をつけることになった。いまでも北西海岸地帯はおびただしい数のサケが遡上することで有名であるが，自然の豊かなウィラメット渓谷のうわさに人々はひかれ，オレゴン街道をたどって大挙して押しかけたのだ。

　一見して豊かな自然環境ではあるが，初期の人類学者は，先住民の生態系と生業経済は彼・彼女らの文化を理解することにとって逆にあまり関係性がないと思い込むようになった。これについてはウェイン・サットルス[2]が，北西海岸の自然環境はどこでも，そしていつでも満ち足りていたわけではないと反駁している。サケの群を見かけなくなってしまう時期もあったし，サケがまったく遡上しない場所もあった。重要なのは北西海岸の自然環境は豊かだが複雑であるということであり，この複雑性とそれに対する先住民の対応が，彼・彼女らの人口動態・経済・社会・歴史に重大な役割を演じたことである。

　毛皮交易は 1792 年に始まるが，そのころの北西海岸は，メキシコ以北の北アメリカのなかではカリフォルニア地方に次いで 2 番目に人口の多い地域であった。これらの地域は，いずれも農耕民ではなく採集狩猟民が居住していたことは興味深い。

　この人口の多さが北西海岸の豊かな自然環境によることは明白であるが，それでは単純にすぎる。どのようにして人口が増えたのか，どのようにしてそれが維持されたのか，そして北西海岸の人口と環境的社会的な歴史相互の間にいかなる決定的な関係が存在していたのだろうか，ということを明らかにしなくてはならない。

　北西海岸における自然環境の豊かさと複雑さは，海岸の地形と気候の間の，そして陸地と海の間の相互作用の結果生じたものである。生態系は静的なものではないから，北西海岸の自然環境もまた安定的ではない。事実，その不安定さは複雑さを生み出す一つの鍵となるのである。だからこそ，わたしたちは北西海岸沿岸の自然環境の歴史を振り返ってみる必要があるのだ。

　そこで，この章では北西海岸の地形と気候についてみていきたい。というのも，地形と気候の間の相互作用によって，生物生命環境ができあがっているからに他ならない。そして，北西海岸地域の陸と海の自然環境を概観する。最後の節で，過去数千年にわたる海岸の人口動態について何がわかって

いるのか，かいつまんで述べることにしよう。

本書はアメリカ北西海岸に関する書物であるが，地理学者や地質学者がカスケード *Cascadia* 地方と呼んでいる広い範囲を扱う。

カスケード地方は，ワシントン州のすべてとブリティッシュ・コロンビア州の大部分，アラスカ州東南部，そしてオレゴン州の北部と西部，カリフォルニア州北部，アイダホ州の北部と中央部，モンタナ州西部を含む。このようにカスケード地方は，北西海岸と山間高原，亜北極圏と大盆地の一部分という二つの文化圏のすべてを含んだ範囲である。

ある意味これは任意の範囲であり，その範囲はさらにアラスカ州太平洋岸の多くの地域と，あるいはおそらくカリフォルニア州中南部の地域にまで拡大されるかもしれない。とりあえず太平洋岸のサケ地帯の中心と，サケが遡上する重要な河川（サクラメント川とカリフォルニア州のサン・ヨクイン川だけは除いて）は含めておこう。

階層差の発展と美術様式の歴史といった北西海岸の歴史におけるいくつかの重大な発展的展開の脈絡，背景を理解するうえで，この広大な地域はきわめて重要である。

第 1 節　地形

北太平洋のどこか眺望のよい場所から東を向いて北西海岸を見ると，海岸のおもな地形上の特徴が一番よくわかる。地形（山脈，谷と低地）はおもに，南北に走っている。大きな河川は東から西へ流れており，天気は西から東へと変化する。まるで大きな青と緑の格子縞模様のようだ。

南北に走る地形はおもに西から東に向かって，大陸棚，外周山脈群，海岸低地，内陸山脈群の順に並んでいる【口絵2～8】。大陸棚は，海岸山脈と北太平洋の深海底との間にある沈降した海岸平地である。大陸棚の浅海水域は栄養分が豊富であり，たくさんの種類の魚，海生哺乳類や海鳥が生息する。冷たい海流（アラスカ海流とカリフォルニア海流）から湧き出る水には，海の生物のえさとして必要なプランクトンが豊富である。

ワシントン州やオレゴン州の外海岸のように，大陸棚が海よりも高く，真の海岸平地を形成している場所もわずかだがある。アラスカ州東南のアレクサンダー列島やバンクーバー島の西海岸の外海島などには，小さくのびる海岸平野が存在している。最終氷期の間，海岸平野はすべて陸地であって，ブリティッシュ・コロンビア州とアラスカ州は一部が氷河に覆われていた。海岸平野はアメリカへの人々の移動と北西海岸に人々がすみつく（第3章で議論する）のに大きな役割を演じたと思われる。

大陸棚のすぐ東には，カリフォルニア州北部・オレゴン州の海岸山脈，ワシントン州のウィラパ *Willapa* 高地とオリンピック山脈，ブリティッシュ・コロンビア州のバンクーバー島，クイーン・シャーロット諸島の山々，そしてアラスカ州東南のアレクサンダー列島の高い海岸の山々を含む外周山脈群[3]がある。

外周山脈群は，ブリティッシュ・コロンビア州，ユーコン準州，アラスカ州が出合うセントエリアス山脈で終わる。それらは低い丘から高い頂をもつ山までと地形の変化が激しく，どこも起伏が多く，植物が繁茂している。

大陸棚が水面下にあるところでは陸地が海から直接立ち上がり，切り立った峻険な海岸線をかたちづくっている。氷河の最終拡大期に，ワシントン州のオリンピック半島から北の海岸山脈は氷河におおわれたが，それよりも南には氷河が前進することはなかった。

北西海岸の地形のうち，海岸低地あるいはトラフはほとんど注目されない地形かもしれない。しかし，その自然環境はもっとも重要な特徴をそなえている。それはいわゆる「澪」と呼ばれる航路になっており，貨物船，フェリー，そして豪華客船がバンクーバー島からアラスカ州東南を定期的に往復するときに利用することができるからである。

トラフは外周山脈群と内陸山脈群にはさまれた低地である。シアトルの北ではそれは海面下にあるが，南では海面から顔を出しており，オレゴン州コッテージ・グローブ Cottage Grove へと 800 km（500 マイル）南に向かってのびるピュージェット－ウィラメット Puget-Willamette 低地をかたちづくっている。

海に沈んだ範囲も乾いた陸地も，両方とも先住民の生業経済にとって重要であった。以下みていくように，海岸トラフの海面下の部分のいくつかは海岸でもっとも広範囲で重要な浅場水域であり，そこにはたくさんの生物が生息していた。ピュージェット－ウィラメット低地は独特の環境であり，それは密度の高い人口を支えると同時に，そのうちのいくつかの地域ではやや特徴的な経済が営まれた。

第 2 節　気候[4]

北西海岸の気候は海洋性である。夏は涼しく，冬は湿潤で温暖である。植物が成長する季節は長期にわたり，南部の海岸は冬でもまったく凍結することはない。太平洋沿岸は夏と冬の気温の差はほとんどなく，二つの季節の違いといえば雨量の差，すなわち夏に乾期があることだ。意外に思われるかもしれないが，シアトルはニューヨーク市よりも夏の雨量ははるかに少ない（まったくないこともしばしばである）。ブリティッシュ・コロンビア州のプリンス・ルパートのような湿潤な場所でさえも，夏の間に雨のほとんどない期間が数週間ある。

通常，もっとも湿潤な月は 10 月と 11 月である。年平均気温は，南から北に行くとより低くなるが，海岸は全体的に温暖である。海岸から内陸に行くにしたがって，気温はより低くなる（年間の変異もまた大きくなる）。降水はおもに北太平洋沖からの秋と冬の嵐によってもたらされる。嵐が海岸を襲うと，嵐は外周山脈群に衝突して上昇するが，その結果，海岸よりの斜面の中腹と上部に激しい雨を降らせる。その雨量は，年間 3,000 mm（120 インチ）をこえることも珍しくない。

もっと極端なのがある。オリンピック山脈の雨陰 rainshadow にあるワシントン州のセキム Sequim は，カリフォルニア州のサンディエゴと同じくらい少ない雨量しかないが，逆にアラスカ東南部のコンセプション島では，毎年 10,000 mm（400 インチ）をこえる降雨が毎年ある。海岸から離れると（そしてより高い標高では）雨は雪にかわるが，それはとくに北部の海岸で顕著である。

外周山脈群のなかでも標高が十分に高いところでは，それらの東側の斜面に隣接する低地帯に雨陰をつくる。まさに外周山脈群の東がそうした場所であり，その地帯の降水量がもっとも少ない。ワシントン州のサン・ファン諸島とそれに隣接したオリンピック半島の先端部はオリンピック山脈の雨陰

になっているので年間の降水量が760㎜（30インチ）に満たず，人々はどこでも日当たりのよい気候を満喫できる。バンクーバー島のなかでも高い峰の雨陰にあるブリティッシュ・コロンビア州本土の海岸は，地元ではサンシャイン海岸として知られている。

　海洋の大気の塊がアメリカ合衆国のカスケード Cascade 山脈とカナダの海岸山脈に衝突して再び上昇すると，雨量が増加する原因となる。内陸山脈群の東，つまりワシントン州とブリティッシュ・コロンビア州のそれぞれ中央部は，降雨の逆の影響が非常につよく，それらの地域は大陸気候であり，たいへんに乾燥している。

第3節　陸地の環境[5]

　ピュージェット－ウィラメット低地帯の一部を除けば，北西海岸は広大で温暖な雨林におおわれている【口絵5】。沿岸の森林は，ほとんどがアメリカツガ western hemlock（*Tsuga heterophylla*），シトカトウヒ sitka spruce（*Picea sitchensis*），そしてベイマツ Douglas fir（*Pseudotsuga menziesii*）という三つの樹種によって占められている。4番目に多いアメリカネズコ western red cedar（*Thuja plicata*）はわずかにすぎないが，その地域の木工に重要な役割を果している。アメリカネズコは木造の大きな家やカヌー，貯蔵用の箱，そして名高い美術作品の重要な原料であった。

　これらの森はちょっと見た目にはどこも同じなようだが，決して一様ではない。なぜならば，森林の多様な生態系と海岸に住む人々にさまざまな資源をもたらす小さな群落の集まりから成り立っているからである。特定の場所でみられる樹木の種類は，気温や降水量，海への近さ，標高，そして緯度などの地域的な差に応じて，変わってくる。さらに先住民が森林のあり方に影響を与えた。定期的に森に火を入れることで森林の生産性を高めたり，また彼・彼女らにとって有効な環境（普通は草原か，ブルーベリーなどベリー類の豊かな湿地）を維持したりした[6]。

　主としてアメリカツガ，アメリカネズコとウツクシモミ Pacific silver fir（*Abies amabilis*）からなる森林は，湿潤で穏やかな場所を好む。より寒冷な場所，あるいは湿潤な場所，あるいは寒冷で湿潤な場所，とくに米加国境線の北では，シトカトウヒがツガ・メルテンシアナ mountain hemlock（*Tsuga mertensiana*）とアラスカヒノキ yellow cedar（*Chamaecyparis nootkatensisi*）をしたがえて森林を支配している。

　ベイマツとアメリカツガは，より乾燥した地域（年間の降雨が1,800㎜〔70インチ〕以下），とくに国境の南に卓越する。

　オレゴン州南部とカリフォルニア州北部では，セコイア Redwood（*Sequoia sempervirens*）が雨林の重要な構成要素である。ブリティッシュ・コロンビア州北部から南の標高が中位から高い森林地帯では，ツガ・メルテンシアナとモミ属 fir（*Abies*）の多くの種類，エンゲルマントウヒ Englemann spruce（*Picea englemanni*）とシロカワゴヨウ whitebark pine（*Pinus albicaulis*）がもっとも一般的な樹木である。

　ワシントン州とオレゴン州の海岸低地における乾燥した地帯には開地性の植生が展開しており，ところどころに広々とした草原やプレーリーが存在している。オレゴン州のウィラメット渓谷は，広大

な草原のなかにギャリーオーク Garry oak（Quercus garryana）の木立を伴う開けたカシのサバンナを有している。

　小規模なプレーリーは，バンクーバー島南部と同じくらいはるか北にまで広がっていた。これらのプレーリーはすべて，意図的な火入れによって維持された。火入れをやめたことで，また農地の拡大とその後の農地の放棄というサイクルにともなって，多くのプレーリーが消滅しつつある。その結果，たとえば現在のウィラメット渓谷には広大な森林が広がっている。

　先住民は，たくさんの種類の植物資源を森林で採集したが，それらは食糧，技術，医療などに用いられた。海岸で生活する人々の日常食における植物質食糧への依存度が，南から北に行くにしたがって低下していることは重要であるので，ここで強調しておきたい。北へ行くほど，陸地環境の生産性が全体的に低下していることを反映しているのであろう。

　数十種類の根茎類（あるいはシダ類），根と球茎（あるいは球根）などが採集され，その多くは貯蔵された。日々の食事は乾燥あるいは燻製させた貯蔵食糧に大きく依存していたので，ベリーは甘味や味付けのための重要な資源であった。多くの地域ではベリーは荒地に育つ。そこでベリー畑は森林に逆戻りするのを防ぐために，しばしば火入れをされた。ドングリとヘーゼルナッツは，南部海岸のより乾燥した地域で利用された植物である。

　ワピチないしエルク elk（Cervus elaphus）と二種類のシカ deer（Odocoileous sp.）は，もっとも重要な大型の哺乳類だったが，アメリカグマ black bears（Ursus americanus）や二種類のビックボーン mountain sheep（Ovis sp.），シロイワヤギ mountain goats（Oreamuus americanus），ビーバー beaver（Castor）などたくさんの種類の肉食動物やげっ歯類さえも狩猟され，幅広い目的のために利用された。

　海の魚や川をさかのぼる魚（川をさかのぼる魚は，川と海の両方で一生を過ごす）に比べて，淡水魚はそれほど重要ではなかった。淡水魚のうちでももっとも重要なのは，二種類のチョウザメ（シロチョウザメ white sturgeon〔Acipenser transmontanus〕）とチョウザメ green sturgeon（A.medirostris）であろう。コイ科の小魚 minnows（Cypromodae）も，地域によっては重要だった。川をさかのぼる魚のおもなものは，6種類のサケと降海型ニジマス steelhead trout（Onchorynchus sp.），ユーラカン eulachon（たいへん油分が多く，それに灯心を刺して明かりをともすことができるので，キャンドルフィッシュ candlefish〔Thaleichthys pacificus〕とも呼ばれる）を含む何種類かのキュウリウオ科の食用魚であった。とくに冬場は，乾燥した食糧を長期にわたってとらなくてはならないので，魚の油は乾燥に対する生理学上の効果からも重要で大切にされた補助食品であった。

第4節　海の環境

　浅瀬 neritic と外洋ないしは遠洋 pelagic という二つの海の環境域は，北西海岸の経済の基盤である[7]。

　浅瀬地帯とは，満潮時の海岸線から大陸棚（満潮時の水位からおよそ200mあるいは650フィート下）のへりまでを含む。それは満潮位から干潮位の間の沿岸（あるいは潮間帯）と干潮時の海岸線から大陸棚の縁までの亜潮間帯に細別されるのが一般的である【口絵2・3・6】。

これらの水域は，人間の役に立つ生物が生息するもっとも生産力の高い環境を含んでいるが，それらは入江，潮間帯の干潟，干潮によってできる湿地，岩の多いなぎさと砂堆（島から離れた，あるいは陸地からいくぶん距離のあるところに位置する，たくさんの種類の植物や動物，そして鳥をひきつける，生産性の高い広大な浅瀬）である。海岸のトラフが海に沈みこむ部分には，海岸でもっとも大きくて肥沃な浅瀬が広がっている。ワシントン州とオレゴン州の海岸は大陸棚が狭いので，この地域の浅瀬はもっとも小さい。

　これらの浅瀬には，魚の生息域が非常に多岐にわたって存在している。したがって，浅瀬にはたくさんの種類の魚がいる。もちろん，オヒョウをはじめとする平べったい魚，タラやニシンのような底棲魚の捕獲量が突出しているが，一つの遺跡から20種類以上の魚が出土するのも，まれなことではない。

　鳥は数多く生息しており，海岸は渡り鳥の主要な飛路となっている。アヒル，ガチョウ，ハクチョウはもっとも重要な鳥であり，肉や羽毛，そして中空の骨が利用された。海獣は，魚についで多く捕獲された。

　ラッコ sea otter（*Enhydra lutris*），ゼニガタアザラシ harbor seals（*Phoca vitulina*）とトド sea lions（*Eumetopias jubata*）は沿岸でもっとも重要な海棲哺乳類であった。カリフォルニアアシカ California sea lions（*Zalophus californicus*），数種類のネズミイルカ porpoise とコククジラ grey whales（*Eschrichtius glaucus*）もまた捕獲された。捕鯨は，バンクーバー島の西海岸の人々やオリンピック半島北西先端部の人々にとって重要であった。

　外洋の地帯は，大陸棚から先の深い海域を含んでいる。この広大な外洋の環境は直接利用されることはなかったが，サケが成魚に育つ場所として重要な位置を占める。

　外洋地帯の環境変動は，いずれも海岸の人々に大きな影響を及ぼしたであろう[8]。たとえば，ペ

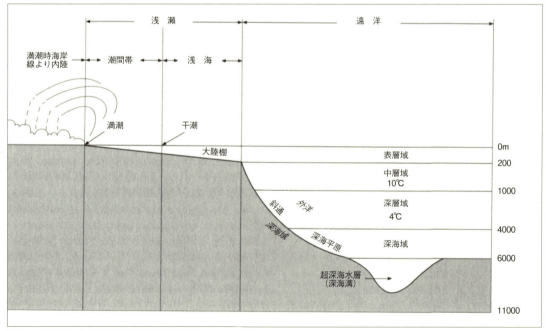

図3　大陸棚における海域環境の帯状分布

ルーから北に向かって東太平洋の海が暖かくなるエルニーニョ現象は，外洋に生息するプランクトンや魚，動物，鳥の数を大きく減少させてしまうので，外洋環境の生産性に壊滅的な打撃を与えうる。あたたまった海の水は，北部の海域をより南部の海域に近い状態へと変化させ，冷たい海に適応している生物の生活パターンを崩壊させてしまう。長期間のエルニーニョ現象は，陸地に深刻な乾燥を引き起こすだろう。

逆に，海面温度の下降はトドのような種や南に下って産卵するサケの南限ラインを南に押しやるので，生物の種類が広がることによって，いくつかの地域では生産性の向上につながった。

このように，外洋の地帯はそれが直接利用されなくても，北西海岸の環境にとっては重要な位置を占めているのである。

第5節　過去の自然環境

北西海岸の自然環境は，過去11,000年以上の長い期間にわたって，重要な過程をたどりながら変化した[9]。気候と植生の変化を人間の歴史といきなり単純に結びつけるわけにはいかないが，これらの変化がどのような性格をもっていたのか知ることは，北西海岸の文化の変化を理解するうえで大事なことである。

考古学者が用いている時間の尺度は長いので，人間の経済と社会における変化が，気候やその他の自然環境的な変化とほぼ同時に生じている事例をあげるのはそれほどむずかしいことではない。同時に生じるという現象が，必ずしも結びつきを証明するものではないが，その因果関係を探索してみる価値はある。ただし強調しておきたいのは，気候あるいは自然環境は，直接的には何も引きおこさないということである。むしろ，それらは人間が自然環境のもとで決定を下す際の，媒介変数や規則といったものを定めているにすぎない。もし規則が変われば決定も変わるが，決まりきった方向性といったものはまったくないのだ。

それでは，氷河作用と海水準の変化，植生の変化，そして気温と降雨量の変化の自然環境上の影響について簡単に述べることにしよう。

(1) 氷河作用

最終氷期の間，北西海岸の北部と中央部は厚い氷河に覆われた。しかし，ワシントン州とオレゴン州そしてカリフォルニア州北部の太平洋岸は，その限りではなかった。

北アメリカにおける最後の大きな氷期はウィスコンシン氷河期であり，およそ10万年前に始まったと考えられる。氷期の間，氷河はただ大きくなったばかりでなく，広い地域を覆うようにして前進し，10万年間そこに居座ったのである。氷河は発達し，減少し，消え去り，2,000～3,000年から数万年以内には元の状態に戻る。氷期と氷期の間の長い期間である間氷期に，氷河はすべて消え去った。

地質学者の間では，現在が間氷期なのかあるいはいまだに氷期なのか，そして（地質学的に）近い将来別の大きな氷河の発達がありうるのかどうか，議論が現在進行中である。

ウィスコンシン氷河期の最後の大きな氷河進出作用は，カスケード地方におけるフレーザー氷河

進出 Fraser advance として知られているが，それは 20,000 年以上前にはじまり，およそ 16,000〜18,000 年前にピークに達した。

　北アメリカでは，ローレンタイド Laurentide 氷床とコーディレラン Cordilleran 氷床という二つの主要な氷河システムが形成された。

　ローレンタイド氷床は北部中央カナダを覆うように発達し，最終的にはカナダのロッキー山脈の東側を覆いつくし，アメリカ合衆国北部中央と北東部の広い範囲までのびた。五大湖が氷河で削られたのは，その過程においてである。

　コーディレラン氷床はローレンタイド氷床より小さいが，カナダの海岸山脈を中心に展開しており，アラスカ海岸山脈に達した。最終的にそれは一つないしいくつかの氷のドームをブリティッシュ・コロンビア州に形成し，その地方の大部分を埋め尽くした。派生した小さな舌のような氷河はワシントン州北部から南へと拡大し，ピュージェット岬 Puget Sound を通って南の地域をなめつくし，そしてファン・デ・フカ海峡へと通りぬけた。

　14,000 年前までに再氷河作用がいくつかの地域で始まり，1,000 年後にはさらに前進した。12,000 年前までに海岸線からは氷河がなくなり，9,500 年前には氷河は海岸山脈まで後退し，さらに 2,000〜3,000 年以上かかって徐々に消滅したのである。

　過去 10,000 年の間，北西部では高山性氷河が形成されて発達した時期が少なくとも 2 回，あるいは 3 回あった。これらの氷河の発達は，年間平均気温の低下あるいは降雪量の大きな増加があったことを想起させる。

　氷河はいく夏にもわたって雪が溶けないことで形成される。後氷期最初の氷河は 7,000 年前ころに形成されたが，その次に形成された高山性氷河がその証拠を覆い隠したために，あまりよくわかっていない。

　しばしば新氷期と呼ばれるこの二番目に形成された氷河は，4,500〜2,000 年前に起こった。これは今日よりも寒冷で湿潤な時代である。最後の氷河形成は一般的に「小氷期 Little Ice Age」と呼ばれ，およそ 500 年前に始まり，20 世紀初頭に終了した。グリーンランドと南極の氷床とは対照的に，世界の高山性氷河の大部分は小氷期の間に形成されたか，あるいはその期間にかなり発達した。1940 年代以来，世界中の山脈氷河の大きな後退が生じている。

　地質学者は近年にいたるまで，フレーザー氷河は海岸全体を埋め尽くしたことにより，海に頑丈な氷の壁ができたと考えていた。たしかに氷河が海中の大陸棚の上へと流れ出した海岸沿いでは，実際にそうしたことが起こった。しかし沿岸のある範囲はまったく凍らなかったか，凍ったのはわずかの間だけだったように思われる。

　こうした凍らなかった場所——あるいは生物学者がそれをレフュジアム（避難場所 refugium，複数形はレフュジア refugia，氷期の気候変化の影響を受けずに昔のまま動植物が残存している地域）と呼ぶ——の候補としては，北部クイーン・シャーロット諸島とプリンス・オブ・ウェールズ島がもっともふさわしい。

　クイーン・シャーロット諸島と本土との間のヘケート Hecate 海峡にのびる岬の存在は，海中に崖があることを示している。その海峡はかつて水がなかったので，凍らなかったのは間違いない。植物学者は島の北端の沖における堆積物のなかから，16,000 年前の植物花粉ばかりでなく植物の残滓をも発見した。プリンス・オブ・ウェールズ島の洞穴からは，フレーザー氷河前進期に相当する層から

クマの骨が発見されたが，18,000年前にさかのぼるものであろう。

こうした事例が示す，最終氷期の間に氷のない地点が大陸棚に沿って存在していた可能性は，次章で海岸への最初の移住者を議論するにあたって重要な点である。氷河作用と氷河消滅作用の影響を議論するために，これらレフュジアに関する研究の展望にはとりあえず目をつむることにする。

氷河作用が海岸地方に及ぼすもっとも重要な影響の一つに海面の高さの変化があげられる。

海面の高さの変化のおもな要因は三つ考えられるが，そのうちの一つは大陸の移動の結果であり，二つ目が氷河作用の結果である。氷河が形成されるとき，それらは地球の水の総量の増加をおしとどめている。つまり氷河は究極的には海の水に由来するわけだから，氷河の形成は海面の低下をもたらす。海水の容量が減ることにより海は縮小するので，海面は隣接する陸地に比べて低くなるのである。

海水の容量の変化によってもたらされた海面の変化は，ユースタティック（海水面変動的）な海水準変動である。最終氷期には，世界の海の海抜は100〜150m（320〜500フィート）現在よりも低かった。この低下の多くはユースタティックな海面変化の結果である。

これは，実際に次の世紀が直面する問題と密接な関係がある。つまり，グリーンランドと南極の万年氷の融解が強まることによってユースタティックな海面上昇が起こる可能性は，いわゆる「温室効果 Greenhouse effect」による地球温暖化がもたらす結果の一つと考えられているからである。1ないし2mの海面上昇でさえ，世界の主要都市を水浸しにし，人口の密集した多くの海岸平野の重要な地域を海の底に沈めるだろう。

氷河作用に起因する第2の海水面の変動は，アイソスタティック isostatic（地殻均衡説的）な変化と呼ばれる。それは地面が隆起したり沈降したりすることによって生じる変化である。

氷河の氷がつくられるときには，氷河の氷はその直下やすぐ隣り合う地面では下に向かって力が加えられるので，地面を押し下げる。そうすると氷河からいくらか離れた地面に力が加わることで，今度は地面が上昇する。それは地殻がゆっくりと氷河の前線から移っていくからである。

たとえば，ブリティッシュ・コロンビア州北部で氷が形成されたときには本土の海岸は押し下げられたが，その一方でクイーン・シャーロット諸島とアラスカ州東南部は氷河により外側と上へと力が加えられて地球が膨張した結果，もち上げられたであろう。

氷が溶けるときにはその過程は逆転し，氷河の下の地面は上昇するのに対して氷河前面の地面は沈降する。これら氷河時代にできたふくらみは，池にできる波紋のように氷河の前線から外側へと移動し，数世紀，数千年かけて消え去るであろう。

海岸沿いのいくつかの場所では，氷河の真下の地面は海面よりも下に沈んだので，ユースタティックな海面低下にもかかわらず，海岸線は水面下に残されることになった。そのほかの場所では，ユースタティックな沈降がアイソスタティックな沈降にまさっており，現在は海面下にある地域は陸となっていた。この歴史は，北西海岸で知られているにすぎない。

もう一つのユースタティックかつアイソスタティックな海水準の変化に対する短期的影響は，氷河後退の初期に生じた。氷河が溶けるときには，海面は陸地がもとへ戻るよりもより速く上昇するので，現在は海面下にはない地域や氷河期のピークに海面下になかった地域でも，急速な海面上昇によって水没した。

ブリティッシュ・コロンビア州のバンクーバーの地域では，後氷期直後の海進[10]は一時的に100 m（320フィート）の高さに達して現在の海面よりも高くなり，多くの地域を水没させた。こうした変化のほとんどは長くは続かなかった。アイソスタティックな後戻り，すなわち地面の上昇はユースタティックな海面の上昇に追いついたので，現在の地表面の高さよりもしばしば高く隆起した。のちに，地表面はほぼ現在の位置へと逆戻りして落ち着くようになる。

ユースタティックな，そしてアイソスタティックな海面の変化は，地域的に複雑で変化にとんだ海面変動の記録を生み出しているのである。

結局，ユースタティックそしてアイソスタティックな変化がおきると，大陸移動の過程で大陸どうしはその境界に沿って擦れ合うため，バンクーバー島の海岸付近の山脈沿岸地帯のようにゆっくりと隆起するか，バンクーバー島の内陸海岸，ブリティッシュ・コロンビア州本土，そしてシアトル地区のように陸地はゆっくりと沈降するか，あるいは破滅的に一気に隆起ないし沈降するか，いずれかの原因となった。

ピュージェット岬では，巨大な地震にみまわれた間，地面が数メートルにわたって突然隆起したり，そして海面下に沈んだりした大規模な地質学上の記録がある。このような地殻変動による海面の高さの相対的な変化は，海水準の地殻変動的 *diastrophic* な変化と呼ばれる（第3章の地殻と考古学のコラムを参照）。

海面の高さの変化は，考古学的にさまざまな理由で重要である。まず，初期の居住遺跡が海岸にあった場合でも，現在では水没しているか，あるいは今の海岸線のはるかに上の方にあるかもしれない。数千年たって海の下になってしまえばわたしたちは訪れることができないので，初期の北西海岸に関する考古学的な知見は，海面の上昇によって隠されてしまう場合がある。

さらに，海面の高さのごくわずかな変動でさえも，小さな湾あるいは海岸の広い範囲にまで，自然の生産力に大きな影響を及ぼしうる。たとえば，わずかな海面低下が，生産性の高い入江を乾燥した砂丘へと変えてしまうこともあった。後氷期における氷期エピソードの海水準変化の影響はわかっていないが，世界的な海水準の変化に影響を与えるには氷の量はおそらく少なすぎたのであろう。

海水準変化に関する現在知られているデータにもとづくと，海面変動の歴史は，海岸のそれぞれの場所で異なっている。カリフォルニア州北部，オレゴン州そしてワシントン州の南部太平洋岸沿岸では，もっとも単純である。海面は 10,000 年前には現在より 60 m（200 フィート）低かったが，それ以来ずっと上昇し続けている。もっとも急激な上昇は，10,000～7,000 年前の間に生じたもので，その後，よりゆっくりと緩慢に上昇した。過去 2,000 年ほどの間に現在の海面の高さとなったようで，4,000 年前までに水面は現在の高さより 1～2 m（3～6 フィート）低いくらいにまで近づいた。とはいえ，少なくともワシントン州の海岸部分や，たぶんオレゴン州の海岸でも，徐々に生じた地殻隆起によって多少複雑ではあった。

広い範囲が氷河で覆われたブリティッシュ・コロンビア州とアラスカ州東南海岸沿岸では，海面変動の歴史はより複雑である。外周山脈群に沿った海岸では，おそらく 13,000 年前に海面が現在よりも 100～150 m（330～500 フィート）低かったことを示す証拠があるが，その後急速に隆起して，8,000～6,000 年前までには現在よりもおそらく 10～15 m（30～50 フィート）高くにまで達した。さらにその後，海面は現在の位置にまで下降した。

海岸トラフの内側の海岸に沿った海水準変化のパターンは，上述の変化と逆のパターンである。トラフはどこでも厚く氷河におおわれ地面は押し下げられていたので，氷河の消滅によって大規模な海進が引き起こされ，12,000〜10,000年前にいくつかの場所では海面が現在よりも100〜140 m（330〜460フィート）高くなった。その後急速に海面は下降し（押し下げられていた地面が元に戻り），8,000〜6,000年前までに現在よりいくぶん低いまでになった。およそ5,000年前，現在に近い高さになったが，いくつかの場所では上昇しつづけた。小規模な海進が，過去5,000年の間に海岸沿いのあちこちで生じていたようである。

（2）植生の変化[11]

過去11,000年におよぶ地域の植生の組み合わせの変化は，氷河の前進と後退，およびそれをもたらした気候変動の結果である。

長期間にわたる植生の変化は，花粉がよく残るような場所に蓄積された花粉の分析を通じて研究することができる。花粉がよく残る場所というのは沈殿物がよく蓄積されていることと，浸食によって花粉が失われることがないという，花粉にとっては「わな」のような場所である。泥炭層は，二つの条件のいずれに対しても最適である。

北西海岸における多くの泥炭層は花粉学者（花粉の専門家）によって研究されてきたが，彼・彼女らは過去30,000年ほどの間のかなり詳細な植生変化の歴史を明らかにしてきた。実際には，多くの植物は花粉を生産しないし，あるいは泥炭のなかに残された花粉は役に立たずに終わってしまったものなので，当時の植生にとって花粉の記録は不完全である。

ときに，植物の大型化石が花粉の記録を補ってくれる。大型化石は，肉眼で見ることのできる植物（あるいは動物）の遺体である。時折，かつて草木の生えていた場所 vegetation mats が発見されるが，それらは針状の葉，小枝，樹皮，茎，葉などを含んでおり，花粉の記録では見られない植物の実生活の一瞬を垣間見させてくれる。

最終氷期のピークは17,000〜15,000年前の間であるが，その期間オレゴン州中央部以北が大規模な森林だった証拠はほとんどなく，草原とツンドラ，そしてパークランドが広がっていた。パークランドは，まばらな樹木と小さな林を伴う草原である。パークランドはツガ・メルテンシアナ，コントルタマツ lodgepole pine (*Pinus contorta*)，トウヒやモミ属などからなっており，ところによって種類が違っていた。

南部の海岸（氷河最前線の南）は，現在以上に夏と冬の気温が両極端な，より大陸的な気候であっただろう。気候はより乾燥していたが，これはコーディレラン氷床がジェット気流を南に押し下げていたことによる。

森林は，およそ14,000年前に氷河が後退を始めるとともに広がった。もっとも古い森林は，ヤナギとムクロジ属 soapberries (*Sapindus*) を伴うコントルタマツによって占められる単調なものだったようだ。その後2,000年ほどの間に，海岸中央や南部ではこれらの森林はベイマツ，コントルタマツ，アメリカツガ，ツガ・メルテンシアナ，そしておそらくシトカトウヒなどの，より稠密でより多様性のある森林にとってかわった。

10,000〜9,000年前から7,000年前は，とくに夏季の降雨量が減少し，気温が急上昇した（おそら

く年平均 8℃の気温上昇）特徴的な期間であった。草原が拡大し[12]，ウィラメット渓谷のオークサバンナがブリティッシュ・コロンビア州南部にまで範囲を広げ，8,000〜7,000 年前ごろにもっとも広く分布した。南部の森林はベイマツとルブラ・ハンノキ red alder（*Alnus rubra*）によって占められていたが，このころは森林火災が頻発していたようである。北部の森林（バンクーバー島からアラスカ州南部まで）は，シトカトウヒとルブラ・ハンノキが優勢であった。

7,000 年前以降気温は下降し，降雨量は増えた。7,000〜4,000 年前は現在よりも暖かかったかもしれないが，湿潤な気候を好む（あるいは耐性のある）森林に変化したことからすれば，少なくとも湿潤な気候であったことは確かである。

現在の森林の状態に近くなったのは 5,000〜3,000 年前以降であり，アメリカスギやアラスカヒノキが現在分布している範囲にまで届いたのもそのころである。北西海岸でアメリカスギが大型のカヌーや家の板壁，柱といった典型的な物質文化として利用されるのに充分な量をまかなうだけの木になるには，その成長具合からするとさらに数百年を要したであろう。ちなみに，北西海岸でスギ林がはじめて成熟した時期が大きな木工作業用の道具が急増する時期と一致していることに，花粉学者であるリチャード・ヘブダ Richard Hebda とロルフ・マテウス Rolfe Mathewes は 1980 年代初頭に気づいた。

完新世後期の氷河の記録が示すように，この地域の気候は過去 4,000 年にわたって安定していたわけではない。少なくとも 2 回の寒くて湿潤な時期である新氷期と小氷期があり，植生の変化すべてが広域気候変動によって説明できるわけではないものの，植物の分布はそれに応じて変化した。3,000 年前と 2,000 年前の間，海岸の沿岸では何ら大きな変化はなかったが，ブリティッシュ・コロンビア州南部においてはカシの森林が減少しているという違いに，そのことを明瞭にうかがうことができる。

（3）まとめ

北西海岸の大きな環境変化は，過去 20,000 年あるいはそれ以上長期にわたる大きな気候変化よるものである。これらのいくつかは，海水準の変動のようにその直接的な影響を考古学的記録に及ぼしている。これらはすべて，北西海岸の古代人，さほど古代ではない人々にも，解決を迫るような問題を起こしている。いくつかの変化はたいへんに急速だったので，人の一生のうちに経験することができたかもしれない。しかし，ほかのいくつかは数千年のスパンで進行したので，数世代を経ても目で見ることはできないだろう。

変化のうちのあるものは地域全体に及ぼす大規模な影響力をもっていただろうが，それ以外は地震による後背湿地の急速な沈降のようにたんなる局所的な影響であったかもしれない。それでもなお，人々にたいへんな影響を及ぼすほどに深刻な問題であっただろう。北西海岸の自然環境は，時間的にもあるいは空間的にも均質ではなかった。

記述してきたあらゆる自然環境の変化は重要ではあるが，おそらくさらにより重要なのが，以下に述べるように 18 世紀におけるヨーロッパ人の到来と，彼・彼女らがユーラシア大陸から持ち込んだ伝染病の蔓延であった。これらの病気を原因とする南北両アメリカ大陸の人口の減少は，人類の歴史におけるもっとも大きく人口に影響を与えた災害の一つであった。さらに，より古い時期に 1,000 年以上に及んで海岸の歴史の方向性に影響を与えた人口の変化があったが，こちらはあまりよく理解されていないようである。

第 6 節　人口動態

　二つの重要な人口統計学上の問題がある。一つ目は，北西海岸の人口に，ヨーロッパ人の植民地政策がいかなる影響を与えたのかという問題。二つ目は，海岸の自然環境がもつ生産力（および生産力の変化と多様性のパターン），人口の分布と成長，そして経済的社会的変化の因果関係は何だったのかという問題である。

　これらの問いの両方とも，入植の前にどれほどの人口があったのか，その正確な見積りに直接左右される。北西海岸集団の人口調査は，ほとんどが天然痘などの伝染病が持ち込まれて罹災してしまったのちにおこなわれたので，正確に見積るのはむずかしい。人口調査の質もまた問題となるだろう。したがって，人口の見積りについてはすべてにわたって議論の余地があるといわざるをえない。

　文化人類学者のロバート・ボイド Robert Boyd は，18 世紀後半と 19 世紀初期における北アメリカ北西部の人口を見積り，ヨーロッパ人との接触から 19 世紀終末に至る病気の歴史を描きだした。これは上に述べたことのほかにもさらに問題はあるが，十分信頼するにたるものである。ボイドはその地域をおそった最初の天然痘の流行が 1775 年であり，それにより 33％の人口が失われたとして，海岸における白人との接触直前の人口がおよそ 188,000 人であると見積った[13]。これは，その後の見積もりからすればずいぶん控えめのものである。

　歴史人口統計学者であるヘンリー・ドゥービンス Hennry Dobyns は北アメリカ全域を視野に入れて研究しているが，最初の天然痘の流行（未経験の病気に見舞われた全住民がそれに対してほとんどあるいはまったく免疫を持ち合わせていないような状態であったので，"処女地"の伝染病と呼ばれている）による死亡率を，90％ほどとはるかに高く見積もっている。それが正しければ，1775 年以前の海岸の人口は 100 万人かそれ以上になるであろう[14]。

　ボイドは自らの見積りを控えめだと考えているが，どの程度控えめか憶測するような危険を冒さない。ドゥービンスの見積もりも捨てがたい（それはアメリカ西海岸の人口規模についてのわたしたち自身の直観により近い）が，ボイドの見積りがより控えめなので，わたしたちはそれを用いることにしよう。

　天然痘の最初の流行は，1775 年をさかのぼるようだ。1519～1520 年にスペイン人によってアステカの首都（現在のメキシコシティー）ティノティテトランに天然痘が持ち込まれたことを究極的な原因とする，地球の半分を覆うほどの規模の天然痘が 1520 年代に流行したとドゥービンスは信じている。アン・レメノフスキー Anne Ramenofsky は，北アメリカにおける初期の伝染病流行に対する考古学的な証拠を追い求め，ドゥービンスの見解を補強するいくつかの証拠を得た[15]。西ワシントン大学のサラ・キャンベル Sarah Campbell は，レメノフスキーの方法をワシントン州中央部から得たデータに適応し，1520 年にはじまると仮定された伝染病の流行がコロンビア高原（北西海岸南部のすぐ東）におよんだ証拠をつかんだとしている[16]。ただし，これは証明されているわけではないのがもどかしい。

　天然痘，はしか，マラリア，百日咳，チフス，腸チフスとインフルエンザは，すべてヨーロッパ人によって北西海岸（そして北アメリカのすべての地域）にもたらされた。これらのなかで天然痘はもっ

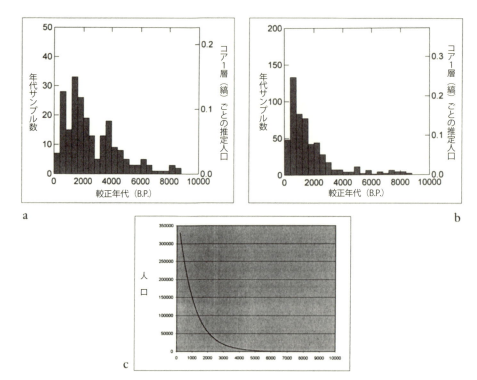

図4 a）北西海岸北部の人口変動に近似すると考えられる炭素14年代データ量の時間的変遷　b）北西海岸南部の人口変動に近似すると考えられる炭素14年代データ量の時間的変遷　c）デール・クローズとハッケンバーガー〔Dale Croes and Hackenburger 1988〕による，人口増加率を0.1とした場合の人口増加シミュレーショングラフ

とも致死率が高かったが，その他の病気も局地的には同じように深刻な結果をもたらした。

　海岸における天然痘の流行のたしかな記録は1775年ころのものが初見であるが，さらに1801年と1836〜1838年，そして1862年にみられた。これらの伝染病すべてが海岸の全域を襲ったわけではないが，累積した結果，北西海岸と同様に西半球全域にとって，人類史上最大の人口の壊滅的な打撃となった。ヨーロッパ人と接触した世紀を通じて，先住民の人口は90％以上が失われてしまったのであり，第1章で述べたように，20世紀初頭にいたるまでに文化的そして生物学的な絶滅を迎えたと考えられている。

　先史時代全体のなかの長期間にわたる北西海岸の人口の増加に対する研究は，たった三つを数えるにすぎない。サイモン・フレーザー大学のナット・フラッドマーク Knut Fladmarkは，過去8,000年にわたる炭素14年代データを200年ごとにすべて合算することによって，海岸全域の人口変動曲線を描いた。フラッドマークの方法にしたがって，筆者らマシュナーとエイムスは北西海岸南部と北部のそれぞれに対して炭素14年代測定値にもとづく人口変動曲線を示したが，それはフラッドマークよりも多くの試料にもとづくものであった。

　わたしたちが描いた人口変動曲線は，次の2点を示している。
　1) 南北の二つの地域に対する人口の成長は，いくらか異なった傾向があること。
　2) 人口の頂点は，ヨーロッパ人との接触よりも数百年前（紀元1,000〜1,100年）にあったようで

あり，その後減少したこと。

したがって，ヨーロッパ人との接触期の人口は，人口のピーク時よりも少なかったであろう。北部海岸の人口は紀元前4000年に上昇をはじめ，紀元前2500〜前1200年の安定期を経て再び上昇し，紀元1000年に頂点に達したあと減少する。南部海岸の人口は紀元前2500〜前1200年の間（新氷期）に急激に上昇をはじめ，紀元1000年に頂点に達し，それから減少した。

これらの南北で異なった傾向は，新氷期が北西海岸北部と南部のそれぞれの地域の生産力に異なる影響を与えたことを反映しているのかもしれない。北西海岸北部における紀元前2500〜前1200年の明確な安定期は新氷期と一致しており，寒冷／湿潤な気候の前後で人口の増加が生じている。その一方北西海岸南部では，人口は新氷期の間にもっとも急激に増加をはじめたようである。

このような一致が必然のものなのか用心してかかる必要があるが，相関関係は非常に興味を引く。ただ，炭素14年代測定値を年代ごとに集計し，その時間的変化を人口の時間的変化とみなす方法論自体もまた論争の種なので，人口変動曲線も慎重に解釈すべきである。

先史時代の人口動態へのまた別のアプローチは，近代における採集狩猟民に対する知見にもとづいて，古代の人口がどのくらい増加したのだろうかというモデルをコンピューターでシミュレーションすることである。デール・クローズ Dale Croes のオリンピック半島のホコ・リバーにおける長期継続的研究の一環として，クローズとスティーブン・ハッケンバーガー Steven Hackenberger は，過去8,000年間にわたり安定した人口の増加を物語る人口変動曲線を描き出した。彼らは年間0.1％の成長率を用いて，オリンピック半島の人口は，過去8,000年間に急激に増加したと想定した。彼らはこの地域における人口が，紀元前2500年と紀元前1800年の間にとくに急激に増加したと予測したが，その予測は筆者らマシュナーとエイムスによる南海岸における人口変動曲線とも整合する。

考古学者はさらに貝塚の堆積物の蓄積と遺跡の数の増加率から，人口増加の一般的なパターンを推定した。たとえば，考古学者のジム・ハガティー Jim Haggarty とリチャード・イングリス Richard Inglis はバンクーバー島西海岸沿いにおこなった調査にもとづいて，先史時代後半におけるヌー・チャー・ヌルス族の人口水準は，近代前期の間の人口水準よりもずっと高かったと結論づけている[17]。

人骨から得られる情報は一般的なものであるが，それでも人骨を分析することによって，病気や日々の食事，健康，活動，寿命などの情報を含んだ人口動態的なデータをわずかではあるが得ることができる[18]。この情報のすべてを総合したときに，過去5,500年にわたる北西海岸における初期の人々の生態に関するおよその状態に迫ることができるのである。肺結核と性交に起因しない梅毒の両方とも，すでに近代以前に北西海岸に存在していたことがわかった。もちろん，すべての疾病がその証拠を骨に残すとは限らないので，海岸の人々を苦しめたと思われる健康に関しての問題をすべてにわたって知ることはできない。

北西海岸でその発生頻度は違ったとはいえ，人々は鉄分不足による貧血を病んでいたことがわかっている。鉄分不足にはいくつかの要因があるので，単一の原因を正確に指摘するのはむずかしいが，しばしば下痢を誘発するいくつかの疾病を伴っている[19]。

一般的にいえば，身長は食糧と健康を敏感に反映している。過去5,000年間の男性と女性の両方とも身長に変化はないので，すくなくとも考古学的な記録が残っている期間においては，栄養と健康の劇的な変化がなかったことを示唆している。経済的な大きな変化が時として身長に影響を及ぼしたこと

に鑑みると，この変化がなかったという事実はたいへん大きな意味をもつ。たとえば，世界各地で農業が導入されたことが健康をそこねる原因となったが，これが低身長化に反映された[20]。ただ，われわれのデータにも欠落があって，食糧圧と食糧不足の結果を示すようなデータの分析が必要である。

体が消耗することによって引き起こされる関節炎ばかりでなく，リューマチによる関節炎も彼・彼女らは患っていた。北西海岸は湿気が多いので，体の痛みやうずきはおそらくしょっちゅうだったろう。日々の食事はたくさんの種類の魚によっていたので，寄生虫による疾患も多かったと思われる。

寿命はほぼ30歳代であったが，中年や老年まで生きながらえるものもなかにはいた。生後1年で死亡する率が非常に高かったようである。埋葬された人々には，通常女性はあまり含まれていないので，男女の死亡率に重要な差があったのかどうかは決めがたい。第8章でみていくが，戦争といった暴力行為の痕跡はかなりある。

北西海岸の人々は，概して前近代の人々と同じかあるいはそれ以上に健康であった。人口は完新世に増加したようであるが，人口変化の歴史は北西海岸の北部と南部とで違っていたようだ。

---

1) Moulton 1990：21.「昨晩とけさ早くに降った雨があがった曇りの朝。昨晩は眠れなかった。それというのも，白鳥，ガチョウ，白黒コクガン，アヒルなどが基地の反対側で鳴き続けており，それに砂丘ツルも加えてそれらはものすごい数で，鳴き声が不快極まりなかったからだ。」クラークの日誌記録5巻，1805年11月。
2) 重要な文献は，Suttles〔1962・1968〕の論文である。後者は『マン・ザ・ハンター』の一部であり，海岸の自然環境の変動性に対する基礎的な提示がなされている。サットルスの1977年の論文は1968年の論文の続きであるが，とりわけサケについて詳しく扱っている。
3) この部分の記述はおもに〔Fladmark 1975〕，〔Suttles 1990〕，〔Mckee 1972〕にもとづいている。
4) 本章の議論の多くは，Redmond and Taylor〔1997〕の文献によっている。
5) 以下の議論は，Suttles〔1990b〕，Alabeck and Pojar〔1997〕，Pojar and MacKinnon〔1994〕および Schoonmaker, von Hagen and Wolf〔1997〕の諸文献の地図帳にもとづいている。
6) たとえば〔Boyd 1986〕，〔Turner 1991〕，〔Turner 1996〕を参照されたい。
7) 3番目の地帯である「海底 benthic」は，ここでは直接関係しない。以下の議論の多くは，Suttles〔1990b〕の文献によっている。
8) たとえば Salmon〔1997〕の文献を参照されたい。
9) 以下の議論は Warner 他〔1982〕，Clague〔1984・1987・1989〕，Clague 他〔1982〕，Blaise 他〔1990〕，Hutchinson〔1992〕，Luternauer 他〔1989〕の諸文献による。
10) 「海進」という言葉は，海あるいは海洋が現在の海水準を超えて上昇することを意味する。
11) これ以降の議論の多くは Hebda and Whitlock〔1997〕の論文によっているが，Heusser〔1960・1985〕，Heusser and Heusser〔1981〕，Heusser 他〔1980〕，Barnowsky, Anderson and Bartlein〔1987〕，Whitlock〔1992〕による諸文献も参照されたい。ヘブダとウィットロック Hebda and Whitlock の文献目録はとくに役に立つ。Hebda and Mathewes〔1984〕は海岸におけるアメリカネズコの大群落の形成と木工業の発達の関係について議論している。
12) Heusser 1985, Heusser and Heusser 1981.
13) Boyd 1985・1990.
14) Dobyns 1983.
15) Ramenofsky 1987.
16) Campbell 1989.
17) Haggarty and Inglis 1984.
18) この議論はほとんど Cybulski〔1994〕の文献によっている。Cohen〔1989〕の文献は，採集狩猟民の健康について現在と先史時代の両方の視点から考察した，たいへんすぐれた研究である。
19) Lambert 1993.
20) Cohen 1989.

第3章
アメリカ北西海岸最初の人々

第1節　新大陸への移住

　新大陸へと人々はいつ，どこからやってきたのだろうか。それは，アメリカ北西海岸の考古学研究で，もっとも重要であり，もっとも議論の多い問題の一つといってよい。この問題にアプローチするため，わたしたちはすべてのアメリカ先住民の故郷であるアラスカとシベリアの北へと旅をすることにしよう。

　すべてのアメリカ先住民が，東北アジアの人々を祖先にもつのは自明のことだが，それは，生物学と兵站学という異なる二つの分野によって明らかにされている。近代の南北アメリカの先住民は，生物学的にみて東北アジア固有の人によく似ていることはかなり前から知られていたが，その類似性には歯の形態，生理学的特徴，血液型，皮膚の色，髪の形状，その他多くの特性を含んでおり，このことはアメリカ先住民の源が東北アジアにあることを強く示している。

　もう一つの証拠は，その地理的な近さにもとづいたものである。世界地図を開けば，アメリカ大陸とユーラシア大陸がベーリング海峡をはさんで接近していることがわかる。アラスカとシベリアの間は，わずか80km（50マイル）しかない。近代のイヌピアグ Inupiag 族とシベリアのユピック Yupik 族は，ベーリング海峡を舟で横断するか，あるいは冬期に氷の上を徒歩か犬ぞりで渡ることが知られている。外海にこぎ出せるような大きな船がなければ，ユーラシア大陸から北アメリカに入るのに可能な道はたった一つしかないのである。

　最終氷期に寒冷化がピークに達した時期，東北アジアとアラスカは凍てついたベーリング陸橋と呼ばれる広大な陸地によって結ばれていた[1]。この陸橋は，海の高さが今日よりも100m以上も低かったころ，陸地の水の大部分が凍ることによって出現した巨大な氷床である。

　25,000年前から10,000年前の間，東北アジア，ベーリング陸橋とアラスカの自然環境には多くの共通性があった。大型の哺乳類，広い草原，ツンドラによって構成される植生，風で形成された砂丘，そして寒冷で乾燥した冬期とどちらかというと暖かい夏期の気候といった点である[2]。今日みられる植物と動物の多くが氷期の生き残りとしてベーリング海の両側に生息していることから，フルテン Hulten はこの陸続きの地域をベーリンジア Beringia と呼んだ[3]。

　ベーリンジアは，シベリアのレナ川渓谷からカナダのユーコン準州に及ぶ地域である[4]。大型哺乳動物を狩猟する小集団が狩猟の領域を徐々に広げていき，北アメリカそして南アメリカへと移住したのは，そのベーリンジアを通過して，である。この点については考古学者の間で異論はないが，意見の一致はここまでである。

　新大陸への移住を説明するにあたり，三つの分野で大きな意見の対立をみる。まず一つは，古生態学者の研究領域であるが，これは実際には人間の歴史の理解に欠かせない分野である。それは，ベー

第3章　アメリカ北西海岸最初の人々

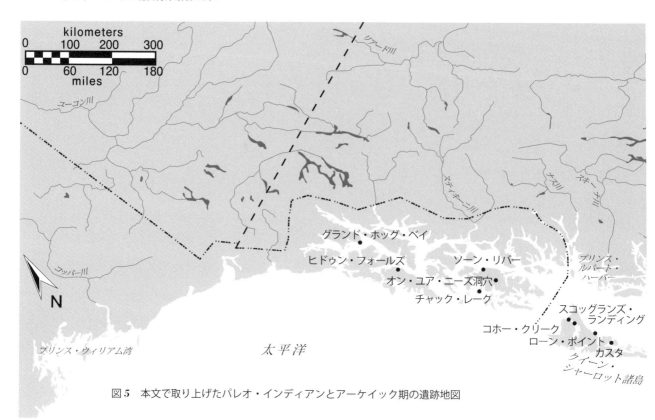

図5　本文で取り上げたパレオ・インディアンとアーケイック期の遺跡地図

リンジアとはどのような陸地・環境だったのかという問題である。あとの二つは，考古学の研究領域である。すなわち，いつ最初の人間がベーリンジアに到達し，さらに北アメリカと南アメリカに移住したのかということ，そしてどのようなルートを通って移動したのか，という問題である。

第2節　ベーリンジアの自然景観

　ベーリンジアの自然景観は今日のそれと大きく異なっていた。幅の広い吹きさらしの峡谷，氷河で覆われた山，まばらな植物，そして乾燥した気候であり，そこは人を寄せ付けない荒涼とした土地であった。この広大な土地にはマンモス，バイソン，そして馬などの今は絶滅した種や，現代型のカリブー，ジャコウウシ，エルクやサイガなどの群れが生息していた。さらにこれらを餌としてジャイアントショートフェイスベア，剣歯虎，そしてライオンの大型種を含む多くの肉食哺乳類が群れをなした。

　この地が寒冷で乾燥していたとはいえ，草原の植物を食む哺乳類種の存在から，たくさんのマンモス，馬やバイソンが生息する緑豊かな広大な土地があったに違いないとデール・グスリー Dale Guthrie は考えている[5]。現在そこにはコケや地衣類しか生えていないが，氷期の動物のほとんどすべてが草原に適応する歯をもっていることから草原の存在を推測したのである。

　さらにグスリーは，馬と野牛の骨格にもとづいて，この地の自然景観はとくに冬期に激しく吹き続ける風の影響を受けていたに違いないと論証した。これらの動物は深い雪におおわれた食糧をあさることはできないので，雪を吹き飛ばしてその下の乾いた草を露出させるほどの強い風を伴う自然景観が必然的に考えられるというのだ。彼はこの地域にその自然景観にふさわしい，「マンモス草原 mammothsteppe」という名前をつけた。

　これに対してポール・コリンボー Paul Colinvaux は，湖底の最終氷期の堆積物から得られた花粉分析結果にもとづいて，正反対のことを言っている。これらの花粉の総量は大変少なかったので，最終氷期がピークに達した時期のベーリンジアは，ほとんど植物のない「極地砂漠 polar desert」というべき景観だったと彼は考えた。したがってこの地域が哺乳類の大群や，それを追う狩人を支えることは決してできなかったというのだ[6]。

　ところが，グスリーはベーリンジアの堆積物から得たマンモス，馬と野牛の骨の炭素14年代が，氷期がピークに達した時期の範囲内に収まることを示して，コリンボーの反論に再反論をおこなった[7]。

　この議論はこう着状態が続いたが，以下のような新発見によって進展をみた。まず，1,000 km²という小さな領域ではあるが，17,000年前をわずかに超えた年代—最終氷期のピーク期—のベーリンジアの植生そのものの発見である。

　植物は，火山の爆発によって降り積もった厚い火山灰の下に保存されていた[8]。グスリーが予測し

たように，ほとんど連続して広がった状態で草，スゲ，苔やその他多くの種類の植物が調査によって明らかにされた。

しかし，この植生は根を深くおろすのに十分な土壌床をもつものではないので，土壌床を覆う植物が安定して長期にわたって生息できるような環境ではなかったことが明らかであり，その発見はコリンボーの説に都合がよい。連続した広がりはもつが長期的ではないという，大型哺乳類の群を支えたこの複合的な植生は，現在知りうるデータの説明には現実的かつ妥当そうである。

近年驚くほど研究が進んだのは，氷期終末の自然環境についてであろう。スコット・イライアス Scott Elias は，ベーリング海のボーリングコアから得られたベーリンジア形成期の甲虫化石を研究している。これらの堆積物は，巨大な氷床が解ける前に陸橋の一部であったと思われる。甲虫は気候の変化にとても敏感である。イライアスはこの性質を利用して，ベーリンジアの気候が紀元前12,900年までに急速に変化したことを明らかにした。甲虫と植生の両方の研究から，紀元前12,900年以後のベーリンジアは今日よりもずっと暖かかったようである。

さらに，紀元前11,600年までにおそらく5℃，紀元前9000年までにはほぼ6〜10℃，現在より暖かかったと推定されている。

この同じボーリングコアのデータは，ベーリング陸橋が，過去論じられていたよりもっと遅い，およそ紀元前9000年近くまで存在していたことも示している[9]。これは，新大陸への移住のチャンスを完新世にまで広げたことになる。

陸橋の自然環境をめぐるこうした議論とは対照的であるが，パワーズ Powers，ホーフェッカー Hoffecker とゴーベル Goebel は[10]，ベーリンジアへの移住を制限する究極の要因は，暖をとるための薪の問題であると論じた。古生態学者が「ハーブ・ゾーン herb zone」と名づけたおよそ25,000年前から15,000年前の期間は，草，セージ，スゲがベーリンジアの植生の主役であった。

15,000年前以降暖かくなりはじめると，主として矮小カバノキの樹木がベーリンジアに繁茂しはじめた。アラスカにおける人類に関して説得力のある証拠が存在するのがこの時点であり，暖や料理のための火を供給する樹木が初めて現れた時点でもある。

したがって，アメリカ大陸の先住民が最初に移住したころの自然景観は，今日のそれとは大きく異なっていた。紀元前12,900年以前は，現在より非常に寒く，風が吹きさらしの状態で，乾燥していた。氷期の大型哺乳類の群は，植物がまばらに生えたわずかな土地を求めて移動した。その後に気温は急速に上昇し，草地がより広大になったことでベーリンジアのすみずみにまで土壌が形成された。最初の人類がベーリング陸橋の上に立ったのはおよそ15,000年前より後の，まさにこの時期であったと思われる。

もちろん，アメリカ大陸へと向かった人々は陸橋を渡った後，さらに氷床の南にまで進まなければならなかった。第2章でみてきたように，この時期北アメリカは完全な氷河状態の下にあったが，ローレンタイドとコーディレランという二つの大きな氷河システムが存在した。19,000年から15,000年前の間に，ローレンタイドとコーディレランの二つの氷床は，カナダロッキー山脈の東側から，南は今日のエドモントンからカルガリー，アルバータ付近までを走る氷河前線に沿ってぶつかったように思われる。

氷河が後退をはじめるにつれて，氷のない回廊が形成され，アラスカの内陸と残る北アメリカの間

に通路が開かれた。この回廊を通じて北アメリカの残りの人々が移住したと，ほとんどの学者が考えている。

さらに，この回廊のあり方については，それが通常どのくらいの広さだったのか，そしてそれがどのようなものであったのかについて論争がある。回廊の北の端付近にたどりついた最初の採集狩猟民が，1,600 km南には無人で豊かな陸地が広がっていることを知っていたとは思えない。

ナット・フラッドマークは，回廊はほとんどあるいはまったく植物や哺乳動物がおらず，両側が数百メートルの氷の壁でふさがれた，泥沼と氷と岩でできた不毛の土地であったという厳しい風景を描きだした[11]。

しかし最近，回廊は，紀元前14,300年まではおそらくとても広かったと推測されている。興味深いことに，イェスナーとホームズ Yesner and Holmes は，アラスカの内陸東方にある紀元前11,200年のブロークン・マンモス Broken Mammoth 遺跡において，多量の白鳥の骨を発見した[12]。もし，白鳥が氷のない回廊の上を移動していたとすれば，回廊にはその時代までに大きな湿地や草原地帯が存在するようになっていたに違いない。

フラッドマークは，もう一つのルートの可能性を示す[13]。彼は，人々は西海岸伝いに南下することによってアメリカに入ったと主張している。西海岸は，完全に凍りつくことはなかった。実際，クイーン・シャーロット諸島のグラハム島の北の一部分やアレクサンダー列島の一部のように，それなりに広い地域はまったく凍りつかなかったか，あるいはわずかに氷に覆われただけにすぎなかったかもしれない。

フラッドマークは，ベーリンジアの南端，つまり現在のアリューシャン列島に沿って住んでいた人々は，徐々に南に移動し，アラスカ州やブリティッシュ・コロンビア州の海岸に住みついたと提起する。彼らは南に広がりながら，最終的にワシントン州の海岸に沿った大きな氷塊の南に移動したに違いない。さらにコロンビア川を伝って，陸地の内部へと移動したと思われる。

フラッドマークが提起したルートを裏付けるようなデータが近年明らかになりつつある。フラッドマークの理論に対する批判の一つは，アラスカ湾は全体にわたって固い氷の海岸線だったと考えられるので，広大な北太平洋をどこにも寄港することなく人々はどのようにして数千kmにわたって旅し，生き残ることができたのか，ということである。しかし，新しいデータによると，アラスカ湾は14,000年前まで[14]には一部が，そして12,000年前にはその大部分が，氷河が後退し陸地になったことが示されている[15]。重要なのは，北太平洋の海岸には，おそらくより温暖な南方から北に向かって流れてきた薪として使える流木が堆積していたのではないか，ということである。両者ともに可能性はあるが，実際にはどちらも考古学的なデータによって裏付けられたわけではない。

アメリカでもっとも古い遺跡として，チリ南部のモンテ・ベルデ Monte Verde 遺跡が知られている。この遺跡は，およそ紀元前12,500～前12,000年とされている。南北アメリカには，より古いと思われる遺跡が他にもあるが，この時代の遺跡として考古学者の支持を得ているのはモンテ・ベルデ遺跡だけである。人々がこの時期に南アメリカ南端に出現したからには，ベーリンジアを渡ったのも早い時期であったに違いない。

第3節　ベーリンジアの考古学

ベーリンジアと新大陸へという人類移住の物語は，シベリアから始まる。したがって，研究者はシベリアの考古学に大きな関心を寄せてきたし，実際にそれは比較的よくわかっている。

二つの異なった石器製作技術が，東シベリアと極北東アジアの考古学を理解するためのもっとも重要な基盤であるが，それは北アメリカの考古学を系統的に理解するための原理をも提供している。これら二つの技術の一つは，両面加工の尖頭器の生産を基礎にした石器製作技術であり，細石刃（骨や角の側面の溝に差し込んだ小さな石刃。おそらく投げ槍として使ったと思われる）を伴わない。もう一つは細石刃を主としてそれに両面加工ナイフが伴った技術であり，この二つに単純に区分されている。この二つの技術は石器を生産するための根本的に異なった手段であるというのが，考古学者の共通認識だ。

ロシアのレナ川とアルダン川沿いと，南部と内陸東部シベリアの各地で，ユーリ・モチャノフ Yuri Mochanov と彼の同僚は，何十箇所に及ぶウィスコンシン氷期後期の遺跡を記録している。そのうちのいくつかは 30,000 年前までさかのぼるかも知れないが[16]，信頼できる年代が得られた遺跡は 18,000 年前以降である[17]。これらの遺跡の石器は，細石刃，楔形細石刃核，彫器，わずかな両面加工ナイフと大量の剥片石器からなる。

この石器の組み合わせは，モチャノフがデュクタイ文化複合 Dyuktai Complex と名づけたものであり，デュクタイ洞穴で彼がはじめて発見した石器にもとづいている。デュクタイ文化複合は，この地域の細石刃を伴うすべての遺跡を含むまでその定義が拡大している。これらの石器はまさに「上部旧石器」的特徴をもっており，ヨーロッパや中央アジアの典型的な後期更新世への適応形態が東方に拡大したものと思われる。

ウスト・ミル Ust' Mil 遺跡やイクヒーネ Ikhine 2 遺跡といった遺跡で出土した多量のマンモス，馬そしてバイソンは，おそらく 25,000 年から 30,000 年前という古い年代のものと思われるが，はっきりしない。はっきり時期がわかり，明確な遺構を伴う遺跡は 18,000 年前以降であり，ベルクーニ・トロイスカヤやアルダン川およびその付近の河川に沿って多数出現した[18]。これらの遺跡はすべて，氷期の豊かな動物群に依存する人々が狩猟をおこなうための露営地だったらしい。

この時期の自然景観は，グスリーによって提唱された西ベーリンジアの「マンモス草原」に非常によく似ていたようだ。しかし，この時期のベーリング陸橋付近には，考古学的な遺跡はどこにも知られていない。

13,700 年前までに，東北アジアには二つの異なる文化的伝統が存在していた。中央シベリアの巨大な河川渓谷は，デュクタイ文化複合を残したと我々が考えている人々が住み続けたが，その一方でベーリング陸橋の西端沿い，あるいはその付近の極東地域に散在する遺跡では，やや異なった風景が展開していた。

カムチャツカ半島の東側，ウシュキ Ushki 湖の沿岸にある多くの遺跡で，ニコライ・ディコフ Nikolai Dikov は小さな有茎尖頭器，両面加工ナイフ，石や象牙の玉，そして頑丈な家の床面を発見したが，その年代は紀元前 13,000 年をさかのぼる[19]。これらの尖頭器は起源が明らかでなく，現在ア

メリカ合衆国のコロンビア川流域や高原地域の南部で数千年後にあらわれた石器に似ているだけである（下記参照）。家の床は，焼けたサケの骨で覆われており，哺乳動物の狩猟やイヌの飼育がさかんにおこなわれていた証拠もある。

さらに北部のチュクチ半島では，ウシュキ湖沿岸遺跡と類似した遺物組成をもつ多数の遺跡が発見されているが，それは同じような装飾品を含むなど初期ウシュキ文化の資料と似通っているようだ。これと同じ時期のシベリア東部の内陸はデュクタイ文化複合によって支配されているので，ウシュキ文化複合 Ushki Complex の起源は，東アジアのはるか南の太平洋沿岸に求められる可能性がある。

紀元前9800年までに，極北東アジアのウシュキ文化複合は，デュクタイ文化複合に取って代わられた。ウシュキ湖周辺の遺跡では，ウシュキ文化複合の住居の上層にデュクタイ文化複合の住居が重なっているが，その他の地域ではその変遷がよくわかっていない。ただ，こうした変遷はその地域のどこでも同じように生じたと思われ，シベリア内陸から発してベーリング陸橋を通って東の方へと向かう人々の移動を示しているようだ。

シベリアの遺跡データは議論の余地があって，その解釈も明確とは言えないが，アラスカ州とベーリンジアの東の古い時代の考古学は，さらに一層理解困難である。アラスカ州最古の遺跡は通常，ネナナ文化複合 Nenana Complex と共伴する。ネナナ文化複合は，アラスカ山脈の北側にあるネナナ川渓谷におけるたくさんの遺跡の調査成果にもとづき設定されたが，両面加工の小型尖頭器，両面加工のナイフと削器，調整痕のある剥片，その他多数の種類の遺物から構成されている[20]。

この文化は，細石刃が使用された証拠はまったく見つかっていない。ドライ・クリーク Dry Creek 遺跡のコンポーネントⅠやウォーカー・ロード Walker Road 遺跡の年代は，かすかな住居の痕跡や小さな炉跡の炭化物によって紀元前11,400年ころとされている。

この時期のネナナ渓谷の生業は，遺物の残りが悪いのでほとんど知られていないが，200km（125マイル）東のミード Mead 遺跡やブロークン・マンモス遺跡では，エルクや野牛，カリブー，白鳥，「サケ的な魚 salmonoids」が出土している。両方の遺跡ともに，ネナナ文化複合に類似した遺物組成であり，同じ年代に属している[21]。

最近まで，この時期のアラスカ州には細石刃文化は存在しないと考えられていたが，ユーコン準州のブルーフィッシュ Bluefish 洞穴の下層遺物の再検討[22]と，アラスカ州東部のスワン・ポイント Swan Point 遺跡における紀元前11,000年の細石刃の発見[23]によって，見直さなくてはならなくなった。

ただし，細石刃文化はアラスカ州においては，一般的に紀元前9800年以降にいたるまで支配的な技術になっていないことは確かである。

フレデリック・ウェスト Frederick West がデナリ文化複合 Denali Complex と呼んだ[24]これらの資料は，実際には細石刃をもつデュクタイ文化複合と同一である。デナリ文化複合の遺物は，北太平洋の海岸沿いや南ベーリング海のサケを産する川と北極地方北部の内陸のいたるところで，ネナナ文化複合の堆積物の上に層位的に重なって発見される。デナリ文化複合の生業や生態などはほとんど知られていないが，ほとんどの遺跡は短期間利用された狩猟露営地といってよいようである。

デナリ文化複合と同時代の，パレオ・インディアン的な文化により近い遺物組成をもつ遺跡が2, 3存在する。パレオ・インディアン的文化の遺物は，第一にクスコキウム・ヒルズ Kuskoquim Hills でロバート・アッカーマン Robert Ackerman が発見した長い槍先状の尖頭器[25]と同じような型式，

あるいはブロックス Brooks 山地のメーサ Mesa 遺跡で発見された短く幅広い投げ槍状尖頭器[26]のような型式であり，それはアラスカ州よりもアメリカ平原から発見される尖頭器によりよく似ているようだ。

第4節　移　住

これらの遺物から，ベーリンジアと新大陸への最初の移住に関する興味深い物語をつむぐことができる。最初の移住の物語は，実際のデータというよりもむしろ推測に頼る部分が大きいが，年々増加する新しいデータにより補強されている。我々は，新大陸への移住，すなわち最初の北西海岸への移住は3回にわたったと考える。

初期の沿岸地域への移住については，三つの証拠をあげられるかもしれない。最初の証拠は，北太平洋海岸線において移住に都合のよい場所は15,000年から16,000年前までに氷河が溶けていたらしいということである。この仮説が正しければ，ベーリンジアに矮小カバノキが繁茂する前まで，その地域に薪を供給できた唯一の場所は海岸線だったろう。実際のところ，暖房は居住を左右する第一の要因であったから，ともかくもこれが陸橋をわたる最初の機会であった。

2番目の証拠は，この時期のベーリンジア西側にウシュキ湖周辺と同じような遺跡が存在していたことである。さらに南の北部日本や韓国，そしてロシア極東地域には，おびただしい数の類似した遺跡が存在している。この地域がウシュキ湖周辺とベーリング陸橋にやってきた初期移住者すべての起源の地であったと思われる。

最後の証拠は，モンテ・ベルデ遺跡（上述参照）にもとづいている。すでに述べたとおり，後期氷期の海岸線は海水面の上昇によって広範囲にわたって水没しているので，初期の移住に関する証拠を海岸沿いで見つけだすのはむずかしい。しかし，いつかアラスカ州東南部やコロンビア川盆地，さらに北西海岸沿いにおける岩陰や洞穴から，移住の証拠が発見されるのではないだろうか。

カリフォルニア州南部海岸の上位段丘にこの時期に属す遺跡があるようだが，層位的な状況ははっきりしていない。

ベーリンジアからの初期的な人類の拡散は南アメリカでは明らかであるが，北米では明らかではないというのが現状である。したがって，今のところ新大陸の初期住民は氷期の海岸近くにとどまりはしたが，北アメリカの大部分にほとんど影響することなく，考古学的な証拠をほとんど残すことがなかったと予測せざるを得ない。

ベーリンジアからの2度目の移住となると，資料もより豊富になるので議論の必要はあまりない。ネナナ文化複合は，紀元前11,300年と紀元前11,900年の間に，アラスカ州内陸部の氷が溶けた回廊入り口付近に出現した。クローヴィス Clovis 文化は，紀元前10,800年までに，氷が溶けた回廊の先端にあたる地域に出現した。小型尖頭器から大型のクローヴィス型尖頭器への変化は，野牛とヘラジカの狩猟からマンモスと野牛の狩猟への移行によって説明することができる。ゴーベルは，尖頭器を除けばクローヴィス文化の遺物組成とネナナ文化のそれとの間にほとんど差がないと論じており，わたしたちは基本的にこの主張に賛成である[27]。

古生態学的な証拠からすると，この時期の回廊は広く，植物が生えていた。ブロークン・マンモス遺跡におけるおびただしい白鳥の骨の存在は，アラスカ州とそれより南の地域との間には，陸上の渡り鳥にとっては格好の餌となる植物の生えた通路があったことを示している。

　ホーフェッカー，パワーズ，ゴーベルは，ネナナ文化複合からクローヴィス文化への変遷に関する議論のなかで，薪の有無がベーリンジアへの移住の可不可を決定づけるほど重要な役割を演じたに違いないと主張している。矮小カバノキがベーリンジア内での渓谷の主要範囲に繁茂し始めたおよそ14,000 年から 15,000 年前以降，ようやく人々は内陸に居住することが可能になった。

　ベーリンジアへの三回目の移住は，ベーリング陸橋が海底に沈む直前におこなわれたものと思われる。この動きは，紀元前 9800 年以降，シベリアを出てアラスカ州へと及んだデュクタイ文化複合の拡張にみることができる。この文化複合によって，カムチャッカの初期ウシュキ技術とアラスカ州内陸部のネナナ文化複合（デナリ文化複合とこの地域では呼ばれる）は置き換えられた。

　さらにそれはベーリンジア東部地域一帯に広がり，最終的に紀元前 7650 年までにアメリカ北西海岸北部を含むアラスカ州のいたるところに定着をみた。

　アラスカ州には 13,000 年から 11,000 年前の間に，その他にもメーサ遺跡における後期パレオ・インディアン的文化の遺物のような，多くの遺物組成が知られているが，デナリ文化複合のような細石刃を伴う遺跡ほど，広い地域的分布と影響力をもつ文化はない。デナリ文化複合は，内陸を通じてさらに南に広まるということはなかったが，もっとも文化が拡張した時期にはユーコン準州にまで及んだ。

　北西海岸における考古学的な発見とそれらを残した人々の源流について，ここで三つの可能性を指摘しておくことにしよう。

　最初の可能性は，16,000 年前以降早い時期に海岸を下った人々が残したわずかな動きである。2 番目の可能性は，クローヴィス文化複合ともっとも深く関連していることであるが，大平原から内陸を通ってあるいは高地を通って東からやってきたと思われる動きである。三番目の可能性は，紀元前 9,800 年以降に北西海岸へと，おそらく再寒冷期に遅れて北から再びやってきた人々の動きである。

第 5 節　最古の居住者

　カスケード地方には，ウィルソン・ブッテ Wilson Butte 洞穴とフォート・ロック Fort Rock 洞穴という，紀元前 12,500 年より古くなるかもしれない二つの遺跡がある。しかし，両方の遺跡とも大いに疑問視されている。

　ウィルソン・ブッテ洞穴はアイダホ州のショショニ付近，すなわちアイダホ州の中央南部にある。現在アルバータ大学にいるルース・グルーン Ruth Gruhn によって 1960 年代の初めに発掘され[28]，その最下層の堆積物から紀元前 15,000 年という放射性炭素年代が得られた。測定に用いた遺物は，とくに年代的特徴をもっているものではない。岩陰の下層の堆積は撹乱されている可能性があるし，年代測定に用いた木炭が文化的なものなのかも，明確ではない。

　フォート・ロック洞穴はオレゴン州中央南部にあるが，ルーサー・クレッスマンによって 1950 年代の初期に発掘された[29]。炭素年代のうち早い年代は紀元前 12,500 年以前であるが，ウィルソン・

ブッテ洞穴についての疑問がここにもあてはまる。したがって，いずれも紀元前 12,500 年より前にカスケード地方に移住した人々がいたという説に対する批判に耐えられる証拠とは考えられない。

ブリティッシュ・コロンビア大学の故カール・ボーダンは，1970 年代の初期にブリティッシュ・コロンビア州バンクーバーの上流のフレーザー川後期更新世段丘で発見された礫石器の一群が先クローヴィス文化を代表すると主張し，それを「パシカ文化複合 Pasika Complex」と称した。

しかし，パシカ文化複合を構成する礫石器はカスケード地方に広く認められ，その地域では先史時代を通じて用いられた。礫は入手するのがたやすく，いろいろな道具に加工するのは簡単である。またパシカ文化複合の遺物は，信頼できる後期更新世の遺構に伴って発掘されたものは一つもない。したがって，カスケード地方には紀元前 11,000 年以前にさかのぼるのが確かな遺跡はない。

第 6 節　クローヴィス文化：2 度目の移住

クローヴィス文化の年代は，紀元前 10,800〜前 10,500 年である。クローヴィス文化こそ，アラスカ以南の北アメリカに広範囲に分布する人類最古の文化として，だれもが認めるものである。

ニューメキシコ州クローヴィスから発見された遺物にもとづいて名づけられたクローヴィス文化は，大きくて精巧な両面加工石器と，多様な骨角器の技術によって特徴づけられている。両面加工石器は，基部に縦に溝（樋）をもつものがある。有樋石器のほとんどはおそらく槍先であり，樋は柄を装着あるいは接合するために施されたものであった。クローヴィス文化の石器製作技術は，世界中でもっともすばらしいものの一つであるが，両面加工石器のあるものは大変薄くて使用による衝撃でこなごなになってしまうだろうから，それらが実用一辺倒ではなかったことを暗示している。

クローヴィス文化の遺物は，氷河の前線以南の北アメリカ中で発見されている。それらはオンタリオ州南部やカナダはもとより，北アメリカ平原，中西部，そして東部森林地帯でとくに顕著である。北西地域でもとくに海岸カスケード山脈以西ではまれであるが，それでもクローヴィス型尖頭器はピュージェット海峡地域やオレゴン州海岸地帯で単独で採集される場合がある。本書で扱う地域のなかで，クローヴィス文化の遺跡はわずか一つにすぎない。

リチェイーロバーツ Richey-Roberts 遺跡のクローヴィス文化のデポ（キャッシュ cache）は，ワシ

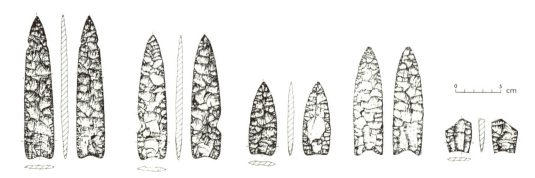

図 6　アイダホ州南部出土の典型的なクローヴィス型尖頭器

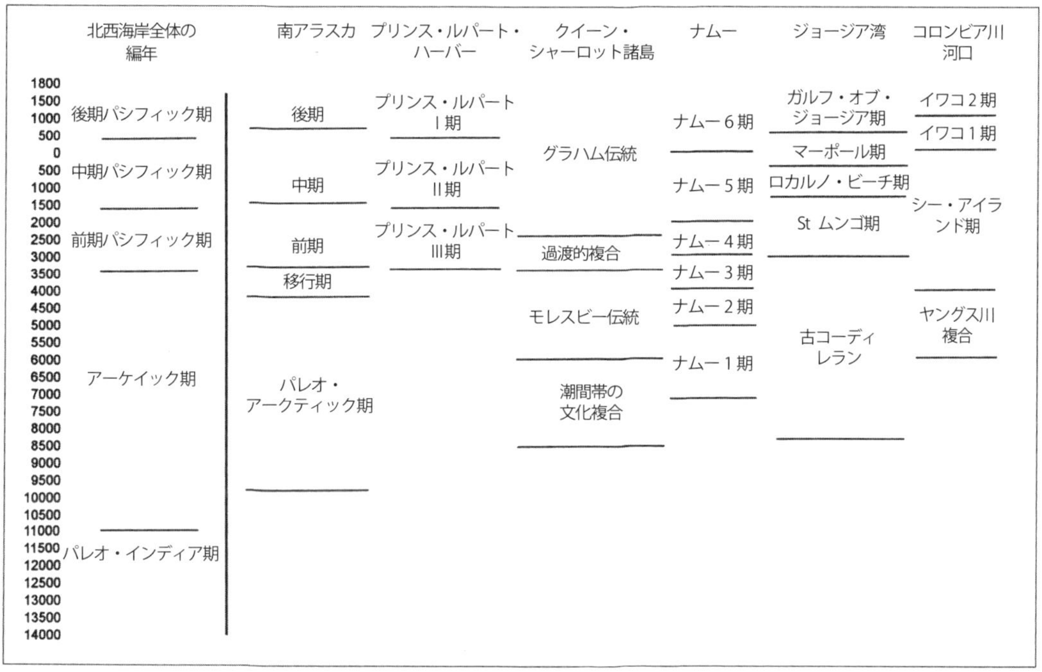

第6節　クローヴィス文化：2度目の移住

北西海岸全体の編年		南アラスカ	プリンス・ルパート・ハーバー	クイーン・シャーロット諸島	ナムー	ジョージア湾	コロンビア川河口
1800 1500 1000 500 0	後期パシフィック期	後期	プリンス・ルパートⅠ期	グラハム伝統	ナムー6期	ガルフ・オブ・ジョージア期	イワコ2期
							イワコ1期
500 1000 1500	中期パシフィック期	中期	プリンス・ルパートⅡ期		ナムー5期	マーポール期	
						ロカルノ・ビーチ期	シー・アイランド期
2000 2500 3000 3500	前期パシフィック期	前期	プリンス・ルパートⅢ期	過渡的複合	ナムー4期	St ムンゴ期	
					ナムー3期		
4000 4500 5000 5500 6000		移行期		モレスビー伝統	ナムー2期	古コーディレラン	ヤングス川複合
					ナムー1期		
6500 7000 7500 8000 8500 9000 9500 10000 10500 11000	アーケイック期	パレオ・アークティック期		潮間帯の文化複合			
11500 12000 12500 13000 13500 14000	パレオ・インディア期						

図7　本書で用いる編年と，アメリカ北西海岸で一般的に用いられている編年

ントン州のウェナッチー付近のりんご園で，灌漑用パイプを地下に据え付ける工事をしていた労働者が発見した。この遺跡はまず，アメリカ北西地域の全域から手弁当で集まった考古学者によって発掘調査され，続いて当時ニューヨーク州バッファローのバッファロー博物館に勤務していたロバート・グレムリー Robert Gramely によって調査された。

　この遺跡は居住キャンプではなく，キャッシュと思われる。キャッシュは，遺物が貯蔵されたり，隠されたり，あるいは供えられた遺構である。この遺跡では，遺物はおそらく穴の中にあったのであろう。出土した両面加工石器はこれまで発見されたもののなかでもっとも大きなものの一つであり，それらは薄く，二つ一組であった。骨でできた柄をいくつか伴っていたが，おそらくそれらは投槍の柄であろう。同じようなクローヴィス型両面加工石器のキャッシュはモンタナ州南部のアンジック Anzic 遺跡で発見されたが，その遺物は子どもの埋葬に伴っていた。リチェイ・ロバーツ遺跡には埋葬の痕跡はない。

　そのほかに，本書の研究対象地域というわけではないが，北西海岸により近い唯一のクローヴィス文化の遺跡として，ディエーツ Dietz 遺跡がある。その遺跡はオレゴン州中央南部にあり，遺跡の中核部分はプラヤ playa と呼ばれる乾燥した湖床に位置する。このクローヴィス文化の遺物は古代の湖の湖岸線に沿って散布しているが，湖は最終氷期の最後の時期にもっとも大きくなった。

　こうしてみると，クローヴィス文化の大多数の遺跡が集中している東の地域とは対照的に，北西地域はクローヴィス文化の人々がわずかに居住していたことがわかる。クローヴィス型尖頭器がまばらにしか出土していないことは，人々が非常に長距離を移動していたか，あるいはこの時期に北西地域がすでに別の集団によって占拠されていたか，もしくはその地域がクローヴィス文化の人々の生業

67

にふさわしい資源のなかったことを示している。

　海岸には，クローヴィス文化と同時代と思われる象の骨が発見された場所がある。マニス Manis 遺跡といって，ワシントン州オリンピック半島のスクィム Sequim の南に位置している。その遺跡では，紀元前 10,800 年に位置づけられる 1 頭のマストドンの骨が検出されたが，その時期はマストドンをはじめマンモス，ウマ，ラクダやその他のいろいろな大型哺乳類が北アメリカで絶滅する直前である。マストドンは，オリンピック半島とバンクーバー島の間のファン・デ・フカ海峡に向けて広がる氷河の側面に沿って形成された氷礫性の棚の端に眠っていた。

　この遺跡はワシントン州立大学のカール・グスタフセン Carl Gustafsen の指導のもとに 1970 年代の半ばに発掘調査されたが，慎重な調査にもかかわらず象に伴う明瞭な人工遺物は見つからなかった。しかし，グスタフセンと共同研究者は，動物の肋骨から突き出た小さな骨のかけらを発見した。X 線によって観察した結果，骨製尖頭器が肋骨を貫き，尖頭器の回りの骨が治癒したものと結論づけた。もし，骨のかけらが骨製尖頭器であり，観察結果が確実であれば，マニス遺跡はたとえ間接的な証拠からではあっても，海岸における人類最古の遺跡といえよう。

第7節　アーケイック期（紀元前 10,500～前 4400 年）

　北西海岸におけるこの時期の状況は，まったくよくわかっていない。その時期と文化は，「早期ボレアル期 Early Boreal」，「パレオ・アークティック期 Paleo-Arctic」，「パレオマリーン期 Palaeomarine」，「細石刃伝統 Microblade Tradition」や「初期海岸細石刃複合 Early Coast Microblade Complex」とさまざまに呼ばれている。わたしたちは，アーケイックという名前が，後期更新世と，定住が進展して資源の集約化や社会組織の変化がはじまった時期とにはさまれた期間の特徴をあますところなく表現しているので，それを使用することにした。

　発掘されたアーケイック期の遺跡は，ごくわずかである。その後の植生の変化ばかりでなく，海面の変動ないし上昇が，遺跡が発見されない原因の一つであろう。つまり，アーケイック期に海岸低地であった多くの地域は，現在は海面下にある。海面が現在よりも高かったと思われる（したがって遺跡は現在の海面よりも高いところにある）地域では，今度は稠密な雨林に覆われて，遺跡の発見が事実上不可能である。

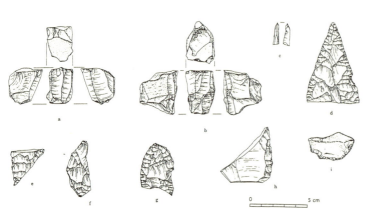

図 8　アラスカ州東南部にあるグランド・ホッグ・ベイ II 遺跡の遺物
a・b）細石刃核　c）黒曜石製細石刃によるアングル彫器　d）ナイフもしくは尖頭器の先端　e・f）黒曜石製両面加工石器の破片　g）チャート製両面加工石器　h）リタッチド・フレイク　i）サイドスクレイパー

第7節　アーケイック期（紀元前10,500～前4400年）

（1）北西海岸北部

北西海岸ばかりでなく，海岸全域で最古の遺跡がグランド・ホッグ・ベイ2 Ground Hog Bay 2 遺跡であることは疑いない。それはチルカット半島の南端に位置しており，アラスカ州東南部のアイシー海峡を見下ろす高い場所にある[30]。遺跡は現在の海面よりおよそ10～15m（33～50フィート）上の海岸段丘上にある。

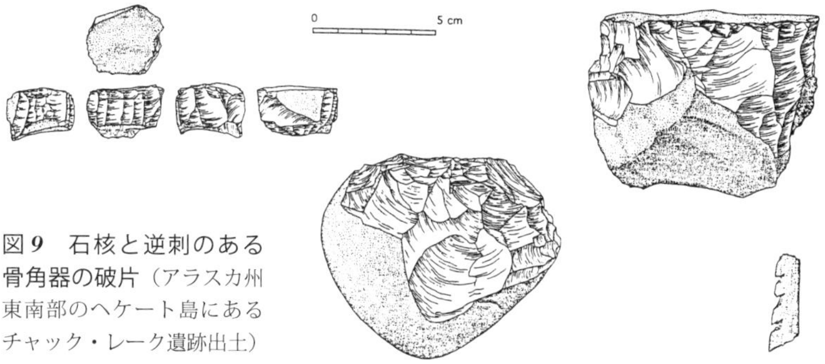

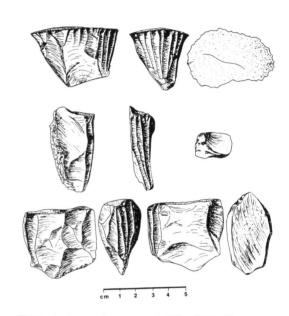

図9　石核と逆刺のある骨角器の破片（アラスカ州東南部のヘケート島にあるチャック・レーク遺跡出土）

アッカーマンは，氷河性の粘土の上に堆積した海岸砂礫にまじって2層に分かれた遺物組成（グランド・ホッグ・ベイIIとIII）を発見した。紀元前9000年と紀元前7800年という二つの放射性炭素年代の間の年代が，グランド・ホッグ・ベイIIIという下層の遺物組成の年代を示すと考えられる。この遺物組成はほとんど人工遺物を含んでいないが，そのなかに黒曜石両面加工石器の破片が2点ある。

グランド・ホッグ・ベイIIは，放射性炭素年代によって紀元前7500年と前3500年の間に位置づけられた。この遺物組成は，両面加工石器の破片2点などを含むばかりでなく，細石刃と細石刃核，そして石刃核からなっている。細石刃核は，北西海岸北部におけるアーケイック期の遺物組成の特徴である（下の議論を参照）。

図10　クイーン・シャーロット諸島の細石刃核

ヒドゥン・フォールズ Hidden Falls 遺跡は，アラスカ州東南部におけるもう一つの主要なアーケイック期の遺跡である。この遺跡はバラノフ島の東海岸にあり，チャタム Chatham 海峡を見下ろす高い場所に立地する。ヒドゥン・フォールズ遺跡のコンポーネント（遺物群）Iは埋葬遺構の中から発見され，発掘したスタンレー・デーヴィス Stanley Davis は，およそ紀元前6000年とみなした。ヒドゥン・フォールズIは，礫石器や片面加工石器ばかりでなく，細石刃や細石刃核を含んでいるが[31]，両面加工石器を欠いている。

ソーン・リバー Thorne River 遺跡はおよそ紀元前7000年とされており，グランド・ホッグ・ベイ遺跡やヒドゥン・フォールズ遺跡で発見されたのと同じ様式のたくさんの細石刃や細石刃核が出土した。その遺跡はプリンス・オブ・ウェールズ島の東端にあるソーン川の岸辺に立地している。ここでチャック・ホームズ Chuck Holmes，デーブ・マクマホン Dave McMahan とジョアン・デール Joan Dale が多くの黒曜石製を含む数百の細石刃を発見した[32]。動物遺存体は残されていなかった。

図11 細石刃の製作と使用の想定図
石核はアンビルではさんで膝の間に固定され，骨か角でできた鑿を石のハンマーを用いて敲いて細石刃をつくった。柄をつけた細石刃の例を図の下に示した。

チャック・レーク Chuck Lake 遺跡は，アラスカ州東南部における初期完新世の四つ目の主要な遺跡である。それもまた細石刃の遺跡で，およそ紀元前6500年である。ロバート・アッカーマンは早くからその重要性に気づいていたが，それはこの遺跡が有機物の保存にとって条件のよい石灰岩累層に立地しており，動物遺存体が残っていたからである。

現生のスムーズ・ワシントン・マッスル貝 Smooth Washington clam（*Saxidomus giganteus*），パシフィック・リトルネック・マッスル貝 Pacific little neck clam（*Protothaca stamina*）や食用のムラサキイガイ blue or bay mussel（*Mytilus edilus*）といった潮間帯の貝の比率が多く，サケ科の魚やオヒョウのようなサケ科以外の魚骨も存在している。哺乳類は，ウサギ，ビーバー，シカ（カリブー？），トドやアザラシを含んでいる。ウサギを除いてこれらは歯が残っているだけだが，中型あるいは大型と考えられる海棲哺乳類の長い骨でつくった柄が採集されている[33]。

ブリティッシュ・コロンビア州北部のおもな初期の遺跡はクイーン・シャーロット諸島にあるが，データは大雑把である。フィリップ・ホブラー Philip Hobler はモレスビー島の東端の潮間帯で礫石器を採集しているが，クイーン・シャーロット諸島周辺の海面が現在よりも低くなった紀元前7000年よりも前に，住んでいたところから侵食されてそれらの石器が海に落ちたと考えている[34]。しかし，それらの石器はおもに礫石器と大型剥片からなるので，海面が今の高さになった最近になってから潮間帯に落下した可能性も捨てがたい[35]。

ナット・フラッドマークはクイーン・シャーロット諸島において，現在よりも10〜15m（33〜50フィート）上の当時の海岸線にあったたくさんの遺跡を調査している[36]。そういった遺跡のなかで，カスタ Kasta 遺跡とローン・ポイント Lawn Point 遺跡は紀元前6500年と紀元前3300年の間に比定され，それは周辺の海面が下がり始めた時期だった。

図12 ナムー遺跡から出土した細石刃を用いて，実験的に柄を付けた。

これらの遺跡からは，細石刃と片面加工の剥片石器が出土しているが，両面加工石器は発見されていない。それらの石器は，海岸に現在埋没している炉に共伴している。モレスビー島にはハイダ族ゆかりの町の一つであるキウスタ Kiusta があるが，ゲスラー Gessler はキウスタの下層の包含層の遺物の炭素14年代を紀元前9000年と報告している。しかし，さらなるデータは望めない。

ブリティッシュ・コロンビア州本土北部に初期完新世の遺跡は確認されていないが，存在していた

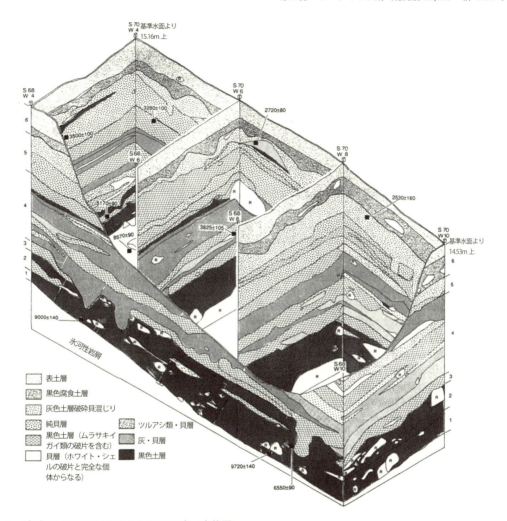

図 13　ナムー遺跡の河口に設けたトレンチの 3 次元立体図
3 つの発掘区の 4 面全部の層序を示している。それはまた貝の堆積がアーケイック期とパシフィック期で異なっていることも示している（側面図の底の部分に堆積した「黒色土」には，その上に堆積しているしっかりした貝層と対照的に小さくて不連続のレンズ状の貝層が堆積していることに注意されたい）。

だろうと認識されているようだ。プリンス・ルパート・ハーバーのいくつかの遺跡では，現在の海面より 1 m ほど下に包含層が広がっており，現在よりも海面が低かった紀元前 6500 年と紀元前 4000 年の間にこの地域で居住が始まったことを示唆している。

　ゲイリー・コープランド Gary Coupland は，キトセラス・キャニオン Kitselas Canyon にあるポール・メイソン Paul Mason 遺跡で小型細石刃が含まれる石器組成の存在を報告している。このような小型細石刃は，ブリティッシュ・コロンビア州本土北部で知られている唯一のものである。コープランドはこの石器を彼が設定したボーナイト Bornite 期に当てはめているが，実際には紀元前 3850～前 3000 年であるから，パシフィック期に位置づけられよう。細石刃に加えて礫器が，キトセラス・キャニオンのポール・メイソン遺跡でのボーナイト期の石器組成のおもな構成要素である[37]。

　両面加工石器がほとんど伴わないこととともに，細石刃技法は北西海岸北部の初期完新世を決定づける特徴である。それらの名前が暗示するように，細石刃は小さい。カスタ遺跡，ローン・ポイン

ト遺跡の最大のものでも長さ35㎜（1.4インチ）を下回る。上述のように，細石刃技法はこの時期に北アメリカ北西部，とくにアラスカ州に広く行きわたった。細石刃技法は，海岸から紀元前4000年すぎに消滅したが，少なくともそれは打ち欠いて石器をつくる支配的な技法の消滅を意味している。

しかし，例外はある。たとえばクイーン・シャーロット諸島では両極技法（バイポラーテクニック bi-polar reduction）と呼ばれる石器製作技法が，3,000年間にわたって用いられ，この技法が細石刃に似た石器を生みだした。これと同じ技法は，ヨーロッパ人と接触するまでオレゴン州北西部をはじめとする地域で用いられた。

アラスカ州中央東南部の本土海岸において，近年マーク・マッカラム Mark McCallum とピーター・ボワーズ Peter Bowers によってたくさんの遺跡が報告されている。これらの遺跡は紀元前1250年と紀元1世紀の間であり，細石刃と細石核が技術的に重要な役割を担っているが[38]，まだこれらの後期細石刃組成と初期アーケイック期のそれらとの関係性は知られていない。これらの遺跡は次の章で扱う予定である。

フラッドマークはクイーン・シャーロット諸島における細石刃は，骨や角製の柄に装着して，切ったり孔をあけたりする道具として使われたと力説しているが，ベーリング期の資料からすれば，骨や象牙の尖頭器に植刃としてとりつけられたことが明らかである[39]。どちらも大いにありうる。

基本的に細石刃技法は，小さな丸石や礫のような小さな石材からできるだけたくさんの刃を生み出すための，相互に関連性をもった技法のセットである。それはまた，柄を取り付けたり（そしてなまくらになったときにははずせる），木，骨，角など有機質の道具の上に取り付けることが容易にできる，鋭い側縁をもった剥片を生産する方法でもある。しかし，細石刃それ自体は当時の生活のそのほかの様相に関しては，ほとんど何も語らない。

（2）北西海岸中央部

北西海岸中央部における後氷期初頭の主要な遺跡はナムー Namu 遺跡だが，それはブリティッシュ・コロンビア州本土に位置しており，ナムー川河口にあるフィッツヒュー岬にある[40]。ナムー遺跡のなかでも後氷期の古い時期は，1期（紀元前9000〜前5000年）と2期（紀元前5000〜前3000年）に分かれる。

キャサリン・カールソン Catherin Carlson によると，1期の遺物の大部分は，礫を打ち欠いたときに出た石屑だが，完成した石器もいくつか存在している。細石刃技術はその時期の半ば，つまり紀元前7000年あたりで出現する。2期の遺物の保存状態は他と異なっており，骨でつくった道具が残されていた。2期には細石刃を含む1期の石器が存続している。2期の堆積物の最下層には「レンズ状の単独の貝層 isolated lenses of shellfish」が堆積しているが，ほかに2期の堆積物は多くの種類の魚，哺乳類と鳥の骨も含んでいる。

キャノン Cannon は，初期の漁撈技術が発達していたことが魚の種類によってわかるという[41]。魚の圧倒的多数はサケだが，ニシン，ツノザメ，メバルもまた比較的多く存在している。哺乳類で多数を占めるのはシカとハーバーアザラシであり，ネズミイルカとイタチ科の魚もかなりの数存在している。

ナムー遺跡は海岸における初期細石刃遺跡のうちもっとも南よりの遺跡であるが，以下に述べるように，ナムー遺跡と同時期の細石刃遺跡はワシントン州南部のセントヘレンズ山のふもとにも存在し

ている。

バンクーバー島の北東隅にあるベアー・コーヴ Bear Cove 遺跡は，中央海岸においてナムー遺跡と並んで主要なアーケイック期の遺跡である。カールソンは，1970年代の後半にこの遺跡を発掘した[42]。

ベアー・コーヴ遺跡のコンポーネント（遺物組成）1は，堆積の底付近から出土した唯一の試料により，紀元前6500年という放射性炭素年代が得られた。コンポーネント1の堆積物の上層は，薄く堆積した貝塚層である。この貝塚の底から得られた二つの試料の年代は，紀元前3340～前2550年に及ぶ。

遺物は主として海岸の小礫からつくられた剝片と石器である。完全な木葉形の両面加工石器が一点，破片数点が発見された。そのコンポーネントは動物遺存体もあるが，それらはロックフィッシュ，サケとその他さまざまな種類の魚類を含んでいる。哺乳類の骨の78％は海獣であり，海獣の骨の80％はイルカとネズミイルカである。言い換えれば，すべての哺乳類の骨の三つに二つはイルカとネズミイルカのものであった。これらの動物遺体はコンポーネントを含む層の上位36cm（14インチ）から見つかった。したがって，これらは紀元前6500年よりも後の年代に属することは明らかである。

ベアー・コーヴ遺跡とナムー遺跡は，ナムー遺跡に細石刃がある点で異なっているが，それらはいずれも細石刃以外の石器をつくるための礫と小礫を用いている点で共通している。この技術は，クイーン・シャーロット諸島におけるアーケイック期の遺跡にも存在している。

（3）北西海岸南部

グレンローズ・カナリー Glenrose Cannery 遺跡は，ブリティッシュ・コロンビア州南部海岸における主要な初期の遺跡である。グレンローズ遺跡はブリティッシュ・コロンビア州バンクーバー市のすぐ南にあり，フレーザー河畔に立地している。

この遺跡を発掘したマトソン R.G.Matson は，グレンローズ遺跡の初期的な構成要素を「古コーディレラン Old Cordilleran」構成要素[43]と呼んでいる（本章最後の議論を参照）。この構成要素は炭素14年代測定の結果，紀元前6600～前1600年の間に及ぶとされるが，紀元前1600年というのは明らかに新しすぎる。また，紀元前6600年という年代は堆積物の底から1m上で発見された木炭によるので，マトソンはこの構成要素を紀元前7000年と紀元前4300年の間に位置づけた。

遺物はベアー・コーヴ遺跡で発見されたものと類似しており，大型の木葉形両面加工石器，さまざまな小礫とそれからつくった剝片石器，いくつかの角製くさびを含むが，細石刃を欠いている。動物遺体は，ヘラジカ，シカ，アザラシ，サケ，チョウザメ，カレイ目，大型のコイ科の魚類とドゲウオを含んでいる。食用の貝もわずかに存在していた。

フレーザー川の渓谷は，その河口から上流およそ130km（80マイル）のところにある。ブリティッシュ・コロンビア大学のカール・ボーダンが，1950年代の早いころにフレーザー川渓谷のブリティッシュ・コロンビア州エールの付近にある遺跡を数か所発掘した[44]。それらのうちの一つがミリケン Milliken 遺跡であり，それはグレンローズ・カナリー遺跡と同じ時期に住居が営まれた，有機質の遺物を欠いているとはいえ非常によく似た遺跡である。ボーダンはミリケン遺跡を初期の重要な漁撈遺跡と推定しているが，それはその場所が歴代インディアンの重要な漁場だったからである。

第3章　アメリカ北西海岸最初の人々

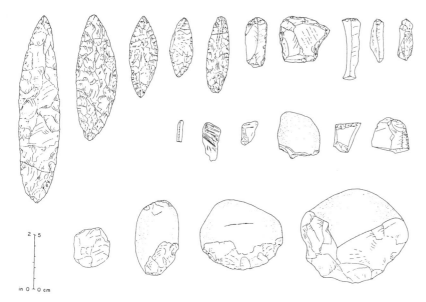

図14 フレーザー川流域のミリケン遺跡から出土した初期アーケイック期の打製石器
これらの礫器と木葉形尖頭器は，北西海岸南部では一般的な組み合わせである。

アーケイック期の遺跡は米加国境線の南にいくとさらに少なくなり，現在の海岸線には一つも知られていない。これは，海面変動に原因があるのかもしれない。ワシントン州とオレゴン州の太平洋沿岸では，海面が過去12,000年以来上昇しており，したがって初期の遺跡の大部分は，おそらく海面下の大陸棚の上にあるのだろう。しかし，考古学者リー・ライマン R. Lee Lyman は，初期の遺跡が見つからないのは考古学者の海岸の探索方法に問題があるのかもしれないという。つまり，海岸線付近ではすべて紀元前2500年以降に形成された貝塚に焦点をあてて探索していることに原因があるのではないかというのだ[45]。

┌ コラム　北西海岸における考古学と構造地質学*

北西海岸沿岸には，全域にわたって巨大な地震と津波の破滅的な被害の話が伝わっている。たとえば，ヌー・チャー・ヌルス族に伝わる口碑の一つは，次のような被害を伴う出来事についてである。「みんな自らを救うすべもなかったし，そんな時間もなかった。地面が揺れたのは夜だったと思う…。大きな波が海岸に打ち寄せた。パチェナ海岸の人々は行方不明になったが，マールツアスの "丘に面した家" に住んでいた人々は生き延びることができた。なぜならば彼・彼女らは高い所に住んでおり，波は届かなかったからだ…。彼・彼女らは低いところに住んでいた人とともに海に押し流されることをまぬがれたのだ。」これらの話が知られていたにもかかわらず，地震が海岸の人々や考古資料に大きな影響を与えた可能性に考古学者が認識しはじめたのは，このたった15年以内のことである。

1980年代の後半，アメリカ地質調査所の地質学者ブライアン・アトウォーター Brian Atwater は，地震学者が「激震」と呼ぶ（マグニチュードがリヒター地震計で8以上のもの。よく知られている1906年のサンフランシスコ地震は破壊的だったがマグニチュード7.8である）一連の地震が，西海岸で発生していたことをつきとめた。彼はワシントン州海岸のウィラパ湾で，泥層が6枚にわたって堆積していることを発見したが，これらの土壌は過去3,000年の間に生じた激震によって地表面が現在の海面よりも下に沈んだことで形成されたものである。それ以来，アトウォーターをはじめとする調査者は，海岸ぞいのたくさんの場所で沈降や上昇（土地の隆起）の両方の証拠を見つけた。それらの

第 7 節　アーケイック期（紀元前 10,500 ～前 4400 年）

現象のいくつかは，北西海岸の多くの地域に影響を与えたと思われる。

　もっとも近いところでは，およそ 300 年前，カリフォルニア州のメンドシーノ岬からバンクーバー島に激震の証拠が残されている。この地震は，2～3m の高さの津波を引き起こしたと思われ，それは日本に達した（日本の文献には，1700 年 2 月 27 日に津波が太平洋岸を襲ったことが記録されている）。それよりも小さくて地域限定的な地震の証拠もまたある。ピュージェット海峡は 950 年から 1,000 年の間に地震に襲われたが，いくつかの場所で 1m ほどの地盤沈下が起きたし，ある場所では 7m ほどの土地隆起を引き起こした。その地震による津波は，ピュージェット海峡を飲み込んだ。何の前触れもなくやってきて家を叩き壊し，カヌーをさらってまき散らす津波に巻き込まれる恐怖は容易に想像することができる。

　しかし，これら激震の影響は，個人的なさらには村全体の悲劇を超えたさらなる広がりをもつ。地質学者のイアン・ハッチンソン Ian Hutchinson と考古学者のアラン・マクミラン Alan McMillan は，アトウォーターによって記録された 6 つの激震は，オリンピック半島からバンクーバー島の北部海岸における海岸沿いで何度も何度も村を廃絶させたことを示している。さらにそれらの証拠は，どのようにして地震が人間の利用してきた景観を変形させてしまうかをも描いている。ユークァットのようないくつかの村は，地震のたびに復興したが，ホコ・リバー Hoko River などは地震の後に完全に放棄されたようであるし，ヘスクィアット・ハーバー Hesquiat Harbor におけるいくつかの村は，最初の地震の後こそ再建されたものの，次の地震の後には完全に廃絶された。地震は潮干帯を変形させ，湾を動かし，河口を壊し，湿地を破壊し，そして村をつくりやすい場所を水浸しにした。地震はまた考古学的記録も大きく変形させている。

　オレゴン州の海岸沿いの遺跡は，大半が過去 2,000 年から 1,500 年以内のものである。考古学者の多くは，これを過去 12,000 年にわたる後氷期の海面上昇によって遺跡が水没した結果だと考えてきた。しかし，考古学者リック・マイナー Rick Minor と地質学者ウェンディ・グラント Wendy Grant が指摘するように，オレゴン州海岸の海面は，4,000 年前までには現在の海水準に近づいた。ではなぜ，4,000 年前から 1,500 年前まで，遺跡の年代に途切れがあるのだろうか。彼らはこれらの激震によって海岸線に地域的な地盤沈下が引き起こされたことに原因があるかもしれないと示唆している。

　どれだけ頻繁に地震が起こったのだろうか？平均 400 年に一回ほどだが，それらの発生に明確な規則性はない。最後の激震から，およそ 300 年がたっているのだ。

＊このコラムの情報は，Atwater 1987, Atwater 他 1995, Bucknam 他 1992, Connolly 1995, Darienzo and Peterson 1995, Hutchinson and McMillan 1997, Minor and Grant 1996 などの文献からのものである。

　ワシントン－オレゴン海岸はさらに大きな地殻変動（コラム参照）をこうむっている。たとえば，オリンピック半島西部のマカー族のために仕事をしている考古学者ゲイリー・ウェッセン Gary Wessen は，現在の海面よりおよそ 12～15m（40～50 フィート）高い海岸段丘の上で紀元前 2500～前 200 年の貝塚を発見した。これは，大規模な隆起があったことを示す。したがって，初期の遺跡もまた海岸線の地殻構造の変化によって上昇した段丘の上に存在している可能性がある。

　さらに人々は海岸線だけに住んでいるわけではなかった。アーケイック期の遺跡は，11,000 年あるいは 9,000 年前には海からやや離れた内陸であったから，現在の海岸線近くに存在しているはずで

第3章　アメリカ北西海岸最初の人々

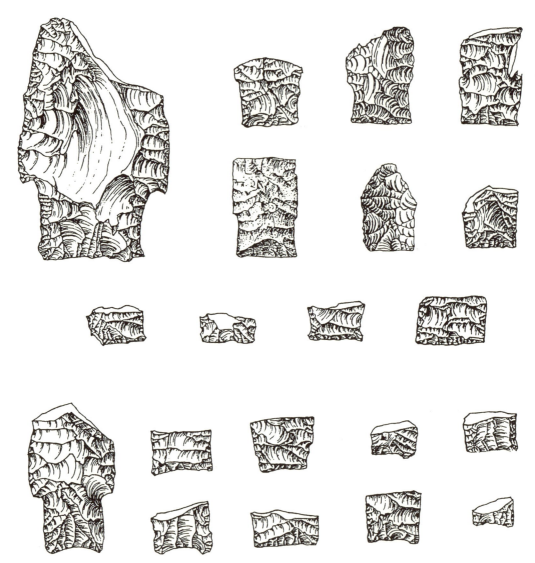

図15　オレゴン州中央部のポーリナ・レーク遺跡から出土したウィンダスト Windust 槍先状尖頭器と両面加工石器
これらの形態の石器は紀元前 10,350～前 7000 年の間に北西アメリカに広域に広がり，カスケード地方東部のアーケイック期最古段階の技術的特徴を示している。

ある。とはいえ，このような遺跡はおそらく密林に埋もれているに違いない。

　ワシントン州西部のカスケード山脈の山すその小丘にあるシーダー・リバー・アウトレット・チャンネル Cedar River Outlet Channel 遺跡は，この種の遺跡が抱えるいくつかの問題点を照らし出している。

　その遺跡 45K125 はチェスター・モーリス湖の流出口に位置しており，それをはじめとするいくつかの遺跡は，1980 年代の半ばに治水管理事業の一環として発掘調査された。これらの遺跡はすべて遺物が地表に露出した状態であり，包含層はなかった。時代の変化をもっともよく映す尖頭器は，過去 11,000 年から 10,000 年に及ぶらしい。動物遺存体はない。断定はできないが，とくにアーケイック期の前半に居住が集中しているようである。

第 7 節　アーケイック期（紀元前 10,500 〜前 4400 年）

図 *16*　アイダホ州中央部のハットウェイ Hatwai 遺跡出土のカスケード型尖頭器　カスケード型尖頭器は，B.R. バトラーによって「古コーディレラン伝統」と認定された遺物の中に含まれている。これらは紀元前 7000〜前 3500 年のカスケード地方東部に広域に分布している。

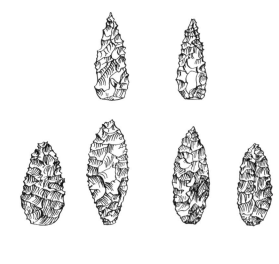

　45K125 のような遺跡はワシントン州西南部のピュージェット海峡ではいたるところで発見されているが，それらはみな表面採集遺跡であり，引き出せる情報はごく限られている[46]。

　コロンビア川下流域とその付近の台地には，それに関連するいくつかの遺跡がある。リック・マイナーによりコロンビア川の河口におけるヤング川に沿って採集された石器は，この時期に一般的な大型の木葉形両面加工石器と類似している。

　オレゴン州ポートランド都市部にあるバーネット Burnett 遺跡からも，同じような石器が出土する。それはカスケード山脈東方で発見される，紀元前 10,600〜前 7650 年という年代の大型有茎尖頭器の破片を伴っている。

　セントヘレンズ山南斜面にも，アーケイック期の遺物が出土する二つの遺跡がある。それはレイザー Layser 洞穴とジュッド Judd 洞穴であるが，石器組成は紀元前 5700〜前 3850 年に位置づけられる。両者とも木葉形両面加工石器と挟入尖頭器ばかりでなく，細石刃と細石刃核をもっている。いずれの遺跡もシカやそのほかの陸獣とともに，サケの骨が出土する。

　カスケード洞穴はオレゴン州北部のカスケード山脈の北にあるマウントフッド山の南側面に立地している。この遺跡は紀元前 6500 年にさかのぼり，多量の木葉形両面加工石器が出土した[47]。

　しかし，コロンビア川流域あるいは河床でこの時期の重要な遺跡といえば，なんといってもファイブ・マイル・ラピッズ遺跡である。この遺跡はコロンビア峡谷の東端にあるコロンビア川の「ロング・ナロウズ（川が細長い場所）」上流端に立地し，1950 年代半ばにオレゴン大学のルーサー・クレッスマンによって発掘調査された。

　この遺跡について述べる前に，その立地状況を把握しておく必要がある[48]。ロング・ナロウズは，コロンビア川によってできた 65 km（40 マイル）に及ぶ長く狭い水路（今ではダラスダム人口湖の真下になっている）だった。川幅が狭くなっているために，この地点はコロンビア川でもっとも良いサケの漁場となった。ファイブ・マイル・ラピッズ遺跡は，渓谷の上流にあって最初に大きな渦巻く流れを見下ろすことのできる位置にある。したがって，この地点は渓流を泳いできたサケが，そこを離れて最初に一休みする恰好の場所であった。

　ファイブ・マイル・ラピッズ遺跡の堆積は大変厚い。調査区の底 2 m（6.5 フィート）の堆積土の中から，クレッスマンと彼の助手はおよそ 15 万点から 20 万点のサケの椎骨を発見した。出土した遺物は，コロンビア高原の上流と下流の遺跡から出土するものに似ている。この遺跡では魚の骨が多量に出土したにもかかわらず，意外なことに特別な漁撈施設が伴っていた形跡はない。

　これらの堆積物は，クレッスマンの調査隊による放射性炭素年代測定によって紀元前 8000〜前

7000年とされている。最近，ポートランド州立大学のバージニア・バトラー Virginia Butler によってクレッスマンの発掘区基底部が再調査されたが，この調査隊から提供された同一の堆積物の放射性炭素年代測定も同じような値を示した[49]。

　オレゴン州の海岸で紀元前7400〜前4000年の間に位置づけられる遺跡は，ネプチューン Neptune 遺跡とターケニッチ・ランディング Tahkenitch Landing 遺跡およびインディアン・サンズ Indian Sands 遺跡の三つしかない。これらの遺跡から出土した遺物は，年代がはっきりしないか（すなわち遺跡の年代を推測する役に立たない），経済活動を知るのにも不十分で，三つの遺跡ともにデータは極端に限られている。第5章で述べるように，ターケニッチ・ランディング遺跡でわずかな動物骨の組成がわかったにすぎない。

第8節　概　観

　人々は少なくとも11,000年の間，海岸に居住した。さらに時間をさかのぼると海面の変動のあり方ばかりでなく，植生や考古学的資料の広がりなど，歴史的な記録は朦朧としており部分的に垣間見ることができるにすぎない。ライマンは，オレゴン州の海岸では初期の遺跡を突き止めるために，該当する時期の地層の堆積物を捜し出し抽出するのを考古学者が怠ってきたといっている。将来の海岸の探索における一つの方向性はまさにそれであり，それは多くの研究者が主張しているところである。

　この章は石器の記述に力を注いだ。それは遠い過去において使われていたものは失われてしまい，石器だけがこの世に残ったすべてであるということが理由の一端である。また，考古学者は石器によって堆積層の年代を推定し，石器の様式や技術の差異を用いて文化の境界線や古代人の集団の帰属を再構築しようと試みるからでもある。

　細石刃と木葉形両面加工石器は，こうした研究にとくに重要な役割を果たしている。1950年代の後半から60年代初頭，ロバート・バトラー B. Robert Butler は，月桂樹の葉の形をした両面加工石器，とくに彼が「カスケード・ポイント Cascade Point」と名付けた尖頭器の地理的な分布が北アメリカ西部の山脈沿いから下って南アメリカ北部に広がっていることから，それが「古コーディレラン文化 Old Cordilleran」[50] と名付けた文化的伝統の地理的な範囲を示していると考えた。

　彼の見解は当時激しく批判されたが，カスケード山脈東側のコロンビア高原における研究者であるフランク・レオンハーディー Frank Leonhardy とデビット・ライス David Rice によって，北西部というより限定した範囲ではあるが，この言葉は再び用いられるようになった。それは，彼らがワシントン州東部のスネーク川沿いで発見した石器と，バトラーがワシントン州中央部のコロンビア川に沿って探究した古コーディレラン遺跡の石器の間に類似性を見出したからである。さらに後年，「古コーディレラン文化」という言葉はマトソンによってグレンローズ・カナリー遺跡の初期居住者の文化に適用された[51]。

　考古学的な石器様式と，北西海岸の長期に及ぶ文化的な伝統および現代の先住民との間をつなぐという野心的な試みを始めておこなったのは，おそらくサイモンフレーザー大学のロイ・カールソン Roy Carlson である[52]。

次に述べるように，カールソンは考古資料のなかに四つの文化的伝統を見出した。それは，北部における細石刃伝統と，南部の礫石器伝統，有茎尖頭器伝統と有樋尖頭器伝統である。彼は，礫石器伝統は，ブリティッシュ・コロンビア州南部のコースト・サリッシュ Salish 族の祖先を代表しており，一方，有茎尖頭器伝統は，今日コロンビア川流域盆地のサハプチン Sahaptin 語とチヌーク Chinookan 語を話す人々の祖先であったと述べている。

　彼を含めて，その地域においてクローヴィス文化とその後の技術伝統の間に歴史的なつながりを見出すことはだれも成功していない。彼は，細石刃技術の出現と拡散は，いくつかの言語集団を含む大きな語族であるナ・デン Na-Dene 諸語の話者が北部アメリカに移住し，その後拡散したことを示しているのではないかと推測している。これらのなかには，カナダ西部とアラスカ内陸に多く居住しているアサパスカン Athapascan 語族ないしナ・デン語族を含んでいる。

　多くの考古学者が，細石刃の出現はナ・デン語を話す者の出現を示すのであろうと考えているが，それは北アメリカ北西部における細石刃とナ・デン語の地理的分布が大むね一致しているからである。海岸において，トリンギット族はアラスカ南東部に居住し，使用言語はおそらくナ・デン語であろうが，ハイダ族（クイーン・シャーロット諸島の話者）はたぶん違う。

　しかし，古代の物質文化の遺物—考古学的資料—を現代の言語やそれらの話者と結びつけるのは，不可能ではないにしても困難である。ユーラシア地域にインド－ヨーロッパ語がいつどこで発生し，普及したことに対して今も続いている論争は，この問題を考えるうえで大変有効な例である。

　インド－ヨーロッパ語は，ヨーロッパにおける現代の言語をすべて含んでいるとともに，ヨーロッパ南部からインドまでの広大な弧状の地帯における多くの言語を含んでおり，19世紀後半以来研究されてきた。ヨーロッパの考古学は北西海岸のそれよりもはるかに解明が進んでいるにもかかわらず，インド－ヨーロッパ語族のヨーロッパへの最初の侵入が，どの考古学的な文化に反映されているかという了解は考古学者の間に何もないし，そもそも考古学的データを用いてそういう理解をしてよいのかということについての合意すらない。

　遺物の形態や形状の変異の原因を理解するという，より根の深い困難が考古学者の前に横たわっている。このむずかしさを，細石刃を用いて説明してみよう。

　細石刃は，細石刃核からつくられるが，通常それは非常に小さい。細石刃それ自体は，切断するための刃や，切断し，薄く切り孔をあけるための尖端部，さらにまた細断に要する面をつくり出すために，さまざまな方法で棒などに装着され，あるいは柄がつけられる。たとえば細石刃のあるものは，ナイフ用の刃をつくるために鹿角製の柄の側面に並べて装着される。細石刃の一個が欠けたりなまくらになったときには，ナイフ全体や石刃全部でなく，たった一つの刃を取り替えることで事は足りる。その一方，大型の石刃は，一つの剥片から打ち欠かれ，柄をつけたナイフ同様の扱いができる。

　では，なぜ細石刃を使うのだろうか。細石刃技法は，石器石材が乏しくて遠くから運んでこなくてはならない場所や，小さなノジュールあるいは小礫に頼らざるを得ない場所で，ものを切断するための刃をつくり出すには効果的な方法である。また，道具の主要な材料が有機質（骨，角や木）である場合に，刃やとがった先端をつくり出すための効果的な方法でもある。

　だから，細石刃を使用するかどうかという選択は，石器をつくるために適したノジュールの大きさや分布のあり方の結果であろう。そうした意味で，別の状況のもとでは人々は細石刃技術を用いない

かもしれないという，とくに実用本位の戦略がその背景にある。つまり石器の石材が乏しくなくあるいは満ち溢れている場合には，人々は細石刃をつくろうとはしなかったかもしれない。それは，古代の人々が多様な石器製作術を知っており，実際に状況にもとづいてそれに見合ったものの使用を選択しているにすぎないことを意味している。

他方で，人々はより好ましい文化的な方法であるという理由から，細石刃技法を用いて石器を製作したのかもしれない。繰り返すが，彼らはいろいろな道具づくりの技術を知っていたと思われ，すべての技術は等価なのにもかかわらず，細石刃を選択したのである。

石刃技法は，両面調整技法とは根本的に異なった技法である。両面加工石器の製作では，道具の最終的な形状に達するまで素材は取り除かれていくので，それは「縮小」方策といえる。この戦略は，石器を製作する前の原石に潜在的に存在している，刃の総量を減少させるものである。それに対して細石刃技法は，より多くの石刃が石核から剥ぎ取られ，使用可能な刃の総量が増えるので，「付加」的である。石器をつくるためのこの二つの方法は，違いが非常に大きい。

これらの理由から，わたしたちは，現代の特定集団と非常に古い技術とを関係づけることができるとは考えない。さらにまた，たとえば四つの技術的伝統が別々の技術的伝統であるといったカールソンの考えにも，到底従うことはできない。

たとえば，細石刃を除けば，ナムー遺跡は南部の細石刃をもたない遺跡の石器組成ときわめてよく似ている。またオレゴン州中央部のポーリナ・レーク Paulina Lake 遺跡では，カールソンが区別した有茎尖頭器伝統と小礫石器伝統をそれぞれ特徴づける石器が，一つの石器組成の中で共伴しているのである[53]。

ただし，北西海岸の考古学的な記録は最古期（ポスト・クローヴィス）以後，海岸沿いに物質文化が長い期間にわたって継続していることと，大規模な人々の入れ替わりや移動を示す考古学的な証拠がないということに対しては，カールソンなどの意見に同意したい。

この時期に関する重要な問題の一つは，人々の海や川の資源，とくにサケに対する依存度に関してである。この問題は，生業経済に焦点をあてる第5章まで先送りする。とはいえ，紀元前 6500 年あたりの北部と南部の間の自然環境の差を考えれば，海岸全域に及ぶ単一な答えはありそうにない。海の生業経済の起源は海岸の考古学にとっては重要な問題であり，繰り返し議論される論点でもあるのだ。

20世紀前期の偉大なアメリカ人人類学者であるクローバー A. L. Kroeber は，北西海岸の文化は，人々が内陸から川を下って領域の中を移動したので，まずは川辺の環境に適応し，その後たどりついた海岸において海辺の自然環境（浅瀬，海岸付近，潮間帯の環境）に適応した人々によって形成されたと述べている。人々は必要な技術と知識を獲得した結果，沖合いや深場の自然環境の開発も始めて海洋民となった。

これも古い考え方であるが，海に適応した人々はあるいはイヌイットの祖先と関係しており，外海を下って移動し，海にかかわる技術をアメリカ大陸にもたらした，というものである。この見解の新たなバージョンは，海岸沿いに最初に登場した人々はフラッドマークのいうように航海路を使用するようになった移住者で，たんに生きるために海への適応をせざるを得なかった者だという見解である。

最近，カールソンは，海岸における海への適応の歴史は海岸への居住と同じくらい古く，上流へと移動したのは海にかかわる技術を携えた海岸の人々であって，最初河口と海岸沿いの環境に順応し，

それから内陸の狩猟と採集への移行を遂げたと指摘している。

　これらの証拠は第5章で再び検討することにするが，それらはこの地域の最初の人々が，広範囲にわたる自然環境，とくに湖から海辺までの湿潤な自然環境を開発するための柔軟な技術と一連の技を身につけていたことを示している。カスケード地方の現在の知見にもとづく限りにおいては，少なくとも南部は等しい食糧獲得の装備を共有する採集狩猟民によって占拠されていたことは明らかである。川をのぼったり下ったりして移動した証拠はどこにもない。わたしたちは，海岸の湿った自然環境が，潮干帯や海岸付近の自然環境と深い湖を利用した最初の居住者のために時空的な連続体を形成するのに一役買ったのではないかと疑っている。

　海岸沿いのこれら初期の人々の性格をどのように位置づけたらよいのだろうか。読者はまず，この長い期間が後氷期の環境変動によって特徴づけられたことを思い出す必要がある。とくに紀元前6500年以前の海面はしばしば急速に変動しており，紀元前6500年に頂点に達した後氷期の温暖化と乾燥化傾向はその間は進行中だった。植物の分布状態は氷河が溶けた結果変動し，海水準は変化し，気候は変動した。これら初期の人が見ていた海岸線は，今日われわれが見ている海岸線とは違うのである。

1）　Hopkins 1967.
2）　Hopkins 1967, Hopkins 他 1982.
3）　Hulten 1937.
4）　West〔1996〕，Hoffecker 他〔1993〕，Hopkins〔1996〕はベーリンジアの西端はレナ川の東であり，アジア極東北のコリマ川の東により近いと述べている。
5）　Guthrie 1990.
6）　Colinvaux 1986.
7）　Guthrie 1990.
8）　Goetcheus・Hopkins・Edwards & Mann 1994.
9）　Elias 1995:pp.115-117. およそ14,000年より前に，氷床が融けて後退し始めるが，海水準の上昇にはかなりの遅れがあったようである。
10）　Hoffecker 他 1993.
11）　Fladmark 1983.
12）　Holmes 1996.
13）　Fladmark 1979.
14）　Mann and Peteet 1994.
15）　Maschner 他 1997.
16）　Mochanov 1977, Mochanov 他 1983.
17）　Kuzmin 他 1994, Kuzmin 1994, Kuzmin and Tankersly 1996.
18）　Mochanov 1977.
19）　Dikov 1977・1979.
20）　Hoffecker 他 1993.
21）　Holmes 1996.
22）　Ackerman 1996.
23）　Holmes 他 1996.
24）　West 1981.
25）　〔West 1996〕所収のアッカーマンの章を参照されたい。
26）　Kunz and Reanier 1996. 確かにメーサ遺跡から出土した少なくとも1点は11,000年前の半ばの年代を示しているが，たくさんの残りの試料は10,500年前以降である。
27）　Goebel 他 1991.

28) Gruhn 1961.
29) Bedwell 1973.
30) Ackerman 1968.
31) Davis 1989b.
32) Alaska Department of Parks—Office of History and Archaeology 1989.
33) Ackerman 他 1985.
34) Hobler 1978.
35) Acheson〔1991〕によって論じられている。
36) Fladmark 1986.
37) Fedje 他 1996.
38) Bowers & Betts 1995，Smith & McCallum 1993.
39) Fladmark 1982，Clark 1979.
40) Cannon 1991.
41) Cannon 1991.
42) Carlson 1979.
43) Matson 1976.
44) Borden 1968・1970・1975.
45) Lyman 1991.
46) Samuels 1993.
47) Newman〔1966〕はカスケード洞穴を報告し，さらに Daugherty 他〔1987a・1987b〕はレイザー洞穴とジュッド・ピーク遺跡を報告している。
48) Cressman 他 1960.
49) V. Butler 1993, pers. comm.
50) Butler 1961.
51) Leonhardy & Rice 1970，Matson 1976.
52) Carlson 1983・1990a・1990b・1996a・1996b.
53) Carlson 1996a，Connolly 1998.

第4章
パシフィック期と近代

はじめに

　パシフィック期は，紀元前4400年から北西海岸に天然痘が登場したと考えられる1775年までの，およそ6,200年におよぶ期間である。パシフィック期は，大きな変化と連続性という，相反する性格をあわせもつ。

　この期間に，海岸の人々は複雑採集狩猟民となり，大きな村に定住し，社会的な階層化をとげ，そして名高い美術様式を発達させた。こうした変化は，いずれも重要な技術的革新，経済的革新，そして社会組織上の革新を伴うものであったが，それらは人々が古くからの慣習に手を加えて再編成した結果でもある。

　古い道具は新しい方法で使用され，古い資源は新たな集約化とともに開発され，古い装飾モチーフは新しい形状と組み合わせによって表現されるようになった。変化のなかには急激なものもあったので，当時の人々はおそらくその変化をはっきりと目にすることができたであろう。しかし，多くの変化はゆっくりとしたものであったから，それらが人々に影響を及ぼしたとはいっても，目に見えるようなことはなかったかもしれない。

　この時期の連続性は，物質文化をこえた広がりをもつ。考古学，言語学，生物学上の証拠からすれば，過去数千年間に海岸に人々が大挙して押し寄せたことはありえない。

　たとえば，過去3,000年から4,000年の間[1]，海岸に居住していた人の体格の変化は，あったとしてもごくわずかである。一例を示せば，前期から中期のパシフィック期における海岸の全住民の頭の形は，たしかに歴史的に知られるハイダ族や海岸チムシャン族とはわずかに違う。しかし，このような頭の形の変化は世界的な傾向であるので，それが住民の交替を意味するものではない。

　言語学的な資料にもとづけば，人々が海岸に沿ってわずかに移動したことや，生活領域の拡張や縮小があったことがうかがえるが，少なくとも過去3,000年の間に大規模な移住はなかった。ただし，一，二の例外はある。そのうちの重要なものは，カリフォルニア州北部やオレゴン州におけるアサパスカン言語 Athapascan languages の存在である[2]。

　パシフィック期の始まりを画す考古学的な証拠は，地域の生業経済と居住様式にみることができる。それは大きな貝塚の出現と，同時期のカスケード地方内陸部における半地下式の竪穴住居の出現によって特徴づけられる。

　考古学者は，さまざまな名称を用いてこの時期を呼んでいるが，わたしたちはいくつかの理由からそれをパシフィック期と呼ぶことにする。

　パシフィック期という名称が最初に用いられたのは，中央ならびに海岸カリフォルニア地方であるが，パシフィック期の海岸における発展は，カスケード地方とその南に位置する中央ならびに海岸カ

第4章 パシフィック期と近代

図17 第4章で触れる前期パシフィック期の遺跡地図

リフォルニア地域で同じ時期に生じた[3]。わたしたちは，この時期の文化が北アメリカ西部と北太平洋東部という，北西海岸として定義される地域をはるかにこえた広大な範囲に影響を及ぼしたと考えているが，パシフィック期という名称を用いることにより，この立場をより強調したいのである。

この章で議論される時期区分には，海岸の広い範囲における重要な出来事や動きが生じたタイミングに対するわたしたちの見方が反映している。次の章以下は，これらの出来事と動向を吟味するとともに，これらの傾向から逸脱した遺跡と地域も検討することにしよう。全体としてみれば，これらの多様性は，北西海岸の経済的，社会的そして政治的な変化の複雑性を反映しているといってよい。

本章以下の大半は，直接パシフィック期を扱うことになる。したがって，ここでは読者のみなさんに，この時期の文化の歴史を概説し，鍵となる地域と遺跡を紹介し，たくさんの重要な文化的な発展を説明することにしたい。

第1節　前期パシフィック期（紀元前4400〜前1800年）

おょそ紀元前5000年までの気候は温暖で乾燥気味だったが，それ以降とくに夏が冷涼で湿潤になった。紀元前4400年までには，海岸沿いではおよそどこでも近代の海面との差が1〜2m（3〜6フィート）をこえない程度に海面が上昇し，紀元前3000年までに現在の高さになった。例外はバンクーバー島の西海岸である。そこでは前期パシフィック期の初めに海面は現在の高さとほぼ同じであり，紀元前3000年までに何mか上昇して一時的に安定し，その後2,000から3,000年にわたってゆ

第 1 節　前期パシフィック期（紀元前 4400〜前 1800 年）

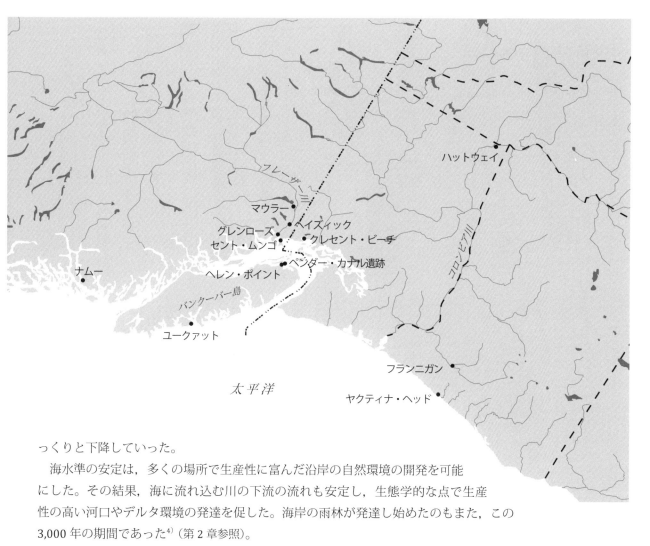

っくりと下降していった。

　海水準の安定は，多くの場所で生産性に富んだ沿岸の自然環境の開発を可能にした。その結果，海に流れ込む川の下流の流れも安定し，生態学的な点で生産性の高い河口やデルタ環境の発達を促した。海岸の雨林が発達し始めたのもまた，この 3,000 年の期間であった[4]（第 2 章参照）。

　気候と海水準の変化は，軟体動物のような潮間帯の資源利用の拡大や，より移動の少ない生活方法の獲得といった，人々の生業や集落構造の重要な変化を導いた。採集して食べた貝の殻が規則的に同じ場所に捨てられた結果，時として山のような貝塚が形成された。

　アーケイック期の貝層は薄く小さくて，不連続なレンズ状の堆積をなすのが一般的である。それとは対照的に，典型的なパシフィック期の貝塚は，しばしば面積が数千 m²，厚さが数 m に達する大きくて連続的に堆積した貝層をなす[5]。しかし，巨大な貝塚は北西海岸のどこにでも同時に出現するわけではない。たとえばオレゴン州とワシントン州の海岸ではこのような貝塚は少なく，それらは一般的に紀元前 1200 年より後になって現れる[6]。巨大な貝塚【口絵 9】が出現するタイミングの違いは，おそらく海面変動の速度と形態や，それに伴う海岸生物の変化の地方的な違いから生ずるのであろう。

　貝の利用の増加は，地域的な生業経済が全体的に拡大していくなかで生じた現象の一つである。このことは，第 5 章で議論しよう。カスケード地方であればどこでも，巨大な貝塚が海岸に現れるのと同時に竪穴住居が出現するが，これは単なる偶然ではない。この点は第 6 章でより詳細に述べ

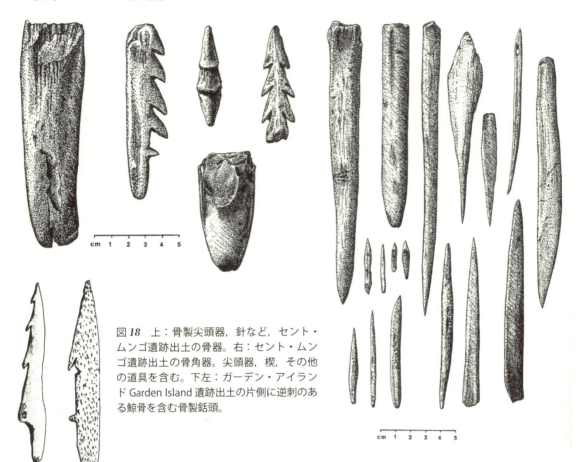

図18 上:骨製尖頭器,針など,セント・ムンゴ遺跡出土の骨器。右:セント・ムンゴ遺跡出土の骨角器。尖頭器,楔,その他の道具を含む。下左:ガーデン・アイランド Garden Island 遺跡出土の片側に逆刺のある鯨骨を含む骨製銛頭。

るが,わたしたちはこれら初期の貝塚の多くは,海岸沿いの竪穴住居集落の人々によって形成されたのだろうと考えている。竪穴住居の増加以外にも,貝塚はパシフィック期の海岸の考古学的記録の性格を考えるうえで重要な意味をもっている。

貝塚は化学的にはアルカリ性であるが,それは数千,場合によっては数万の貝が原因をなしている。このアルカリ性という特質によって,貝塚では骨や角が長期にわたって遺存する。したがって,多くのアーケイック期の遺跡で欠落していた具体的な生業に関する良好なデータを,パシフィック期では手にすることができるのだ。

その一方で,植物は日々の食事ばかりでなく,さまざまな技術の基盤としても重要であるにもかかわらず,貝塚は植物遺体の遺存にとってよい環境とはいえない。すでに解説したように,海岸の人々は世界で最高の大工であり木材彫刻者であるが,貝塚で木製品が残るのはまれである。低湿地遺跡—腐敗が遅いかほとんど腐敗しない水浸しの遺跡—はその落差を埋める手助けをする。低湿地遺跡は海岸沿いのすべての地域で発見されており,考古学的な調査の重要性はますます高まっている。

貝塚にヒトを埋葬するのは,前期パシフィック期の始まりを特徴づける重要な出来事の一つである。そのなかでもっとも早い埋葬例は,ナムー遺跡におけるおよそ紀元前3400年ごろのいくつかの合葬例である。これらの埋葬は,貝塚の形成と同時に生じた新しい埋葬習俗の展開を示しているのかもしれないが,貝の出すアルカリ成分によって残り具合がよかったという結果にすぎず,もっと古い埋葬が存在していた可能性もある。単独の埋葬からさらに進展した墓地の存在は,定住の促進と集団

第 1 節　前期パシフィック期（紀元前 4400 ～前 1800 年）

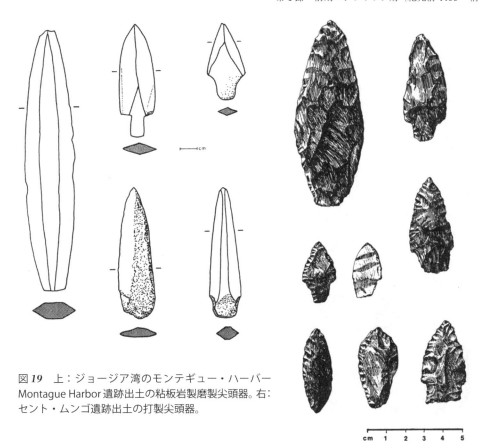

図 19　上：ジョージア湾のモンテギュー・ハーバー Montague Harbor 遺跡出土の粘板岩製磨製尖頭器。右：セント・ムンゴ遺跡出土の打製尖頭器。

領域の形成，あるいはその両方の進展の具合を考えるうえでの指標になるであろう。墓地は紀元前 2500 年には確実に存在し，あるいは紀元前 3400 年にまでさかのぼるかもしれない。これらの問題は第 6 章で議論することにしよう。

　海岸地域の経済の基礎的骨組みは，パシフィック期全体を通じた場合，前期の間に形成されたと考えるのが一般的であるが，あるいはアーケイック期の後半にさかのぼるかもしれない。全体的にみれば，それは食糧獲得経済が多様化する時期といってよい。

　食糧の獲得にとって陸と川の資源も重要ではあったが，おもに対象となったのは浅海域の資源であった。食糧貯蔵が，前期パシフィック期を通じて地域の経済を決定する重要な役割をなしていたかどうかということについては，大きな議論の的である。わたしたちはそれには否定的だが，この問題は第 5 章で議論することにしよう。

　前期パシフィック期においては重要な技術的変化があった。それは北部海岸から実質的に細石器が消え去り，それにかわるようにさまざまな骨角器が導入され，そして研がれた―あるいは磨かれた―石器が広い範囲にわたって出現したことである。細石器は消滅したが，打製石器の技術は海岸の大部分の地域で続いた。

　もちろん，骨角器はアーケイック期でも用いられていたが，前期パシフィック期にそれらは海岸における道具の組成の主役になった。貝塚に堆積した分，道具の遺存状況がよかったからだという側面もあるが，多くの骨角器の型式がこの時期に出現した点を評価しなくてはならない[7]。急速に増える

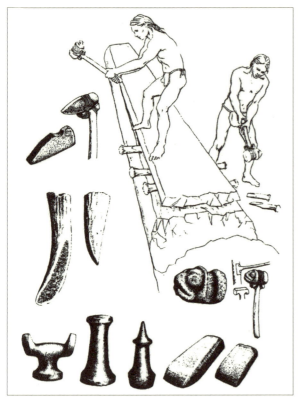

図20 丸太からどのようにして板が割り出されるのかを図解した。そして，木工用のさまざまな種類の道具の図。木の上に立つ男の絵から右回りに，柄をつけた槌，槌の頭，斧と手斧の刃先，乳首状槌，上面が平らな槌，あぶみ状の槌，角製のくさび，大型の斧ないし手斧の刃先。

図21 典型的な磨製石斧の3面展開図

道具の種類のなかには，アーケイック期に少数存在していた型式もいくつか含まれているのだが，そういったアーケイック期以来の型式の骨角器の形態や種類が，前期パシフィック期には格段に一般的かつ多様になった。

　これらのなかには，片側や両側に逆刺のついた銛頭が含まれている。銛は，外洋の海獣や大きな魚をとるのに必須の道具である。海獣に銛を打ちこんだときに，逆刺によって銛頭が矢柄から離れ，体の中に残ったままとなるよう，銛頭は矢柄の先に装着される。銛頭は紐によって結ばれており，紐のもう一方の端は銛撃ちの手に握られている。紐は銛を打ちこまれた動物が逃げるのを防ぎ，あるいは死んだときに沈むのを防ぐ役割を果たした。銛を打ち込まれても通常では死にいたることはなく，それは魚の釣針と同じように漁師が獲物を引き寄せるためのものである。銛でしとめた動物は，棍棒かヤスで息の根を止めた。死んだ獲物には，沈むのを防ぐように浮きがつけられた。

　前期パシフィック期に出現した磨製石器は，骨角器とあわせて道具の多様化をさらに促進することとなった。最初に登場する磨製石器には，粘板岩製のヤスと槍先形尖頭器がある。これらの尖頭器は，おそらく銛で仕留めた海獣にとどめをさすためのヤスに装着されたものであろう。それらは槍先として装備することもできるし，あるいは柄をつけて短剣やナイフにすることも可能であった。

　粘板岩製磨製石器をはじめとする磨製石器は後氷期に世界中で出現するが[8]，一般的には，通年あるいは季節的定住生活と漁撈活動に伴う道具であり，打製石器に取って代わるかそれを補うものである。粘板岩はもろくて固いところに落とすと壊れてしまうため，磨製石器が打製石器にかわった理由はまったくわからない。ただ磨けば，厚くて脂肪の詰まった海獣の皮を突き通すための硬くて鋭い理想的な尖頭器になりうる。

　石斧も重要な磨製石器である。民族誌によれば，斧は手斧（ちょうな；縦斧）の刃として木工道具に使われた。斧には，木を切り倒すためのきわめて大きなものから，さまざまな柄をつけて木を削ったり細工したりする非常に小さなものまであり，さまざまな分野で多様な斧が用いられている。

斧は海の貝でもつくられたが、もっとも古いものは前期パシフィック期にさかのぼる。前期パシフィック期の石斧はいずれも小さいが、ある種の大工仕事があったことを間接的に証明している。アーケイック期には、木を裂くために骨と角の楔がすでに用いられていた。しかし、手斧はたんに木を裂く以上の木工があったことを示している。石斧に加えて、槌（磨製石槌）がこの時期に現れる。これらは楔や手斧を打ち込むために使われた。こうした変化は、気候変動により新たに雨林が出現したことに対応するものであり、その木の利用度の高まりを反映している。

磨製石器は非常に長持ちするが、それらの製作には打製石器よりもはるかに大きな労力を必要とする。したがって、磨製石器の存在は何らかの種類の道具に時間と労働への投資が増えたこと、つまりこれらの道具を使った仕事がますます重要になったことを示している。

第2節　中期パシフィック期（紀元前1800～紀元200／500年）

紀元前1800年までに海面の高さは安定して今日の位置になり、多くの地域で浅海の生物の豊かな生息環境がより進化した。

バンクーバー島やクイーン・シャーロット諸島の外海沿岸では地殻が隆起することによって徐々に海面が低下し、およそ紀元前後になってようやく現在の水準に達した。これらの地域で人々が広い範囲に居住するようになったのは、それより後のことである[9]。

近代の気候パターンに近づいたとはいっても、いくつかの山岳地帯で小さなものではあるが氷河の前進を引き起こしたように、少なくとも一回は寒冷で湿潤な期間があった。海岸の森林では、西部のアメリカネズコやアラスカヒノキといった特定の樹種の分布が近代における分布と同様になったが、現在に近い森林の状況となったのは、おそらく中期パシフィック期であっただろう[10]。

海岸の長い歴史のなかで、中期パシフィック期は文化や社会が劇的な進化をとげた時期として特徴づけられる。それらを列挙すれば、以下のとおりである【口絵25〜31】。

　①人々が一年のすべてあるいは大半を一つの場所で過ごすことの指標となる板壁の家（プランク・ハウス）や板壁の家による村が登場した。
　②いくつかの地域で、社会的な不平等が定着した証拠が認められるようになった。
　③多くの地域で、サケ漁に特化した貯蔵を基礎とする経済活動が強化された。
　④個人間の抗争と戦争の証拠が認められるようになった。
　⑤現代の美術に通じるような、海岸特有の美術様式が発達した。

これらがいつ生じたのかは大きな論争点であるが、根本から食い違う二つの編年がある。一つは長期編年であり、これらの発達をおそらくパシフィック期の始まりにまでさかのぼらせてより古く位置づけるものであり、もう一つの短期編年は、これらの発達をおよそ紀元前1800年ごろかはやくても紀元前2000年あたりに位置づけるものである。わたしたちは短期編年の立場に立つが、次の章でその証拠を概観したのち、第10章で再び討論することにしよう。

技術的な分野においては、骨角器がより多様化したことを指摘することができるが、たとえば組み合わせ式の離頭銛頭が広範囲に出現することなどはその代表例である。

第4章　パシフィック期と近代

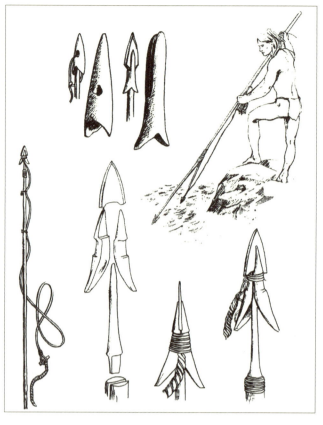

図22　単純な逆刺付の銛（上段）と組み合わせ式の銛（下段）の図

　組み合わせ式の銛は逆刺付の銛と異なる。逆刺付の銛は一つの角や骨から切り出し、あるいは削り出してつくられたものであり、それに対して組み合わせ式の銛は三つの部分を結び合わせてつくられた。このうちの二つの袋状部分は骨ないし角を削ってつくられているが、それぞれの弁はその一端に柄を受けるためのソケットをもち、別の端には先端の尖頭器を受けるソケットないし溝をもっている。尖頭器は、磨製の粘板岩ないし貝の刃、あるいは小さな骨の両面尖頭器であったと思われる。
　小型の組み合わせ式の銛は、たとえばサケ、ラッコ、そしてアザラシを捕獲するのに使われ、大型のものは捕鯨用に使われた。打ち込まれた銛頭が動物の体のなかで90度回転することによって、銛頭を獲物から抜けにくくしたのが回転離頭銛であるが、その例外を除いては、組み合わせ式の銛の基本的な原則は逆刺付の銛と同じであった。
　離頭銛は、大きな技術的進歩を象徴する道具である。それらは小さな材料からつくることができ、多様な獲物に対して用いられた。骨製の両面尖頭器は、銛の先端に装着されたであろうが、そればかりでなく魚の釣針のあご（かえし）や魚をかき集める熊手の歯などとしても用いられたであろう。
　これらの道具の広範囲にわたる使用は、組み合わせ式の銛のパーツのような基本単位の部分からなる柔軟な技術の存在を特徴づけるものである。組み合わせ式の銛は逆刺付の銛に取って代わったものではなく、あらたな技術としてそれに加わったものである。おそらく、たとえばオヒョウのような浅海の非常に多様な生物の生息地、そして資源の利用が増加したことを示しているのであろう。
　板壁の家屋や木の箱は、中期パシフィック期のはじめからあった。家屋は中期パシフィック期の早い段階から多くの遺跡で存在が確認されている。箱は、前期パシフィック期の終わりには登場している[11]。カヌーが存在していた間接的な証拠もある。斧は海岸でさらに普及し、石槌が多様化していった。
　海岸の多くの遺跡で、斧は特別な硬い石である軟玉（ネフライト）でつくられた。軟玉の産地はほんのわずかな場所にすぎないので、広範囲に交易されたものに違いない。バンクーバー島の西海岸では、石斧がきわめて少なく、貝斧がそれに代わって用いられたが、それは軟玉やその他の適切な石を手に入れることがむずかしかったことを物語っている。
　この期間に現れた磨製石器のなかには、紐を巻き付けたり、穴を通したりして用いた網の錘があり、漁撈活動の拡大を示唆している。漁撈活動が拡大していくなかで、中期パシフィック期には魚を捕

第3節　後期パシフィック期（紀元200／500～紀元1775年頃）

ための木製の簗が建設されるようになったが，あるいはもっと早い段階にさかのぼるかもしれない。

中期パシフィック期の海岸沿いでは，打製石器と磨製石器の割合や種類の遺跡間の差についてはとくにそうであるが，そういった多様性を理解する材料はいたって乏しい。その差異が，ある意味地方的地域的なパターンの確立を困難にしている。たとえば，細石刃はジョージア湾地方の遺跡に存在するが，北部の多くの遺跡では欠落し，その一方スティキーニ川の河口付近にいくとたくさんの遺跡で再び現れる。この時期の海岸北部における他の遺跡では，細石刃と両極技法の両者を欠いている。

第3節　後期パシフィック期（紀元200／500～紀元1775年頃）

紀元前後ごろまでには，後期パシフィック期の自然環境は今日に近い状態になった。ただし，そのなかでも紀元1150～1300年の間は温暖で乾燥した期間であり，1350年以降は冷涼で湿潤な小氷

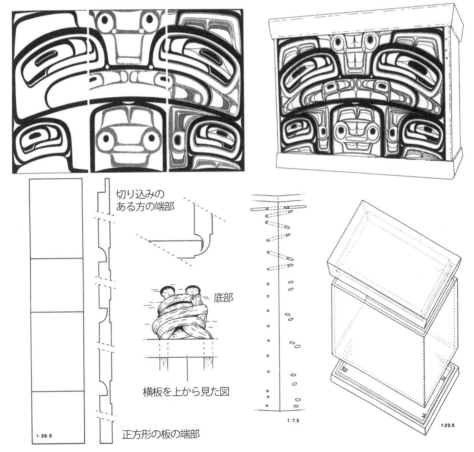

図23　のこぎりでひかれた木の箱を構造がわかる方法によって図解した。
これらの箱は，図で示したように水につけられて切り込みをいれられた一枚の板からなっており，四角形に折り曲げ，互いに紐で結び合わせた。底部は側板と縫い合わされ，つなぎ目はすべて防水のために松脂などの樹脂でカバーされた。近代前期には，入念に装飾されたこのような箱がしばしば存在している。

期である，といった変動が観察される。

　北西海岸を研究領域とするほとんどの考古学者は，後期パシフィック期の文化は，最初に海岸を訪れたヨーロッパ人が目撃して記録した文化とほとんど同じか，変わっているとしてもごくわずかな違いしかないと感じているのではないだろうか。こうした見方に従えば，後期パシフィック期の人々は，生物学的にも文化的にも，近代の海岸ネイティブの直接の先祖であるといえよう。

　すでに述べてきたように，少なくとも過去3,000年間にわたり，あるいはもっと長期にわたって海岸全体で文化が連続していた合理的で有力な証拠が存在している。このような連続性を取り上げて，後期パシフィック期は停滞期であり，文化的にはまったく何も変わっていない時期だという考古学者もいる。しかしそれは，中国は過去3,000年間にわたって文化的に連続しているから，重要な興味をそそる出来事はついぞ起こらなかった，といっているようなものだ。北西海岸に戻ってみれば，確かに文化の連続性に対する確たる証拠があるが，その一方で人々が活発に行動していた証拠もまた存在している。その証拠は，それが混乱した時期であったことをも示している。

　後期パシフィック期の始まりを特徴づける重要な出来事はいくつかある。それはいずれも北西海岸の広い範囲で観察できるが，まず埋葬儀礼の大きな変化があげられる。さらに，ジョージア湾のような，それ以前に主として打製石器を用いていた地域でそれが減少すること，集落の移動やいくつかの地域で生業の変化が起こったこと，広域にわたって戦争が激化したこと，そして激変といってもよいような人口の変化が生じたことなどである。海岸の人口は紀元1000～1100年ころに頂点に達し，それから減少に転じた。

　パシフィック期のはじめから，貝塚での埋葬行為は，北西海岸における埋葬儀礼のなかで重要な位置を占めていた。ところが，まれに例外はあるもののおよそ紀元500～1000年の間にその習慣はとだえた。民族誌からすると，埋葬は土葬，火葬や風葬など多様であったが，遺体は住んでいた場所から離れて埋葬されるのが一般的だった。この埋葬様式は，後期パシフィック期の初めに発達して広まったらしい。埋葬習俗にみるこの変化は，海岸の過去5,000年間におけるもっとも大きな文化的変化の一つであった。

　北西海岸の北部から南部まで，遺跡から出土する遺物は，ヨーロッパ人との接触の時期に使われていた道具に大変よく似ている。重労働に用いた木工道具は，後期パシフィック期の初めにすでに出現している。これらの道具のなかには，重い掛矢と巨大な縦斧がある。特大の家の証拠が確認されるようになるのもこの時期である。

第4節　パシフィック期における地域的差異

(1) 北部海岸

①前期パシフィック期

　この時期の石器組成は，粘板岩の磨製尖頭器，小さな縦斧，研磨器，粘板岩製のこぎりと磨製石器をつくるときの副産物としてできた剥片を含む磨製石器群からなっている。ヒドゥン・フォールズ遺跡

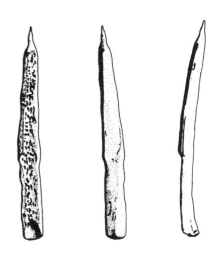

図24 プリンス・ルパート・ハーバーのガーデン・アイランド遺跡出土の鹿角製尖頭器ないし魚取りのヤスの逆刺
このような尖頭器は二つ一組で柄がつけられたり，魚取りのヤスとして用いられた。

の磨製石製品には玉類，首飾りや唇飾りが含まれているが，それは第7章で社会変化に関する議論をおこなう際に重要になる。

前期パシフィック期の北部海岸では細石刃が広範囲にわたって消滅してしまうが，それはこの時期のこの地域におけるもっとも顕著な技術的変化である。しかし，いくつかの場所では，細石刃技術は小さな剥片や石刃をつくる両極技法という別の簡単な技術に取って代わったのかもしれない。ヒドゥン・フォールズ遺跡の前期パシフィック期の石器組成では，737点の石製品の半分がこの方法によってつくられていた[12]。

両極石核は，クイーン・シャーロット諸島の遺跡でも出土している。細石刃それ自体は，海岸から160km（90マイル）のスキーナ川にあるポール・メイソン遺跡[13]やアラスカ州東南部のアイリッシュ・クリーク Irish Creek 遺跡[14] の前期パシフィック期のはじめに存在しているが，その後みられなくなる。

北部海岸のほかの遺跡には，いたるところにある丸石や丸石の破砕道具（前者は川原石自体からつくられ，後者は丸石から剥ぎ取られた剥片や砕片からなる）を別にすれば，打製石器はまったくない。たとえば，ヘケット島の貝塚や，キューユ島あるいはプリンス・ルパート・ハーバーの遺跡では，打製石器はみることができない[15]。

たんなる打製石器と両極技法による石器どうしの使用方法の地理的な多様性は，今のところ十分説明できていない。それは，それぞれの技術に適した石材の入手可能性の地域的差異や，モノにもとづいた社会的境界線の強固な地域的差異を反映しているのかもしれない。

骨角器の多様性は北部海岸全体でますます顕著になっていったが，それは片側と両側に逆刺のある骨製の尖頭器や銛ばかりでなく，逆刺部の部品や錐，穿孔具や角製の楔を含んでいる。骨製の釣針はクイーン・シャーロット諸島にあるが，ブリティッシュ・コロンビ

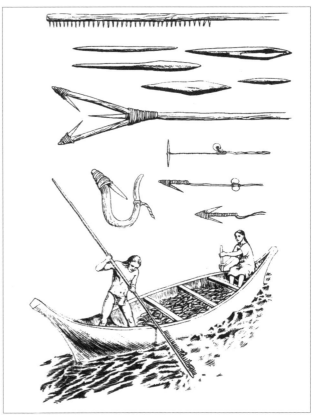

図25 骨製の両面尖頭器は，ニシンをかき集める熊手の歯や，魚取りの釣針の逆刺，矢の先端に用いられた。

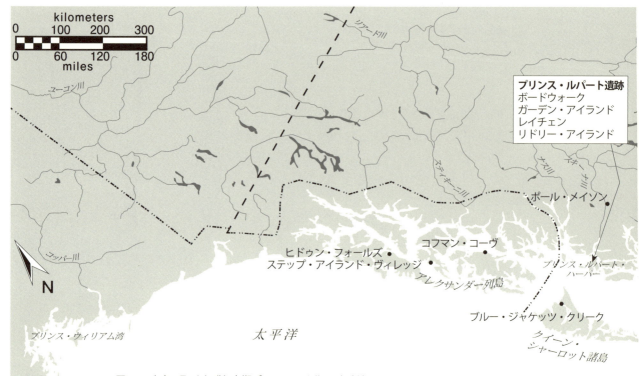

図26 本書で取り上げた中期パシフィック期の遺跡地図

ア州本島やアラスカ州東南部にはない。それは漁撈技術の違いを反映し，漁場やそれが存在している環境の違いを示しているに違いない。

建物の跡は，石を並べた炉と，ピットならびに柱穴に限られる。小さな円形の凹み（3～4m）と多数の柱穴からなる円弧状の遺構は，ヒドゥン・フォールズ遺跡に小さな建築物が建っていたことを物語っている[16]。円弧状に柱穴がたくさん穿たれているのは，建物が何回にもわたって建て直されたことを示唆している。ブルー・ジャケッツ・クリーク Blue Jackets Creek 遺跡には上述の埋葬があり，さらにプリンス・ルパート・ハーバーの遺跡からもこの時期の終わりまでの埋葬跡が出土している[17]。

前期パシフィック期になると，アラスカ州東南部では，たくさんの岩陰や洞穴が利用された。二つだけ例をあげておくと，プリンス・オブ・ウェールズ島のヤトック・クリーク Yatuk Creek 岩陰[18]と，キューユ島のサギナウ Saginaw 湾のいくつかの遺跡[19]に堆積した貝であり，それらは紀元前2000年と紀元前3000年の間に位置づけられている。これらの遺跡からわかるのは，貝塚の堆積が急速になされたことと，広範囲にわたる資源の利用がなされていたことである。これらの遺跡では，打製石器は使われていなかった。

②中期パシフィック期

海岸北部において，中期パシフィック期のもっとも重要な遺跡は，プリンス・ルパート・ハーバーとスキーナ川流域に存在する。そのなかでもスキーナ川のキトセラス・キャニオン渓谷から160km（90マイル）のところにあるポール・メイソン遺跡は，詳細な調査記録が残された，北西海岸においてもっとも早い時期の村落遺跡である。そこからは，およそ紀元前1200年の長方形住居の凹

第4節　パシフィック期における地域的差異

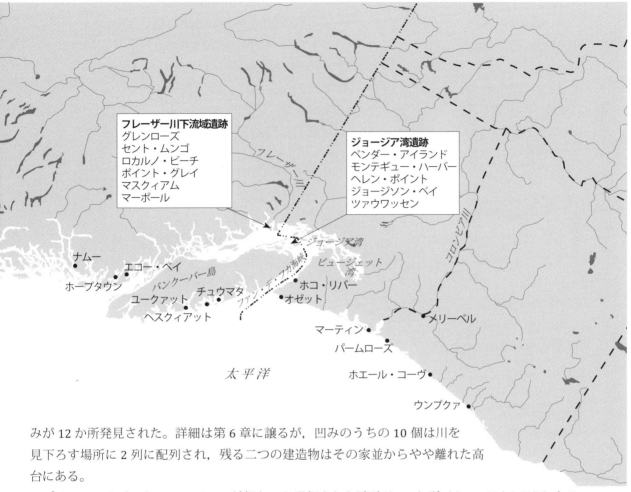

みが12か所発見された。詳細は第6章に譲るが，凹みのうちの10個は川を見下ろす場所に2列に配列され，残る二つの建造物はその家並からやや離れた高台にある。

　プリンス・ルパート・ハーバーで試掘ないし発掘された遺跡は11か所（すべて巨大な貝塚）あるが，そのうち10か所は厚い堆積層が存在しており，そこから中期パシフィック期の何千点に及ぶ遺物が出土した。これらのうち，ボードウォーク Boardwalk 遺跡は突出した内容をもち，そしてもっともよく内容のわかっている遺跡である。ボードウォーク遺跡は，中期パシフィック期初頭以前は，住居が2列に並ぶ村だったようだ。

　さらにプリンス・ルパート・ハーバーでは，紀元前500年までには顕著な社会的不平等が存在していたことや，激烈な戦争や急襲が存在していたことを指し示す中期パシフィック期の埋葬跡およそ230か所が発掘によって明らかになった。

　プリンス・ルパート・ハーバーの遺物の組成は，すでに述べたような一般的な傾向を示す。それらはまったくいってよいほど打製石器を欠いているが，この点海岸のその他多くの地域と性質を異にする。

　プリンス・ルパート・ハーバーは，中期パシフィック期の終わりに放棄された。それは戦争あるいは地域的な生態系の変化の結果によるのであろう。いずれにしても，プリンス・ルパート・ハーバーの考古学的な事象は，海岸北部では多くの点で他に比類のないものである。

　この時期のアラスカ州東南部では，巨大な貝塚を伴う多くの村が発見されているが，キューユ島の貝塚の分布域には，面積700〜3,500㎡の七つの中期パシフィック期の村が存在している。

複合遺跡であるステップ・アイランド・ヴィレッジ Step Island Village 遺跡では，重複した住居床面や数多くの炉が濃密な貝塚のなかで見つかった。この遺跡の遺物は前期パシフィック期のものと共通しており，骨の銛，骨の錐，加工していない重い丸石の石器とわずかな磨製の粘板岩の破片などがある。この遺跡の中期パシフィック期の遺物の年代は，紀元前1500年と紀元300年の間に収まる。

プリンス・オブ・ウェールズ島の北東側のコフマン・コーヴ Coffman Cove 遺跡は，およそ紀元前1500年から紀元500年である。この遺跡は，たくさんの粘板岩製磨製石器，磨製骨製品，ヒトの埋葬で知られている。

プリンス・オブ・ウェールズ島のもう一つの遺跡は，クリス・ラビック＝キャンベル Chris Rabich-Campbel が発掘したサーカー・カバー・エントランス Sarkar Cove Entrance 遺跡の最下層で，遺物の量はごくわずかであり年代はおよそ紀元200年である。

ヒドゥン・フォールズ遺跡の第Ⅲ文化層は紀元前1000～紀元500年に位置づけられ，磨製石器，骨の管玉，唇飾り，孔をあけた哺乳動物の歯，大規模な貝の堆積といくつかの炉が発掘された。この遺跡の遺物はおおむね中期パシフィック様式に合致しているが，打製石器の使用が続いているといったわずかな違いもいくつかある。デーヴィスは，アラスカ州北部東南において紀元前1250～紀元1年の，有名ではないがたくさんの遺跡を発掘している。

また中期パシフィック期には，アラスカ州東南部において木製の簗を伴う遺跡が多く認められるようになる。それは主として紀元前1500年以降であり，マドンナ・モス Madonna Moss とジョン・アーランドソン Jon Erlandson は，サケの収穫の高まりを示しているのではないかとしている。これらの簗遺構は，一般的に中期パシフィック期の村落遺跡と同じ場所で発見される。

合衆国連邦森林局 U. S. Forest Service 所属のマーク・マッカラムと，発掘会社所属のピート・ボワーズ Pete Bowers およびボブ・ベッツ Bob Betts は，アラスカ州東南部で中期パシフィック期の様相にまったくあてはまらないたくさんの遺跡を発見した。これらの遺跡はおおむね紀元前1250～紀元1年に及び，石器組成のなかで細石刃と細石刃核が圧倒的な位置を占める。これらの遺跡の多くは大陸およびスキーナ川河口近くの小島に位置し，内陸の人々がこの時期に海岸に住み着いたことを物語っているのかもしれない。

ブルー・ジャケッツ・クリーク遺跡は，クイーン・シャーロット諸島におけるこの時期の重要な遺跡である。

③後期パシフィック期

アラスカ州東南部における後期パシフィック期の集落は，歴史時代のトリンギット族の集落と比較することができ，竪穴住居のある村や防御集落を含んでいる。後期パシフィック期の遺跡が多数確認されているが，十分調査された遺跡はわずかである。キューユ島の9つの遺跡におけるマシュナーの試掘とプリンス・オブ・ウェールズ島の一遺跡でのラビック・キャンベルの試掘は，その例外である。アラスカ州東南部の後期パシフィック期の遺跡から出土した遺物は，海岸のほかのところで発見される民族誌上の時期の遺物と類似しているが，とくに磨製の骨や石器の形態の類似が著しい。

クイーン・シャーロット諸島では，紀元200年以降の入手可能な考古学的情報のほとんどは，最南のモレスビーにおけるアチェソン Acheson の研究によるものである。その研究によって，アチェ

第4節 パシフィック期における地域的差異

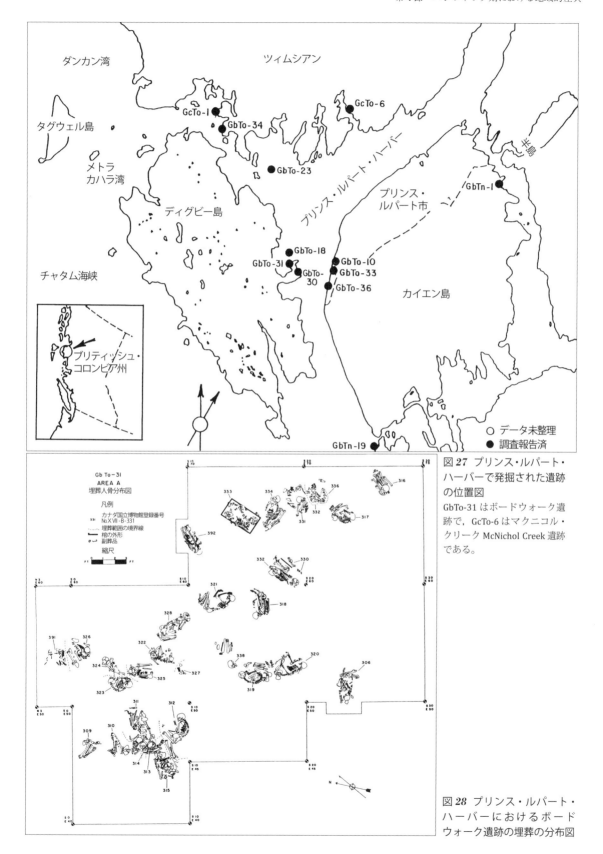

図27 プリンス・ルパート・ハーバーで発掘された遺跡の位置図
GbTo-31 はボードウォーク遺跡で，GcTo-6 はマクニコル・クリーク McNichol Creek 遺跡である。

図28 プリンス・ルパート・ハーバーにおけるボードウォーク遺跡の埋葬の分布図

ソンは初めて過去 2,000 年間のクイーン・シャーロット諸島の先史時代（考古学的証拠を見つけ出すのが大変困難な時期である）を記録することができた。

プリンス・ルパート・ハーバーは，後期パシフィック期のはじめになると再び人が住むようになったが，アーチャー Archer は紀元 200 年以降に形成をはじめた多数の村落遺跡を調査記録している。ただし残念ながら，多数の遺跡で発掘された後期パシフィック期の遺物は，19 世紀後半から 20 世紀のはじめにかけて攪乱されている。

(2) 中央海岸

①前期パシフィック期

この古い時期の堆積層が顕著な遺跡は，中央海岸には少ない。ブリティッシュ・コロンビア州の海岸中央部にあるナムー遺跡，バンクーバー島の北東隅のベアー・コーヴ遺跡，バンクーバー島西海岸のヌートカ・サウンドにあるユークァット遺跡，そしてこれもバンクーバー島西海岸にあるバークレー・サウンドのチュウマタ Ch'uumat'a 遺跡といったところである。

これらすべての遺跡からは，この時期の遺跡に通有の多岐にわたる骨角器が出土している。ナムー遺跡の磨製石器生産は，斧と「光沢のある石器 burnishing stones」に限られている。ナムー遺跡では磨製の粘板岩と，ナムー遺跡よりも北の地域で見かける磨製石器，とくに粘板岩製の磨製尖頭器を欠く。細石刃核はないものの，礫や大型剥片や細石器といった打製石器は存在している。このようにナムー遺跡では，再び大変小さな石器に固執するようになった。しかし，以前とは異なった技術で打製石器を生産しているのも事実である。

ユークァット遺跡におけるもっとも古い遺物群は紀元前 5000～前 3000 年にわたるが，たった 97 個の石器しかない。数こそ少ないものの，磨製と打製の横斧やのこぎりはもちろん，研磨器の種類は著しく多様である。骨製の道具は，錐，固定銛や逆刺のある銛だけでなく，袋状の銛や離頭銛も含んでいる（それらは海岸では中期パシフィック期までにはまだ広まっていない）。

バークレー・サウンドにおけるチュウマタ遺跡の遺物組成は，ユークァット遺跡の出土遺物に似ているが，翼の羽根を連想させる彫刻装飾をもった岩片が含まれている。ナムー遺跡では，レンズ状の灰の堆積や集石が検出され，そしてこの時期に埋葬が開始されたことが確認された。

②中期パシフィック期

中期パシフィック期の北西海岸全体での文化的傾向の多くは中央海岸でも顕著である。ユークァット遺跡では，頑丈な炉を伴った住居がある。ところが中央海岸，ことにバンクーバー島の西海岸の文化には，他の地域と大きく異なるものもあるので注意が必要だ。

ナムー遺跡は例外であるが，西海岸の遺跡ではよその地域のように貝塚に埋葬した例は極端に少ない。そして，貝塚の墓地はまったくない。磨製石斧は西海岸では少なく，貝の斧がそのかわりを演じている。それはおそらくブリティッシュ・コロンビア州南部という遠く離れた原産地から軟玉を獲得することがむずかしかったからであろう。

他の地域との違いもさることながら，西海岸の遺跡のなかでも違いがある。シューメイカー・ベイ

Shoemaker Bay 遺跡はバークレー・サウンドの上端にあるが，他の西海岸の遺跡よりもジョージア湾地方の同時代の遺跡によりよく似ている。その一方，ユークァット遺跡は地理的に近いナムー遺跡よりもプリンス・ルパート・ハーバー地方の遺跡に大変よく似ている。

　中央海岸ではこのような地理的な傾向のほかに，時間的変化のパターンが興味深い。たとえば，バンクーバー島の北東隅やクイーン・シャーロット海峡をわたった反対側の大陸海岸の遺跡における中期パシフィック期はじめの文化層が，二つの技術体系からなっていることである。すなわち，結合銛頭，尖頭器，研磨器や斧を含む貝の道具の組成に，両極石核からつくられた黒曜石の細剥片を基礎とした細石器生産という別の技術体系が関与しているのだ。

　この文化複合は，紀元前 500 年ころにさらに普遍性をもつ海岸における典型的な遺物組成に取って代わられ，細石器生産は消滅した。ドナルド・ミッチェル Donald Mitchell は，この変化はワカシャン Wakashan 言語集団（その地域における今日のクワクワラ言語集団の祖先）の出現を示している，と主張している[20]。

③後期パシフィック期

　後期パシフィック期の初めまでに，ナムー遺跡での人の居住は集中的ではなくなったが，それはおそらくナムー川の沈泥化現象の結果であろう。それにともなって，遺跡の機能が居住から漁業拠点へと変化した。

　クイーン・シャーロット海峡の遺跡から出土した遺物の組成内容は，中期パシフィック期後半からの強い継続性を示しており，骨角器によって占められている。残念ながらこれらの発掘は，広域にわたるものではない。ユークァット遺跡では，後期パシフィック期の遺物組成は中期パシフィック期のそれと類似し互いの関係は密接だが，機能特化が進んだ漁撈道具と海の哺乳類の捕獲道具を伴っている。ユークァット遺跡では，切断用の鉄製の道具がヨーロッパ人との接触の前にすでに存在していた。

　バンクーバー島の西海岸において，後期パシフィック期のもっともすぐれた出土遺物の一つが，ヌートカ湾南部のヘスクィアット・ハーバーの六つの遺跡から出土した品々である。その遺物の大半が 1,200 年前よりも新しいとはいえ，遺跡は過去 1,800 年間におよんでいる。これらの遺跡の内容に立地によって違いはあるが，時間的な変化はさほどない。発掘を担当したジム・ハガティー Jim Haggarty は，ハーバーに居住していた歴史時代のヘスクィアット Hesquiat 集団とそれらの遺物との連続性を示すことに努めた[21]。打製石器はまれであり，磨製石器は研磨器が圧倒的多数を占める。結合式の離頭銛と釣針の軸が食糧獲得用の道具として一般的である。粘板岩製の磨製石器はない。鉄もまたユークァット遺跡同様，ヘスクィアット・ハーバーの後期パシフィック期に存在していた。

　アルベルニ入江のシューメイカー・ベイ遺跡のシューメイカー・ベイⅡ文化層は，後期パシフィック期の大半に及ぶが，いくつかの点でヘスクィアット・ハーバー遺跡と対照的である。たくさんの斧を含む磨製粘板岩と磨製石器は，逆刺のあるものと結合の銛頭を両方とも含んだ多種類の骨角器と同様に，普通に存在している。金属器は発見されておらず，鉄が使用される以前に廃絶されたか，アルベルニ入江の上流が鉄の交易路からははずれていたことを示唆している[22]。

（3）南部海岸：ジョージア湾地域／フレーザー川渓谷

①前期パシフィック期

　ジョージア湾地域とフレーザー川渓谷は，パシフィック期の文化層がもっとも多く発掘されている地域である。この時期は，地方ごとにさまざまな名前の文化が存在していることが知られている。これら地方ごとの差異のうちのいくつかは，考古学者間の異なる調査の方法や理論的な方向性の違いを反映していよう。しかし，文化史あるいは生態系における地域的多様性に対する理解が重要であるにもかかわらず，それに対する認識が依然として乏しいのも実態だ。

　前期パシフィック期のこの地域は，打製尖頭器（北の地域に比べて陸上動物への依存をより強く示しているであろう），片側ないし両側に逆刺のある銛頭，粘板岩製の磨製ナイフと尖頭器，彫刻を加えて装飾した粘板岩製の磨製石製品，T字形の唇飾り，打製石錐，石製首飾りと研磨器が特徴的である。細石刃あるいは細石器は少なくとも1か所，ガルフ島のヘレン・ポイント Helen Point 遺跡に確実に存在している。この地域では，貝塚に埋葬がおこなわれた。

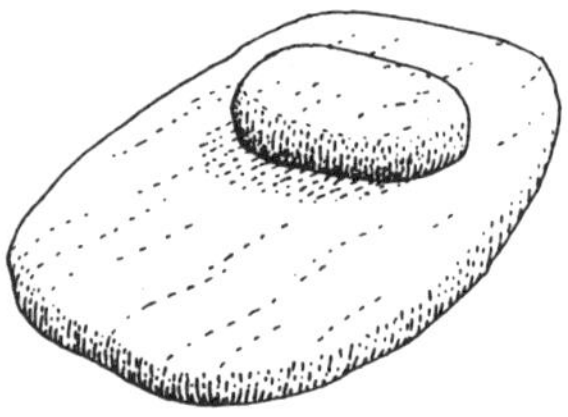

　たくさん遺跡はあるが，ペンダー・カナル Pender Canal の二つの遺跡がもっとも特徴的であろう。カールソンはそこで，紀元前2700～前1800年の大きな墓地を発掘した[23]。唇飾りのほかには，把手に動物意匠のある角製のスプーンが10個，墓から出土したのがとりわけ注目される。しかし，これらの遺跡から出土した遺物はまだ完全に報告されていないので，他と比べることはできない。

　北西海岸で彫刻をもつもっとも古い角製品はグレンローズ・カナリー遺跡で発見されたが，それもまた紀元前2700～前2000年に位置づけられている。最後になるが，レオナルド・ハム Leonard Ham はセント・ムンゴ・カナリー St Mungo Cannery 遺跡の板壁住居が紀元前2700年に位置づけられる証拠（第6章参照）を示した[24]。バンクーバー上流のフレーザー川におけるヘイズィック・ロック Hatzic Rock 遺跡[25] や，マウラー Maurer 遺跡[26] に前期パシフィック期の建築跡があることを付け加えておこう。

②中期パシフィック期

　ジョージア湾地域では，中期パシフィック期は次の二つの相に区分される。それは紀元前1500～前600年にわたるロカルノ・ビーチ Locarno Beach 段階と，紀元前600～紀元500年までのマーポール Marpole 段階である。

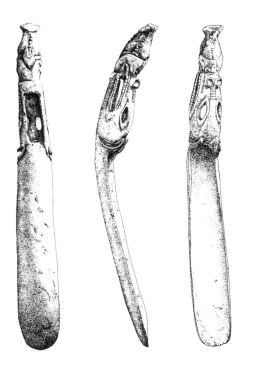

図29　モンテギュー・ハーバー遺跡の（上）と石皿（下）

図30　ペンダー・カナル遺跡出土の前期パシフィック期の動物意匠がついたスプーン

第4節　パシフィック期における地域的差異

図31　上：マーポール期の打製石槍・石鏃と両面加工石器

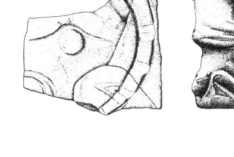

図32　右：マーポール期の石製彫像

　ロカルノ・ビーチ段階は，およそ30の遺跡での文化層によって内容がよくわかっている。いたるところで入手できる礫や川原石でつくった礫石器ばかりでなく，有茎尖頭器や打製半月形石器を含む，打製石器製作技術による石器がロカルノ・ビーチ段階の特徴だ。両極技法はアーケイック期と前期パシフィック期にこの地域で欠落していた技法であるのは言うまでもないが，両極技法を用いてつくられた細剝片に加えて細石刃核と細石刃が存在している。このことが，ジョージア湾のこの時期のもっとも大きな特徴である。
　磨製石器には，粘板岩製磨製尖頭器と石刃，斧ないしは縦斧，唇飾り，首飾りや磨具がある。磨石（製粉器）や石皿もまた存在している。これらの道具は，堅果類をつぶすかその他の植物食糧加工に使われたのであろう。これらは北部海岸のその他の地域ではまれであるか，完全に欠落していたことからすれば，これもこの地域の大きな特徴といってよい。
　骨角器には，片方ないし両方に逆刺のついた角製尖頭器，組み合わせ式ないし単式回転銛頭，骨角製の楔，そして粘板岩製の磨製石刃を髣髴させる骨製の刃器が含まれている。マスクィアム・ノースイースト Musqueam Northeast 遺跡におけるロカルノ・ビーチ段階の湿潤文化層では，縄類，かご，頭に把

第4章 パシフィック期と近代

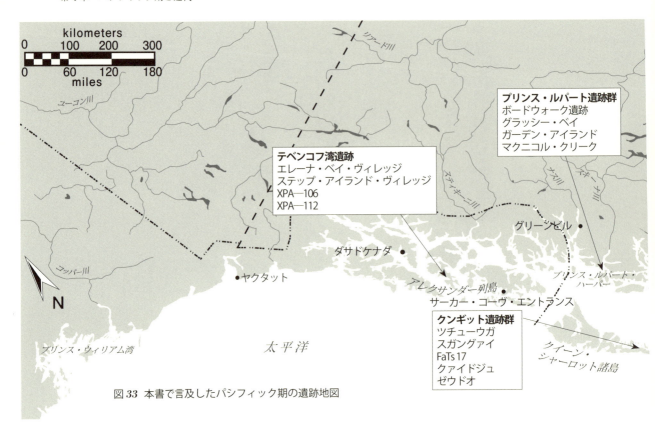

図33 本書で言及したパシフィック期の遺跡地図

手がついた帽子ばかりでなく，木を曲げてつくった釣針や，イチイ属のしなやかな細枝のバンドあるいは綱輪が完全についたままの楔などが検出された[27]。オリンピア半島のホコ・リバー遺跡における第二湿潤文化層でもまた，粘板岩製磨製尖頭器や細剥片ばかりでなく，釣針や縄類が検出された[28]。

カールソンがペンダー・カナル遺跡の埋葬をロカルノ・ビーチ段階に位置づけ，ハムがセント・ムンゴ・カナリー遺跡の住居遺構の多くを同じ段階に比定して以来，ロカルノ・ビーチ段階がいつ始まるのか，議論の的になっている。ロカルノ・ビーチ段階の技術とジョージア湾におけるそれに先行する前期パシフィック期の技術とのもっとも著しい相違は，細石刃核と細石刃，回転銛の出現とその量差，そして磨製の磨石と石皿の存在である。

動物や幾何学的な意匠を施した骨角器が存在しているが，なかには非常に精緻な幾何学的意匠のある角製品，あるいは小さな頭蓋骨ないしは髑髏のついた角製品がある。施された線刻はいずれも特徴的である。これらの彫刻品はむしろ例外的なものであり，北西海岸の美術の一般的な基準にはあてはまらない（第9章）。

ジョージア湾地域の研究者は，通常ロカルノ・ビーチ段階に続くマーポール段階に，特徴的な「古典的」北西海岸の地方文化が出現すると考えている[29]。剥片石器と細石刃技術はともに残存している。いろいろな形態の大きくて重い掛矢が登場したが，そのなかには頂部に乳首状の装飾のある掛矢やたがのある乳首状の掛矢が含まれている。

多様だった回転離頭銛にかえて，片側だけに逆刺のある大型の銛頭が出現した。その一方で，粘板岩製磨製石器と磨石は依然として存在している。現地産の自然銅製装身具ばかりでなく，石や貝の

第 4 節　パシフィック期における地域的差異

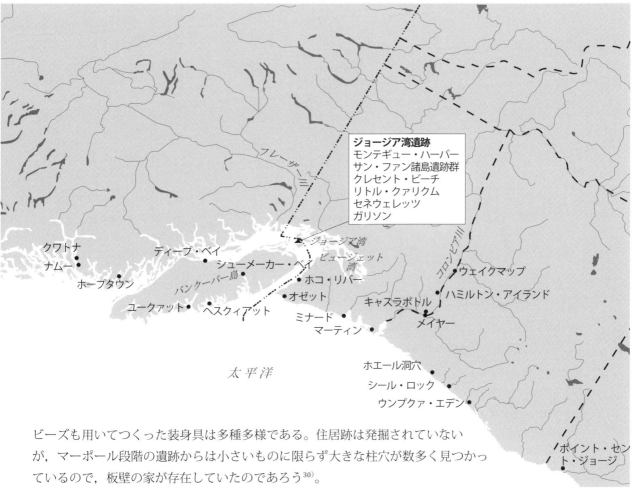

ビーズも用いてつくった装身具は多種多様である。住居跡は発掘されていないが、マーポール段階の遺跡からは小さいものに限らず大きな柱穴が数多く見つかっているので、板壁の家が存在していたのであろう[30]。

　マーポール段階のもう一つの特徴は、石と角の彫像の伝統が顕著であることだ【口絵65】。もっとも特徴的な彫像は、小さな椀を抱えたり運んだりしている人物像である。これらの遺物は、通常の遺跡から発掘されたことはほとんどない。したがって、それらは居住地を離れた場所に秘匿されていたことを物語っているようである。マーポール段階の遺跡では、小さな動物意匠の遺物が豊富だが、それらは明らかに北西海岸の美術的伝統の規範に従っている[31]。

　フレーザー川渓谷でも、中期パシフィック期はボルドウィン Baldwin 段階とスキャメル Skamel 段階という二つの段階に分けられているが、本質的にそれぞれロカルノ・ビーチ段階とマーポール段階と同じである。

　ボルドウィン段階の内容は、よくわかっていない。両段階の遺物は有機質の保存状態がよくない遺跡から発見されたので骨角器はまれであるが、打製石器は両段階ともに特徴的である。ロカルノ・ビーチ段階に対比されるボルドウィン段階の遺物には細石刃と細石刃核が含まれているが、スキャメル段階の遺物はそれらを欠く。磨製石器は縦斧と粘板岩製磨製尖頭器を含む。さらに、ボルドウィン段階は滑石、頁岩、凍石や片岩といったやわらかい石を彫刻して動物や人の形のさまざまな偶像がつくられた。

　ボルドウィン段階のこの際立って特徴的な文化は、スキャメル段階になると消滅してしまった[32]。

103

第4章 パシフィック期と近代

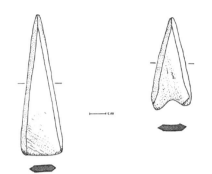

図 34 上）ジョージア湾におけるモンテギュー・ハーバー遺跡から出土した後期パシフィック期の粘板岩製磨製石器

図 35 右）後期パシフィック期の織物具

③後期パシフィック期

後期パシフィック期は，デベロップト・コースト・サリッシュ Developed Coast Salish 段階，サン・ファン San Juan 段階あるいはストレート・オブ・ジョージア Strait of Georgia 段階など，ジョージア湾地域においてさまざまな名前をもった文化期が展開したことで知られている。

研究者はいずれも，この地域の中期パシフィック期（マーポール段階）と後期パシフィック期の遺物組成の間には強い継続性があるが，紀元後300年から800年の間については十分記録，報告がされておらず，プリンス・ルパート・ハーバー地域における状況に似ていると考えている。この不十分さとは，考古学者が遺物組成を分類してそれらを考古学的な地域文化，あるいはまた別の文化とみなす，その方法に一部反映しているのかもしれない。わたしたちは，この500年間の帰属時期がわからない遺物群は，マーポール段階ないしはストレート・オブ・ジョージア段階ではないかとにらんでいる。

後期パシフィック期の特徴は，粘板岩製磨製尖頭器と石刃の形態の変化にある。つまり，それらは小型で三角形をしているという特徴である。結合銛の袋状パーツと骨製両面尖頭器および骨製尖頭器の増加が一般的である。磨製石器には，大型の石斧と頂部が平らな掛矢（頂部が乳首状をした掛矢も存続している）が存在する。骨針は簡素なものと装飾のあるものがあり，紡錘車（織物の存在を示唆する）もある。溝と土手を伴った家屋と要塞の両方の証拠がある。欠落しているのは，マーポール段階の石製彫像である。比較的たくみに仕上げた装飾付きの骨と角の製品もあるにはあるが，数は少ない。細石刃はない。

フレーザー川下流のこの時期は，膨大な数の粘板岩製磨製ナイフ，動物や人の形の偶像がついたパイプ，先端部が乳首状の掛矢，斧，打製尖頭器やスクレイパーなどとともに，半地下式の家屋によって特徴づけられる。

(4) 南部海岸：太平洋の外海岸（ワシントン州およびオレゴン州）と下流域

①前期パシフィック期

外海岸の多くの沿岸部では，この時期の遺跡はごくわずかにすぎない。それは，依然として海水準が近代よりも低かったことに起因する。そのなかでよく知られている遺跡の一つが，前期パシフィック期終末のヤクィナ・ヘッド Yaquinna Head 遺跡である。ヤクィナ・ヘッド遺跡はオレゴン中央海

岸にあり，その名のついた岬に位置しているが，海水準の上昇による影響を受けなかったために残されたのであろう。

この時期の遺跡は，オレゴン州西部のピュージェット－ウィラメット低地南部の方がむしろよく知られているようだ。たとえばフランニガン・マウンド Flannigan Mound 遺跡を含むたくさんの遺跡がこの時期に相当している。これらの遺跡の大多数は，小規模な野営地か特別な目的で利用された遺跡のように思われる。たとえばそのいくつかは，ヒナユリを加工した遺跡ではなかっただろうか（ヒナユリ camas〔*Camasia quamash*〕はユリ科の植物で，カスケード地方の先住民の日常食として重要な，栄養にあふれた球根を有する）。

フランニガン遺跡は厚く堆積したマウンドを伴っており，居住遺跡とは思われない。より小さいが同じようなマウンドをもつ遺跡は，ほかにも谷沿いにある。前期パシフィック期の遺跡はコロンビア川下流域にもわずかに存在しているが，一般的にそれらは周辺の高い場所にある。川に沿った前期パシフィック期の遺跡は，その多くが川の氾濫によって深く埋没してしまっているのだろう。

②中期パシフィック期

この時期の遺跡は，ワシントン州の海岸部に終末のものがわずかに知られているにすぎない。有名なオゼット Ozette 低湿地遺跡（主たる年代は後期パシフィック期の終わり。下記参照）は乾いた貝塚も伴っているが，その年代は過去 2,000 年間に及ぶ。この時期に相当する他の遺跡としては，サンド・ポイント Sand Point 遺跡（オゼット遺跡の真南にある）とワシントン州南西海岸のはずれにあるウィラパ湾に位置するマーティン Martin 遺跡である。

外洋に面した海岸南部の中期パシフィック期でもっとも重要な遺跡は，オレゴン州シーサイド Seaside 町近くに位置するパームローズ Palmrose 遺跡である[33]。パームローズ遺跡はオレゴン州北西部のクラトソップ Clatsop 平原の南端に位置する遺跡の一つであり，オレゴン海岸ではまれにみる大規模な貝塚である。そこからは，大きな長方形の家屋跡が発掘された。その建物が，およそ紀元前 350 年から紀元 400 年までの期間にわたって，何回も繰り返し建築・改築されたようである。パームローズ遺跡の建物は，しっかり調査された遺構では北西海岸南部最古のものであり，ブリティッシュ・コロンビア州北部のポール・メイソン村よりもわずかに後出のものである。その重要性は，第 6 章で議論することにしよう。

外海岸に沿って残された中期パシフィック期の遺跡では，大規模な骨角器生産をおこなっているばかりでなく，石器生産もおこなっていたことは打製石器や石器製作時に生じた石屑からわかる。さらに磨製粘板岩や磨製石器，結合式の回転離頭銛，釣針や貝製の縦斧と貝刃も出土している。しかしながら，より北部でこの時期に広い範囲にわたって発見される粘板岩製磨製石器群を欠いている。その一方で，これらの石器群よりもはるかにまれな，北部の遺跡で用いられた掛矢のような重い磨製石器が含まれている。この時期のジョージア湾地域とは対照的に，細石刃と細石刃核を欠いているようだ。

コロンビア川のダレスより下流に人が住み始めたのは，考古学的な証拠による限りでは中期パシフィック期にさかのぼるにすぎない[34]。ダレス下流のもっとも古い年代の遺構は，バンクーバー付近のワシントン州の峡谷の底から見つかった紀元前 1800 年の炉である[35]。コロンビア川下流域で発見される長方形の建物の年代は，紀元前 300 年がもっとも古い[36]。竪穴住居も存在していたであろう。

第4章 パシフィック期と近代

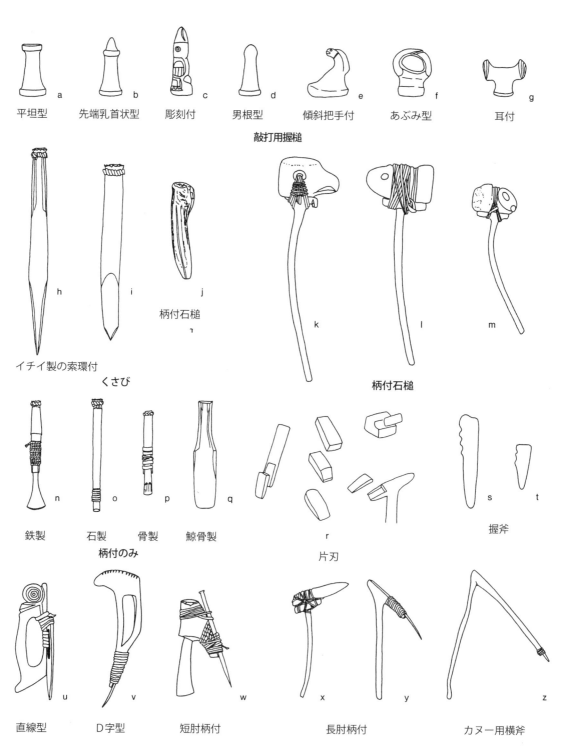

図36 後期パシフィック期の木工具

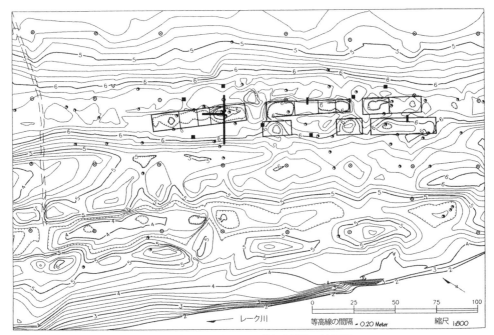

図37　バンクーバー付近のコロンビア川流域にあるキャスラポトル遺跡の地形図
遺跡の北端にある家は長さ63 mである。この遺跡は1806年3月にルイスとクラークが訪れて発見した遺跡である。

③後期パシフィック期

　この時期になると，ワシントン州とオレゴン州海岸の遺跡は比較的多くなる。これらのうちもっともよく知られている遺跡が，オリンピック半島の北端近くのケープ・アラバにあるオゼット遺跡だ（コラム参照）。オゼット遺跡は低湿地遺跡であると同時に，乾いた貝塚を伴っている。この低湿地遺跡からは数棟の板壁家屋が出土しているが，それらを含めて壊滅的な地滑りによりほとんど瞬時に泥で埋まってしまった遺跡として，世界的に有名である。泥でパックされた結果，家の壁板，網，バスケットや各種の道具を含んだ莫大な数の有機質物質が保存された。オゼット遺跡は，ヨーロッパ人と接触する直前の，海岸南部の生活の諸相に対する欠くことのできない証拠を握っている。

　この時期，海岸沿いに営まれた居住遺跡にはオゼット遺跡のほかにグレイズ・ハーバー・スピットのミナード Minard 遺跡があるが[37]，それを含めて大部分は小規模であるか，発掘が広範囲に及んでいない。後期パシフィック期は，オレゴン海岸沿いでもっともよく解明されている時期である。オレゴン州の遺跡からは，多種類の打製石器や小型の尖頭器，わずかな磨製石器と一般的な骨器が出土している。

　ダルズからその河口までのコロンビア川下流は，この時期のすばらしい資料が残っている。ファイブ・マイル・ラピッズ遺跡からコロンビア川を挟んで真ん前に立地するウェイクマップ・マウンド Wakemap Mound 遺跡には巨大な集落が存在しており，マウンドは中東のテルと類似した層序をもつたくさんのそして重なりあった家の床からなっている[38]。

　ダルズの下流では，コロンビア渓谷のハミルトン島遺跡[39]，メイヤー Meier 遺跡[40]やポートランド市街地のその他の遺跡[41]，そしてコロンビア川河口の遺跡[42]などが発掘され，後期パシフィック期の文化層が見つかっている。

第 4 章　パシフィック期と近代

　河口域の遺跡から出土した遺物は，その数量や組成がおおむねオレゴン州やワシントン州海岸のそれらと類似しているが，その一方上流の遺跡では，打製石器の比率がはるかに高い。磨製の掛矢，網の錘，斧や石製彫像は，河口をさかのぼった川の流域の遺跡から出土している。板壁の家屋をもつたくさんの遺跡の証拠があるし，竪穴住居を暗示する資料もある。

コラム　オゼット遺跡とその美術

　オゼット遺跡は，まさしく世界でもっとも有名な考古学の遺跡の一つに数えられる。そこには何棟かのマカー族の家が残されていたが，格別な保存状態によって家の内容がすべて保護された。そこには普通であれば失われてしまうであろう，木や繊維によってつくられたものがすべて残されている。オゼット遺跡はワシントン州のオリンピック半島に位置しており，ケープ・フラッタリー Cape Flattery の真南，アメリカ合衆国大陸部最西端の地点である。遺跡は開けた太平洋に顔を向けているが，浜は少しばかり奥まって隠れ気味である。オゼット遺跡は，マカー族にとって重要な捕鯨の村だった。

　1700 年代初頭のある日，村の一部は大地震が引き起こした巨大な地すべりによる泥で突然埋もれてしまった。泥は家をパックし，それによって中に含まれているものともどもその後 2 世紀にわたって保存され続けた。1970 年代の初め，激しい冬の嵐によって埋没していた家が洗い出され始めたことで，発見される。続く 10 年間，ワシントン州立大学の調査隊によって発掘されたが，その方法は従来の移植ごてによるものではなく，水とホースを使ったものだった。彼・彼女らはかご細工品，縄類，銛，糸，袋，木のくぎ，板，棍棒，箱やその他の遺物を発見した。それらの人工遺物は，全部で 4 万点に及ぶ。3 棟の家の内容物を検出するには，10 年の歳月を要した。

　オゼット遺跡は，ヨーロッパ人がここに現れるよりもそれほど前のことではなく，また最初の天然痘の伝染病からさえもそんな前のことではない北西海岸の生活史に，大きな光を当てることとなった。もっとも重要なのは，3 棟の家から出土した遺物が収集家による興味によって選り分けられたフィルターを通っていない，当時の日常生活そのままの物質文化を反映したものであるということであろう。

　非常に細かい話をすれば，異なる目的のために木を選択している状況をうかがうことができる。たとえば，オットセイ猟の棍棒は堅く，緻密なタクサス・ブレウィフォリア yew（Taxifolia brevifolia）でつくられ，椀はルブラ・ハンノキ alder（Alnus rubra）で，家はアメリカネズコであるといったように。骨や角は道具の把手の部分に用いられたが，それは彼・彼女らが原材料に対して有していた知識を物語ると同時に，その一方で彼・彼女らの文化的な活動領域（たとえば，彼・彼女らがタクサス・ブレウィフォリアやルブラ・ハンノキを得るために行かなくてはならない場所は近いのか遠く離れているのかといった）を間接的に教えている。

　オゼット遺跡は大きな貯蔵用のバスケットからエリートのための装飾のある帽子まで，バスケットがどれほど重要であり，そして上手につくられたかを示している。漁撈民の社会は多種多様な縄と紐を使用するが，オゼット遺跡の人々は多量の縄類を生産した。

　わたしたちは，階層化した組織が道具の分配だけでなく，家事全般にさえもいかに強い影響を及ぼしているのかを知ることができる。二つの家は低い地位にあるが，地面の床にはそこでさばかれて加工された魚や海獣，その他動物の骨が残っていた。高い地位の家の床にはそうしたゴミははるかに少なく，装飾のある箱やその他の価値のありそうな品物が置かれていた。高い地位の家の中には，捕鯨用の漁具がドアから離れた二つのコーナーに集められていたが，コーナーにも高い地位とそうでない

ものがあることがわかる。

　民族誌によると捕鯨用の銛は男性のエリートが持つものであり，オゼット遺跡の漁具が地位の高い者の持ち物だったことを教えている。

　地位が食糧残滓に影響を与えることさえも知ることができる。つまり，高い地位の家の貝塚には，もっとも滋養に富んだ軟体動物の遺存体が含まれている。オゼット遺跡は北西海岸の人々の生活に対する考古学者のための手引き書であり，それ以前の観察者が気づかなかった，あるいは注意しなかった，あるいは理解できなかったことについての情報に満ちている。

第5節　近代期（紀元1775年～現在）

　北西海岸には，近代前期のすばらしい考古資料が残っている。それは紀元1775年から1850年ころの期間であるが，それは大雑把にいって毛皮交易が終わり，合衆国連邦政府による先住民居留区の指定が始まったころまでの期間である。多くの北西海岸の遺跡には，近代（ないし歴史時代）の文化層が残されていたにもかかわらず，これらはあまり考古学者の注意にのぼることはなく，考古学者はおもに民族誌と文献の記録を頼りにしていた。

　西海岸で研究している考古学者の間には，発掘した遺跡を直接その地域に住んでいる人々に結びつけようとする伝統もまた根強いものがあった。フレデリカ・デ・ラグナがトリンギット族のなかに入っておこなった調査がその先駆けであったが，それは民族誌，民族史料，考古資料が統合解釈された研究の縮図といってよい[43]。ジョージ・マクドナルドはチムシャン族の要砦を発掘したが，要砦とそこに残る伝説上の歴史，そして18世紀の間におけるチムシャン族の領域の変化，これらの間にどのようなつながりがあるのか，第8章で議論することにしたい。

　多くの研究者が，アラスカ州東南部からオレゴン海岸に至る海岸沿いの近代前期の住居跡を発掘してきた。それらの建物の多くは毛皮交易の期間に建てられたものであり，調査担当者たちは毛皮交易や白人との接触の影響を探ることに関心があった。文化的な連続性をどのように説明するかということよりも，むしろ彼・彼女らの関心は先住民たちの生活のどの側面が変化したのか，先住民たちがどのように白人との接触に適応したのか，あるいは初期の文献や民族誌を検証することにあった。

　それは，たとえばクイーン・シャーロット諸島におけるリチャードソン・ランチ Richardson Ranch 遺跡で，フラッドマークがおこなった発掘の事例が示すところである。彼はそこで毛皮交易の時代の前半期の家を発掘したが，そのときやわらかな黒い石である白銀の彫刻を発見した。白銀の彫刻はハイダ族が生み出した19世紀後半の北西海岸の壮麗な美術作品であり，接触期の生産品であるかどうか議論があったのだが，その生産がクイーン・シャーロット諸島における接触が活発化する時期をかなりさかのぼって始まっていたことを明らかにしたのである。彼はさらに，発掘した家屋が「典型的なハイダ typical Haida」の家屋の記録に適合しないことをつかんだ。

　エイムスは，ルイスとクラークが彼らの長い探検から戻る途中の1806年3月29日に訪問した大きなチヌーク族の村であるキャスラポトル Cathlapotle 遺跡を発掘している。

　わたしたちは骨から鉄の道具へと移り変わるのを知ることができるのと同時に，たとえば毛皮交易

者やその他のヨーロッパ系アメリカ人との交易が，高い生産力を有するチヌーク族の世帯経済にたやすく順応したこともまた明らかにすることができるのだ。

先住民と交易者間の関係に関する直接的証拠は，たとえばワシントン州の現在のバンクーバーに近いフォート・バンクーバー Fort Vancouver 遺跡や，ブリティッシュ・コロンビア州のバンクーバー上流のフレーザー川流域におけるフォート・ランゲリー Fort Langely 遺跡のような，主要な毛皮交易通商居留地の発掘によって直接得ることができる。

これら居留地の考古学は，かつては毛皮交易それ自身に焦点が当てられていたが，最近の研究は先住民が居住していた地域を考察し，砦における彼・彼女らの活動の証拠を探求するようになってきた。砦を占拠していた者の日記や日誌にもとづいた入念な研究は，むしろ発掘成果を補完するものであることが多い。

---

1) Cybulski 1990.
2) アサパスカンは，その話者がアラスカ州中央部とブリティッシュ・コロンビア州内陸に集中する言語族である。しかし，南部海岸とその周辺には五つのアサパスカン語が使われている。これら五つのアサパスカン語は，アラスカ州における北部アサパスカン語にもっとも近い。これら南部のアサパスカン話者の祖先は，アラスカからこの地に移動してきたことは明らかである。それがいつの時期かはわからないが。言語と考古学的な記録を結びつけるのはきわめてむずかしく，おそらく不可能でさえある。
3) Chartkoff and Chartkoff 1984.
4) Hebda and Whitlock 1997.
5) 「ごみため」という言葉は実際のところ有機物の残滓の集積に適用されるが，その意味では堆肥の山はごみためである。この言葉はそもそもスカンジナビアで用いられるようになったのだが，そこでは"kitchen middens"という言葉が，家庭生活の一つである食糧加工によって生じた有機物の残滓の集積を意味すると考えられてのことである。ごみための堆積は灰色から黒色をなし，水分を含んでいる場合には脂分が多い。貝塚は貝を含んだごみためである。貝塚は居住者によって持ち込まれたり自然の営力によって運ばれた石，レンズ状の土壌，砂などの無機物も含んでいる。北西海岸の貝塚は，きれいなレンズ状の砂の堆積を伴うが，それは砂でおおった家の床の痕跡である場合があり，そうでなければ潮の作用によって堆積したものであるか，巨大地震による津波が運んだものである。
6) これらは大抵が海岸でも生産性の低い沿岸地域である。これらの海岸線に沿った地域では，生産性の高い範囲は大変限られている。
7) それより以前にみることのできなかったまれな道具の数も小規模な道具の組み合わせが原因して観察できなかったからであり，道具の組み合わせの規模が大きくなれば増加してくるのではないかといった反論が考えられないでもない。しかし，カスケード地方からみつかったアーケイック期の骨角器の一覧をあまねくみたとしてもなお，これらの道具の形態が出現したのがパシフィック期であると自信をもっていうことができる。
8) たとえば〔Møllenhus 1975〕文献を参照されたい。
9) たとえば〔Acheson 1991〕文献と〔McMillan 1996〕文献を参照されたい。
10) 〔Hebda and Whitlock 1997〕文献とそこで引用された文献。
11) Cybulski 1991.
12) Davis 1989a.
13) Coupland 1985a・1988a.
14) Moss 他 1996.
15) Okada 他 1992, Maschner 1992, Ames 1998.
16) Davis 1989a.
17) Severs 1973・1974, Cybulski 1994.
18) Mobley 1984.
19) Maschner 1992.
20) Mitchell 1988・1990.
21) Haggarty 1982.
22) McMillan 1996, Carlson and Hobler 1993.
23) Carlson 1991, Carlson and Hobler 1993.

24）Ham 他 1986.
25）Mason 1994.
26）LeClair 1976.
27）Archer and Bernick 1990.
28）Croes 1995.
29）E.g.Matson and Coupland 1995.
30）Mitchell 1971・1990，Burley 1980.
31）Borden 1968，Duff 1956.
32）Borden 1970，Mitchell 1990.
33）Connolly 1992.
34）Pettigrew 1990 参照。
35）Wessen and Daugherty 1983.
36）Jermann 他 1975.
37）Roll 1974.
38）Strong, Schenk and Steward 1930，Butler 1957・1960，Caldwell 1956.
39）E.g.Dunnell and Campbell 1977，Minor 他 1989.
40）Ames 他 1992.
41）〔Ames 1994〕文献とそのなかの参考文献。
42）Minor 1983.
43）De Laguna 1953・1960・1972・1983，De Laguna 他 1964.

第5章

アメリカ北西海岸の生業

第1節　原因としての北西海岸の豊かな環境

　この章では，海岸の人々が 11,000 年以上にわたって繰り広げてきた生業活動の歴史と進化について述べることにする。これまで述べてきたように，生業活動にとって重要なのは地域的な類似性と地域的な差異である。ここでは自然環境も扱うことになるので，メインテーマにはその地域的な豊かさも含まれる。

　研究の初期のころには，近代初頭における海岸社会の複雑さと大規模な人口に対して，北西海岸は自然環境が大変豊かであったので，必然的に採集狩猟民社会に繁栄をもたらしたと単純に理解するむきが多かった。

　今でもそうであるが，サケはあり余るほどの資源であり，この問題を理解するキーポイントであるとされた。A.L. クローバーやクラーク・ウィスラー Clark Wissler に代表される今世紀初頭の研究者は，地域の経済にサケが主要な役割を果たしていることに焦点を当て，地域の特性をはっきりと浮かび上がらせた[1]。しかしながら，初期の民族学者は生業の基礎的な技術にかかわる記録の提示や，ごく一般的な記述を超えて，自然環境にあまり注意を払うことのなかったのが実際のところである。

　裕福な遊動民が豊かな海岸の自然環境によって生み出されたという理解は，なにも北西海岸に限ったものではないが，北西海岸の細長い土地に沿って，たくさんの裕福な遊動民の集団が勃興したことは周知の事実である。

　デビッド・イェスナー David Yesner らは，海岸や海の自然環境が生産性に優れていたことに注目して，人類がそれらを利用するようになると，ほとんどの場合，その必然的な結果として大規模で複雑な社会が見受けられるようになると主張した[2]。海岸の資源の包括的で広範囲にわたる大がかりな開発は，最終氷期の終末とそれに続いて生じた世界的規模といってよい海水準の上昇を待たなくてはならなかった。

　こうした理解にもとづいて裕福な遊動民の形成を説明するには，豊かな海岸環境の発達を立証するだけでよい。しかしこの方法によると，解釈上の焦点は自然環境にだけ当てられ，そこに居住する人間には当たらなくなってしまう。

　北西海岸にとって，物事はそう単純ではない。最近の海の研究によれば，海岸の自然環境が安定していて，いつでも恵まれていたかどうか疑問がもたれている。ウェイン・サットルスとアンドリュー・ベイダー Andrew Vayda は 1960 年代の初頭，北西海岸先住民の飢餓と食糧不足についての口承を用いて，海岸の自然環境が全体的に豊かであるのは確かであるが，その一方で，大規模な人口と継続的に居住する集落や複雑な社会の維持のために，北西海岸の居住民たちは自然環境の時間的空間的な変異に対処しなくてはならなかったと考えた。そして，豊富な海の自然環境の存在だけでは，複

第5章　アメリカ北西海岸の生業

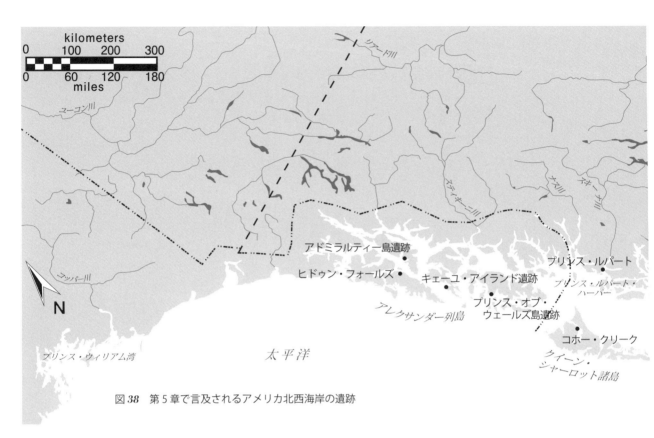

図38　第5章で言及されるアメリカ北西海岸の遺跡

雑採集狩猟民の発達を説明するのは十分ではないかもしれないとも述べている[3]。

リーランド・ドナルド Leland Donald とドナルド・ミッチェルが，クワクワカワクワ族とヌー・チャー・ヌルス族をはじめとしたバンクーバー島西端沿いに住んでサケの群れに生業を集中させている集団の領域を調査している[4]。

彼らはまず，異なる集団の領域のなかでサケの数が極端に異なっていること，つまりいくつかの集団にとってサケの群れは不足状態であるが，別の集団にとってサケの量は漁撈技術の限界を超えてあふれかえるほどに豊富であるという不均衡の問題は，現在においても解決されていないことを突き止めた。そして次に，サケの量が乏しい領域の集団はより広範囲の地域に接触し，同盟を結んだり，祝宴のネットワークに加わったりしてその地域の資源を手に入れて，領域における資源の乏しさを軽減する工夫を凝らしていることを明らかにした。

したがって，北西海岸の集団に与えられた特別に有効な自然環境[5]の「豊かさ richness」は，陸域と海域の生産性の間の相互作用であるだけではなく，在地的な自然環境と社会組織との間の相互作用の結果でもあったのである。

たしかに北西海岸の自然環境が豊かであるのはゆるぎないことではあるが，その一方で極地的には（人々がその自然環境を使用するレヴェルにおいて）有り余るほどに豊かな場所から，人間が生きていくうえでまったくの辺境である場所に至るまでの両極端があり，それに左右される点も見逃すことはできない。

　海域の資源と複雑採集狩猟民との間の関係は、かつて考えられていたほどに直接的ではないのかもしれない。こうした考えは、人々が豊富な海の生態的環境を開発するのが必然であるという仮定にもとづいているが、あるいはそうではないかもしれないのだ。

　多くの研究者は、海岸沿いにオレゴン州からアラスカ州東南部へと北上するにつれて生業経済にとって浅海域の資源がますます重要になっていることを指摘しているが、ランドール・シャルクRandall Schalkは、この傾向は海域の豊かさが増加した結果ではなく、陸域の生産性が一様に減退していることに伴うものであることを明らかにした[6]。海岸沿いの陸域の自然環境が生産性を減じ始めるにつれて、人々は浅海の食糧の獲得という経済活動に力点を置くようになった。したがって、陸域と浅海域の自然環境の生産性の相互関係が重要なのである。

第2節　サケと貯蔵

　この25～30年の傾向として、北西海岸の歴史を研究する多くの人々は、海岸の生業経済が発達する鍵として二つの側面を強調するようになっている。それは、サケと貯蔵である[7]。

　サケは予想できる時期に（サケは毎年同じ時に川を遡上する）、予想できる場所で、時に桁外れな数捕獲できるため、食糧採集民にとって大きな利点となっている。もっとも豊富にサケが遡上するコ

図39 コロンビア川のダレスにおけるサケを干す小屋（1844年ころ）

ロンビア川では，少なくても年に 8.2 万匹，多いときには 25 万匹におよぶと見積もられている[8]。もちろん，それより小さな川でははるかに少ない。その一方で，サケは不便さも持ち合わせている。貯蔵のために，腐敗を遅らせたり腐敗しないように急いで加工する必要がある。

遡上する群れは，とくに小さな川と上流の支流において生息環境に敏感である一方，コロンビア川やフレーザー川のような大きな川では膨大な数がその群れが維持されることになる（非常にたくさんの魚がいるので，一つの支流への遡上がなくとも，それは 8 万匹にとってさして目立った影響を与えない）。

豊かなサケの遡上は，種ごとに，流域ごとに，そして年ごとに大きく変動する[9]。サケが大量に遡上する川では，遡上は 2 年ごと，あるいは 3 年ごと，4 年ごとといったパターン化した変異に左右されやすい[10]。魚の絶対量より，どの年に遡上が集中するかという問題の方が，人間の集合のパターン，労働組織と集落形態に大きな影響を及ぼすのかもしれない。たとえばユーコン川南西のクルクシュ川では，豊漁の年にはベニザケの群れの半分は 7.5 日間遡上し，悪い年（数でなく群れに置き換えて）ではたった 2.5 日間しか遡上しない[11]ので，こうした群れの不安定さは事前に予測できないのである。

近代初頭に北西海岸を訪れたヨーロッパ人は，屋外に設けた棚や家の中で乾燥させたりいぶしたりしている莫大な数のサケに圧倒された。とりたての魚，あるいは貯蔵した魚がともに食生活の大黒柱であったことは明らかであり，それらは高品質な脂肪とタンパク質を蓄えるための源泉であった。一方，わたしたちが主張しているように，北西海岸の人々は，資源を広範囲にわたって開発した。サケだけで北西海岸の膨大な人口と複雑な社会組織を支えるのに十分であったかどうかということについては，考古学者の論争点である。

ナット・フラッドマーク，ロイ・カールソンと R. G. マトソンといった考古学者たちは，サケの集中的な収穫[12]の開始が北西海岸の複雑採集狩猟社会の発達を導いたもっとも重要な経済的変化であると主張した。一方，グレゴリー・モンクス Gregory Monks は，サケを強調することを，サーモン病 salmonopia とユーモアを交えて表現している[13]。サーモン病に苦しめられた考古学者と民族学者はサケしか見えないので，海岸域の先住民経済に決定的に重要だった他の資源を見落としているというのだ。

サケだけでは北西海岸の複雑化した社会を支えるのに十分ではなかったし，サケの収穫が増強されただけでは複雑化した社会は生まれないとわたしたちは考える。本章と次章で述べるように，北西海

岸の複雑性の発達は，資源と生息地を広範囲にわたって開発した生業経済に基礎をおいていた。いわゆる「副次的資源 secondary resources」はサケほどその役割は大きくはないものの，本質的な要素として実りある役割を演じたと考える。

モンクスはまた，次のような重要な指摘をおこなっている。北西海岸の人々は単一の資源だけを利用するのではなく，食物連鎖全体を利用するように彼・彼女らの経済を組織したというのだ。

彼はバンクーバー島東海岸のディープ湾において，ニシンをとるための簗の研究をおこなった。彼は，人々はニシンをとるためばかりでなく，他の魚やオットセイのようなニシンをとって食べる海の哺乳類をひきつける生息環境をつくるために簗を作り開発した，と結論づけた。これらの生き物がニシンを追いかけて行ったときに，簗の前の狩人と出くわすという仕掛けである。つまり北西海岸の人々は，彼・彼女らを取り巻いている環境の一部に手を加えたり，あるいは人間の利用に適する小環境を作り出すことさえおこなって，環境を巧みに操作したのである。

ミカエル・キュー Michael Kew はモンクスの論をさらに広げて，北西海岸の漁撈の歴史は漁獲対象の魚のリストに新たな魚の種を加えるだけではなく，そこで同じ魚をとることができる新しい環境を加えることでもあったと述べている。このように，わたしたちは特別な資源に関してばかりでなく，微細な自然環境や生息環境に関しても考察する必要があるのだ[14]。

第3節　近代前期の生業経済

　経済的に重要な魚は，サケに加えてオヒョウ，カレイやヒラメといったフラット・フィッシュを含んでいた。クイーン・シャーロット諸島のようなサケが乏しい地域では，オヒョウが主な資源だった。タラとニシンは生活費を稼ぐのに重要な魚であった。実際には，ニシンは現在明らかになっている証拠が示すよりも重要だったことは確かである。つまりニシンは骨が小さい魚なので，海岸で最近までおこなわれていた普通の発掘方法ではその骨を回収できなかったことが，重要性を隠す原因となっているのであろう。

キュウリウオ科の魚はもう一つの重要な魚であるが，そのなかでもユーラカン eulachon（*Thalicthys pacificus*）がもっとも重要だった。ユーラカンは大変油がのっており，灯をともすことがきるのでろうそく魚の名で知られているように，ニシンとともに油の主要な原料である。油は長期にわたって乾燥食糧に頼る人々の間でとても大切にされている。乾燥食糧に重きをおく食事は，便秘やその他健康上の問題を引き起こし，そのうえ命にかかわる食生活の脂肪不足をもたらす。精製されたユーラカンの油は大切にされ，北西海岸で広く交易された。晩冬から早春になると，小さな魚が川をさかのぼったが，それらはもっとも早く手に入れることのできた生鮮食糧である。

チョウザメは，フレイザー川やコロンビア川といった主要な河川流域で捕獲された。なかには1,000ポンド以上のものもあり，そうした重い獲物を釣り上げる労力はそれらに貴重品として大きな付加価値をつけた。アラン・マクミランによって，マグロを捕獲していた証拠がバンクーバー島の西海岸の遺跡から明らかにされている[15]。遺跡から出土した魚骨の考古学的な分析により，優に20種を超える魚が検出されることもある。

第 5 章　アメリカ北西海岸の生業

　漁撈技術は，魚の種類やそれらの生息環境と同じくらい多様である。多量の魚を網で捕獲することは開けた水域ではできないという一定の技術的な制約もあったが，そうした開けた海域では，その代わりに釣針，釣糸，疑似針，ヤスや魚かきなど多くの道具が使われた。たも網や刺し網などの網は，小川や川で用いられた。簗や仕掛けた罠は，移動する魚を追い込んだり立ち往生させたりして，網で捕えるかヤスで捕獲した。そのほか，銛，魚を引き寄せる鍵竿，ヤス，棍棒が使われた。漁撈具と技術は魚の種類や生息場所に応じて用いられた【口絵 10～12】。

　捕獲した魚はどのように処理されたのだろうか。それらは切り身にされたり，背骨にそって開いて貯蔵用に下ごしらえされ，太陽や風にさらす（もっともよい乾燥と貯蔵の方法である）ために棚に置かれるか，煙でいぶして燻製にされた。魚の貯蔵といえば世界中で塩蔵が知られているが，それはみられない。北西海岸の家の天井には，魚などの食べ物が花綱飾りのように吊るされた木枠が下げられているが，それらの食べ物は真下にあるいろりの火でいぶされて保存された【口絵 29・30】。保存と貯蔵は生死を左右するほど重要であり，非常に数多くの資源が貯蔵された。サケの種によっては 1 年以上持ちこたえるものもあるが，保存できる期間は通常およそ 6 ヶ月である。この賞味期限が比較的短いことは，春季の生業活動に影響を与える，制約条件となった。

　狩猟の対象である陸域の大型哺乳類としては，シカ deer（*Ocdocoelious*）とエルク elk（〔*Cervus elephas*〕カナダとアメリカ合衆国北西部のいくつかの場所ではワピチ wapiti と呼ばれる）が，海岸沿いの

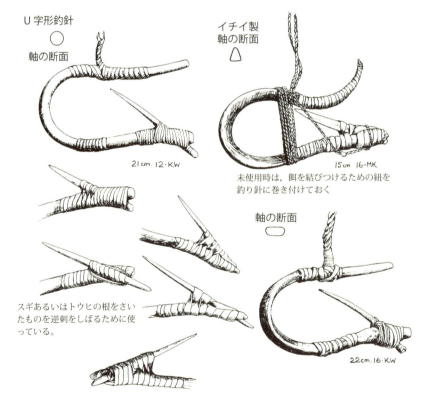

図40　北西海岸で使用された曲げ木細工の釣針と逆刺のバリエーション
　　発掘調査では，通常骨製の逆刺だけが出土する。このような釣針は，海岸において少なくとも 3000 年間あるいはもっと長い期間用いられた。

第 3 節　近代前期の生業経済

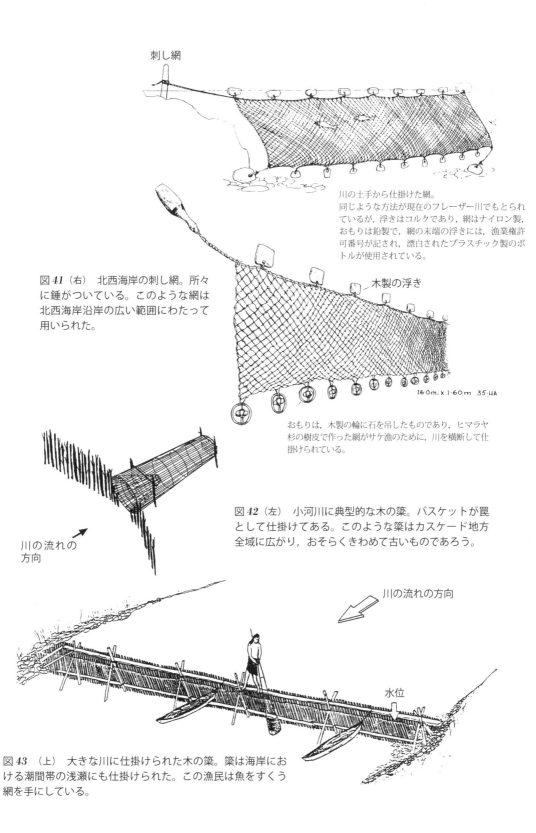

刺し網

川の土手から仕掛けた網。同じような方法が現在のフレーザー川でもとられているが，浮きはコルクであり，網はナイロン製，おもりは鉛製で，網の末端の浮きには，漁業権許可番号が記され，漂白されたプラスチック製のボトルが使用されている。

図41（右）　北西海岸の刺し網。所々に錘がついている。このような網は北西海岸沿岸の広い範囲にわたって用いられた。

木製の浮き

16.0m × 1.60m　35.HA

おもりは，木製の輪に石を吊したものであり，ヒマラヤ杉の樹皮で作った網がサケ漁のために，川を横断して仕掛けられている。

川の流れの方向

図42（左）　小河川に典型的な木の築。バスケットが罠として仕掛けてある。このような築はカスケード地方全域に広がり，おそらくきわめて古いものであろう。

川の流れの方向

水位

図43（上）　大きな川に仕掛けられた木の築。築は海岸における潮間帯の浅瀬にも仕掛けられた。この漁民は魚をすくう網を手にしている。

119

多くの場所でもっとも一般的である。山やぎや羊はそれらが生息しているところで，またクマ，かわうそ，イワツバメ，ミンク，ビーバー，ヤマアラシ，マスクラット，アライグマやその他の小さな哺乳類も狩猟した。

　これらの利用目的は，食べ物としてばかりではない。ビーバーとヤマアラシの切歯は，小型の木工具や彫刻具の刃になった。シカとワピチの足の骨密度の高い骨（メタポディアルス metapodials）は，とくに針，楔やのみに好んで用いられた。狩りは弓と矢を用いたり，陥穴などの罠によっておこなわれた。泳ぐ動物（シカは島から島へと泳ぐ）は開けた水域で待ち伏せて，ヤスや棍棒で仕留めた。

　海域の哺乳類としては，ゴマフアザラシとラッコがもっとも重要であった。さらにオットセイ，トド，イルカや小型のクジラなど，すべて狩猟された。

　海の哺乳類をとるための基礎的な技術は，銛でそれらを射たのちにそれらが疲れたころを見計らって（銛を受けた後動物は逃げようとするが，射た動物は銛に結び付けた紐によって銛撃ちの手と舟につながれている），ヤスないしは棍棒によって仕留めるものだった。陸域でも交尾や出産後に子どもと過ごす繁殖地で，これら海域の哺乳類はたやすく仕留めることができた。しかし，それらは予想以上にすばやく動くので，注意を怠ると危険でもあった。

　19世紀に捕鯨活動に従事していたのはバンクーバー島やワシントンの西海岸の人々だけであったが，最近の考古学的な証拠からは，クイーン・シャーロット諸島のモレスビー島における後期パシフィック期の人たちも捕鯨をおこなっていたことがわかっている。浜に打ち上げられた寄りクジラも利用された。イルカとクチバシイルカは，海の小型哺乳類と同じ技術を用いて狩られた。ラッコは棍棒，銛や網で捕られ，弓矢で狩られた。

　食糧採集には植物ばかりではなく，海草や貝のような潮間の生物も含まれている。このうち貝採集はもっとも重要だった。人々はさまざまな貝を利用したが，それらにはいく種類かのハマグリ，ムラサキイガイだけでなくフジツボまでも含まれている。女性や子どもは，潮間の泥の浅瀬から貝を掘り出すか，潮が引いたときに岩からそれらをはがすかした。貝は蒸すか，しばしば燻製にして保存された。乾燥した貝の肉は内陸の集団との交換に用いた交易品であり，貝殻は加工して斧の刃や銛の先に用いた。

　植物食糧の重要性は，北部よりも南部の方が高い。ベリーはどこでも好まれ，乾燥させて冬の日常食における甘味として食された。より南の地域では，ヒナユリ camas (*Camassia quamash*) やラティフォリア・オモダカ wapato (*Sagittaria latifolia*) といった球根が粉末にして食糧とされた。シダとワラビも採集された。カシとハシバミが生息するのはわずかな地域であったが，そこではそれらの実が採集され利用された。

　植物は木工などの産業にも重要な役割を演じたが，とくにアメリカネズコ red cedar (*Thuja plicata*) は数ある用途のうちカヌー，家，衣料品，かごや箱にとりわけ好んで用いられた。バンクーバー島ではエゾツルキンバイ silverweed (*Potentilla anserina*) やスプリングバンククローバー springbank clover (*Trifolium wormskjoldii*) の菜園が維持され[16]，北に行くと人々は海草やあまもを採集した。

　海岸の人々は，より多くの食糧を生産するために，彼・彼女らを取り巻く自然環境に巧みに手を加えた。オレゴン州のウィラメット渓谷におけるカラプヤ Kalapuya 族による定期的な火入れは，記録に残ったもっともよい例である[17]。19世紀の初期，渓谷の谷底はわずかなナラ類の立ち木のある公

園のようなサバンナであった。それは大変生産性が高く，大量のヒナユリやカシの実を産して，大量のシカも生息した。オレゴン街道に沿ってやってきた最初の居住者を魅了したのはこの自然環境であり，それはひとえに火入れのおかげであった。

ロバート・ボイドは花粉分析にもとづいてカラプヤ族の火入れ習俗を研究したが，ウィラメット渓谷の植生を巧みに操作するために先住民は 5,000 年にわたって火入れをおこなっていたかもしれないと提起する。バンクーバー島における先住民の植物利用を研究したナンシー・ターナー Nancy Turner は，より生産的な森林環境をつくるために火入れが意識的におこなわれていた報告や記録を収集している[18]。

（1）季節性と移動性

食糧資源はおもに春先から秋に手に入れたが，しばしばそれらは同じ時に違う場所で確保しなくてはならなかった。

ベリーは標高の高い草地に実ったのに対して，サケははるか低地の川に遡上してきた。人々は，時と場所に応じて上手に資源のこの組み合わせに対処しなくてはならなかった。彼・彼女らはそれらの資源が利用可能な場所と期間に応じて労働力を投入する必要があるし，食糧は大多数の仲間たちが暮らす場所に持ち帰らねばならない。その結果，たいていの集団は年間を通じて，複雑な移動パターンを維持していた。ブリティッシュ・コロンビア州北部の海岸チムシャン族が，そのよい例である。

18 世紀と 19 世において，海岸チムシャン族は冬の間をプリンス・ルパート・ハーバーで過ごしたが，そこが彼・彼女らの拠点である町であった。そこにはその時期，およそ 6,000 人の海岸チムシャン族が暮らしていたであろう。海岸チムシャン族は，2 月の後半か 3 月の始めにユーラカンの群れを追って，大勢で舟を使い彼・彼女らが管理する領域である 50 km（30 マイル）北のナス川の河口にまで行ったようである。それらは網で捕られ，油が精製された。ユーラカンの遡上が終わると，多くの人々はハーバーに帰った。

それからハーバーの西の島にある漁撈と貝採集のためのキャンプに移動し，サケがスキーナ川を遡上する時期である晩春ないしは初夏までそこに滞在した。この移動のときには，プリンス・ルパートの家は分解され（大きく重い骨材はその場に残し），壁に用いていた板などはカヌーに渡して縛り付けていかだとし，備え付けの箱や世帯の道具はそれに積み込んで運んだ。そしてほとんどすべての人々が漁撈活動の季節の間，スキーナ川河口の夏の村に移動したと思われる。

サケの遡上が初秋に終わると移動の方向は逆転し，冬に備えてサケを乾燥させ，人々は世帯道具を持って夏の村からプリンス・ルパート・ハーバーへと戻った。集団によってはより複雑な一年の動きをしており，移動が 16 回に及んだ集団もある。多くの集団で一年のうち 5 回から 6 回そうした移動をおこなうのは，19 世紀初頭にはあたりまえであった。その一方，隣の浜や同じ浜においてさえ，まったく移動しなかった集団があるのも普通であった。年何回かにわたる居住地の移動があったものの，彼・彼女らは恒久的な村を，時に数箇所で維持した。

（2）生 産

世帯は，消費と生産両方の基礎的な単位であった。

人々はアメリカネズコでつくった1棟ないし2棟の大きな板壁の家に住んだが，居住者の数は少なくても20人，多いものでは100人を超えるものまで様々だった。

世帯は村や町に組織された。労働の性別分業について，マドンナ・モスはその厳格さが誇張されすぎだと批判しているが，それなりに強力な社会的性差を基礎とした分業が存在していたのは事実である[19]。奴隷の労働は重要であり，それを採集狩猟民にとっての「かなりの量の専業化 fair amount of specialization」と呼んだ[20]。

世帯は有形，無形の資産である財を所有した。有形の財産は，食糧資源とそれらが生息している自然環境，世帯の住居が建てられた土地，住居それ自体，そして加工された食糧や世帯によって生産された富といったものである。

無形の財産は，資源に対する権利，歌と儀式的演技，特別な動物を背後霊とする権利や霊的なものに対する権利を含んでいる。民族誌では無形の財産は，通常「特権 privileges」の名で呼ばれている。世帯の家系は長い歴史を有し，世帯にまつわる口碑を保持していた。世帯の構成員は世帯の財産を所有する平等な権利を，少なくとも建前として有していた。

資源の所有権のあり方は，海岸沿いの地域で多様だった[21]。通常，南部の海岸沿岸では，いくつかの地域でそれらは個人が所有するものであったが，北に行くと世帯によって所有された。富はつまるところ食糧の余剰生産によって成り立つものであったが，富はしばしば食糧とは別の形態をとる場合もある。ポトラッチなどを通じた再分配は重要であり，財産をため込むことに対しては強く反発する気質があった。

世帯の生業経済は，財産の一部である資源の開発を中心としていたが，その一方で交易や交換（第7章）といった地域的経済にも世帯は参画した。

ナス川でユーラカンを捕まえて加工する海岸チムシャン族は，ハイダ族，トリンギット族や内陸の人々との間で，魚や油をカヌー，銅，毛皮といった物品と交換した。ブリティッシュ・コロンビア

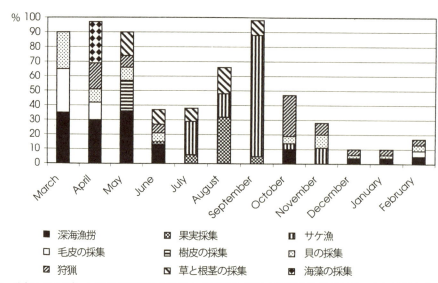

図44 北部トリンギット族が食糧採集に費やした時間の労働内容別の比率を各月ごとに比較したグラフ
（カレルボ・オベルグ Kalervo Oberg の調査による）
このパターンは地域的差異が大きく，北西海岸の集団はいずれも複雑な年間スケジュールをもっていることを示す。

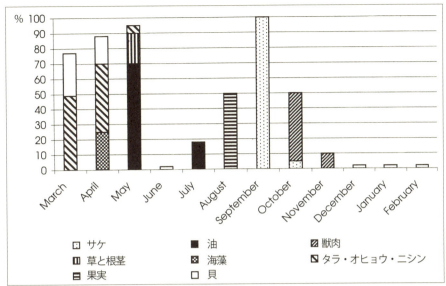

図45 北部トリンギット族が食糧の貯蔵に費やした時間の貯蔵品ごとの比率を各月ごとに比較したグラフ（カレルボ・オベルグの調査による）

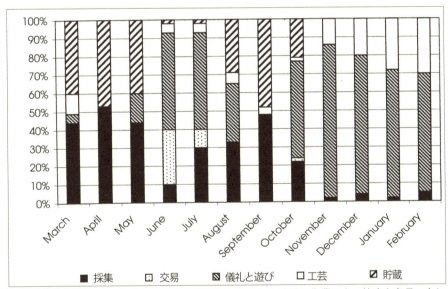

図46 北部トリンギット族が重要な生業活動に費やした時間の生業ごとの比率を各月ごとに比較したグラフ（カレルボ・オベルグの調査による）

州の内陸における交易路は，それにそって交易された魚の油にちなんでグリース・トレイル grease trails（油の道）と呼ばれたが，その交易は大変重要だったので所々に要砦が設けられた。コロンビア川下流でチヌーク族の参画した交易網は，最終的に東は現在のイエローストーン公園を超えたあたりにまで，そして南と北も同じくらい遠方にまで及んだ。

第4節　北西海岸における生業経済の考古学

(1) アーケイック期の生業経済

　アーケイック期は大きな環境変動期であり，今日の状況と著しく異なっていたことは，第3章で述べたとおりである。

　この時期の始まりは紀元前10,500年であり，このころの南部海岸平原は現在よりも広かったが，海岸線が急激に切り立っていたのは現在と変わりないであろう。当時は湖や小川を伴った海岸平原が，現在は島であるバンクーバー島から北の地域に広がっていた。クイーン・シャーロット諸島と本土も，別の海岸平原でつながっていた。

　紀元前8000年までに海面の高さは急速に上昇するが，とくに北部では一時現在よりも高くなり，やがて上昇はおさまった。南部の海岸沿いでも海面は急速に上昇したが，海退はそれほど激しいものではなかった。気候は温暖で乾燥気味になり，植物と動物の分布が変わった。たまに急変する気候の状況に適応するために，狩猟採集民の経済はとくに北部で柔軟さが求められたであろう。海岸線は長いので自然環境が異なっているわけだから，南北で同じ生業経済が展開していたはずはない。

　パシフィック期以前に海岸で人々が活動していた考古学的証拠は薄弱である。もっとも古いものでも紀元前8400年であり，それは内陸における最古の考古学的な証拠よりも2,500年ほど新しい（第3章）。

　しかしながら，アーケイック期に海岸に住むため人々が何をしていたかについて，経験的な推論は可能であるし，さらにその推論の裏付けにはどのようなデータが適しているのか考えることもできる。一般論として三つの可能性が考えられるが，それは彼・彼女らの生業経済が完全に海の経済であったか，海岸の経済であったか，あるいは陸の経済であったか（もちろん，これら三つのいくつかが組み合わさっていることもありうる）というものである。

　もし，海岸のアーケイック期の人々が完全に海を生業経済とする人々であるとすれば，大陸棚の浅い海域から深い海域まで，広い範囲の浅海環境を開発する能力の証拠ばかりでなく，海に適した舟，すなわち開かれた水域に繰り出す能力をもった舟の証拠を発見することに期待がかかる。生息環境を異にした多くの種類の魚や海の哺乳類の骨が出土するという直接的な証拠ばかりでなく，専門化した漁撈と狩猟の道具の証拠も求められるであろう。

　この場合の海の経済は，浅海環境の多様性をフルに利用する場合もあるが，その一方で，ごく限られた豊富に産する資源を完全に開発することに焦点を当てた高度に専門化した生業の技術と技巧が伴う海の経済もありうる。この場合は，遺跡から回収される資源の範囲はきわめて狭く，動植物遺存体の組成はおそらく二つか三つの種によって占められるだろう。

　これに対して，海岸の経済に依存していれば，それはまったく違ったものとなるだろう。カリフォルニア州海岸部の初期アーケイック期の人々は，海岸経済を示すよい例の一つである。ジョン・アーランドソンは彼・彼女らの経済を陸の植物と貝に全面的に依存したものとして復元している[22]。シカとオットセイを含むいろいろな哺乳類が狩られ，何らかの漁撈活動もおこなわれたが，アーランドソ

ンは，木の実と貝が日常食の大黒柱であったと述べている。このことは，貝塚と木の実を粉にするのに用いられた石器の存在が示すところである。

　海の哺乳類を捕るための銛や舟などの道具は必要ないので，存在していない。というのも，オットセイは浜に子を産みに来たときをとらえて仕留めることができたからである[23]。とはいえ，舟から銛を用いてオットセイを捕獲する能力といったところで，それらが完全な海の経済の指標になるとも思われない。

　三つ目の可能性は，陸／川辺の経済であり，おそらくワシントン州やアイダホ州の南に広がる内陸部におけるウィンダスト windust 族の人々と共通した経済である。コロンビア高原，とくにその南東隅は，カスケード地方において人類がもっとも古く住みついた場所である。そこでは紀元前 11,000 年から紀元前 6000 年の期間にわたり，数多くの遺跡が営まれた。それらの遺跡の存在は，その地域が高原や湖，小川や川を含む平原の湿潤な地帯を重視した生業戦略を有する非常に移動性の高い採集民によって占められていたことを物語っている[24]。

　ウィンダスト人は，コロンビア川を下って海岸にまで生活領域を広げたかもしれない。ウィンダスト型尖頭器は，西はオレゴン州ポートランド郊外にまで広がっており，ウィンダスト文化に類似した遺物は，コロンビア川の河口からも発見されている[25]。

　ウィンダスト人は，ヘラジカ，シカ，アンテロープ，バイソンやウサギなどいろいろな哺乳類を狩猟した[26]。彼らが特定の動物を集中的に狩猟していた証拠はなく，その時その時狩猟できる動物を狩猟したが，バイソンのような大きな哺乳類を捕獲する能力ももっていた。

　漁撈活動は，紀元前 6800 年以前には知られていない。大きな網の錘がアイダホ州中央部のハットウェイ Hatwai 遺跡で単独で発見されているが，それは紀元前 10,900 年という早い時期のものであると思われ，そして紀元前 7500 年という年代の逆刺のある尖頭器がリンド・クゥーリー遺跡で出土した。リンド・クゥーリーは湖のほとりに営まれた遺跡である。

　コロンビア川流域において，もっとも古いサケ漁の証拠はいくつかの遺跡から発見されているが，それらは互いに隔たった広い範囲に及んでいる。コロンビア川下流のファイブ・マイル・ラッピズ遺跡，コロンビア川中流のボブズ・ポイント Bob's Point 遺跡やユマッティラ Umatilla 遺跡，コロンビア川をずっとさかのぼったケトル・フォールズ Kettle Falls 遺跡，ワシントン州のスポカーネ付近の遺跡，そしてヘルズ渓谷のスネーク川にあるバーナード・クリーク Bernard Creek 岩陰である。総じてこれらの遺跡は，紀元前 6000 年からサケなどの魚をとっていたことを示している。貯蔵に大きく頼っていた証拠は何もない（貯蔵の直接的な証拠は何もない）。人口規模は，きわめて小さかったと思われる。

　ウィンダスト人の食生活に果たしていたサケの役割について，3 点の人骨の化学的な分析データがある。もっとも古いのはブール Buhl 遺跡から出土した紀元前 10,600 年の骨であり，それは北アメリカ西部でもっとも古い骨である。その骨は若い女性のものであり，アイダホ州中央南部のスネーク川の近くで発見された。骨の成分データから，彼女は海のタンパク質を日常的にわずかにとっていたであろうとされている。遙か内陸では，サケが唯一の海性タンパク質の源である。

　もっとも新しい骨は若い男性のもので，ブリティッシュ・コロンビア州中央南部のゴア・クリーク Gore Creek 遺跡から発見されたものであり，紀元前 7500 年に位置づけられる。サケは，彼の日常食

にほとんど何の貢献もしていなかったように思われる。

　三番目の骨は，紀元前 7800 年の中年男性のもので，これはずいぶん状況が異なる理解をもたらした。その骨はワシントン州のケネウィックに近いコロンビア川の河岸から発見されたものであり，化学分析の結果は，彼が海のタンパク質を多く含んだ日常食をとっていたことを示している。

　しかしながら，この時期のこの地域ではバイソンの狩猟もおこなっていたことが明らかであり，バイソンの肉をサケよりもたくさん食していた結果かもしれない。なぜならばバイソンは草食動物だから，化学的な結果はサケではなくバイソンが反映したものかもしれないからである。

　アーケイック期の技術は，柔軟性に富んでいた。同じ種類の道具を用いて，違う種類の動物を捕えた。また，狩猟と漁撈の道具は，必要に応じて再装備できる基本単位部分からなっていた。

　たとえば，コロンビア高原から出土した遺物は，異なる種類の尖頭器が投げ槍の矢柄に装着されたことを示している。石の槍先状尖頭器がついた矢柄を柄にとりつけた槍はおもにバイソンの狩猟に用いたが，石の尖頭器を逆刺のある骨製尖頭器に置き換えることで，漁撈用のヤスへと変えた。同じ矢柄の先に回転離頭銛先を装着すれば，サケあるいは海獣用の銛として用いることができる。それぞれの動物用に特化した道具一式は不必要であり，内陸と海岸ともにそれらが存在した証拠はない。

　海岸で検出される動物遺体は限られるが，広範な種類の浅海と陸の食物が利用されたことを示唆している。ヘケート島のチャック・レーク（湖）には，海岸北部でもっとも古い貝塚があって，またヒドゥン・フォールズ遺跡などその他の遺跡からもいくつかの貝の堆積が見つかっており，食糧残滓の痕跡かもしれない。プリンス・ルパート・ハーバーの地下深くの貝の堆積もこの時期である。チャック・レーク貝塚は，その後の巨大な貝塚とは違い，小さく，薄くて不連続である。潮間の軟体動物のなかでは貝が主体であるほか，サケ科の魚とオヒョウのような非サケ科の魚も存在している。

　哺乳類で識別できるのは，ウサギ，ビーバー，シカあるいはカリブ，トドとオットセイなどである。ウサギを除けば，種類が判定できたのは歯に限られるが，中型と大型の哺乳類の長管骨，海獣の長骨の破片は見つかっている。オヒョウは通常深い海底に生息しているが，釣糸と釣針を用いてカヌーから釣った。遺跡は川から遠いので，サケはどこか別の場所からおそらくカヌーによって輸送されたことを示している。

　グレンローズ・カナリー遺跡のアーケイック期の人が居住していた時期の地層からは，哺乳類の骨 18 と魚骨 56 と，きわめて少数の動物遺存体しか検出できなかった。数の割には驚くほど多種にわたっており，ヘラジカ，シカ，海獣，イヌ科の動物，ビーバー，ミンク，サケ，チョウザメ，カレイ，ユーラカン，コイ科の淡水魚であるスコーフィッシュ，ピアマウス peamouths とトゲウオ sticklebacks などである。さらにいくつかの貝の堆積も存在している。

　それらの魚骨は，舟（オヒョウ用）を含む，網（ユーラカン用），漁撈用ヤス（たとえばチョウザメ用），流しつり用具が使われていたことを示唆する。アーケイック期のグレンローズ遺跡はフレーザー川に面して立地しており，オヒョウ以外の魚とすべての哺乳類は川沿いで捕獲できたのである。海獣は，水中で銛で突く以外に陸上でも捕獲することができるが，グレンローズ遺跡では単式の逆刺のある尖頭器が出土しただけで，銛は存在していない。

　すでに述べたことであるが，アーケイック期の初期に関する海岸のデータは，台地における陸域の採集狩猟民の能力を超えた遺物はなにもないことを示しているのであろう。逆刺のある尖頭器や網

などは，しばしば海の生業経済を決定づける証拠だといわれるが，内陸にも存在している。

それでは舟はどうだろうか？間接的ではあるが，舟は50,000年前にさかのぼって世界中に存在していたという大変有力な証拠がある。ごく最近，二人の考古学者がクローヴィス文化に舟があったと主張した[27]。それが正しいとすれば，ウィンダスト人も同様に舟をもっていたのは確実である。フラッドマークは，人はアジア大陸からアメリカ大陸へ海岸に沿って南下し移住したという仮説をたてたが，この海岸路仮説を立証するには舟がなくてはならない。

北西海岸沿岸のアーケイック期に，海に特化した狩猟民の存在を示すものは何もないが，データは海岸の採集狩猟民がむしろ内陸のそれらと似ていることを示しており，ただ海岸の沿岸域や水辺に近いところの資源を開発していたにすぎないのである。

しかし，このモデルに合致しないような資料もいくつかある。アラスカ州東南部のオン・ユア・ニーズ On-your-Knees 洞穴において，ジェームズ・ディクソン James Dixon が発見した人骨の顎骨の化学分析[28] は，日常食のタンパク質はすべて海性有機物に由来することを示している。遺跡は島に立地しているので，この結果は陸生の植物を反映したものではなさそうだ。

しかし，日常食に海のタンパク質の割合が高くても，わたしたちのモデルに矛盾することはない。その上，骨の化学的分析結果は少々用心しなくてはならない。なぜならば，それらはタンパク質について語っているだけであって日常食全体を語っていないばかりでなく，タンパク質の正確な由来もわからないからである。

ジョン・アーランドソンのカリフォルニア州海岸沿いにおけるアーケイック期の食生活の復元が正しいとすれば，骨の化学的分析はおそらくオン・ユア・ニーズ洞穴の顎骨から得られたのときわめてよく似た結果になるだろうが，そこにはカリフォルニア地域の初期の日常食における植物食の重要な役割は欠落している。

海岸の遺跡と内陸の遺跡との間には，遺物の組成に違いがある。もっとも古い内陸の遺跡は，通常海岸でほとんど欠落している大きな有茎槍先状尖頭器をもっている。これは，内陸で多種類の大型陸上哺乳類を狩猟する道具の装備を反映したものであろう。

アーケイック期初頭の内陸の石器組成は細石刃を欠いているが，それもまた海岸北部における特別な自然環境への適応を示しているのであろう。細石刃はカスケード地方内陸においてアーケイック期後半の石器組成に加わっており，それらは海岸南部のパシフィック期の石器組成に存在する。

バンクーバー島の北東隅にあるベアー・コーヴ遺跡は，わたしたちのモデルの主要な立脚点といってよい。ベアー・コーヴ遺跡の文化層Ⅰの上限年代は，およそ紀元前7000年である。しかし，文化層Ⅰの動物遺存体は，紀元前3338年から紀元前2550年までの年代しか示さないようである。

これらの動物遺存体は，イワナ，サケをはじめとしてさまざまな魚を含んでいる。哺乳類の骨の75％以上が海の哺乳類であり，それらの3分の2がイルカの骨である。生業の道具と解釈できる遺物は，単純な木葉状の尖頭器を除いては何も発見されなかった。考古学者の多くはこれらイルカの骨を海に根ざした経済の証拠と見なしているが，ネズミイルカの生態と遺跡の年代に対する疑問から，それは根拠薄弱な例外にとどまる。

目下，北西海岸においてはカリフォルニア海岸に対してアーランドソンが記述したような初期の生業経済に対する証拠はないし，彼が記述した海岸の生業様式がサンフランシスコの浜を越えてどれほ

ど北にまで広がるのかはわかっていない。森林性がより著しい北西海岸沿岸で，そのような生業経済が機能したかどうかは未解決の問題である。しかしながら，紀元前6800年頃にピークを迎えた温暖化と乾燥化の傾向は，過去6,000年のそれらとは異なる環境を生み出したことは確かだろう。

アーランドソンとマドンナ・モスによるオレゴン州のバンドンに近いインディアン・サンズ貝塚で近年おこなわれた発掘によれば，少なくともカリフォルニア海岸の生業経済は，オレゴン州南部海岸くらい北にまで広がっていた可能性が高い。インディアン・サンズ貝塚の年代は紀元前7500年である。

最後に残った問題は，仮説として提示したサケ漁と貯蔵の生業経済における役割である。まず，何らかの食糧貯蔵の必要が生じ，そのためにサケが捕獲されたことはありそうなことだ。少なくとも，貯蔵なくして海岸北部沿岸の大規模な人口を維持することはできなかったであろう（紀元前7000年までには気候が現在よりも温暖で乾燥気味となり，おそらく貯蔵が冬を生きのびるための死活問題ではなくなったことを思い起こすかもしれないが）。

いずれにしても小規模の貯蔵では，社会的経済的な激変は生じない。カナダの南部ショショニTutchone族におけるオ・レーリー O'Leary の調査は，貯蔵のためのサケ漁が必ずしも定住（一時的なものにせよ）を導くものでないことを示している[29]。基本的な貯蔵の技術―太陽と風で乾かすことと燻製にすること―は，少なくとも後期旧石器時代以来，おそらく数千年の間は知られていたので，アーケイック期の生業経済において，貯蔵が重要な役割を果たすための技術的革新はとくに必要なかったのだ。

貯蔵の目的がなくとも，大量の数のサケが捕獲される場合がある。移動する採集狩猟民，とくに人口密度の低いそれらは，大きな集団がおこなう行為，つまり交易，うわさ話，情報交換，賭け事，踊り，礼拝，そして散在した小集団にとってもっとも重要である結婚相手をさがすことなど，すべて定期的に集合しておこなっている。

そのような採集狩猟民に一般的な25～50人という集団規模は，社会的にあるいは子孫を残すために維持するには小さすぎる。若者のために結婚相手をさがしたり，情報を共有したり，社会的な結びつきを再構築したりするには，より大きな集団でなくてはならないが，そうした大きな集団は，食糧の調達を必要とするのである。18世紀と19世のコロンビア高原では，晩夏にカマスの根が集められる牧草地に巨大な集団が形成された。

サケは，大規模だが一時的な集合であるそうした集団にとって次の点で理想的だったろう。①あらかじめ遡上する場所がわかっており，②大きな魚群は，漁獲量増大によって枯渇させたり四散させたりすることがない（狩猟動物の場合は，狩猟が増えることによって四散させられる場合がある）。

ファイブ・マイル・ラピッズ遺跡，ケトル・フォールズ遺跡やミリケン遺跡は，貯蔵に大きく依存することはなくとも豊かな収穫を得るために絶好の土地であったろう。ここで言いたかったのは，膨大な数のサケが発見されるという特殊な状況を説明するために，大規模な貯蔵をもちだす必要はないということである。

(2) パシフィック期の生業経済

パシフィック期の生業経済に関する知見は，アーケイック期よりもはるかに豊富であるが，海岸の社会と文化の発達に生業経済が果たした役割を説明するにはまだ不十分である。パシフィック期の

生業組織についての基礎的な，そしてもっとも重要な問題点は以下のとおりである。

　①海岸の人々が彼・彼女らの食糧生産を飛躍的に増加し始めたのはいつか。
　②彼・彼女らがそれをどのようにおこなったか。
　③その理由は何か。

である。付随する問題は，貯蔵がいつ，そしてなぜ彼・彼女らの生業経済の主役になったかということである。これらの質問に答えられれば，採集狩猟民における経済の変化に対するトータルな理解に近づけるに違いない[30]。

採集狩猟民は，しばしば生業経済を多様化することによって食糧生産を増大させる。これらの多様な生業経済は，用いられる食糧資源の数を反映して「広範囲 broad spectrum」と呼ばれることがある[31]。彼・彼女らは利用する生物の数ばかりではなく，種類の両方とも増加させる。それらの新しい資源を収穫する価値のあるものにするために，より多くの労働力ないしは時間が費やされる。

もう一つの生業経済は「焦点的 focal」と呼ばれるものであるが[32]，それは少数の資源に対して労力を集中させるあり方である。焦点的経済は，通常少数で非常に生産的な資源に焦点を絞る一方，それ以外の多種多様な食糧の獲得も続ける。こうした選択の理由は，たとえ焦点をあてたものがいかに生産的であっても主食だけでは健康な食生活に必要なものすべてをまかなうことはできず，主食だけでは食に飽きるかもしれないし，あるいはわずかな食糧資源にだけ頼るのは危険すぎると考えたからかも知れない。

狩猟採集民の生業経済の最後のあり方として，専門化して，少数の資源にだけ完全に頼るようになる場合もあるだろう。この場合は一般的に，少数の食糧あるいは，利用可能かつ有効な自然環境を完全に利用する以外に選択の余地はない。北極海沿岸の人々は海の哺乳類の捕獲を専門化する以外にほとんど選択肢をもたない。なぜならばこれらの採集狩猟民に与えられているのはこの自然環境だけだからだ。

なぜ食糧の生産に拍車をかけるのだろうか？基本的な理由の一つは，より多くの人々に食物を与えるためである。これは長期的にみて，海岸において食糧生産のレヴェルが向上し続けたことを説明するにはもっともらしい理由である。しかしながら，彼・彼女らが収穫し，処理する食糧の総量を増加させた別の理由も考えられる。それは，余剰の食糧を別のものと交換することをもくろんでのことかもしれない。また一方で，食糧は人をもてなすことやその配布を通じて，配偶者や権威，権力のための交換に用いることもできる[33]。

なぜ食糧が蓄えられるのか？基本的な答えは冬を通じて食糧を得るためであるが，とくに人口が肥大化しすぎて生き延びていくのに苦慮するような人々が冬の間に収穫するもので足りない場合，その不足を補うのに有効だからである。別の動機もありうる。食糧を乾燥させれば，広域に輸送することや交易に用いることができるし，膨大な量の貯蔵物は，野心的なリーダーが新参者や家来をひきつけるために使うこともできるのだ。

北西海岸の自然環境は一様ではないので，人々は地元の自然環境の恩恵をなんでも利用すると同時に，それに応じて海岸沿いのさまざまな場所で集約化の異なったパターンを摘出することができるに違いない。

たとえばランドール・シャークの言うことが正しければ，食糧生産がどのように増加したかについ

ては，北西海岸の北部と南部で差異があるはずである。北部は陸域の自然環境の生産力が低い場所であり，より多くの食糧を得るために人々は海岸や浅瀬の資源への依存を強めなくてはならなかったであろうし，その一方南部の海岸は陸域の自然環境が豊かなところであるから，まず植物のような陸域の資源に集中的に依存したであろう。

もっと規模を小さくしてみた場合，サケの豊富な領域ではサケの収穫の増加が生じたかもしれず，その一方，サケが乏しい場所では他の資源の生産力を増加させる努力がおこなわれたかもしれないし，あるいはハイダ族がカヌーとユーラカンの油を交易したように，食糧獲得のために交易品を生産することで集団の社会的，経済的な結びつきを拡張させるような場合もあったであろう。

そこで，海岸における経済的なデータは，次の三つの地理的スケール（縮尺）に応じて考察するのがよい。第一に遺跡とその周辺という小縮尺，第二にたとえばヘスクィアット・ハーバーないしはジョージア湾といった地域的スケール，そして第三として北部海岸，中央，そして南部海岸といった海岸全体に対する亜地域という大縮尺である。

これら異なるスケールのすべてに応じた議論をおこなうには情報が不足しているが，この区分は後の議論の土台となるので，読者のみなさんはそれらを頭のなかに入れておいていただきたい。

経済は地域的スケールで展開するが，その影響は局地的であり，その影響は生態系の場所ごとの違いにより変わってくるだろう。集約化のような経済的変動は，異なる場所におけるさまざまな局地的な影響を伴った中規模な，あるいは場合によっては大規模なイベントである。局地的状況への局地的な対応と，地域レヴェルでの開発に対する局地的対応とを識別する唯一の方法は，大きな地域のサンプル・実例を抽出することである。

パシフィック期の考古資料はきわめてたくさんあるので，わたしたちは現在までの知見を要約することしかできない。もし現在知られている考古学的証拠とそれらに対する考察をすべてにわたって余すところなく取り上げるとしたら，それだけでこの本よりも長いものを書かなければならなくなってしまう。

①前期パシフィック期

1. 概　観

前期パシフィック期の生業経済は，オレゴン州とワシントン州の海岸を除けば[34]，だいたいどこでも潮間帯の資源の利用が増加することを特徴としている。フラッドマークは，食糧のうち貝が増加するのは，紀元前3800年に海面が現在の高さに安定したことの間接的な結果だと主張した。彼は，海水準の安定がサケの利用の増加を導き，それが1年を通じて同じところに住む定住化を促したことによって，軟体動物を含むほかの資源の開発も促進されたと信じたのである。

貝の利用の拡大は定住化が進んだ結果であろうという点では，彼の意見に賛成である。しかしながら，海水準の変化とサケの開発だけでこの結果にはなりえない。第4章で指摘したように，貝塚の出現は，海岸カスケード山脈の東の，サケがまったく遡上しない場所も含めて，広い範囲で竪穴住居が出現する時期と一致していることが重要である。家の出現は紀元前4400年ころからカスケード地方全域で生じたより安定した定住への移行と食糧生産の増大を示すものであって，貝塚は海岸におけるこの変化の現れと考えられるのだ。

第4節　北西海岸における生業経済の考古学

　貝は，集約化の効果を考えるためのよい例である。アーランドソンは，貝は貴重なタンパク源であり，前期パシフィック期の人々のタンパク質の摂取量の増加は貝を大量に食べることによったものであるとうまく説明している。

　しかし，食糧のほとんどすべてが良好なタンパク質の源だったので，北西海岸では貝だけが重要だったかどうかは未解決の問題である。おそらくより重要なのは，貝は脂肪も炭水化物もほぼ含んでいないということである。人々は日常食の副食を貝に大きく依存しており[35]，うずたかく積もった貝殻は食糧としての貝採集がさかんにおこなわれたことを示していると同時に，労働組織と定住の変化の判断材料となっている。

　貝は熟練したものばかりでなく年寄りや子どものような別の食糧獲得活動に参加できないものたちでも採取することができるので，それ以前は共同体の非生産要員だったものが生業経済に貢献するのに役立ったという変化も考えてよい。他のタンパク質に頼る度合いが減ったこともあり得る。

　要するに，貝は数ある食糧資源のなかでも採集狩猟民が生産を増大させるために重点的な開発に労働を投資する資源の典型例であるが，その一方，生産が増加することに対する説明をこれだけで終わりにするわけにはいかない。

　ナムー遺跡は，前期パシフィック期における食糧生産の集約化を層位的に物語る好例であろう。紀元前5000年と4000年の間（ナムー2期），経済はもっとも多様であった。貝の堆積は他の遺跡におけるアーケイック期の貝の堆積と似ているので，貝の日常食としての役割はわずかにすぎず，サケとおそらくニシンが経済的にもっとも重要な魚であったろう[36]。それ以外の魚も捕られたが，アザラシ類やシカ，各種の小型哺乳類も捕られた。

　次の1,000年間（紀元前4000年から紀元前3000年のナムー3期）にサケの利用度は顕著に増加し，同じように貝の利用も増大した。この時期に，ナムー遺跡は巨大で密度の高い貝塚を発達させた。経済がより焦点的になるにつれて，他の魚の利用は減少したように思われる。サケの捕獲量の増加は，海水準の安定とおそらくナムー川下流の流路が安定することによって[37]より規模の大きなサケの遡上が促進された結果であろう。しかし，なぜ人々がそれを選択したのか，説明することはできない。

　ナムー4期（紀元前3000～前2000年）の間に，経済は再び多様化した。サケの生産はわずかに増加し，人々は膨大な数のイワナ，タラ，アザラシ類やラッコを捕った。ニシンは前期パシフィック期を通じて主要な資源であったように思われる。以下で指摘するように，ラッコとアザラシ類の捕獲数の増加は，人々が新たな浅海の自然環境を開発したことを示すものかもしれない。

　ナムー遺跡での初期のころは，経済は相対的に多様である。食糧生産に目立った増加が起こる場合には，人々は自分たちが集めている食糧のレパートリーのなかでもより少数の資源により大きな労力を費やすように，経済はいくぶん焦点的になるように思われる。しかし，ナムー遺跡で人が生活していた時期の終わりになると，彼・彼女らはサケの捕獲量を増加させることはできなくなったようであり，他の資源と他の自然環境の利用を拡大しなければならなかった。

　ナムー遺跡での主要な技術的変化は，ナムー2期（紀元前4000年）[38]の終末における細石刃と細石器の消滅であり，それはサケの生産が増加していたときである。前期パシフィック期におけるナムー遺跡のもっとも「専門化」した道具の装備は釣針の軸であろうが，それはオヒョウ釣りの道具の一部として使用したものかもしれない。いずれにせよ，生業の変化は大きな技術的革新が拍車をかけて生

131

じたものとは思われない。

　貯蔵は必ずしも証拠を残すものではないが，ナムー遺跡の人々の経済でサケがもっとも重要であったにもかかわらず，貯蔵の直接的な証拠もまたない。この問題は後述したい。

　パシフィック期の海岸における人骨の化学的な分析によれば，陸の資源に対して海の資源が相対的に重要であることが総じて明瞭である。チゾム Chisholm は，海岸から出土した紀元前3800年から紀元500年に及ぶおよそ90体の人骨を調査したが，すべての骨で日常食のタンパク質の90～100％が，海の資源，たとえばサケを含む海の魚，貝，海獣，海草などに由来している結果が出ている。ただし，日常食のうちどれほどが，魚，海獣，貝，あるいは他に可能性のある無数の資源のうちのいかなるものからなっているのかは明らかでない。また，それらは栄養とカロリー，その他の必要な源について何も語っていない。

　動物遺存体は，種々の海棲生物がどの程度日常食として重要であったのかを知ることのできる，唯一の証拠である。巨視的にみれば，これらの資料はまさに海岸と海の資源が，紀元前3800年までの北西海岸の日常食と生業経済の基盤となっていたことを示している[39]。

　粘板岩製の磨製尖頭器の出現は，アーケイック期に広く，多目的に使われていた道具にとってかわるか，それに加わることによって，海獣猟専門の道具の利用が増していったことを反映している（上述参照）。このことは，まさに海の経済への移行と，恐らく強まる定住性を示すものであり，アーケイック期のより一般的な海岸経済からの脱却を意味している。

　ジョージア湾地区における考古学的証拠は，広範囲の資源に基礎をおいた生業経済が展開していたことを指し示している。動物遺存体の分析によれば，この時期にサケやその他の資源の生産が顕著に増加した痕跡はない。しかし，これらの資料は少数の遺跡から出土したものであり，それらのいくつかは一昔前に発掘されたものなので，この顕著な傾向が資料サンプルに原因がある可能性も残っている。さらにジョージア湾地区は豊かな陸の自然環境を有しているので，経済変化のあり方はさらに北の地域とまったく異なっているかもしれない。

　思い浮かぶ相違点で重要なものの一つは，植物の利用である。ジョージア湾の石器組成には中期パシフィック期まで継続する製粉用石器が含まれており，それは植物食糧が北の地域よりもはるかに重要であったことを示すものである。ドングリ，ヒナユリとワパトはいずれもこの地域で手に入れることができ，それにより人々は油，タンパク質と炭水化物を摂取することができた。この地域での生産の増大は，すでに広範囲であった資源の基盤をさらに広範囲に拡大する方向をとっていたように思われる。この点については，中期パシフィック期を論じるなかで，再論したい。

　北西海岸北部における前期パシフィック期の経済もまた多様であった。アラスカ州東南部ではサケ，ニシンとタラがほぼ同じ割合で捕獲され，シカ，アザラシ類とラッコも主要な捕獲対象の哺乳類であった。

2. 季節性と移動性

　生業を復元するにあたっては，遺跡の機能と居住の季節に関するデータがもう一つの解明の糸口となる。グレンローズ・カナリー遺跡には，なんら居住の証拠となるような建物跡はないのだが，前期パシフィック期に1年を通じて利用されていたと思われる[40]。それはなにか特別な目的をもった遺

跡のようには見えないのだが，魚捕りのキャンプとしてはよい場所である。この遺跡は，地元のいろいろな集団あるいは単一の集団の色々なメンバーが，一部重複するがさまざまな目的で，1年を通じて断続的に使っていたのかもしれない。魚捕りと同様，狩猟の基地として使用されたことも確かである。

ナムー遺跡は，春と秋に居住されていた証拠がある[41]。それにもとづいてオーベリー・キャノン Aubrey Cannon は，ナムー遺跡の人々がサケを多量に捕獲せず，貯蔵もせず，そしてどこかに短期間移動してからニシンの漁撈のために戻ってくるというのは考えにくいことを理由に，人々はこの遺跡に冬の期間も居住していたと推論している。ただしナムー遺跡に炉や柱穴はあるものの建造物は何も報告されていないが，そのことについては違う方面から推論をめぐらすことができる。

この時期の埋葬は一つの区域に集中しているので，一定の地区を墓域とする墓地が存在していたことを示している。それに続く時期に，埋葬はいくつかの区域の家の背後に設けられるようになるので，ナムー遺跡の埋葬の集中からすれば，建造物がそこに伴っていた可能性は高いとしてよいだろう。

ナムー遺跡では，大量のサケを除けば貯蔵の具体的な証拠も乏しい。移動する採集狩猟民が秋の魚の群れを求めてナムー遺跡に集い，おそらく建物も建てて住んだが，他の食糧を求めて離散し，そして春に再び戻ってくるというのがもっとも適切な理解であろう。ナムー2期のごみためは，内陸のカリフォルニア州におけるサプライズ・バレー Surprise Valley 遺跡で発見されたもっとも古い竪穴住居と同じ時代である。

プリンス・ルパート・ハーバーのボードウォーク遺跡は，紀元前2100年までは1年中居住していたようであり[42]，その時期は遺跡の規模がもっとも大きくなった時期でもある[43]。しかしながら，前期パシフィック期の住居跡は一軒も見つかっていない。

ヒドゥン・フォールズ遺跡の文化層Ⅱでは建造物が見つかっており，それはかたわらに炉を伴う半円形の柱穴からなり，上部構造はなかった。ライトフット Lightfoot は，この文化層は移動性の強い採集狩猟民が残したものだと結論づけている。

ここで読者のみなさんは，前期パシフィック期のしっかりした建造物がフレーザー川三角州地帯の上流にあるマウラー Mauer 遺跡やヘイズィック・ロック遺跡で発見されたことを思い出すであろう。ハムもまた，フレーザー川三角州地帯のセント・ムンゴ・カナリー遺跡でこの時期に建造物がすでに建てられていたことを主張する。こうした構造を伴った建造物が前期パシフィック期の貝塚で検出されるのも，時間の問題のように思われる。

しかし，現時点では前期パシフィック期の多くの遺跡は質的に画一的で，特別の目的をもったと思われる遺跡はわずかにすぎない。ナムー遺跡は，この点において，際立った例外的存在である。しかし，ナムー遺跡もグレンローズ遺跡のように，重複するさまざまな目的で利用された遺跡かもしれない。

以下の章を読めば，前期パシフィック期が多くの点で理解しづらい時期だと気づくであろう。この理解しづらさは，一つには用いることができるデータが少ない，あるいはそれを欠いていることに由来するが，地域的な差異ももう一つの要因だろう。

以下の章で述べるように，中期パシフィック期初期までに，海岸においてサケの捕獲と貯蔵に大きく依存するようになったこと示す良好なデータがあるが，それはこの変化がナムー遺跡で想定されたような古い段階に海岸域で生じていたことを暗示している。しかし，ナムー遺跡にあるからといって，その時期にサケの捕獲と貯蔵がどこでも同じように生じていたとはいえない。発掘調査された遺

跡と資料からすれば，前期パシフィック期はとてもダイナミックな時期だったと言えるだろう。

②中期パシフィック期

経済の規模が大きくなるのが明確にわかるのは，この時期である。こうした経済の基盤として重要な役割を果たしたのが貯蔵である。一つ一つの証拠は説得力がなくとも，総合して考えることで，さまざまな証拠がこうした推論を積極的に支持しているのである。これらの証拠は，海岸とは対照的な海の経済の地域的な発達も同時に示している。

1. 技　術

中期パシフィック期の初頭になると，網の錘は初めてカスケード地方のいたるところに比較的多く分布するようになった。すでに述べたように，それらは 10,000 年前から使用されていたようであるが，紀元前 1800 年以前の実例はきわめて少ない。

その時期以降に一般的になるが，それは網の使用が広がったことやおそらく新しい網の形態が生じたことに加えて，そのような変化は魚の漁獲量が増えたことを物語っている。食糧を獲得し加工する能力がアップした証拠は，集約化を推測する鍵となる。

網の錘の発見はもともと比較的少ないのだが，コロンビア川下流沿岸の人が近づける場所でダイバー達が大量に発見しており，そのいくつかは遺跡から出土するものと比べて大変大きい。また，組み合わせ式の銛も錘同様長い間使用されており，そしておそらく紀元前 11,000 年よりこの地域における漁具の基本セットの一部であったろうが，磨製粘板岩製尖頭器や磨製粘板岩石器とともにこの時期に広域に広がって一般化した。

アラスカ州東南部では，この時期に網に加えて大きな簗を利用した証拠もあがっている。これらの簗は，潮間に打ち込まれた数本から何千本もの杭からなる。それらの遺構は，サケを主とした魚を捕まえるためのわなの代表である。

マドンナ・モスとジョン・アーランドソンは，アドミラルティー島とアラスカ州南東部の北部に隣接する地で，簗が発見された地点を 12 か所以上地図に落とし年代を決定した。もっとも古くて大きな簗は，紀元前 1800 年に比定している。さらにマシュナーは，キューユ島において中期パシフィック期全期間にわたる 20 以上の簗と複合簗を発見した。アラスカ州南東部の簗のほとんどは，サケが遡上する河川に仕掛けられた。

最近ではエルドリッジ Eldridge とマシュナーの二人ともアラスカ州東南部中部で数多くの簗を確認しているが，それらはニシンの捕獲に用いたのかも知れない。モスとアーランドソンはこれらの大掛かりな複合簗に注目し，おそらくサケの捕獲の集約化の反映[44]としているが，あるいはニシンのわなの場合も考えられよう[45]。

モレリー Morely とアチェソンは，海岸南部におけるグレンローズ・カナリー遺跡で発見された紀元前 2700 年の遺構は簗を推測させるが，十分に証明されたわけではないとしている[46]。しかし，紀元前 1800 年よりも前に網は存在していたわけだから，それ以前に簗が存在していた可能性は高い。この時期にはより古い技術の再編成は多く認められるものの，新しい技術にお目にかかることはない。

とはいえ，大変重要な技術革新の証拠もあり，その出所がおもしろい。ジェローム・チュブルス

キー Jerome Cybulski はカナダ考古学調査所 Archaeological Survey of Canada 所属の形質人類学者で，北西海岸の古代埋葬様式を 20 年以上にわたって研究しており，海岸全域に及ぶかなりの数のデータを蓄積した。

彼は，紀元前 1900 年ころに棺として使われた箱が出現することに注目している。近代において，ウェスタン赤スギで作られた曲物の箱は，バスケットとともに海岸における主要な食糧貯蔵容器だった。これらの箱の側面は，蒸気を当てながら折り曲げた一枚の杉板でこさえられ，底は水が漏れないようにして側面ととじ合わされていた。箱の中に水をはって，そこに熱い石を入れて水を沸かすこともできた。

これらの箱は，土器よりもはるかに壊れにくく，四角いために容易に積み重ねることができるが，そうした特性を除けば世界中の土器の出現と同じ意義をもつ。したがって，これは中期パシフィック期における比類なき文化発展の一例といえよう。考古学的に明らかにされた箱は棺であるが，その存在自体，箱がこの時期に存在しており，貯蔵と食糧加工の容器として使用されていたことの証拠といってよいだろう。

中期パシフィック期初頭の重要な技術革新の二つ目は，長方形の板壁住居である。板壁住居の発達は第 6 章で詳細に議論することにして，ここではこれらの建造物が，後期パシフィック期と近代前期の主要な食糧加工と食糧貯蔵のための施設であり，板壁住居がそういった機能をさらに早い時期から有していた潜在的な可能性だけを指摘しておく。住居が 12 棟発見されたポール・メイソン遺跡において，コープランドはしっかりした炉とともに，屋外の貯蔵穴を検出した。

円形あるいは不整円形の竪穴住居から長方形の平地住居（板壁住居の多くは内部中央にピットをもっていた）への変化は，合衆国南西部ばかりでなく世界中のあらゆる場所における建築の移り変わりとよく似ているようだ。この変化は社会的な意味を内包しているが，ここでは長方形の平地住居が同じ面積の竪穴住居よりも大きな内部空間をもっていることだけに注目しておきたい。

コロンビア高原の初期の住居の平均床面積は 71 ㎡であり，内部空間はおよそ 39 ㎥[47] であったのに対して，ポール・メイソン遺跡の家は床面積で 62 ㎡と小さいが，内部空間は推定で 216 ㎥に達している[48]。雨の多い湿潤な気候のなかでは室内作業が重要さを増してくるが，四角形という住居形態は室内作業のためにより大きな空間を提供することにもなっただろう。内部空間が広がることは貯蔵と食糧加工に反映し，建物は食糧で満たされた小さな箱を詰め込んだ「大きな箱」となったに違いない。

この時期には，大型のカヌーが存在していたことを推測させる間接的証拠もある【口絵 13】。プリンス・ルパート・ハーバーの堆積物には，初期のころからサケとユーラカンの骨が両方とも含まれている。リドリー・アイランド Ridley Island 遺跡では，サケとユーラカンの骨は，中期パシフィック期の堆積物のなかに天文学的な量存在している。どちらの魚も現在ハーバーではとることができないので，少なくとも 50 ㎞（30 マイル）輸送しなくては手に入らない。そのことは，膨大な量の加工された食糧を輸送するのに十分な大きさのカヌーが存在していたことを意味している。

2. 動物遺存体とその生態学

我々が「北西海岸生業の生態学」と呼ぶものの変化については，まだよく解明されていないものの興味をそそる痕跡がいくつかある。ここでは，とくに開発された自然環境とそこで手に入れる資源

の組み合わせに注目したい。読者のみなさんは，北西海岸における食糧生産の増大の少なくとも一部は，新しい種類の資源ではなく新たな環境[49]（新しい生物種ではなく）の利用を通じたものであるというキュー Kew の重要な問題提起を思い起こすであろう。別の言い方をすれば，同じ資源を新たな場所で開発することが可能になったことで集約化が生じたのである。

たとえば，プリンス・ルパート・ハーバーからのデータによると，新たに重要性をもつようになった生態環境は，海草が茂る海底と遠浅の海である。ハーバーの中期パシフィック期の始まりは，粘板岩製の磨製尖頭器，逆刺のあるものと有茎の骨製尖頭器，結合銛，骨製の両面尖頭器など生業にかかわる道具の爆発的な増加とともに，動物遺存体が大量に増加することを特徴とする。

哺乳類のなかでも，とくに海の哺乳類の骨の増加が特徴的である。ハーバーの経済において，海の哺乳類はそれ以前よりもはるかに重要になった。海の哺乳類のうちでも，ラッコは食糧としてばかりでなく，産業にももっとも大きな貢献をしている。ラッコの歯は箱に打たれた飾りに用いられ，骨は道具として使われ，皮も使われた。

ラッコはまた，海草が繁茂する浅瀬のような，生産性の高い岸辺の開発の指標と考えられる。ラッコは，海藻や海草を食べるウニ，カサガイ類やヒザラガイ類の貝といった海の大型無脊椎動物を食べる。ラッコがいる場所は，ニシンや海獣といった利用価値の高い多くの種類の動物を支えている豊かな自然環境である。ラッコがいないところは，人間にとってみれば生態学的に不毛な生息環境である。そこで，北西海岸の人々は一握りの特定の資源よりも食物連鎖全体を開発したというモンクスの考えが思い浮かぶ。

そうした浅瀬の近くに位置する二つの遺跡がある。その一つはガーデン島のプリンス・ルパート・ハーバー，もう一つはルーシー島のチャトハム・サウンドにあるが，それらは中期パシフィック期の初頭に，はじめて人々が集中して住むようになった遺跡である。ラッコ自体が集中的に開発された証拠はあるが，プリンス・ルパート・ハーバーの居住者はラッコだけにねらいを定めたわけではなく，特定の生産性の高い生息環境全体の開発を強化したことを示唆するのであって，ラッコはその生産性の高い環境の重要な一員であったにすぎない。

プリンス・ルパート・ハーバーは，紀元200年から500年の間にほぼ廃絶されたが，あるいはもっと早くに衰退は始まっていたかもしれない。廃絶の理由は明らかでないが，これら浅瀬や岸に近い自然環境の過度の開発が，その可能性の一つである。それにはラッコの減少が含まれるが，それはこれらの自然環境の生産力が減少する主な要因となったであろう。ラッコの数が回復し，浅瀬に再び海草が繁茂するようになり，それらに相伴する動物が生活できるようになったときに，ハーバーは再び居住地として回復したのではないだろうか。

生業パターンには，重要な地域差もあった。ユークァットで明らかになったようなバンクーバー島西海岸の人々の経済は，パシフィック期の前期と中期の両方を通じてたゆまざる海への適応に支えられていた[50]。それとは際立って対照的に，バンクーバー島の北東海岸と近隣の本島を含むクイーン・シャーロット海峡地域の中期パシフィック期の経済は，陸に大きく依存していた[51]。皮肉なことに，この期間ナムー遺跡のサケ漁は目立って減退するが，キャノンの見解[52]によればそれはナムー川の泥が増加し，その結果サケの川への遡上が弱まったことが原因であるという。

サケと他の海の資源に注目しすぎると，植物の利用と陸域環境への人的介入に目が向かなくなるの

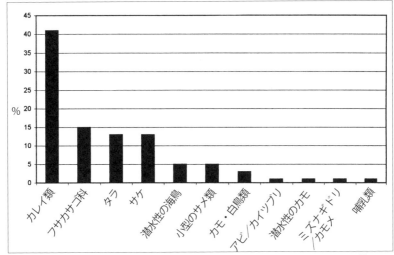

図47　ワシントン州北部のホコ・リバー Hoko River 岩陰で発見された骨の総量
ほとんど完全に魚に依存していることを示している。

かもしれない。製粉用の石器は，ロカルノ・ビーチ段階を通じてジョージア湾に存在しており，その一方でオレゴン州西部のウィラメット渓谷では 3,000 年前，ことによれば 5,000 年前に渓谷の床部を計画的にひんぱんに焼き払うことをはじめていたらしい。

それは，カシの木の生産性を増加させる目的と，ホワイト・テール鹿の生息環境を向上させるためにおこなわれた。カシの木は下草を焼き払い，樹皮を焦がしてきれいにするために年に一回火を入れてやると，ドングリがより頻繁に，より定期的に実をつける[53]。森林を広く保つために，そして植物の生育によい環境を作り出すために火入れをおこなっていたという記録は，スキーナ川くらい北にまで残されているが[54]，そのような習慣が先史時代にどれほど北にまで広がっていたのかは明らかでない。

製粉用の石器はジョージア湾のマーポール期の石器組成には存在しておらず，それは紀元前 500 年ころに経済的な変化によって植物加工が不活発になったことを物語っている。

この時期にサケの集約化が生じていた証拠を把握するのはむずかしく，かつ，あちこちに散在している。サケの骨でもっとも古いのは，プリンス・ルパート・ハーバーにある。ポール・メイソン遺跡はスキーナ川のキトゥセラ渓谷に位置しており，そこは主要なサケの漁場である。コープランドは，遺跡の立地からして人々はサケに依存していたとしている。これは合理的な判断であるが，有機物の保存状態は悪く，動物遺存体も少ない。

マトソンは，クレセント・ビーチ Crescent Beach 遺跡における紀元前 1800 年から前 1500 年の堆積物の中でサケの骨が目立って増加することをとらえており[55]，フレーザー川三角州におけるサケの集約化の決定的な証拠といってよい。しかしながら，マトソンの資料を再吟味したドライバーは，それは捕られた魚の多様性の増加を示す一例にすぎないとしている[56]。いずれにしても，集約化をそこに見いだすことは可能であろう。

アラスカ州東南部のキューユ島にあるテベンコフ・ベイ Tebenkof Bay 遺跡で，マシュナーはたくさんのサケを捕獲する中期パシフィック期の簗を発見したが，貝塚から出土した動物遺存体を前期パシフィック期と比較した場合，サケの数は実際には減少していた。その一方で，ニシンとタラは発掘された残滓 1㎥につき数十万の骨が伴っており，集約的に捕獲されていた。

3. 集落と移動のパターン

少なくとも海岸のいくつかの地域では，集落パターンも変化したようだ。堅固な建造物の出現は，一時的ないし恒久的定住を示しているが，その定住は各地の生態的条件に左右されたものだろう。

さらに，計画的な移動（引越）（第2章参照）と特別な目的をもった遺跡の証拠が地理的に広い範囲で初めて見つかるのもこの時期である。これについては，すでに前節でたくさんの考古学的証拠に言及した。またジョージア湾における中期パシフィック期（ロカルノ・ビーチ段階）の集落パターンを分析すると，必須の生息環境と思しきところは各地で多様ではあるものの，人々は特定の生息環境に接したところキャンプを営んでいたことを示唆している。

フレーザー川三角州のロカルノ・ビーチ段階の遺跡は，生産的な海岸域を狙って立地しているようだが，その一方オリンピック半島のホコ・リバー地点は，明らかにオヒョウ漁に重きをおいた深水環境に主眼をおいている。マーポール段階では，人々はフレーザー川三角州でサケがきまって遡上してくる場所の近くに露営したようである[57]。

③後期パシフィック期

1. 技術

後期パシフィック期の始まりは，海岸中央と南部の多くの場所で技術的に重要な変化が生じたことを画期とする。それ以前には，遺物組成のなかで打製石器と石屑が数的に大多数を占めていた。ところが紀元500年ころになるとこれが変化し，打製石器は比較的まれになり，骨製の両面尖頭器や柄がついたり逆刺のある骨製の尖頭器が増加するなど，骨角器にほとんど完全に取って代わられた。バンクーバー島の西海岸では大きな結合銛が一般的になる。北西海岸中央部におけるクイーン・シャーロット海峡地域では，中期パシフィック期に経済は陸に焦点があてられていたが，それが後期になると北西海岸のほかの地域と同様に海の経済へと変化した。

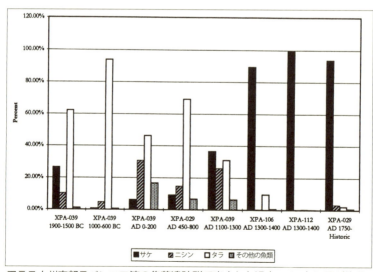

図48 アラスカ州南部テベンコフ湾の集落遺跡群で出土した過去4500年に及ぶ漁骨の総量
主要な魚が，紀元1300年ころに海の魚からサケに転換したことを示す。

これらの変化によって，遺物組成の地域的多様性が薄まった。ユークァット，プリンス・ルパート・ハーバーやアラスカ州東南部における一部の地域のようないくつかの場所では，前期から中期パシフィック期を通じて打製石器の占める割合は多くなかったが，後期パシフィック期になると，遺物組成のなかで骨角器が圧倒的大多数を占めるという，北西海岸全体の典型的なあり方となった。

この変化は大変重要なのだが，その理由は定かでない。その変化は，海の生息環境へのさらなる集約化と必要とする道具の採用のさらなる高まりを示すものと解釈されている。この解釈は合理的ではあるが，動物遺存体の変化に対する研究を広げることによって検証していく必要があろう。ドナルド・ミッチェルがおこなったようなクイーン・シャーロット海峡における考古遺物の地方的な研究は（下記を参照），この解釈を支えるのに役立っている。

もう一つの技術的な革新が起こった年代はあまり明確ではないし，その影響力もまったく局地的なものにとどまる。

前期近代期の間，バンクーバー島の沖にあるガルフとサン・ファン諸島に住むコースト・サリッシュ族は，フレーザー川へとサケが遡上するまでの島々の間の海峡に大きな磯網を仕掛けて漁撈をおこなった。ノーム・イーストン Norm Easton は海面下の調査によって，これらの網が後期パシフィック期の間に発達した時期があったのではないかと示唆している。磯網を用いることによって，それ以前の道具ではあまり捕獲できなかった自然環境において，たくさんの魚をたやすく捕獲することができるようになった。

2. 動物遺存体

その成果がすでに出版されている動物に対する研究[58]は，後期パシフィック期に大きな地域性があったことを暗示している。ヘスクィアット・ハーバーでは，ゲイ・カルバート Gay Calvert が発掘された過去 2,000 年間の動物遺存体と人工遺物は，時間の経過によって変化するのではなく，特定の遺跡ごとに開発された微細な環境，言い換えれば有効な自然環境よって異なっていることを発見した[59]。彼女は，有効な環境における差異は社会的に限定された領域に原因があるとしているが，同様なパターンは上述したサケ漁の研究のなかで，リーランド・ドナルドとドナルド・ミッチェルによって示されている。

2,000 年全期間において重要な変化はたった一つであるが，それは本来単一の社会集団の領域内にあったハーバーが，おそらく人口増加の結果いくつかの社会集団のために分割されたことである。ダイアン・ハンソン Diane Hanson は後期パシフィック期のジョージア湾における動物遺存体を研究し，サケがまったく重要でないような場所の遺跡も含んで，遺跡ごとに動物遺存体に大きな地域性がみられるという重要な点を指摘している[60]。

オゼット遺跡もまた，過去 200～300 年間，少なくともいくつかの生業活動が連続しておこなわれていたことを示している。オゼット遺跡では三つの家が発掘されたが，それらに伴う貝殻の分布の分析は，オゼット遺跡が属する近代期のマカー族の村々と同じように[61]，それぞれの家が別々の貝の捕獲地を開発していたことを示している。オゼット遺跡の動物骨は，オゼット村の経済で捕鯨が重要だったことも示している。

北部地域での経済的営みにも，地域性が存在していた。アラスカ州南東部の中央では，居住と生

業の営みはかなり連続性をもっていたが，サケの役割は全体的に時代を通じて増加する傾向にあった[62]。外海岸地帯のテベンコフ湾では，後期パシフィック期前半期に中期パシフィック期から引き続いてタラ，ニシンや海獣を中心とした広範囲生業経済をとり，サケが補助的な役割を果たしているといった連続性が認められる。

紀元1150年と1350年の間，サケを基盤としてシカでそれを補う焦点的経済へと革命的な変化が生じた。この変化は，村落形成，人口，防御遺跡建造などがピークをなすのとほぼ同時に起こった[63]。

もっとも好奇心をそそる資料は，クイーン・シャーロット諸島のマレスビー島西海岸からのものであろう。そこでアチェソンはハイダ族の間では記録されていなかった生業である捕鯨を証明するのに十分な証拠を見出したのである。アチェソンの資料は紀元300年から後期パシフィック期終末におよぶ期間にわたっている。

3. 居住様式と移動性

後期パシフィック期に集落形態が変化した証拠がある。いくつかの場合，その変化は古くからある研究テーマにもとづくもので，集落がますます複雑化，多様化するだけのものかもしれない。それとは別にその変化は，北部地域において大きな多系親族集団の村が発達するといった，新しい研究テーマを示唆する性格の変化かもしれない。きわめて大きな家が，南部地域では出現しているようである（第6章）。

第5節　結　論

アーケイック期のカスケード地方における居住者は，コロンビア高原の乾燥した地帯から海岸沿いまでの範囲の自然環境を開発するのに必要な基本的生業経済と技術をすでに有していたようだ。

北西海岸の最初期の居住者が，わたしたちがここで定義したような海の生業経済をとっていた可能性は確かであるが，なにもそうした専門化した生業経済を引き合いに出さずとも，考古資料を説明することはできる。また人々は川を上り下りして移住する必要もなかった。

現在は水中に沈んでいるが当時は剥き出し状態であった北西海岸の海岸平原は，考古学的記録が明らかになればなるほど，海岸の採集狩猟民によって占拠されたと理解するのがもっとも合理的になってくる。とくに北部においては，局地的に海水準が変動し，ときに急速に極端な高さまで達したが，過去数千年にわたる温暖な気候条件は柔軟な生業戦略に好ましいものだったろう。サケを食糧資源としたのは明らかであるし，後の時代の海の経済に対する技術的基盤が，非常に早くから出現していたのもまた明らかである。

紀元前4200年から前3200年の間に海岸に出現した貝塚は，海岸近くの資源の重要性が増したことと，少なくともいくつかの地域で半定住生活が出現したことの両方を示している。

前期パシフィック期の生業経済は，局地的にはサケのような資源に重きを置いていたものの，「広範囲 broad spectrum」生業経済ともいうべき広範な資源を基盤としていた。目下の証拠からすると，貯蔵を基礎とする生業経済は，紀元前1800年までには海岸沿いの全域で発達したであろうし，ある

いはそれは紀元前 2500 年にさかのぼるかもしれない。生産の集約化は，パシフィック期にはずっと続いていたようである。後期パシフィック期の開始は，海岸の多くの地域で，技術の変化と海岸近くや沖合いの資源利用の高まり（アラスカ州のテベンコフ湾のような面白い例外をいくつか伴う）をもって画される。

地域的かつ北西海岸全体の発展と局地的な生態系との相互作用が，こういった考古学的記録をさらに複雑にする。わたしたちはこの章で，海岸の自然環境と生業活動において，地域的差異・地域性がきわめて重要な役割を果たしたことを強調した。この地域性が時間的な変化を理解することをより困難にしているが，その一方で地域性は時間的変化を理解するための基盤をなしているといってもよい。

地元の考古学的記録は，人々が在地の環境―それらの有効な環境―をどのように利用したかということの結果を示すものである。たとえば，領域の所有権は，有効な環境が決定的に重要であることを示す。オゼット遺跡では，貝採集のためにそれぞれが浜の別々の場所を所有していたので，彼・彼女らにとっての有効な環境はそれぞれ異なっていた。このように，生業に関する考古学的記録は生業活動とともに社会的な行為をも反映している。第 7 章では，後者を考察することにしよう。

---

1) Kroeber 1939，Wissler 1917．
2) Yesner 1980・1987，Renouf 1991．
3) Suttles 1962・1968，Vayda 1961．
4) Donald and Mitchell 1994．
5) 「有効な自然環境」とは，集団が実際に使用し，それについて考えをめぐらせる自然環境全体のなかでの，部分を言う。
6) Schalk 1981．
7) サケは回遊魚であり，それらは淡水で繁殖し，しばしば海から遠く離れたところで産卵する。ひとたび卵からかえると，幼魚は海へと移動する前のある期間（種によってその期間にはばらつきがある）を生まれた川で過ごす。海に入るとそこで餌を食べて成長する。これは種によって決まっているが，2～6 年間に及ぶようである。この期間にサケは，先住民の漁撈技術でも近づけないような場所で過ごすことになる。最終的にサケは自分が生まれた川に戻り，そこで産卵して死を迎える。膨大な数の成魚が旅の果てに戻って，大小の川をさかのぼるのを「サケの遡上 salmon runs」と呼んでいる。サケは生まれた川の化学成分を追いかけて自分がたどった道をさかのぼって生まれたのと同じ場所に戻り，そこで産卵して受精する。大西洋のサケと異なり，太平洋のサケは産卵後もしばしば生き延びる。遡上が始まると餌を食べることをやめ，川を遡るにつれ自分の肉体を「絞る」効果があるようなホルモンの変化を誘発する。少なくとも一種類，ピンクサーモンだけは川に入ったときに生きて，まったく衰弱してしまう。
8) Schalk 1987．
9) Schalk 1977，Kew 1992．
10) Kew 1992．
11) O'Leary 1985．
12) この過程を考古学者は一般的に「集約化 intensification」と呼んでいる。生産の集約化は，一人当たりの生産量を増加させることを意味する。
13) Monks 1987．
14) Kew 1992．
15) McMillan 1979．マグロの漁撈は温かい海域，あるいは「エル・ニーニョ」現象の海域で生じたであろう。
16) Boas 1921．ボアズは，いくつかの地域の潮間帯に沿ってこれらの植物が栽培されていたことを記している。これらの根茎は，ポトラッチの飾り物の一部分として山のように積み上げられたのをしばしば見かけることができた。キジムシロ Cinqfoil の類は北西海岸で民族学的な栽培の記録がある数少ない固有の植物の一つである。
17) Boyd 1986．
18) 〔Turner 1996〕とその参考文献を参照されたい。
19) Moss 1993．
20) Mitchell and Donald 1988．
21) Richardson 1981．

22) Erlandson 1994.
23) Lyman 1989.
24) Ames 1988.
25) オレゴン州アストリア近郊のヤングス川沿いの地表面から発見されたヤングス川文化複合 TheYoung's River Complex〔Minor 1984〕。
26) Atwell 1989.
27) Engelbrecht and Seyfert 1994.
28) Carlson 1997.
29) O'Leary 1985.
30) これらの問題をもっと詳細に知りたければ，まずロバート・ケリー Robert Kelly が 1995 年に出版した採集狩猟民に対する好著を読むことをおすすめする。
31) Flannery 1969.
32) 焦点経済を最初に定義したのは Cleland〔1976〕であり，それは比較的少ない資源に依存する状況を指す。
33) 採集狩猟民が食糧生産を押し進める主たる要因がこれらであるとヘイディンは主張する〔Hayden 1990・1995〕。社会的な需要が食糧生産の増大につながるという議論は，北西海岸の状況を説明するためにウェインバーク Weinberg がはじめておこなった（たとえば 1973 年の論文など）。彼は北西海岸の経済が歴史的にみてサケに大きく依存しており，それはおそらく北西海岸の社会的な歴史の原因になったのと同じようにその結果でもあったことを指摘した。海岸における食糧，富や威信の交換価値は，Suttles〔1960〕, Vayda〔1961〕, Piddocke〔1965〕らによるポトラッチの機能主義的分析を通じて認識された。バーバラ・ベンダー Barbara Bender の 1978 年の論文は，強い影響力をもつものであったが，このなかでベンダーは，エリート層の出現による採集狩猟民の生産の社会的需要が植物栽培へと帰結したであろうと述べ，ヘイディンがこの説を発展させた。
34) たとえば Lyman 1991。
35) Erlandson 1994.
36) Cannon 1991.
37) Cannon 1991.
38) Carlson 1996a.
39) Chisholm 他 1982・1983, Chisholm and Nelson 1983.
40) Matson 1976.
41) Cannon 1991.
42) Stewart and Stewart 1996.
43) Ames 1998b.
44) Moss, Erlandson and Stuckenrath 1990.
45) Monks 1987.
46) Eldridge and Acheson 1992.
47) Ames 1991a.
48) Ames 1996.
49) さらに学術的な言い回しでいえば，新たな資源というより新たな資源の小さな土地 patch を開発したのである。技術体系は新たな発明により運用されたのではなく，技術体系に手を加えることで新たな状態に適応させて用いられた。
50) Dewhirst 1980, McMillan 1996.
51) Mitchell 1988.
52) Cannon 1991.
53) Shipek 1989.
54) Turner 1996.
55) Matson 1992.
56) Driver 1993. ドライバーは，マトソンは集計にあたって彼が発掘したものを十分に使いこなしていないことを批判している。Lyman〔1991〕は，発掘したものの総量と人工遺物と動物遺存体組成の間の関係性について議論しているので，参照されたい。
57) Mitchell 1990.
58) たとえば，〔Ford 1989〕,〔Ham 1983〕,〔Hanson 1991〕,〔Moss 1989〕,〔Saleeby 1983〕。
59) Calvert 1980.
60) Hanson 1991.
61) Wessen 1982.
62) Moss 1989.
63) Maschner 1992.

第6章

世帯とその外延世界

　この章では世帯と家について述べるが，それらが展開した場所や地域，さらに大陸にまで目を広げよう。

　世帯から説き起こして北西太平洋岸で終わる，つまり地理的，社会的なスケールを変えながら議論を進める。本書の主要なテーマの一つは，局地的差異と地域的共通性である。この章では，どのようにして地域性が生まれたのか，そして海岸において複雑化が進展していくなかでそれらが演じた役割を考える。

　わたしたちは世帯から説いて，それと町や村の関連性に話を及ぼす。そして2種類の地域的な組織を定義することになるが，それは世帯を地域のなかにつなぎとめている政治的組織と，「相互交流圏 interaction sphere」ともいうべき，世帯を地域に組み込むための経済的文化的そして社会的組織である。その過程では，海岸における職業的な専門性の発達についても視野にいれることにしたい。

第1節　家，世帯そして定住

　世帯は北西海岸の生活の動態を理解するための中心的課題である。ここで議論するあらゆる変化は世帯の中で始まる，あるいは最初に世帯のなかで感じられると我々は信じている。わたしたちが強調するように，世帯[1]は北西海岸社会の経済的社会的な基礎単位であり，居住の共同集団であった[2]。すなわち，世帯の構成員はいっしょに住むか近所に住んだ。彼・彼女らは世代を超えて共有財産を保持し伝えたように，世帯は経済的な生産と消費における単位として機能した。

　世帯は，子どもを社会に適応させることを含め生物学的，社会的な再生産という点で，大多数の社会においてその基礎になる組織である。それらは経済的な生産と消費の双方の，そして財産の受け渡し（相続）に対しての基礎的な単位である。

　平等な社会で権威を獲得するためには，家族と世帯のもつ社会的な役割がもっとも重要になる。そして平等な社会の世帯内では，世帯の構成員個人が他の構成員たちに対して自らの意思を強制することができる。社会の複雑性がより進化するには社会的経済的紐帯の再組織化が必要であるが，そのためには世帯の生産，生産の量，また生産の目的，以上3点が変わらないといけない。

　世帯は自らの消費のためだけではなく，交易や交換のためにも生産する。しかし，不平等が進化するには，エリートの出現というあらたな目的のための世帯の生産が必要になるであろう[3]。

　家は北西海岸の世帯の主要な所有物であり，多くの点で世帯にとって重要な役割を果たした。すなわち，家は世帯とその社会的な地位を明示する物質的存在であり，社会的精神的儀礼[4]をおこなう劇場であり，舞台であったばかりではなく，北西海岸のじめじめした気候からのがれるための建物であった。そのなかで食糧がさばかれ，焼かれ，燻製にされ，精製され，乾燥され，煮られ，蓄えられ，

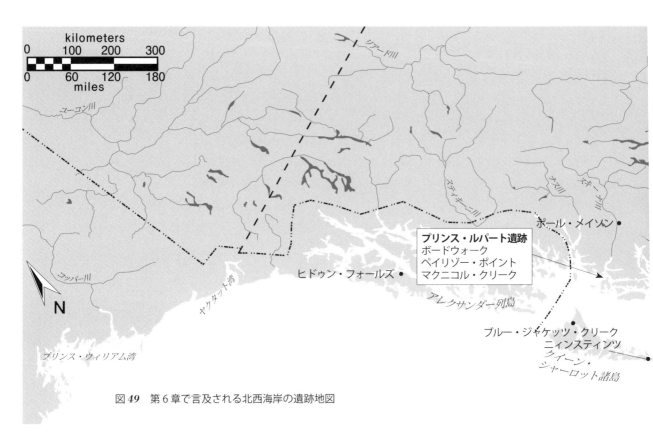

図49　第6章で言及される北西海岸の遺跡地図

そして消費された点で，家は食糧加工の工場であり，莫大な労力とすぐれた技術の産物であった。

家の内部の配置は，しばしば世帯構成員の相対的な地位の縮図でもあった。ジョージ・マクドナルドによれば，それらの家は北西海岸の宇宙観の天体図であった。その一方で世帯は単独では存在することも機能することもできず，増大する規模の，相互に重複しあう社会的経済的領域のなかではじめて存在し機能した。

町や村[5]は通常いくつかの世帯[6]からなっていた。町は海岸地域において，政治と社会活動にとっての主な環境・場であった。世帯は年間の経済活動期間中に開発・利用する領域をもっていたが，その領域内で季節によって異なる場所（時に違う町に）によく移り住んだ【口絵25～27】。彼・彼女らはしばしば家の壁材をカヌーに横渡しにして縛りつけていかだをつくり，その上に家の中身を載せて移動し，移動先の家の土台にふたたび家をつくった。

世帯は，首長の活動によって社会的，政治的，そして経済的な交易，交換，結婚などを通じて，時に広大な地域（相互交流）にまたがって結びついていた。首長の相対的な地位は，世帯がその社会的経済的結びつきを維持する村の規模やそういった結びつきが横断する地域の規模に左右された。それらのさまざまな規模は，第9章でみていく美術様式の違いによって左右される場合もある。これらの規模を理解することが，北西海岸の歴史（もしくはいかなる地域でも）を理解する基礎となる。

どのような地域でも，考古学的に明確に家と認識できる遺構・遺物が見出されるようになることは，居住の共同集団―すなわち世帯―の形成を示唆するきわめて重要な出来事を意味する。そのよ

第1節 家, 世帯そして定住

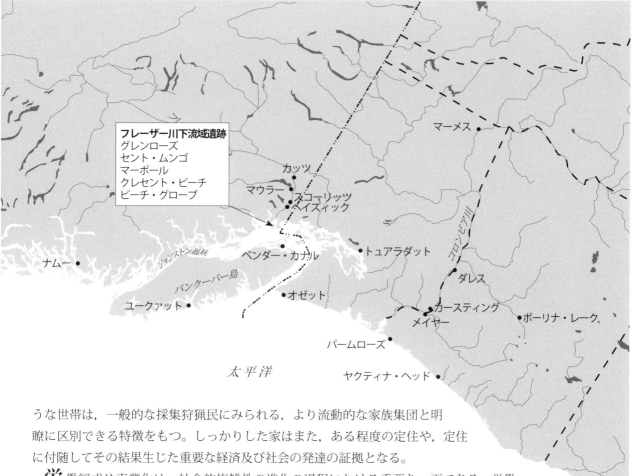

うな世帯は, 一般的な採集狩猟民にみられる, より流動的な家族集団と明瞭に区別できる特徴をもつ。しっかりした家はまた, ある程度の定住や, 定住に付随してその結果生じた重要な経済及び社会の発達の証拠となる。

　労働編成や専業化は, 社会的複雑性の進化の過程における重要な一面である。労働編成, そしてその編成がどれほど有効であるかは, 採集狩猟社会における生産と経済的変化を限定する第一の要素である。世帯は労働者を配置すること（生産物を得るために世帯から人を適材適所に配置すること＝人々に物事を成し遂げさせること）と, 子どもから大人へとより多くの労働者をつくることの両方の点で, 労働の基礎単位となっている。

　どれほど大きな世帯が基礎単位になるために必要なのかという点に対しては, 仕事の編成と計画がそれを決定する要素である。困難をともなう経済上の仕事が, 一人か二人の人によって時間の枠を越えて完遂できるような場合では, 世帯は小さくなりがちであろう。一方, 多くの仕事を同時に終了しなくてはならない場合は, 世帯は往々にして大きくなる傾向がある。

　人類学者は, どのように仕事がされるかにもとづいて2種類の作業を認識するが, 専門的な用語で言うと[7]それは「線型作業」と「同時作業」である。前者は「一連の活動が一人の人物によって完遂される」。たとえば自動車修理は, 線型作業である。通常1台の自動車の修理はたった一人の修理士が, ひとつひとつの作業を順番にこなしていくことでおこなう。これとは対照的に, 後者は同時に大勢の人によっておこなわなくてはならない。バンドあるいは交響曲の音楽演奏は同時作業である。たとえば, ベートーベンの第9交響曲の個々の楽器担当部分を一人で順々に演奏しているのを

第 6 章　世帯とその外延世界

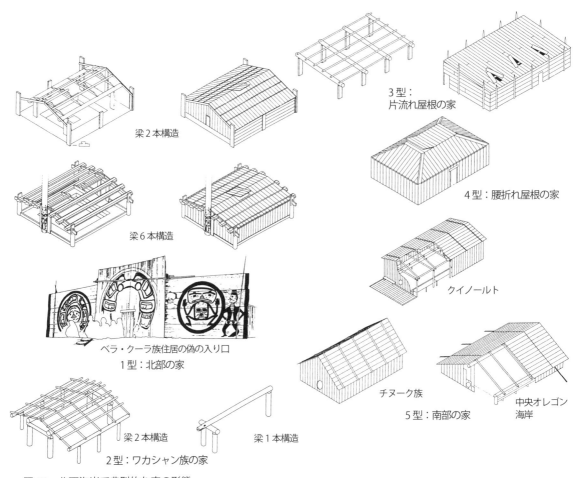

図 50　北西海岸で典型的な家の形態
1 型は北部様式の家で，2 型はバンクーバー島西海岸にみられるもの。3 型と 4 型はバンクーバー島とジョージア湾地区のもの。5 型の家は海岸南部にみられる。

イメージするのはむずかしい。

　同時作業は，単純作業か複雑作業のどちらかであろう。単純な同時作業は，同時に同じ仕事をするたくさんの人を必要とする。穀物収穫の機械が発明される前は，穀物は収穫する集団のうちのそれぞれの人が草刈鎌を振いながら畑を横断して刈り取られた。複雑な同時作業は，専門家を必要とする。すなわち，すべての人が同時に働くが，ベートーベンの交響曲を演奏しているときのように，それぞれが違った分野の仕事をこなす。第 10 章でも述べるが，北西海岸の発達に決定的なのは多くの複雑な同時作業を完遂するために組織された世帯の進化であり，それと同じ理由で専門化もまた海岸で発達したということを主張したい。

　住居の大きさは世帯集団の大きさを示す。すなわち，大きな建物の方が多くの人が住まう。家の規模が時間の経過とともに増大していくのは，一般的には世帯に対する構成人員数全体の増加を示す。もし，社会における家のすべてが大きければ，労働編成の効果をそこにみることになる。しかし，もしある家がほかの家よりも大きければ，相対的な世帯の富と地位の差が反映した結果とみるで

あろう。

　世帯の大きさにおけるもう一つの重要な要素は，労働編成とは無関係の，構成員を魅了しつなぎとめる家に備わった単純な役割である。

　世界中の家の大きさは，通常世帯の大きさ（大きな家＝大きな世帯）ないしは世帯の名声や地位[8]という二つのうちのどちらかを反映する。より大きな世帯は，社会のなかで通常裕福ないしは高い地位にあるか，あるいはその両方である[9]。より大きな富と名声は，富を生むためのより多くの労働力をかかえた結果であり，そのことが今度はより多くの労働者をひきつけることになる。

第2節　北西海岸の家と世帯

　カスケード地方の家には四つの基本的な種類があった。それは，板壁住居，竪穴住居，ゴザで葺いた小屋とロングハウスである[10]。

　近代前期には，北西海岸の人々はほとんど例外なく何らかの形態の板壁住居に住んでいた。北西海岸の家は，北太平洋沿岸のここかしこにみられる建築方式の一つである柱と梁による構造であった。細部は異なるものの，北西海岸の家は通常柱ないし角材の枠組みからなっており，さらに外枠を板で覆うことから，「板壁住居（プランクハウス）」の名前がついている。これらの板は，丸太（時には生えている木）を角や石のくさびを使って分割することによってつくられた。

　家の屋根はカスケード地方の北端と南端（ワシントン州中央部とカリフォルニア州北部）では切妻方式だが，中央海岸は差し掛け屋根だった。およそどこでも床は通常きれいな浜辺の砂，良質の砂利，くだいた貝，あるいは他の何らかの水をよく通す材料が敷かれていた。床は時として板でできていることもあった【口絵25〜31】。

　海岸地域北部と中央部には，室内が竪穴を階段状に掘ってつくられた，多層構造となっている家（通常大変高い地位の世帯）もいくつかある。これは大きな上屋がなくとも，建物内部の容量を増すことができた。高い地位の家は通常とほうもなく大きかったので，室内の竪穴が家の大きさと組み合わさることによって，さらに室内の巨大さを演出した。

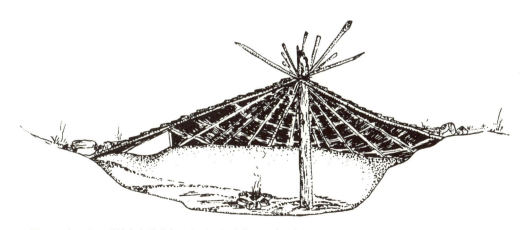

図51　カスケード地方内陸南部における竪穴住居の古い例

家は，暖をとったり，照明と燻製のために，一つあるいは複数の火所（炉）を有していた。火所の上には，火から生じた煙によって保存する貯蔵食糧を置くための棚が吊るされた。室内の壁際には，一段高くなった壇あるいはベンチが設けられた。貴重なもの，乾燥した食糧や油は耐水性の木箱やバスケットに納められ，ベンチの上に積み重ねられるかその下にしまわれた。

竪穴住居は半地下式の建造物であり，竪穴の壁が家の壁となる。穴を掘って屋根で覆う必要はあるが，それらの構築は比較的簡単であり，寒い気候に対しては温暖で心地よいので，北アメリカや世界中に広く分布している[11]。

それらの屋根にはさまざまな形がある。おそらく500年前より昔には，それらは東方山脈の内陸地帯でもっとも一般的な形態であったばかりでなく，海岸でも用いられた[12]。内陸北部（ブリティッシュ・コロンビア州）では，重い角材，柱，泥と芝土で覆われたマットからなる，しっかりした屋根が葺かれていた。高地のアメリカ側では，もっとも古い竪穴住居の屋根もまたおそらくそのような構造だったであろうが，3,000年前から後には上部構造がより軽くなったと思われる。屋根の違いは，たぶん冬の気候の違いを反映している。ブリティッシュ・コロンビア州の冬はより寒く，雪がたくさん降るので，より強固な屋根を必要とする[13]。

竪穴住居の竪穴の深さと直径は，かなりさまざまだった[14]。

コロンビア高原では500年前までに，マット葺き平地住居が竪穴住居にとって変わり，もっとも一般的な建物となった。マット葺き平地住居は，柱によって建てられたテントのような軽量の建造物である。ロングハウスは，要するに長いマット葺き平地住居である（あるものは120mないし400フィート以上の長さであった）。「ロングハウス long house」という語彙は近年では板壁住居に用いられており，さらに柱をもつマット葺きの建物にも用いられている。しかしそれはデザイン上明確に異なっているので，わたしたちは二つの形態を区別するために板壁住居（プランクハウス）という言葉を温存したい。

竪穴住居からマット葺き平地住居への変化は，より大きな世帯，さまざまな規模の世帯に対応するためであったかもしれない。つまり，巨大なマット葺き平地住居は柱とマットによって成り立っているので，その構造は世帯の増大と縮小に応じて拡張したり縮小したりすることが容易であった。竪穴住居はそんなに柔軟ではないだろう。なぜそのような柔軟性が必要だったのだろうか。その答えは第10章に譲ることにしよう。

海岸の家のなかの部屋割りやレイアウトは，どのようにして世帯が組織されていたのか考える手がかりになる。近代前期の北西海岸では，家の内部の住空間の配置は，その世帯の地位や経済組織によって決まった[15]。高い地位の家族は家の奥まった部分ないし角に住み，その一方でもっとも低い地位の面々は一般的に前方に住んだ。そして中間層の家族は両側壁に沿って住んだ。それぞれの家族はそれぞれに経済的に専門化していたので，そうした活動に伴う道具やその活動の残滓は，個々の専門家が居住していた部分に集中する[16]傾向がある。

北西海岸の家は，相当な手入れが必要であった。建物がどれほどひんぱんに修理され，立て直されたかは，どれほど長く建物が使われたかということに対する重要な証拠になり，そのことはひるがえってその家に住む世帯が世代を超えてどれくらい継続するかに対する手がかりを提供してくれる。

一つの板壁住居に対する修理と再建築の年代の研究は，それがおそらく400年間[17]立っていたこ

とを論証しており，そのことはその家に住んでいた世帯（群）に対する相当な歴史の深さを示している[18]。労働にかかる代価がさまざまであることもまた，世帯の相対的な地位がさまざまであったことを物語る[19]。家の建築のさまざまなスタイルは，民族性・地域性といったいくつかの違いを示すものかもしれない。

第3節　村と町

世帯は二つの基本的な方法によって互いに結びつけられている。一つは同じ町に共に住むという物理的な結びつきであり，もう一つは親族の結びつき（血縁と婚姻の両方）を通しての社会的な結びつきである。町の大きさと地割りは，世帯が互いにどのように結びついているのかということについて，そしてより大きな規模の政治的，社会的，経済的な結びつきの本質についての情報を提供してくれる。

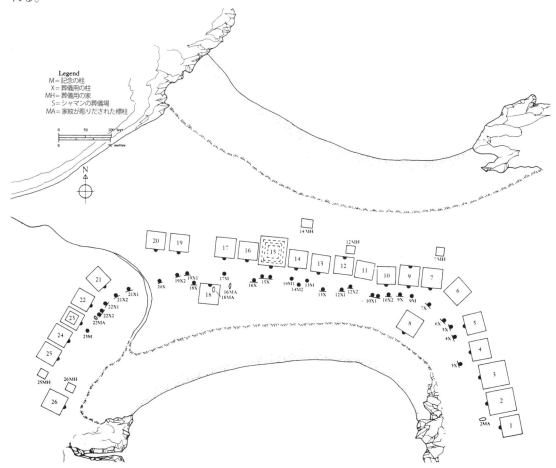

図52　クイーン・シャーロット諸島はスケダンスにおけるハイダ族の村の平面図
地方色豊かな線状の村の風景を示している。家並みのそれぞれの列には中心になる高い地位の家があるが，2, 3, 15号は他よりも大きく，15, 23号は内部にテラスをもつ。15号はもっとも大きくて複数のテラスをもち，村の中心に建っている。その構造は，共同体のなかでももっとも高い地位のリネージの家であることを物語る。

北西海岸の町は，海や川など何らかの水に面した板壁の家並みを有するのが典型である【口絵25〜28】。町の立地は淡水の確保，カヌーによる接岸の容易さ，防御を念頭に置いて決められた。やむを得ないというわけでもないが，町の地割設計は，そこに住む世帯の相対的な地位を反映している場合がしばしばである。もっとも大きな家は，もっとも高い階層の世帯であり，通常もっとも高い階層の世帯は，家の並びの真中に位置している。

　町に二つの家並みがある時は，通常前列の家は後列の並びよりも高い階層の世帯からなっている。海岸地域北部では，しばしば単一の拡大親族集団（家系的に単一の祖先と結びついている複数の世帯集団）からなる小さな1列の村がある。2列の村は，一般的に二つあるいはそれ以上の親族集団からなっている。

　このように，町や村の地割りは，社会的なつながり，とくにそこに住む世帯や拡大親族集団の社会的な地位を表現していた。相対的な家の大きさは，世帯の相対的な地位と，村の政治的な序列（高位な家長はしばしば高位な村長である）における相対的な地位の両方を推測する手がかりになるだろう。

　海岸地域の大部分，とくに北と中央海岸沿いの町の地割りは，規格化されていた。この規格化は北西海岸の社会組織の要素が共通していたことと，その相互の交流関係が強かったことを反映している。規格化にかかわる多くの性格のなかでも，南向きで砂や小石からなる浜であり，嵐から守られるというような，どちらかというと特定の地理的条件のセットが町の立地にとっては重要であったので，町の位置はそのような理由からも規格化されたのである[20]。

第4節　定　住

　定住は人類の歴史のなかでも，もっとも重要な変化の一つであろう。ニュージーランド，オタゴ大学の考古学者であるピーター・ウィルソンは，定住は農業の始まりよりも重要であったと考えている[21]。

　定住は，人間が一つの場所に長いあいだ，すなわち数年か一世代かあるいはもっと長く住むことと定義される[22]。定住は人間を不動産と結びつける，一連の社会的経済的な関係性のセットでもある。近代の社会は，「定住的な」ものである。なぜならば，個人的な動きはかなりあるかもしれないが，わたしたちの社会，政治，経済の組織は景観上，不変の場所に位置しているからである。これが社会的な定住である[23]。

　北西海岸における定住の歴史的な過程は，行動論的にも社会的にも非常に個性的である。人々は年に数回は移動するだろうが，しばしば町ぐるみですべての物をもって年に2回か3回移動する。これは，彼・彼女らの水上の交通路への恒常的なアクセスのしやすさと，すべての物を運ぶのに充分な大きさのカヌーの利用によって成し遂げられた[24]。

　このように，北西海岸の多くの集団は行動論的にも社会的にも定住化はしていたが，いまだに移動の便利さ（たとえば新鮮な資源への接近）に頼る部分も残していた。定住にとって，一年を通じて食糧がしっかり供給されることが必要になる。大部分の地域で，これは貯蔵を意味する（第5章を参照）。貯蔵と定住は，いつでもそうだというわけではないものの，同一歩調をとる場合が多い。

第5節　「政体 Polities」

空間の利用もまた，「政体」[25]――境界と領域を伴う政治的な実態――によって規格化・標準化されている。政体は，政治の地域的な表現形態である。考古学者が古代の政治組織の存在を認識するには，集落間階層をわずかな手がかりとせざるをえない。

集落間階層を考えるうえで，居住遺跡に二つか三つの水準のあることは重要だ。もっとも低い水準はもっとも一般的で，その一方最高位の遺跡はたった一つであるかとても少ない。これらの最高位の遺跡は，いくつかの方法で特定することができる。つまりそれらは他のものに比べて著しく大きく，特殊な建築や非常に多様な工芸品をもち，あるいはある種のユニークな特色をもっているというように。

たとえば，近代のカナダのブリティッシュ・コロンビア州には明確な集落間階層が存在しており，州内の都市であるバンクーバーは，ほかのいずれの集落と比較してもずば抜けて巨大である。

そのような階層が存在していると単純にはいっても，どのようにそれが政治的に組織されているかということについては，必ずしも観察者にすんなりと語ってくれるものではない。近代のカスケード地方では，これらの都市が事実上は個々の政体の首都であるが，こういった主要な中心地はこれら政体の首都ではないのである。バンクーバーはそれが人口と経済の中心であるにもかかわらず，ブリティッシュ・コロンビアの州都ではなく，バンクーバー島にあるそれよりも小さな都市であるビクトリアが州都なのだ。

近代前期における北西海岸では明瞭な政体は存在しなかった（わたしたちが注目してきた海岸チムシァン族とヌー・チャー・ヌルス族は例外といってよいかもしれないが）が，中期パシフィック期において政体が形成されたかすかな兆候があり，したがってその話題を紹介する必要がある。

第6節　相互交流圏

相互交流圏とは，北アメリカの東部で研究している考古学者であるジョセフ・コールドウェル Joseph Caldwell が定義したもので[26]，価値や儀式や様式やその他の特徴を共有し合ういくつかの特徴的な在地文化から成り立つ地域圏である。これらに共通する特徴は，その領域内のさまざまな共同体どうしの相互交流の結果である。これらの相互交流の実態として，交易や交換，儀式や祭典の共同開催などがあげられよう。

1960 年代後半，ジョージ・マクドナルドは，北西海岸北部のハイダ族，チムシァン族，トリンギット族は言語的にこそ異なっているものの（彼・彼女らの言葉はお互いにわかりにくい），彼・彼女らは長い期間に及ぶ密度の高い相互交流を物語る社会的，スタイル的な特徴をいくつも共有していることから，そのような相互交流圏を示す一つの例だと考えた[27]。

第9章で議論するが，考古学者や人類学者はある美術様式の広がる範囲が相互交流の及ぶ範囲ではないかと考えているが，詳細はまだ検討されてはいない。広域にわたる相互交流圏をもつことが，複雑化した採集狩猟民に共通する特徴なのかもしれない。こうした社会におけるエリート層の発達過

程で中心的な役割を果たすのも，相互交流圏である。

　力や名声を高めるためには，二つの道があるだろう。その一つは世帯（あるいはいくつかの世帯）の経済支配を強化し，それを個人自身の目的に転化させる方法である[28]。もう一つは，定住（それらは定住民にとってより重要なものであるだけで，遊動民もそのようなネットワークを有している）を議論したときにすでに述べたように，規模の大きな交換や交易網に参画することによる方法である。

　問題の一つは，自分たちの領域への立ち入りを制限することである。定住民は別の地域にある資源を確保する必要があるかもしれない[29]。このような資源の確保は，通常高い地位の人を通してなされる。

　北西海岸では，ある家の領域の資源を利用するためには，その家の家長の許可を請う必要があった。許可がおりないことはめったになかったが，請願をはぶくのはゆゆしき侮辱行為であり，戦争の原因ともなったのである。大規模なネットワークに参画することによって，高い地位のひとたちは社会的な結びつきを獲得し，その家来がどこにおいても資源を手に入れる権利を得ることができた。

　北西海岸南部では，チヌーク族の主たる首長たちは，その領域の複数の地域からしばしば複数の妻を迎えたが，それによって首長や支持者たちは，姻戚関係にある大きなネットワークとその領域へ立ち入る許可を得ることができた[30]。

　北西海岸では，首長たちは品物が交換される（この場合の交換は「経済的 economic」交換を意味するものではなく，北西海岸の首長たちは名声のために富を交換した）大規模なネットワークに参画した。これらのネットワークのいくつかは，かなりの領域に及ぶものであった。

第7節　家と集落

(1) アーケイック期及び前期パシフィック期

　北西海岸で最初の家は，竪穴住居だったようだ。なにもこれはわたしたちが思いついたことではない。考古学者のヒロシ・ダイフク Hiroshi Daifuku は，1950年代の初期に竪穴住居は北米でもっとも古い住居だと提唱している[31]。竪穴住居は，北アメリカと北アジア（たとえばシベリアでは2万年以上前の実例が[32]，日本では9,000年以上前の竪穴住居が発見されており[33]，中国北部でもっとも古い恒久的な住居は半地下式である[34]など[35]）の両方においてその利用が拡大した。

　わたしたちは，竪穴住居が北アメリカ最初の住民の基本的な知識の一部であったと想像する。いつの日か，考古学者がクローヴィス文化の竪穴住居を発見することを期待するのは理由のないことではない。そのような家を建てるのは大変なことではない。とがった棒さえあれば，しっかりしたピットは2～3日で掘れてしまう。一番の問題は，屋根の材料を探すことである。

　北アメリカ大陸西部の最初の竪穴住居が広い範囲に分布しているのは，それらが大陸における最初の住民の物質文化の一部であったという想定を支持する。

　北アメリカでしっかり報告された最古の竪穴住居は，アリューシャン列島におけるアナングラ Anangula と呼ばれる遺跡で発見された。アナングラ遺跡の構造は，その深さが1m（6.5フィート），さしわたしが5m（16.5フィート）ほどであり，およそ紀元前6500年である[36]。

第 7 節　家と集落

　アメリカ大陸本土でもっとも古い竪穴住居跡は，ワイオミング州西南部の山間の盆地で発見されている。それらはアナングラ遺跡の建物よりほんのわずかに新しく，紀元前 5500～前 4500 年である[37]。これらの建物は小さく（直径で 4～5 m あるいは 13～16.5 フィート），繰り返し居住されたようには見えない。

　カスケード地方でもっとも古い建物は，オレゴン州中央部のポーリナ・レーク遺跡における一時凌ぎあるいは風よけ程度の粗末な小屋である（第 3 章）。これがウィンダスト期の建物として知られている唯一のものである。建物に伴う遺構には，中央の炉と支柱がある。支柱の年代は紀元前 9500 年であり，その一つはやや丈夫なものであった[38]。

　ジェームズ・チャターズ James Chatters は，ワシントン州中央部で紀元前 5500 年の一時凌ぎの粗末な小屋あるいはテントのような建物を二つ以上報告している[39]。コロンビア高原においては紀元前 4400 年以降，竪穴住居は広がりをみせるようだ。

　コロンビア高原において，紀元前 4400～前 2800 年の間の竪穴住居の分布には二つのパターンがあった。まず，紀元前 4400～前 3500 年の間で，竪穴住居があちこちでバラバラに出現したようである。おそらくは何らかの状況のもとで，たまたま建てられた結果だと思われる。

　紀元前 3500 年あたりから竪穴住居はひんぱんに建てられるようになったようで，分布も拡大し，検出例が一般化する[40]。わたしたちがカスケード・ヴィレッジ Cascadia Village Ⅰと呼んでいる内陸の初期村落を代表するものである[41]。海岸における貝塚の形成が，内陸での竪穴住居の増加と集落形成パターンに関連しているに違いない。

　これらの初期の内陸集落[42]では，同時に建っていた家は 1 軒ないしは 2 軒をこえるものではおそらくないだろう。しかし 2～3 の遺跡では，大きな共同体の可能性を考えさせるような多数の竪穴が存在している。集落設計に首尾一貫した規則性はない。家の大きさからすると，それぞれの家に住んでいた世帯は，おそらく一つないし二つの家族以上のものではなかったろう[43]。

　これらの竪穴住居に伴う厚いゴミの集積が示すように，人々は密に，長期間にわたって家に居住した。遺物は概して豊富であり，さまざまなものからなる。家は，通常数回にわたって繰り返し居住された。それらは 1 年を通じて間断なく居住されたとは思えないが，何年にもわたって年に 1 回は使用されたように思われ，何らかの形態の半定住を示唆する。これらの建物は，1 年のうち冬以外の期間は分散居住した世帯の，冬の住居としてずっと使われたと推定したい[44]。

　北西海岸やその周辺におけるもっとも古いしっかりした建物は，二つともブリティッシュ・コロンビア州のバンクーバーより上流のフレーザー川流域に位置している。それらは内陸における家の建設のピークと同時代であり，それらの住居と建築上の特徴を細部にわたって多く共有している。そのことは，カスケード地域全域で集落と居住のパターンが半定住へと大きく転換した共通の現象の一つとみなすのに充分な証拠といえよう。

　ヘイズィック・ロック遺跡では，もっとも古い建物はおよそ紀元前 3600～前 3300 年であり，それはバンクーバーより上流のフレーザー川流域に位置する[45]。同様に二番目に古い建物はマウラー遺跡にある[46]。マウラー遺跡とヘイズィック・ロック遺跡は海岸では例の少ない，よく調査された初期の家であり，バンクーバーに近いセント・ムンゴ・カナリー遺跡は支柱と梁構造が伴う可能性がある[47]。

　ヒドゥン・フォールズ遺跡の発掘によれば，紀元前 1800 年に一時的な小さい小屋が建っていたらし

第6章 世帯とその外延世界

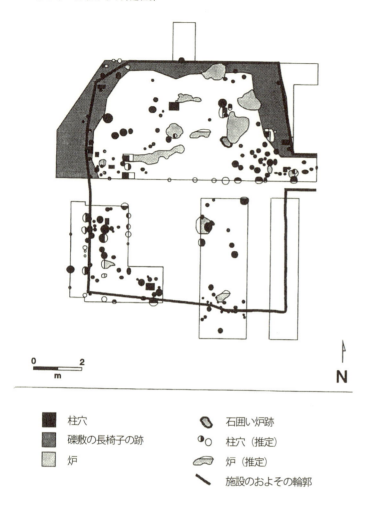

図53 ヘイズィック・ロック遺跡　前期パシフィック期の家の床の図面

しい。その建物は炉と半円形の小さな柱穴が並んでいるので，建物だとわかる[48]。ヒドゥン・フォールズ遺跡の特徴は，大型の竪穴住居あるいは板壁住居というわけではないが，海岸地域北部で実際に調査されたもっとも古い建物を代表している。

　前期パシフィック期の海岸における集団墓地の存在（第7章）もまた，定住を指し示しているようだ。前期パシフィック期初頭のナムー遺跡にも墓地があったかもしれないが，ペンダー・カナル遺跡やブルー・ジャケッツ・クリーク遺跡の集団墓地はその時期の終わりあたりの例である。墓地は完全なあるいは部分的な定住や，領域が存在していた証拠と考古学者はとらえる。

　要約すると，紀元前4400年以降，しっかりした建物はカスケード地方南部にかなり分布した。家の建築のピークは紀元前3500～前2800年ごろであったが，その時期以降になると，内陸では何百年もの間，家はほとんどないような状態だった。こうした家の建築の中断が，海岸でも生じたのかどうかはわかっていない。

　資料は欠落しているが，海岸における前期パシフィック期の集落とその移動を推測することはできる。

　海岸の集落は内陸の集落と同様，通常おそらく10～30人が住んだ二つないし三つの建物からなるもので，それよりも大きいことはめったになかったと考えている。これらの集落の規模はおそらく，冬場を乗り切ることのできる食糧の量によって規定されていたのではないだろうか。もう一つありうるのは，冬季の貯蔵物を確保したり加工したりするような場所にできるだけ近いところに村を設けることであろう[49]。ナムー遺跡は，そのような集落を体現しているのかもしれない。それ以外にジョージア湾のように，陸地と海洋の環境の両方ともが豊かで比較的近づきやすい場所もありうる。しかし，まわりの食糧が枯渇する危険性をつねにはらんでいる。

　採集狩猟民は，しばしば地元の資源がだめになったときに他の資源を得ることができるように，他の地域に住む人との間に社会的な結びつきを形成したり維持したりすることによって，そうした危険

第 7 節　家と集落

性を回避しようとする。結婚は，それを達成するもっとも重要な方法の一つであろう。自分たちの領域の別の村に移動するかわりに，彼・彼女らは1ヶ月か2ヶ月の間，姻戚関係にある村に引越すことができる。だから，前期パシフィック期の集落はかなり広い社会的な結合関係をもったようだ[50]。

海岸の多くの場所では，そのような結びつきは水上技術によっていたであろう（陸上を移動することはほぼ不可能なので）し，またあちこちを動き回って[51]たくさんの流動性（情報やモノを仕入れてくるなどの変化）をもたらす人によっていたであろう。

(2) 中期パシフィック期

中期パシフィック期は，海岸で家の形態と共同体の構造に大きな変化が起こった時期であるが，それはすなわち板壁住居と思われる長方形の住居や整然とした村の出現である。北西海岸の村では家が1列ないし2列に配置され，それらはすべて同じ方向を向いていた。こうした村は，「列状の村 Linear villages」[52]と呼ばれている。カスケード地方の古い段階の村にはきっちりした計画性がみられなかったが，列状の村はそれと大きく異なっている。これらの変化には，大型のカヌーの発達が多少なりとも影響していたが，そのことを以下で主張したい。

ポール・メイソン遺跡は，中期パシフィック期のもっとも重要な集落遺跡である。第4章で述べたように，小さな長方形の家々2列からなる村である。この村は，紀元前1450〜前950年に位置づけられるようだ。家に加えて，外にピット群と炉をもつ。家の並びから外れて，二つの大きな謎の建造物もある[53]。

プリンス・ルパート・ハーバーのボードウォーク遺跡はその年代比定が確実ではないものの，ポール・メイソン遺跡とほぼ同じ時期のおそらく2列と考えられる村[54]である。この遺跡は紀元前2100年に最大規模に達するが[55]，2列になったのはそのあとであろう。後ろの家並が紀元前900〜紀元200年の長期間にわたる埋葬と関係しているようなので，その時期までには2列の村になったに違いない。二番目の列の後方には，非常に保存状態のよい小さな長方形の住居が2棟あるが，それらはおそらく3列目の家並の一部である。両方ともポール・メイソン

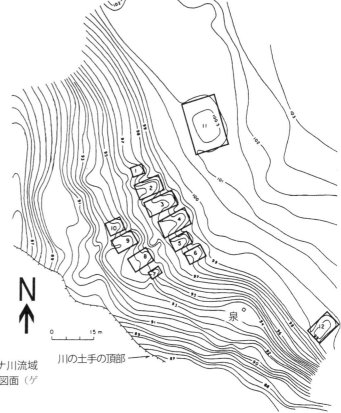

図54　ブリティッシュ・コロンビア州北部のスキーナ川流域にある中期パシフィック期のポール・メイソン遺跡の図面（ゲイリー・コープランドの記述による）
家が2列に配列されていることに注意されたい。

遺跡の家よりもわずかに小さいが，外形は似ている。この二つの建物は，およそ紀元前200年に廃絶されたようである。

ハーバーには，ほかにも炭素年代で紀元500年を示すマクニコル・クリーク McNichol Creek 遺跡などの2列の村がある。

バンクーバー島北西のユークァットの建物は，紀元1世紀初頭に位置づけられる。バークレー・サウンドのシューメイカー・ベイにおける（何らかの種類の）建物の年代は，紀元前910年である。2列の村は，板壁住居に限定されるものではない。フレーザー川下流のカッツ Katz 遺跡は，650年に位置づけられる竪穴住居の2列の村である。カッツ遺跡の発掘では，北西海岸南部のスタイルの範疇でとらえられる，美しい木製の彫刻箱が発見された。

カッツ遺跡は，大雑把にいうとジョージア湾編年におけるロカルノ・ビーチ期の終末期に併行する。マトソンは，クレセント・ビーチ遺跡でロカルノ・ビーチ期の小さな竪穴住居の痕跡と思しきものを発見したが，ロカルノ・ビーチ期の大半の遺跡では家の形態に関する明確な証拠を欠いている[56]。それに対して，マーポール期の遺跡では，堅牢な柱と梁からなる構造物が多く発見される[57]。マトソンは1980年代初期に，ビーチ・グローブ Beach Grove 遺跡で，マーポール期の明らかに板壁住居とみなされる建物跡を発掘した[58]。

海岸地域南部でもっとも残りのよかった中期パシフィック期の建物は，オレゴン州海岸北部のパームローズ遺跡における大型の長方形住居である[59]。その家の規模は20×6m（65.5×19.5フィート）であり，北部でこれまで発掘されたいずれの家よりもかなり大きい[60]。その家は何度も建て直され，そのたびに住み直しているようだが，再利用の大きな画期は紀元前800～紀元300年の間で3回数えられる。発掘者は，その家は海岸沿岸を襲った周期的な大地震によって，その都度破壊されたのではないかと想像している。

海岸地域南部でもっとも古い，複数の住居からなる村はオレゴン州ポートランドの近くにあり，年代は紀元1世紀初頭である。長方形の建物はあるが，それらの配列は報告されていない[61]。

(3) 後期パシフィック期

おおよそ500年前より古い後期パシフィック期の家はほとんど存在していない。それ以降の年代については，有名なオゼット遺跡の家をはじめとして，大変な数の建物跡[62] が発掘されている。

中期パシフィック期終末～後期パシフィック期初頭のおそらくもっとも残りのよい家は，シアトルの南，ブラック・リバーにおけるチュアダット・アルツ Tualdad Altu 遺跡のマーポール期の例である。その家は1,600年前ころの古さであり[63]，近代期初頭のその地域に特徴的な差し掛け屋根の構造をなしていたようだ。発掘したジム・チャターズ Jim Chatters は，建物の東端と西端とでは生業形態に何らかの差があったという証拠を見出した。これは，海岸における生産活動が世帯のなかで専門化していた可能性を示唆するもっとも古い事例である。残念ながら建物の大半が発掘されていないので，チャターズのデータの信頼性は弱い。

北部の村の組織に関して，重要な点を追加しなくてはならない。後期パシフィック期への移行期（紀元300～500年）のクイーン・シャーロット諸島南部とアラスカ州南東部では，1列の村がほとんどであった。これらの地域で複数の列からなる大型の村が現れるのは，およそ紀元500年以降であ

るが，それらはきわめてまれで，1列の村が一般的であった。

　そのデータは現在確定的ではないが，おそらく首長の家と思われる大きな家がこの両地域やプリンス・ルパート・ハーバーではじめて現れる。読者のみなさんは，この時期が貝塚での埋葬が終焉をむかえて唇飾りの装着が男から女へと移行する時期であり（父系から母系への変化を示しているのか？），戦争が北西海岸北部で頻度を増してくる時期に重なっていることを思い起こすであろう。

第8節　世帯とその外延の変遷に対する考察

　板壁の住居は，紀元前1450～前800年の間に海岸沿いのすべての地域で出現したようだが，例は少ない。炭素14年代はばらついているが，わたしたちは海岸の多くの地域でこれらの建物はおそらく同じ時期に出現したと考えている。こうした発展的展開は多くの重要な意味を内包している。

　最初の重要性は技術に関してである。板壁住居の発達は，杉などの木から板をつくるという手腕を含めて北西海岸の木工技術の進化の一部である。もう一つの同時の（あるいはわずかに早い革新）は，板を組み立てた箱である（第5章）。これら箱づくりの技術が，前期パシフィック期の竪穴住居の内部にみられる柱による枠組みの構造に応用されたものだと結論づけるのは筋の通ったことのようである。

　これほど明白ではないがやはり関連することとして，これらの家と村は大型の水上輸送用カヌーの存在を指し示しているであろう。つまりそれは，大きな集落にはより多くの冬の蓄えを運ぶことが必要になるからである。大きなカヌーは，さらに町から遠く離れた原産地を開拓し，資源を家へ持ち帰ることをも可能にするであろう。大型のカヌーによって，北西海岸の定住形態が特色のあるものになったが，それは1年のうちの数回，大型のカヌーによって町ぐるみで移動し，また世帯が彼・彼女らの占有する領域のあちこちに家の土台を所有しておくという形態である（まったく動かない村も存在していたが）。そのような移動パターンが，中期パシフィック期に実際に存在していたかはわからないが，集団が特定の場所に結びついて長く住んでいたことは埋葬の記録から明確である（以下参照）。

　列状村といっしょに板壁住居が出現したことには，社会的な意味もある。それは世帯と村という少なくとも二つのレヴェルで社会組織が変化したことを示している。世帯レヴェルでは，円形の竪穴住居から方形の平地建物への移行がその変化を強調している。

　アメリカ合衆国南西部やカスケード地方における後期パシフィック期初頭，新石器時代終末の中国などをよい例として，円形やカーブを描いた竪穴住居から長方形の平地建物への変化は，世界の歴史のなかでいくたびか生じたものである。この変化は通常，厳格な組織化・構造化が進んだ世帯の出現を意味するものと考えられているが，それは方形の空間の方が円形の空間よりも組織化と配置の形式化がたやすいからである。

　直線的な建物は，より使いやすい室内空間を生み出すし，円形や曲線的な住居よりも高密度に集団を詰め込むことが容易である。紙の切れ端に円と四角を描いて，見てみるだけでそれがわかるだろう。方形の建物の方が円形の住居よりも拡張がたやすいので，ますます増えていく世帯構成員や所有物を収容するには便利である。円形住居の直径を大きくするには，建物すべてを大きくする必要がある。方形の家の長さを長くするには家の幅を広くする必要はない。それでも家を長くするだけで，床

の面積は増える。

　長方形の家は，世帯構成員の相対的な地位を示すには向いている。円形の家よりも長方形の家の方が，内部空間の分割や差別化がたやすくおこなえる。長方形のテーブル（あるいは家）には頭と足（前と後），天と地の区別がある。海岸では長方形の建物は列状の村とともに現れるが，そのような村の配置形態は，よそ者でもその約束事を知っていれば，世帯の相対的な地位についての情報をより容易に認知させることができる。

　社会的変化は，家の形態が変化するさまざまな理由の一つであるが，機能的理由もまた，重要であったに違いない。長方形の建物は，貯蔵経済とひとところでの長期にわたる居住によって生じるであろう，きわめて重要な機能的必要性を満たしていた。その必要性とは以下の通りである。堅牢で快適な住居，（道具を直したり，バスケットをつくったり，食糧を調理加工することなどなどの）仕事をするのに乾燥していて広々とした場所，より多くの貯蔵空間，そして燻製のための屋根と乾燥するための小屋（近代前期の家の中の天井と屋根と棚は，燻製食糧を花綱状に吊るしていた）。

　端的にいうと，人々は燻製のための家に住んでいたのである。もし，燻製のための家に住むという概念が受けいれがたければ，世界の農民の多くが，倉庫や納屋の中や上に住んでいることを思い出すだけでよい。

　階層の違いが家の中の空間を分化させる一つの理由であるが，とくに多くの活動が家の中でおこなわなくてはならないような場合，専門化した活動と行動も，家の中の空間を分化させるもう一つの理由である。空間は，たとえば衝立や幕で仕切られるし，あるいは家の両端に配置することで空間を分離することができる。こういったさまざまな機能的需要が単一の素晴らしい構造物で満たされたのである。

　これらの建物は，かなり歴史の長い世帯が中期パシフィック期に存在していたことを示しているようだ。

　ボードウォーク遺跡の家並の背後にある墓地は，少なくとも700年は継続していた。パームローズ遺跡の家は，同じ場所に1,000年以上にわたって何度も繰り返し再建された。後期パシフィック期のメイヤー遺跡の家は，400年間継続的に使われ続けた。わたしたちは，一つの家が必ずしもこのように長い期間ずっと占有され続けたとは考えていないが，その可能性を妨げるものはなにもない。

　これこそがティム・インゴルド Tim Ingold の言う社会的定住—人々は領域としての土地にかたくしばりつけられていた—である。そうしたなかで，ポール・メイソン遺跡が明らかに短期間で終わるのは，大変興味深い。なぜ，この村は比較的短期間（1世紀に満たないだろうか？）しか居住されなかったのだろうか。

　初期集落の事例はわずかにすぎないが，それらはパームローズ遺跡における単独の大きな家からなる集落と，2列の村の事例が三つである。2列の村は北西海岸独自の発展形態であり，カスケード地方ではそこ以外にはみられない。そのほかの地域では，家は川岸に沿って分布しているか，川の屈曲部の上流に集中している。非常に大きな村でさえ，厳密にスペースが配置されておらず，たんに家が集まっているにすぎない。2列の村は，カッツ遺跡が示しているように，家の形態とは関係なく，村の配置に関する厳密な原則と組織化が強力に実施されたことを物語っている。この原則によって拡大親族組織に序列づけがされているのかどうかは，その概念を分析するのに十分なデータがそろうま

で議論の余地がある。

第 7 章で概観する埋葬データからすれば，個人的な階層序列化は，遅くとも紀元前 2500 年までには海岸地域で確な動きがあるようだ。長方形の家を伴った列状の村は，分散化した建物や集塊状の建物よりも空間の中により多くの家（おそらくはより多くの人々）を収容するのに向いている。そうした集落形態によって，階層的な差異や社会組織におけるさまざまな面を表示することが促進される。

密集した集落は，家があちこちに散在している集落よりもより防御に適している。村や町の配置が広い範囲にわたって標準的で規則性をもっていることは，共通の社会的ネットワークへの参加を示唆すると同時に，文化の共通性を示唆するものでもある。村の配置の原則は家の形態を問わずに当てはまることを，カッツ遺跡の事例は示している。

世帯ばかりでなく拡大親族集団でさえ，その相対的な地位を目立たせるための共通の規則をもつのはなぜなのだろうか。イギリスの

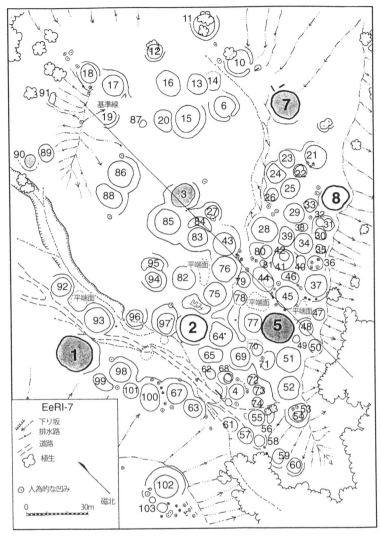

図 55 ブリティッシュ・コロンビア州南部のキートリー・クリーク Keatley Creek 遺跡における後期パシフィック期の村の竪穴住居の分布
この村の建物の配置は，図示したキャスラポトル遺跡，スケダンス Skedans 遺跡やポール・メイソン遺跡など北西海岸の列状の村と著しい対照をなしている。

考古学者，コリン・レンフリュー Colin Renfrew は，このような広い範囲に及ぶ類似性は，強い相互作用と，その相互作用に参画する人々の間で相対的な特権や威厳をはかるために，共通の判断の尺度が求められた結果だと主張している[64]。

これらの発達は，すでに述べてきた中期パシフィック期の新興エリート層の勃興と，個人を識別するための地域的な指標（頭蓋変形 cranial deformation と唇飾り labrets の装着）の発達と同時に生じている。海岸地域の広い範囲における相互作用が，海岸における地位の発達の根本的な役割を演じているのは明らかだ。

単一のたいへん長い家で構成される集落は，海岸地域南部に特有のものである。海岸で記録に残っているもっとも大きな住居は，1798 年にサイモン・フレーザー Simon Fraser によってフレーザ

ー川下流で目撃された。その建物は，200 m（650フィート）ほどの長さで，幅は18 m（60フィート）くらいであった。シアトル酋長のポトラッチ・ハウスは，160 m（525フィート）以上だった。近代前期におけるコロンビア川下流のチヌーク族の家は，一般的に30 m（100フィート）の長さであるが，60〜140 m（200〜460フィート）の長さのもの，14 m（50フィート）ほどの幅のものがしばしばある。大型の家は海岸南部に限らなかった。内陸南部のマット葺きのロングハウスも，しばしば120 m（400フィート）の長さをはかる。

海岸地域北部の家は，決してそんなに大きくない。それは北部の家の建て方に，ある程度の原因がある。差し掛け屋根の家（そしてチヌーク族の狭い，切妻屋根の家）は，大きな材木を必要とせずに，ほぼ無制限に拡張することができた。内陸のロングハウスもまた，必要だけ拡張することができた。家の片方の端を切り取ってしまえば，家をより小さくすることも簡単だった。

ところが，北部の家は，完全に建て替えられねばならなかったようである。南部では一つの世帯がしばしば1軒以上の家を占拠する一方で，北部の建物よりもそこに入る世帯の規模によって大きくも小さくもなる融通性をより強くもっていた。

南部の場合，社会組織もたいへん大きな世帯の形成を促した要因となっている。海岸中央部は双系制であるが，これは家族の父方母方双方の側からのメンバーが一つの家の中に住み，大きな共同体を形成した。南部地域では，男性は複数の妻を娶ることができ，彼らの子どもはすべて父系集団に属する父系制だったので，共同体は数百人規模の大きなものになる場合もあった。その結果，すべての共同体はしばしば一つの住居の中に住んだ。

北部海岸の母系リネージは，家の中の居住が母方の血筋を通じた親族組織にもとづいているのでその集団は一般的にたいへん小さいが，それはリネージの規模が女性の核集団の生殖力によって限定されるからである。

そこで海岸北部は，生物学的にはなんら関係のないリネージ間に擬制的な親族関係をつくる形態の母系氏族を発達させたことは，なんら驚くことではない。結果的に，社会集団は父系リネージの海岸南部と同じような規模になったが，一つの集団はいくつかの家に分割されたのである。

第9節　専業化

北西海岸の世帯では，パートタイムや専従の専門家たちによって複雑な分業がおこなわれた。複合的な工程を同時にこなしていく（「同時作業」をおこなう）には，一般的な技術をもつ人よりも専門的な技術をもった人にまかせたほうが効果的である。比較的単純な「線型作業」の仕事でさえも，専門家によってより効果的に成し遂げることができる。

海岸地域における職業的専門化の発達については，考古学的な情報はほとんどない。考古学者の間で強調されているのは，地位の不平等性である。近代前期において，工芸の専門家は生計のためばかりでなく，交易や交換においても技能を発揮した。ほとんどの職業的な専門家は，パートタイマーである。専従しておこなう専業化があったという民族誌的な証拠は，わずかな彫刻家や絵描きの例を除けばほとんどない（その場合の職人は，自分ばかりでなく彼らの家族を養った）。

個人や家族は，バスケットづくり，彫刻，彩色，海獣猟，陸棲哺乳類の狩猟，板作り，網作り，漁撈などなどほとんどすべての活動に専従することができたようだ。この種の専業化によって，家族の生計やより大きな地域の経済のために必要な仕事を効果的に成し遂げることのできる熟練者が世帯のなかに確実に育った。

位の高い人も，何らかの専門家である場合が多かった。オゼット遺跡では，位の高い男は鯨猟に遠征する際の銛の打ち手であったと考えられるが，捕鯨はマカー族の権威体系や精神的体系において重要な位置を占めた[65]。北西海岸の社会のいくつかでは，彫刻家も位の高い者であったろう[66]。

近代前期における専業化に対する村落レヴェルでの証拠は，確実性が弱いながらもいくつか存在する。彼らの村がポトラッチに使用するための特別なものを生産していたことを示唆する文章は，第1章においてボアズが残した海岸チムシャン族に関する民族誌から長々と引用したところである。クイーン・シャーロット諸島のハイダ族は，海岸でもっとも有名な彫刻家のうちの幾人かを輩出し，彼らが製作したカヌーをユーラカンの脂と交換した。バンクーバー島の西岸の人々はヒマラヤ杉に恵まれており，カヌーや丸太を交易した。マカー族は，鯨の骨を交易したようだ[67]。チルカット Chilkat のトリンギット族は，海岸のほとんど全域で交易や交換をおこなっていたが，彼女らが織った有名なチルカット毛布はどこにおいてももっとも高い地位を示すものであった【口絵16】。

職業的専門化の考古学的な証拠は乏しい。グレンローズ・カナリー遺跡からは，紀元前2600～前1300年にさかのぼる人物像が彫られた彫刻刀の柄が出土している。それが必ずしもこのような早い時代に専業化があったことを意味するものではないとはいうものの（第9章），彫刻の重要性を指し示しているように思われる。ペンダー・カナル遺跡から発見された紀元前2140～前1740年の動物彫刻のあるいくつかのスプーンは，彫刻技術の高度な水準を示しており，彫刻専門家の存在を示唆している[68]。

もう一つ，同じ時期の専業化を考えるうえでの別のヒントは，海岸ではなく内陸にある。ジム・チャターズは，ワシントン州内陸で紀元前2300年の住居の床面から貝でできたチョウナの刃あるいは斧を発見した。そのチョウナの刃は海の貝でできているので，海岸起源のものだとわかる。貝斧づくりは，近代前期における専門職の一例である。このことはもちろん，4,500年前に専門職があったことにただちに結びつくわけではないが，貝のチョウナの刃をつくる工程は長く複雑で困難であり，かなりの知識，技術，経験が必要である。

中期パシフィック期の初期における箱や板壁の家，そして軟玉のチョウナの刃が存在していることは，たしかに大工仕事や木工業にパートタイムの専門家がいたことを意味している。軟玉製のチョウナの刃を生産すること，それ自体がまたおそらく専門職であった。

海岸における専業化を直接示すもっとも古い証拠は，プリンス・ルパート・ハーバーで発見された紀元前600年にさかのぼる精巧につくられた銅板である。この板は銅を叩き，焼きなましてつくられた。カナダ国立博物館の冶金学者であるコートル A.Coutre は，その製作に必要とされる技術は明らかに専門職の存在を示す，と結論づけた[69]。ジョージア湾で発見された中期パシフィック期の彫刻作品と副葬品のいくつかもまた，専門職の彫刻家がいたことを暗示している（第9章）。

しかしながら，職業的専門性という問題を念頭においてこれらの遺物を研究している者は，誰一人としていない。チャターズもまた，ブラック・リバーの住居における生業的営みのなかに専業化の兆

しがあると考えた。その住居の中に散らばる動物遺存体は，紀元600年ころに陸上哺乳類の狩猟の専門家がいたことを示唆している。

家の建築の専門家がいたこともまた，世帯それ自体が専従やパートタイムの専門家によって組織されていたことを示している。世帯組織によって，複雑な工程を同時にこなしていく仕事を完遂させる仕組みが発達した。これは北西海岸の経済的組織の再編成を示す重要な動きであり，それは紀元前600～紀元1世紀ころに実現したようである。

村落あるいは地域レヴェルでの生産活動の専門化に対する考古学的な証拠はないといってよいが，一つ例外がある。プリンス・ルパート・ハーバーにおけるペイリゾー・ポイント Parizeau Point 遺跡とボードウォーク遺跡は単一の遺跡群を構成するが，前者で木工の重労働をおこなっていた可能性があるのと対照的に，後者では細かい作業をおこなっていたと思われる[70]。

資料の欠落は，ある点ではその存在と同じように興味深い。たとえば，深海に生息する貝の一種であるツノ貝の北アメリカにおける主要な産地は，バンクーバー島の西海岸である。ツノ貝は玉類の原料として，海岸から高地帯にいたるまでたいへん珍重された。それゆえ，バンクーバー海岸でツノ貝を豊富に出土する遺跡の発見を期待する向きもあるかもしれないが，一つも知られていない。これはバンクーバー島における遺跡のサンプルについて，あるいはツノ貝の生産について，何事かをわたしたちに語っているようである。

第10節　地域的動態

(1) 政体，交易と相互交流圏

ウェイン・サットルスは頭蓋変形，唇飾り装着痕 labret wear，社会的紐帯，美術様式の類似性などを考察し，近代前期おける海岸地域には北部（North Coast）と南部という二つの広い相互交流圏があったと述べている[71]。その一方で彼は，海岸南部には五つの小さな相互交流圏が存在していたと考えている。それは，

① 中央ブリティッシュ・コロンビア海岸とバンクーバー島の隣接する部分（Cenatral）
② バンクーバー島の西部海岸とワシントン州の北西部（West Coast）
③ バンクーバー島の東端に沿ったジョージア湾の広い範囲とブリティッシュ・コロンビア南西岸のピュージェット湾南端まで（Gulf of Georgia）
④ コロンビア川下流と隣接した海岸線（Lower Colnmbia）
⑤ 北部カリフォルニアと南部オレゴン海岸（Southern Oregon and Northern California）

である。

サットルスはこれらの相互交流圏はある場合は短命であり，時間の経過とともに境界線は動き，現れたり消えたりすることもある流動的なものだと考えている。考古学的証拠はもとより乏しいが，それらの交流圏はかなり古くまでさかのぼることが示唆される。たとえばドナルド・ミッチェルは，ジョージア湾地域が数千年間安定していたことを，すでに20年以上前に主張している[72]。

(2) アーケイック期の相互交流圏

海岸北部と南部の間の文化的な差異を示すもっとも古い証拠は，アーケイック期を通じて北部海岸に存在した細石刃技法である。そもそも海岸は文化あるいは文化的伝統によって少なくとも二分されていたという研究者間の暗黙の了解は，二つの地域の間のこの違いによるものである。その原因はなんであろうが差異が存在しているのは事実であり，海岸北部は過去9,000年間，海岸においてもっとも特色のある地域のままであった[73]。

黒曜石の原産地は，これを解明するのに重要な糸口を提供している。黒曜石は火山性ガラスであり，石器の原料としてたいへん重視された。カスケード地方には多くの黒曜石の産地があるが，過去3,000万年以上にわたる途方もない火山活動によってできあがったものである。異なる産地の黒曜石は，それぞれ特有の鉱物的「サイン signature」をもっているので，特定することが可能である。そのサインは，他の黒曜石には存在しない鉱物の存在あるいは異なる比率，ないしは黒曜石の化学的性質による。

ロイ・カールソンは，黒曜石遺物の「出所 sourcing」（どの火山のどの溶岩流から黒曜石が形成されたか）にもとづいて，地理的に広範囲で，かつ時期の異なる黒曜石の分布動態図をつくった[74]。アーケイック期の海岸北部の黒曜石は，すべてブリティッシュ・コロンビア州の北西内陸部にあるエドジザ山からのものである。アーケイック期を通じて，海岸南部では黒曜石はまれである。カスケード地方の内陸南部もまた，おそらくブリティッシュ・コロンビア州中央南部からアイダホ州南西部にのびて，カスケード山脈の東麓を横切る黒曜石の交換網の一部分をなしていたようである。

マーメス Marmes 岩陰ではアーケイック期の埋葬にオリベラ貝が伴っていたが，それは海岸と内陸の間に何らかの交換があったことを指し示している。その他の海の貝は，カナダとコロンビア平原内陸部におけるアーケイック期の文化層のなかに確認することができる。

貝殻は，海岸からコロンビア川とフレーザー川をさかのぼって移動したのであろう[75]。交換形態としては，ルート上を人の手から人の手へと交換されたと考えるのがよい。逆に川を下って交換されたものが何かわかっていないが，黒曜石は確実だといってよい。内陸南部と海岸の間における埋葬習俗に，アーケイック期を通じて文化的な共通性があったらしいことはすでに述べたところである。

カスケード地方にどれだけの人々が住んでおり，彼・彼女らが活動領域をどのように移動していたのかということが，アーケイック期の間にいかなる相互交流と交換が展開したのかを決定付けているのであろう。これら初期の人口はきわめて小さなものであり，海岸沿いに点々としたものであったのは疑いない。きわめて小さな集団は，孤立しやすかったであろう。そこで広大な地域にわたる社会的紐帯が必要とされ，それによって人々は結婚相手を見つけて，局地的な資源の欠乏をおぎなうために必要となる結びつきを発達させることができたのである。

こうした結びつきの多くは，海の貝殻の移動が示しているように，川伝いにおこなわれた。海岸沿いは山々が峻嶮であり森が深かったので，結びつきを維持するのは使える舟の質によった。数十人から数百人の定期的なつどいは，たった数年ごとでさえも孤立を解消して，結婚相手を見つけて情報を分かち合うことを可能にした。

第5章で提起したように，サケに集中的に依存したという考古学的証拠の古い例とは，実際に短期間に多くの人々が一つの場所に定期的に集うことの所産であったのかもしれない。

第6章　世帯とその外延世界

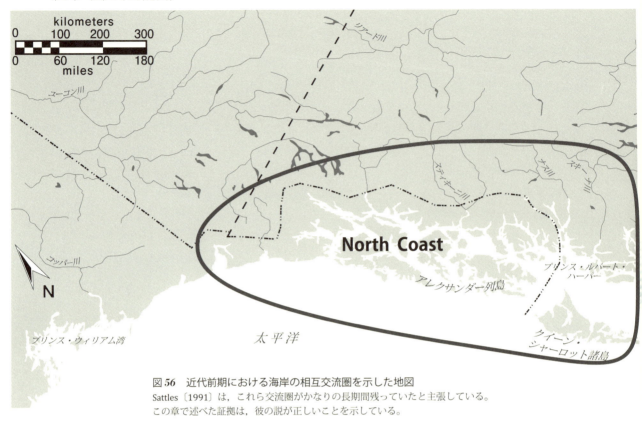

図56　近代前期における海岸の相互交流圏を示した地図
Sattles〔1991〕は，これら交流圏がかなりの長期間残っていたと主張している。この章で述べた証拠は，彼の説が正しいことを示している。

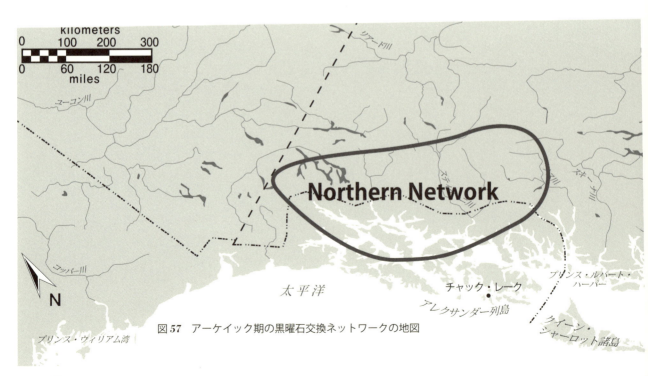

図57　アーケイック期の黒曜石交換ネットワークの地図

第10節　地域的動態

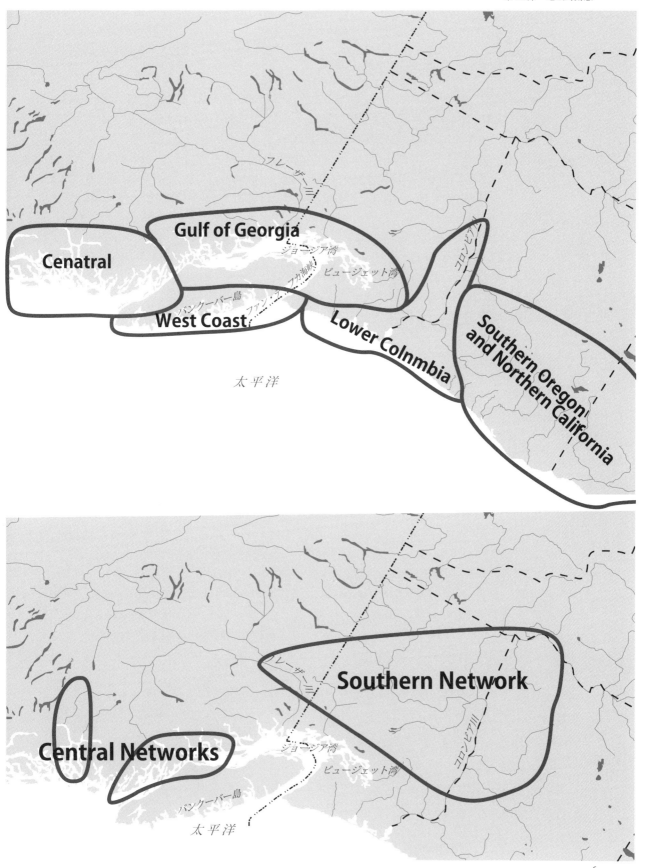

コラム　北西海岸の家の考古学

家の発掘と分析の重要性は，過去10年間の北西海岸考古学でますます高まっているが，建造物を発掘するのは容易なことではない。なぜならば，1棟の家を調査するには非常に長い期間を必要とするからである。しかし，家は貴重な情報の宝庫である。

オゼット遺跡で発掘された家は，北西海岸の建造物のありようを学習するうえで最良かつ最新の例である。これらの家とその住人に降りかかった災難—しかし建物を保護した—は，普通とは違う技術を用いてこの遺跡を発掘したことをまじえながら，第4章で述べたところである。発掘調査が1980年代前半に終了して以来，膨大な量の人工遺物や植物遺体などの分析がたくさんの人々によって手がけられたが，そのうちの大半はワシントン州立大学の博士課程院生の学位論文準備の一環としておこなれた。

この仕事の核となるものは，1号，2号，5号住居の柱などの構築材や人工遺物，植物遺体（貝を含む）の詳細な分布を示した三つの建物の精緻なコンピューター図面がつくられたことである。ステーヴン・サミュエルズ Stephen Samuels は，これらのデータを用いて，1号住居（オゼットの住居の前列に位置する）は明らかにその後列にある2号，5号住居のどちらよりも高い地位の家であったということを示した。

オゼット遺跡の研究者は，マカー族の家の中の配置状況をモデル化し，そして異なった内容をもつ考古学的データの空間分布をそのモデルと比較し検証した。三つの住居の内容の比較を続けたサミュエルズの同僚のデビッド・ヒュールスベック David Huelsbeck とゲイリー・ウェッセンは，次のような魅惑的な事実を発見した。オゼットの高い地位の家である1号は，低い地位の2・5号よりもきれいにされていた。つまり，2・5号の2棟は，1号よりもはるかに多くの動物や魚の骨を含んでいたのである。高い地位にある1号住居の中では，北東の隅が他の部分よりも比較的きれいにされていた。貝の装飾品がもっとも高い比率で保管されているのも，このコーナーである。居住者の間では，家によって日常の食糧に違いがあることもわかった。1号住居の人々は，より多くのサケとオヒョウを食していたようである。それに対して，地位の低い建物の住民は，より入手しやすい種類の魚を食していた。1号住居の人々は，クジラの肉も他の住居より多く食べていたようだ。食された貝の比率にさえも違いがある。そういうわけで，近代前期における北西海岸社会を体系づけている地位の差が，考古学的に明瞭に認識できるレヴェルまで，その生活を構造化していたことは明らかである。

海獣猟の道具の分布の偏在性によって，高い地位の人が海獣狩猟を専門としていたことを示すこともできる。シアトルの南のブラック・リバーにあるスババディッド Sbabadid 遺跡の18世紀後半から19世紀初頭の板壁住居を発掘したジム・チャターズは，遺物の分布から海獣狩猟の専門家が存在していたことを示した。オレゴン州ポートランドに近いメイヤー遺跡でのエイムスの発掘調査は，オゼット遺跡やスババディッド遺跡とある点で似かよった証拠を提示している。メイヤー遺跡における高い地位の者は，いくつかの面からすると木工彫刻の専門家だったようだ。時間と努力を費やしたもっとも高価な物は，家の北端に集中している。食糧加工は全体的に高い地位の家の端から離れたところに集中しているようである。

エイムスは，これらの木造の大型建物に代表される仕事の総量におおいに興味をもっている。エイムスは，ボード・フット（1軒の家が必要とする材木の総量を見積もる現代のシステムである—ボード・フットとは1フィート平方の厚さ1インチの板だが，1家族のための典型的な現代の北アメリカの家は10,000から12,000材木ボード・フィートを要している）を使って，メイヤー遺跡とほかの海岸地

域の家における材木の総量を見積もった。これらの建物には，途方もない量の材木が費やされている。これらの建物の多くは，小規模な宅地開発プロジェクトを起こすに充分な木材をそれらで使っている。

　オゼット遺跡の1号住居のような高い地位の家は，地位の低い家よりも大きい。この違いは材木のおおよその量から明らかである。オゼットの1号住居は，28,000ボード・フィートを超える量を必要としたが，2号住居は18,000ボード・フィートで足りる。ニンスティンツ Ninstints のハイダ族の村では，高い地位の家は低い地位の家の2倍以上の木材を必要する場合もあった。これらの数字で興味深いことは，高い地位の建物は一人当たりの材木使用料もより多いということである。それら高い地位の家は，たんにより大きな世帯が住んでいるからより大きい（一般的な場合であるが）というだけではない。それらには，建物を建てるために世帯構成員のより多くの労働力をも必要とした。

　メイヤー遺跡の家は，ダリン・モルナー Darin Molnar によってコンピューター・グラフィックス技術を用いて再現された。コンピューターによる内装の再現によって，これらの住居の規模がある程度判断できる。家の再現におけるコンピューターの使用は，デール・クローズ，ジョナサン・ディビス Jonathan Davis，サミュエルズらによって，オゼット遺跡で開拓された。これらの住居の規模や複雑さを考えたとき，コンピューターは必要不可欠である。

　メイヤー遺跡の研究で追究したもう一つの問題は，これらの建物がどのくらい長く立っていたのだろうかということであった。柱穴の数や家の外枠が地面に残した痕跡の数を調べたエイムスは，異なった種類の生木が地面と接してどのくらい長く持ちこたえるかという試算を用いて，メイヤー遺跡の家がおよそ400年にわたって立っていた（そしてその期間は50万から100万ボード・フィートの木材が維持するために必要とされた）と推計した。

(3) パシフィック期の相互交流圏

前期パシフィック期には，以下の三つの明確な黒曜石の流通圏が知られている。
　① 北部海岸（Northern Network）
　② ブリティッシュ・コロンビア州中央部の内陸へと海岸山脈を流れる川づたいに広がる流通圏で，ナムー遺跡を中心とする海岸中央部（Central Networks）
　③ オレゴン州中央部とワシントン州東部におもな広がりをもつ黒曜石の交換網で，「南部カスケード地方」と呼んでもよい（Southern Network）

北部の地域は，他の2地域のように範囲が明確ではない。それというのも，北部ではプリンス・ルパート・ハーバーのように，南部の地方とは異なって打製石器がほとんど役目をはたしておらず，黒曜石を必要としない技術が存在しているからである[76]。南部の交換網は，遅くとも紀元前4000年[77]には成立していたと思われる。なぜならば，そこはマーメスのオリベラ貝の原産地だったからだ。

　海岸の中央部と南部の両方とも，黒曜石のネットワークは中期，後期パシフィック期を通じて維持された。興味深いことに，それら二つのネットワークは前期パシフィック期初頭では一部重なっていたのに，中期と後期は重複することがない。中期パシフィック期の南部の流通網には，バンクーバー島の東海岸の一部と西海岸の少なくとも一つの遺跡が含まれている[78]。それに対して後期パシフィック期中葉になると，南部の流通網はジョージア湾の遺跡に限定されてしまう。これは，石器が事実上

放棄されるなどの技術上の主要な変化が，紀元500年までにジョンストン海峡で生じていたことなどが反映しているのであろう。

　中央部と南部の黒曜石交換網は，中央海岸と海岸内陸部の二つの，サットルスのいう社会的相互交流圏に多少なりとも適合している。バンクーバー島西海岸とワシントン州北西部における黒曜石の欠落は，これまた興味深い。貝製の斧の使用といったこの地域の物質文化の特殊性については第3章で述べたところであるが，これは西海岸の相互交流圏を反映しているのかもしれない。

　南部の黒曜石交換網は，第9章で述べるように骨角製および土製の偶像の分布とぴったりと一致している。特徴的な鹿角製偶像は，海岸中央部からコロンビア川下流とカスケード山脈東部におよぶ遺跡で発見されている。この偶像は，主として後期パシフィック期に位置づけられる。

　南部の小地域から目を移して，中期パシフィック期までには南北の独自性の証拠は数多く指摘することができる。第9章で述べることであるが，北西海岸の北部と南部の地域的な美術様式は，おそらく紀元1世紀，早ければさらに数100年さかのぼって存在していたようだ。北部と南部の地域差は，紀元前500年から1世紀ごろに登場する鯨骨製棍棒の様式の違いに認められるところであるし，頭蓋変形と唇飾りの地域的変異に明らかなのはいうまでもない。

　社会的相互交流の強まりは，中期パシフィック期終末までの海岸のほとんどの地域で作用していた，家や町の組織に共通する原理が示すところでもある。わたしたちは，それらの共通原理を社会的な威信を測るための共通の尺度とみなした。この判断の尺度は，海岸沿いのほとんどの地域で通用する。

(4) 全体としての北西海岸

　北西海岸全体がパシフィック期を通じて，単一の相互交流圏であったこともまた明確である。この相互交流の一部は，原料と完成した製品の交換を通じたものであった。

　銅製品はおそらくアラスカ州南部で入手されたものであろうが，ヨーロッパ人との接触期に階層表示品として広域な広がりをもっていた。そうした状況はおそらく2,000年以上さかのぼるであろう。斧の原料である軟玉の原産地は，ブリティッシュ・コロンビア州南西部とワシントン州北西部（セドロ・ウーリーという素晴らしい名前の町）のスカギット川におけるきわめて限定された2ないし3か所ほどとアラスカ湾地域に特定できる。軟玉製の斧は，北西部の木こりや大工の必需品であり，交易品としてアラスカ州南東部からオレゴン州へと搬入された。ツノ貝の原産地はバンクーバー島の西海岸に限定されるが，それはカスケード地方と北アメリカ中央部の高原全体に広まった。ツノ貝はパシフィック期初頭に内陸で出現する[79]。

　北西海岸は最終的には，汎大陸的な交換連鎖網に参画することになった。たとえば，石製棍棒は，北西海岸南部から遠くカリフォルニア州南部にまで発見される。北西海岸の岩壁画美術は，はるか内陸で発見される岩壁画美術と特徴を共有している。北部では，ユーラカンの油の交易が内陸部北部に顕著な広がりを見せたが，その交易路は明確である。

　これらの道のいくつかは，道路の交差する場所を防御するための砦があった。交易はスキーナ川をさかのぼる場合もあったが，そこでも峡路は防御され，通行税が徴収された[80]。

　海岸南部，内陸南部と北米のそのほかの地域とを結びつけた重要なものの一つとして，コロンビア川のダレスにおける交易の定期市があげられる[81]。ダレスの定期市は，おそらく北アメリカ西部で

もっとも大きな定期市であった。それは，当時世界で最良のサケの漁場で捕られたサケに支えられたものであった。ダレスの定期市は，アイダホ州南西部の交易の定期市と結びつき，南へはカリフォルニア州，東へはイエローストーン，イエローストーンから最終的には東海岸にまで広がる交易ルートと結びつきをもった。

そのほかにも，コロンビア川のケトル・フォールズと，ブリティッシュ・コロンビア州のフレーザー川とトンプソン川の合流点を入れて，三つの主要なセンターがあった。上記の二つは内陸の広大な地域へと通じる道をもつ重要な漁場であった[82]。四つ目のセンターは，ピュージェット湾からカスケード山脈を横切る幹線の東側終点近くに位置していた。

海岸にはそのような交易センターの証拠はない。しかし，人々がポトラッチやその他の儀式で集まった時に，交易と交換はいつでも生じたに違いない。たくさんの人々がユーラカンの群を求めてナス川河口に集まったが，そのような資源を獲得する場所でも交易と交換は生じた。

交易と交換は，絶え間なかったであろう。初期のヨーロッパ人探検家と毛皮貿易商人が残した証拠からも，海岸の人々が熟練した交易者であったことは明らかである[83]。

(5)「政体」

パシフィック期の海岸においては，政体が編成されていた証拠に乏しく，少なくともいくつかの世帯あるいは村からなる政体はまったく存在しなかった。

18世紀と19世紀の間，海岸チムシャン族，ヌー・チャー・ヌルス族やチヌーク族などの海岸のいくつかの地域には「偉大な酋長」がいた[84]。しかし，結局のところ彼らは有力家長以上のものではない。それにもかかわらず，中期と後期パシフィック期ともに短命なものではあるが，政体の形成への実験を示唆するような，遺跡の階層差の証拠がある。

たとえば，ボードウォーク遺跡は，埋葬の大部分が（すべてではない）裕福なグループを含むなどいろいろな点で，プリンス・ルパート・ハーバーの他の居住遺跡とまったく異なっている。それは，そこから発見された遺物の多様性や品ぞろえといった点であり，ハーバーで発掘された9遺跡のうちでもっとも豊かな遺跡でもある。銅製品のすべてはボードウォーク遺跡で発見された[85]。これらの遺物は，その他の村に比べてボードウォーク遺跡でおこなわれた作業がより多様であったことを示唆する。

ボードウォーク遺跡はまた，それに隣接した村であり無骨な重労働用の大工道具が検出されたペイリゾー・ポイント遺跡と比べて，繊細な木工細工がおこなわれた場所でもあったようだ。現状ではジョージア湾以北では並ぶもののない，家の床面の特定のセットもボードウォーク遺跡には存在している。これはサンプリングの結果といった側面があるかもしれないが，ボードウォーク遺跡の特異性は遺跡間に階層差が存在していた可能性を物語っている。

ジョージア湾のマーポール遺跡の貝塚は，ボードウォーク遺跡と同様に特異なものと思われるが，この遺跡は考古学者がこの地域で調査を開始する前に広い範囲にわたって破壊されてしまった。そこでは膨大な量の装飾品が製作され，それはジョージア湾地域のどの遺跡とも異なっている（第9章参照）。

スコーリッツ Scowlitz 遺跡（第7章で議論する）もまた，墳丘墓の数と規模の点で特異なものと思われる（墳丘自体はそこかしこにあるが）。これらの遺跡は，政体形成の試みをわたしたちに語っているようだ。

第 6 章　世帯とその外延世界

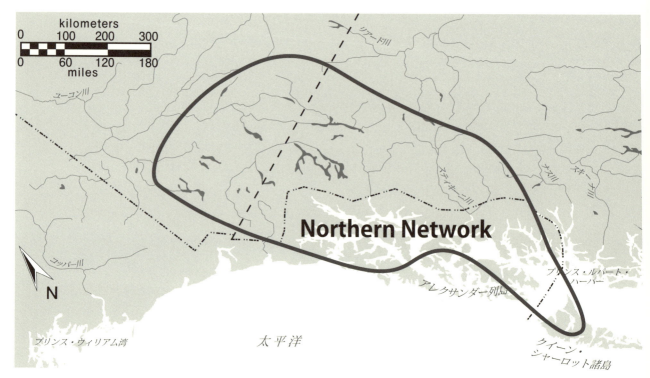

図 58　前期パシフィック期の黒曜石交換ネットワークの地図

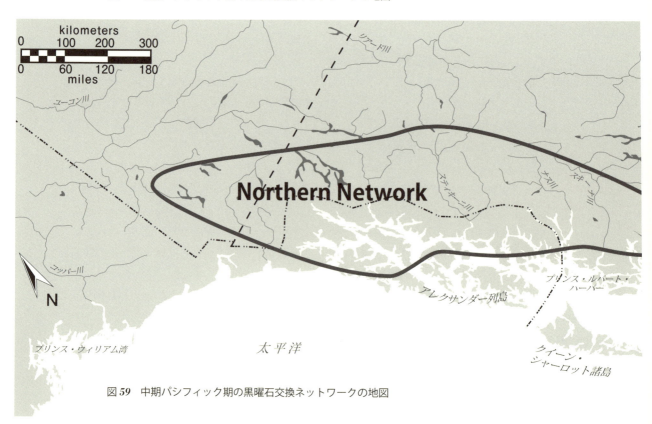

図 59　中期パシフィック期の黒曜石交換ネットワークの地図

第 10 節　地域的動態

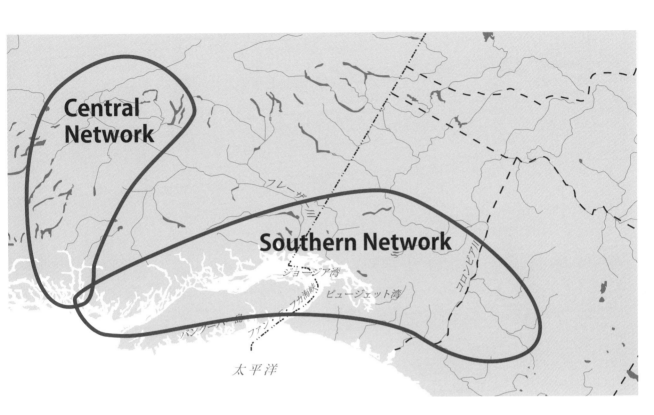

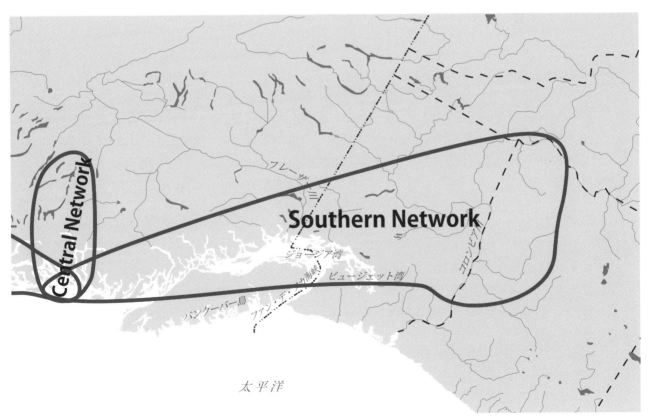

第6章 世帯とその外延世界

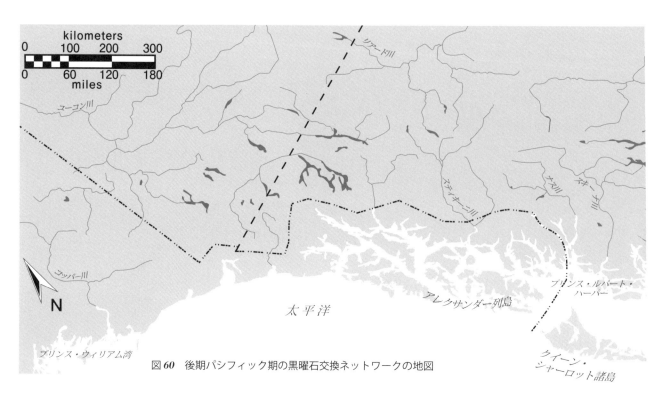

図60 後期パシフィック期の黒曜石交換ネットワークの地図

第11節 専業化と地域的変遷に対する考察

　海岸では，中期パシフィック期以前に建築物が存在していた直接的な証拠はほとんどない。前期パシフィック期の居住様式は半定住だったと推測されるが，冬季は内陸で発見されるような竪穴住居の小さな村で過ごしていたのであろう。

　中期パシフィック期になると，いくつかの大きな変化が生じた。中期パシフィック期の村の特徴は，列状に配列された方形の板壁住居と，斧のような重要な生活道具や銅製品のような威信財の専業生産である。これらの発展過程は，第5章で述べた貯蔵経済と第7章で述べる個人の序列化の発達と同期している。この時期に，海に繰り出すことができる大型のカヌーの出現に対する間接的な証拠があることもすでに主張したところである。

　板壁住居の出現が社会組織の変化を示すことも提起したが，それは建物の方形構造が世帯内の地位の違いを表示する機能があるという前提である。

　専業化の証拠も考えあわせると，これら建物構造の出現は，この章の導入部で議論したように，複合的な同時作業の遂行をめぐって組織化された世帯の発達の証拠でもある。北西海岸の世帯が，彼・彼女らをとりまく環境を効果的に利用して，異なる場所で同時に利用することが可能な資源のかかえた問題を解決すること，言い換えれば海岸の環境的な豊かさを最大限に利用することができるようになったのは，この労働組織形態ゆえであった（第5章）。そのうえ，資源の局地的多様性の問題を解決するカギの一つが，この組織体であった[86]。

　地域的パターンに話を戻すと，はやくもアーケイック期に，とくに南部に相互交流圏が存在して

第 11 節　専業化と地域的変遷に対する考察

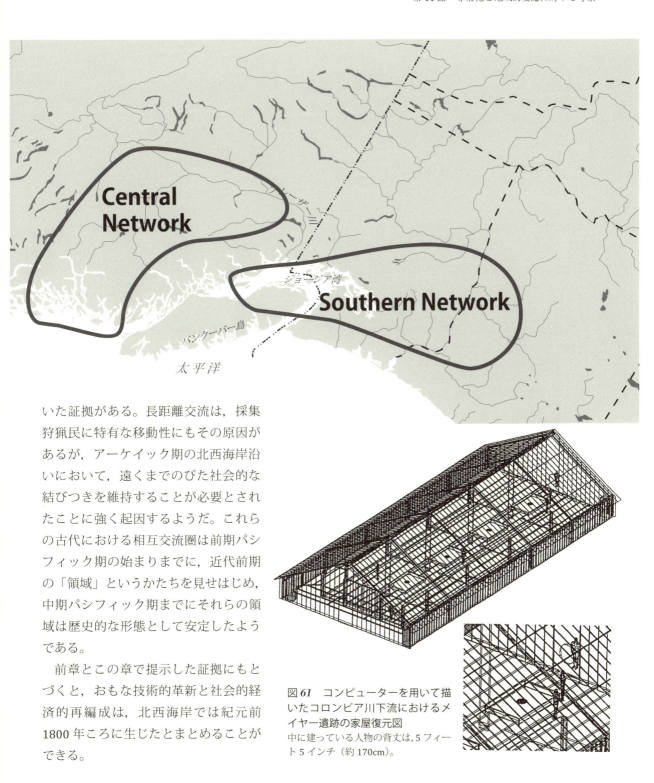

いた証拠がある。長距離交流は，採集狩猟民に特有な移動性にもその原因があるが，アーケイック期の北西海岸沿いにおいて，遠くまでのびた社会的な結びつきを維持することが必要とされたことに強く起因するようだ。これらの古代における相互交流圏は前期パシフィック期の始まりまでに，近代前期の「領域」というかたちを見せはじめ，中期パシフィック期までにそれらの領域は歴史的な形態として安定したようである。

　前章とこの章で提示した証拠にもとづくと，おもな技術的革新と社会的経済的再編成は，北西海岸では紀元前1800年ころに生じたとまとめることができる。

図61　コンピューターを用いて描いたコロンビア川下流におけるメイヤー遺跡の家屋復元図
中に建っている人物の背丈は，5フィート5インチ（約170cm）。

---

1)　北西海岸における世帯の考古学に研究の目が向けられるようになったのは，1985年に提出された二つの論文に端を発する。一つ目はコープランドによって，世帯の考古学の理解を地域を対象とした考古学文献に当てはめたものである〔Coupland

第 6 章　世帯とその外延世界

1985a〕。二つ目は 1985 年にエイムスが，北西海岸の世帯を引き合いに家庭内生産様式〔Sahlins 1972〕の概念に関して議論したものである。

　　北西海岸の世帯の経済に関して，現在入手可能で最良の総論は Mitchell and Donald〔1988〕の文献で，そのなかで彼らは民族誌的，民族歴史学的，そして考古学的な資料を用いて，すべての主要な北西海岸部族の経済を精察に調べている。しかし，彼らの総論はワシントン州，オレゴン州，そしてカリフォルニア州北部などの海岸に沿った部族，あるいはコロンビア川下流沿いのチヌーク族が含まれていない。チヌーク族の経済に関する議論は Saleeby〔1983〕, Hajda〔1984〕, そして Boyd and Hajda〔1987〕の文献にみることができる。〔Norton1985〕文献もまた，北西海岸の経済の重要なよりどころである。

　　「世帯の考古学」という言葉は，Wilk and Rathje〔1982〕によって学界に導入された。考古学にとっての一つの課題は，家庭内での集団と世帯をどう結びつけるかである。この問題については，Hendon〔1996〕が次のような説明をしている。「私は，仕事によって［住居を］規定され，共同で住み，象徴的な意味をもつ社会集団を言うために世帯と家庭内集団という言葉を互換的に使いたい。そのような集団は，『社会構成という地図上で個人に次いで大きなもの』〔Hammel 1984〕である。民族誌的な研究によれば，共同居住と家庭内での仕事と世帯が必ずしも同形写像をなしていないが，往々にしてそうした点はある。考古学者が研究を試みる集団は家の痕跡にもとづくものである。そうした仮定にもとづいて実践するのは考古学にとって必要なことであり，ここではこの世帯と家庭内集団という言葉［それらの互換性も］を受け入れたい。」（下線は Hendon〔1996,47〕自身による＝監訳者註）。

2)　Hayden and Cannon 1982.
3)　世帯の生産については，サーリンズの家庭内生産様式をめぐる論争も含めて，とくに近代第三世界の経済における農民に対する膨大な文献がある。Fricke〔1986〕, Gallant〔1991〕, そして Wilke〔1991〕らの議論はいずれも有効であるが，世帯経済やそこから発展した複雑性に関する考古学的な議論はこれらの文献にはあまり収められていない。ガランツは古典ギリシャ農民の世帯経済を再構築する際，考古学的歴史学的なデータの両方を使用しているため，彼の議論は考古学的事例に直接応用することができる最高の例かもしれない。もっとも大きな疑問は，どのようにして世帯の生産を管理しえたエリートが出現したかという点である。わたしたちは以下の章で，この問題に立ち戻るであろう。
4)　たとえば，Marshall〔1989〕の文献を参照されたい。
5)　英語では，町は政治組織を有した集落を意味するが，村にそれはない。したがって，北西海岸の集落の大部分は町である。
6)　単一の集落の世帯数は，一つのもの，いくつかの家からなるもの，たくさんのものまで幅広い。一つの家からなる集落もあったが，これらにはあまり理解が及んでいない。メイヤー遺跡の場合，一つの家からなるが，それは大変大きく堅牢な家である。エイムスは，ローマのビラが農耕生産の中心をなしていたのと同じように，この建物が生産の中心であった点からビラという言葉を適用した。
7)　次の議論と引用は，Wilk and Rathje〔1982, pp.622-623〕の文献にもとづいている。
8)　Netting 1982.
9)　ドナルドとミッチェルは，1975 年発表の，非常に影響力をもった論文で，クワクワカワクワ族の世帯の相対的な地位と世帯の大きさの間に密接な関係があることを示したが，それは彼・彼女らの領域内の河川におけるサケの生産性にもとづいて予測したのである。ネッティング〔1982〕は，その関係性はさまざまな民族誌的な事例を含め，さらに一般的にあてはまると述べている。
10)　Suttles〔1990b〕は北西海岸の家のいくつかのタイプを記述しており，H.Rice〔1985〕は内陸高原における家のタイプを徹底的に論じている。Vastokas〔1966〕は，北西海岸の家の構造についての詳細な情報を提供している。さらに Coupland and Banning〔1996〕の論文も参照願いたい。
11)　Hayden 他〔1996〕は，コロンビア高原では，竪穴住居はそこに住む人々の体温で温まると主張している。彼は，人々は建物の中ですし詰め状態になっているとも論じている。
12)　Barnett〔1944〕は，コースト・サリッシュ族の世帯は板壁住居と竪穴住居両方を占有し，首長の家族は竪穴住居にいるという事例をあげている。
13)　Ames〔1991a〕は，内陸高原の竪穴住居の考古学的事例を概観した。同様の総論として Chatters〔1989a〕文献も参照されたいが，これは対象とする地域がもっと限定される。
14)　あるものは 2m からそれ以上の深さを測る。他のものは 50cm にすぎない（かろうじて穴だという程度）。直径は 3～4m から 20m を越える大きな建物まで幅がある。直径と深さの間に必然的な関係はなかった。実際，非常に深く掘られた家のいくつかは，とくに広くなかった。
15)　たとえば Marshall〔1989〕の文献を参照されたい。
16)　海岸地帯における世帯レヴェルの専業化に関する考古学的な研究，およびそれがどのように考古学的に認識できるかという研究はほとんどおこなわれていない。しかし，Chatters〔1988〕と Smith〔1996〕はこの問題に取り組んでいる。
17)　Ames 他〔1992〕の推算の根拠は，特定の柱や材が交換された回数と，赤スギの柱が地中で腐らずに残っている時間の幅である。
18)　Ames 1995.
19)　Ames 1995.

20) Maschner and Stein 1995.
21) Wilson 1988.
22) Ames〔1991a〕は，定住の規模と程度を概観したのである。そこには集落の構成員が少なくとも1年は住むという最小限のレヴェルから，少なくとも1世代は住み続けなくてはならないというレヴェルまで，定住の定義はさまざまである。ほかにKelly〔1992〕，Rafferty〔1985〕はこれらのさまざまな定義を概観しているので，参照されたい。
23) インゴルドは行動的定住と社会的定住の違いを明瞭に述べている〔Ingold 1987, 169〕。Soffer〔1989〕は，社会的定住を考古学的に跡付けることはよりむずかしいとする。しかし，実際に考古学者が行動的定住を確立する困難に直面した時（たとえば〔Edwads 1989b〕），おそらく社会的な定住を定義する方がたやすいのも事実である。
24) 1年のうちのいくつかの季節，世帯のメンバーは特定の資源を求めて居住地を離れ分散したであろう。採集狩猟民のうちの半定住生活で暮らしている人々は，1年の1～2の季節を村で暮らし，のこりの期間は分散居住したようで，これに近いケースである。大多数の採集狩猟民は1年で1度大きな集団をつくるが，北西海岸ではその大集団がそのまま移動したようである。最近の北西海岸における定住に関するいくつかの議論のなかで（たとえば〔Arnold 1996〕文献），この北西海岸の居住様式の基本的な性格は誤解されているようである。
25) 近代社会のような高度に専門化し，分節化した社会は，政治組織によって統治され，分節化が調整される。平等社会でも政治はおこなわれるが，専門化した政治組織はなく，専業の政治家はいない。そこでの政治は経済的，社会的等々の資源を管理し，社会のなかに分配するという社会的手段を意味するものと理解される。階級社会は社会階級の差別化が進んでおり，社会的頂点に立った階級が，権力者の支配権を行使することによって政治を動かし，その地位を維持する。もっと単純にいえば，権力を独占することによってそれを維持する。この権力は，一般的にいっていくつかの領域と人民にまたがって行使される。このような領域を政体と呼ぶ。政体は，ある特定社会における特定の政治的組織を限定したものではなく中立な用語であって，国民国家，共和政体あるいは帝国などとは区別される。階層差をともなう政体は一般的に首長制と呼ばれ，階級差をともなった場合は国家となる。階級差はつねに政体や正式な政治組織を伴うと一般的には想定されている。北西海岸の社会は一定程度階級化しているが，明瞭な政体は欠いている。
26) J. Caldwell 1964.
27) MacDonald 1969.
28) Feinman〔1996〕とHayden〔1995〕は，この問題にやや違った視点からアプローチしているので，参照されたい。HaydenとSchulting〔1997〕は，紀元1500年以降のコロンビア高原における相互交流圏の役割と地域的エリートの発達について論じている。彼らは，エリート集団の出現によって相互交流圏が成立したと主張している。わたしたちはそれとは逆に，相互交流圏にもともと存在した交換ネットワークがエリート層の形成に決定的な役割を果たしたと主張したい。
29) 北西海岸の世帯は，資源のある場所や特別な資源の利用権をもっていた。資源の所有権は，北西海岸の不平等性の発達に関するモデル構築には非常に重要である（たとえばMatson 1983・1985・1989・1992, Coupland 1985a・1985b・1988b, Kelly 1991・1995）。Richardson〔1981〕の文献は，海岸における資源の所有権のパターンについてのきわめて信頼のおける総論である。またAmes〔1996〕もこの問題を取り上げて議論している。資源の利用権の格差もまた，首長制や国家の起源に関する一つの主流をなす学派の考え方の基盤となっているが，この学派は「統合派 integrationist school」と呼ばれることがある（〔Haas1982〕文献を参照されたい）。
30) Hajda〔1984〕は，これらの結びつきが，チヌーク族がコロンビア川下流沿いに進出することができた基盤になっているとみなす（Boyd and Hajda〔1987〕の文献はこの主張をさらに深化させたもので，是非参照されたい）。要するに，コロンビア川下流域とそれに隣接したオレゴン州，ワシントン州の海岸域は小さな単一の相互交流圏をなしており，それは拡大姻族の結びつきを基盤としていた。
31) Daifuku 1952.
32) たとえば，Shimkin 1978.
33) Aikens and Higuchi 1983, Imamura 1996.
34) Chang 1987.
35) 北太平洋沿岸におけるもっとも古い構築物は，カムチャツカ半島のウシュキ湖畔に居住した初期ウシュキ文化に伴うものである。炭素14年代はおよそ14000～15000年前（偏差値も入れて）である。較正には古すぎる年代で，較正できなかった。これらは浅い掘りこみの竪穴建物のようである。もっとも大きなものはおよそ100㎡であり，その床は炭化物で明確におさえられた。この居住域には埋葬も伴っていた〔Dikov 1996〕。ロシア極東の内陸ティンプトン川とアルダン川の合流点付近にあるウスチ-ティンプトン Ust-Timpton 遺跡で出土した別の建物は，およそ紀元前10500年であった。この構築物には柱が伴っていた〔Mochanov and Feedoseeva 1996〕。
36) McCartneyとVeltre〔1996〕は，これらの遺構を住居とみなすことに注意をうながした。マシュナーは，フィールドノートと記録をすべて検討して，これらが確信をもって住居といえるとしている。
37) この議論は次の文献にもとづいている（Eakin 1987, McKern 1987, Newberry and Harrison 1986, Harrell and McKern 1986）。

38) Connolly 1998.
39) Chatters 1986.
40) この地域で報告された，もっとも古い竪穴住居は，カリフォルニア州北東部のサプライズ・バレーにおけるキングス・ドッグ King's Dog 遺跡で発見された〔O'Connell 1975〕。キングス・ドッグ遺跡には，およそ 20 の建物が存在していた。オコンネル O'Connell は，一つの構築物をほぼ完全に発掘したが，それはさしわたしおよそ 8m で，おそらく 50cm の深さであった。この家には残滓が厚く堆積しており，比較的長期にわたって居住されていたことがわかった。屋根は 7 本もの主柱で支えられていたようである。年代はおよそ紀元前 4400 年である。竪穴住居は，アイダホ州南部〔Green 1993〕，ワシントン州とオレゴン州（Ames〔1991a〕が概観している），ブリティッシュ・コロンビア州〔Wilson 1992〕で発掘された。しかし，これらの大部分はおよそ紀元前 3700～前 2600 年に位置づけられている。およそ紀元前 2600 年以降，コロンビア高原において竪穴住居の建設は数百年間にわたって事実上途絶えた。

41) Chatters〔1989a・1995〕，Chatters と Ames〔1991a〕はいずれもこれらのデータを独自に再検討したものであるが，表面的には似た結果を導き出した。それはつまり，コロンビア高原の家屋建築には二つの主要な時期がある。一つはわたしたちがカスケード・ヴィレッジ I 期と呼ぶ時期で，二番目はおよそ紀元前 2300 年にはじまりヨーロッパ人との接触期にまで続く時期である。しかし，チャーター Chatter は最初の時期はおよそ紀元前 3800～前 2600 年に完全に限定でき，より古い時期に散発的に建物が建てられたことに関しては受け入れがたいと主張している。この相違にはサンプルのあり方，つまりチャーターの竪穴住居のサンプルはコロンビア高原に限定していたのに対して，エイムスのそれはカスケード地方全体のものであったということもいくらかは反映している。

42) これらの初期の内陸における建造物は，いくつもの特徴を共有している。それは，①平均して 8×8m ほどの規模を有する，②掘りこみは通常 50cm 内外の浅いものが多いが，なかには 1m ほどの深いものもある，③四つに一つほど，内部の壁際周囲に幅 1～2m の土を掘り残したベンチを巡らしている，④入口が確認できる場合でも，それは地表面の高さであり，屋根に入口が設置された例はない。いくつかの例では，内部に設けたベンチを切ってつくった入口ランプから入る仕組みになっている（ハティウパフ Hatiuhpah 遺跡〔Brauner 他 1990〕ではトンネル式の入り口が 1 例見つかっている），⑤少なくとも二つのタイプの上屋構造があったようであるが，それらは内部に屋根を支える柱のないもの（おそらく外側に簡単な支柱があったのだろう）と，内部にそれがあるものである。内部に屋根の支柱がある場合は，1 ないし 4 個あるいはもっとたくさんの柱穴がある，⑥竪穴住居は丘の斜面や河岸段丘を頻繁に利用してつくられており，竪穴を掘る時に出た土は斜面に捨てて平らにしたり住居の縁に積み上げられた，⑦竪穴住居の一端は砂利層まで掘りぬかれたが，それは排水をよくするためであっただろう。ブリティッシュ・コロンビア州のベイカー Baker 遺跡の 1 軒の家には，排水の目的でわざわざ砂利が持ち込まれていたようである〔Wilson 1992〕。

43) 床面積から世帯の規模を見積もるいくつかの公式がある。エイムスはクック Cook の公式を発展させた公式〔Hassan 1982〕を用いて，これらの建物で暮らしていた一般的な世帯員は 12 人という規模を推定しているが，近年，ハイデンは床面積が 1 人につき 2.5 ㎡という公式にもとづいて，一つの建物の一般的な世帯の居住者を 18 人と見積もった〔Hayden 他 1996〕。いくつかの住居を発掘して，竪穴住居跡内で発掘する作業員たちを見ていると，18 人は多すぎる。

44) ベイカー遺跡の例のように，別の時期に人々は居住したのであろう。家の建設が一つの時期に限られるという理由はないのだが，考古学者は，人々が竪穴住居に中秋から晩春に居住したとみなす傾向が強い。

45) ヘイズィック・ロック遺跡の建築物は，厳密にいうと竪穴住居ではない。それは緩やかな傾斜面を平らに掘って建てたものである。掘りこみは，その一端が砂利層に当たるまでで止まっている。その家の外には，排水の溝が掘られているようだ。家の一端には，地面を掘って平らにした幅 2m ほどのベンチがある（砂利層の上）。屋根を支えるための柱穴と思われる穴が，たくさん見つかった。5～6 個の柱穴のまとまりがとらえられたので（いくつかは四角形をなしている），屋根は少なくとも 5～6 本の住居内の柱で同時に支えられていたのだろう。いくつかの炉があるが，それらはベンチの近くに位置する傾向がある。住居は何回かの建て直しあるいは建て替えがあったことがはっきりとわかる〔Mason 1994〕。

46) スケープ〔Schaepe 1998〕はマウラー遺跡の発掘記録と出土遺物の再検討を終えたが，この本にその結果を載せるのは間に合わなかった。彼は，その家を 7.5×5.0m，深さ 3～4m と復元している。リクレアー LeClair が 1976 年におこなった分析に対して，彼は家の壁を垂直に復元しており，板壁を用いていた証拠であるとしている。屋根は復元していないが，この地域における近代の家と同じようなつくりであったのではないかとしている。彼は家の両端では生産活動がおこなわれ，中央は日常生活に使われたことを，家の床から見出した。炉は中央に一つあり，その中から出土した 2 例の信頼すべき炭化物からは，およそ紀元前 2900 年の値が出ている。

この家は，内陸で古い段階の家が登場し，村が出現するのとほぼ同じ時期のようである。その遺跡からは細石刃が出土しており年代が問題となるが，あるいはマウラー遺跡やワシントン州のより古い遺跡（レイザー洞穴やジュッド・ピーク岩陰）などの細石刃の使用が，南部海岸における編年の指標になるのかという問題もある。いずれにしても，この建築物は建て替えられたり再利用された形跡はない。マウラー遺跡の建物は，のちの時代にこの地域で発見されるタイプの板壁住居（片流れ屋根の建築）でもなければ，近代初頭にブリティッシュ・コロンビア州中央部で発見される竪穴住居の形態にも似ていないようだ。

しかし，この二つはいずれも内陸におけるカスケード地方の初期の建築物と同時期の共通するいくつもの重要な特徴をもっ

ており，わたしたちがカスケード・ヴィレッジ・パターンIと呼ぶ地方類型を代表するものと考えられる。たとえば，マウラー遺跡の家とハットウェイI遺跡の家の違いは，長さ8mから11mに拡大し，柱の数が4本ではなく6本で，柱と柱の間隔がより広がっているというくらいのものである。この二つの建物は，入口のランプ，床を削り残してつくったベンチ，家のなかにおよそ50㎝の深さの柱穴をもつこと，ほぼ直線的な形状といった特徴を共有している。おもな違いとしては，ハットウェイ遺跡のそれは炉を欠いていることや柱を支えていたと思われる大きく平たい石があることである。ヘイズィック・ロック遺跡は，カスケード地方で建物がたくさん見つかった遺跡の一つで，平らな所につくられた建物である。それもまた床の端にベンチをもち，床が掘りこまれてつくられ，砂利層まで掘りぬかれ，床にはたくさんの柱穴をもち，横に入口をもつ。ハットウェイ遺跡の家と同じく，床には大きな台石が置かれていた。

47) 開発に伴う事前調査に従事する考古学者のレオナルド・ハムは，1980年代の初頭に遺跡の一部を分析し，近代初頭にコースト・サリッシュ族が建てた片流れの屋根の家と同じような様式が存在していたことを示す特徴をつかんだと思った。彼は建物の存在やそれらの形態を確かなものにしようと広い範囲を発掘することはしなかったので，その主張には依然として反論の余地がある。大きな柱穴の存在だけでは，少なくともこの時期に板壁住居が存在していた証拠とはならない〔Ham他1986〕。

48) Davis 1989a.

49) 定住の原因について考古学界では，長い間にわたって議論がなされてきた（〔Rafferty 1985〕参照）。それにも二つの学説がある。一つは〔Binford 1983〕が「エデンの園」学説としてけなすものであるが，それは定住するのに資源が十分な場所で定住を始めたというものである。ビンフォードは，採集狩猟民は条件が整ったときに，言いかえれば彼・彼女らが動くのをやめて定住しようと思ったときに定住生活に入るというのをばかげた考えだと批判している。それと対極をなすのが次のような考えである。それは，人々は定住を強いられない限りは移住生活を続けるというものであり（たとえば〔Hayden and Cannon 1982〕），定住の副作用を想定するものである。この学派は，エデンの園学説に対して「定住は地獄」学派とでも呼ぶことができよう。

50) Kelly〔1995〕は，採集狩猟民がどのようにして資源の枯渇などの危険を回避するために他者との結合という緩衝機構を働かせていたのか知るうえですばらしい概説である。

51) 採集狩猟民は，親類を訪問するためや遠隔地の状況を調査することなど，言いかえれば彼・彼女らを取り巻く世界の最新情報を収集するために，たくさん旅をした。

52) Watanabe 1992.

53) ポール・メイソン遺跡の建物は，丘陵斜面を掘り下げて出た土を前に盛ってつくったと思われる土の土台の上に建てられた。家の間の細道（小さな稜状の道）は，家の間に堆積した貝塚の上に自然にできた。2棟の家から，家の内部構造と建築に関するデータが得られた。屋根は切妻式であったと思われ，家の中に立てられた柱の列によって支えられていたようである。これら2軒の家を部分的に発掘したところ，それぞれに二つの炉があり，二つないし四つの家族が住んでいたことを物語っている。寝床の痕跡はない。壁が存在していたわずかな痕跡がある。露出した外壁の短い土層断面には，二つの柱穴が並んでいた。この2本の柱穴は，少なくとも壁の柱の1本が立て直されたか，壁が並列した柱で支えられていたかのいずれかであろうが，後者のような構造は歴史的にみて他に例のない珍しいものである。床には柱穴が1群しか検出されておらず，家の建て替えは頻繁ではなかったようだ。このことは，そこに住んでいる期間が，供伴した炭化物の炭素14年代が示している400年という期間よりはるかに短く，おそらく1世代あるいは2世代をこえて再居住することはなかったことを物語っているのかもしれない。いずれにしても，これらの建物は，柱と梁からなる構造による「板壁住居」とみるのが妥当であろう。

報告されている板壁の最古のものは，ブリティッシュ・コロンビア州の考古学ビジョン・シモンセン Bjorn Simonsen によるグランツ・アンカレッジ Grant's Anchorage 遺跡における発見例である〔Simonsen 1973〕。その板は炭化しており，炭素14年代はおよそ紀元1世紀初頭であった。板をつくる技術（片刃石斧と石刃）と技量は，ポール・メイソン遺跡が形成された時期には確かに存在していた（第5章）。

現在トロント大学にいるゲイリー・コープランドは博士論文作成のための研究の一環として，ポール・メイソン遺跡の発掘をおこなった〔Coupland 1985a・1988a〕。コープランドはポール・メイソン遺跡の解釈のなかで，遺跡では他の家に比べて顕著に大きい家はまったくないことを強調している。同じ地域における近代前期の最高の地位にいる世帯の一つか二つの建物は，その他のものに比べて格段に大きい。このことからコープランドは，ポール・メイソン遺跡には確たる地位の差異は存在しなかったと結論づけており，さらにこのような古い時期には北部海岸地域のどこでも地位の差異は認められないとした。わたしたちは，彼の結論を支持するにはデータが十分ではないと感じているばかりではなく，現在知られるデータも彼の理解を裏付けているとは思えない。

さしあたって中心部から離れた二つの建物はおいておくと，ポール・メイソン遺跡の建物の配置は，前列の家が大変小さいことを除くと，近代前期の北西海岸北部の村のそれと一致している。家の大きさにあまり差がないのは事実であるが，両方の列でもっとも大きい家はそれらの並びの真ん中かその近くに位置する。現実として，両方の列の10棟のなかでもっとも大きい家は村の前面中央にあるが，近代前期においてももっとも高い地位の世帯はそこに位置するのである。しかし，背後のNo11の家を加えれば，それはこの遺跡のどれよりも際立って大きい建物になる。わたしたちはNo11や12の建物については何ら情報をもっていないので，それらを外す根拠も持ち合わせていない。もし家の大きさだけが地位を示すならば，No11の

家はポール・メイソン遺跡において何らかの高い社会的地位を示しているのであろうが，その位置は確かに変則的である。

54) この結論は Stewart と Stewart〔1996〕による季節性の研究と，遺跡がどのように形成されているかについてのエイムスの分析〔Ames 1998a〕によっている。
55) Ames 1998a. もしこの遺跡がこの時期の村であるとすれば，竪穴住居からなる村だろうというわたしたちの見通しは，おそらく間違っていない。
56) Matson 他 1991.
57) たとえば，Mitchell〔1971〕の文献。
58) Matson 他 1980.
59) 炭素14年代で紀元前1400年という値のより古い建物は，オレゴン州中央海岸のヤクィナ・ヘッドで報告されている〔Minor 1991〕。しかし，それは家とはいえないようだ。
60) この建物は，同じ地域（オレゴン州のポートランド近郊）で発掘されたものであり，まさにパシフィック期終末～近代前期の家とその細部の特徴のいくつか，たとえばそのプロポーションや報告された炉の敷設の仕方といった点が大変近似している。この地域の集落は，単一の巨大な建造物が共同体全体を収容するものから，小型の住居からなる2列の家並の村まで，さまざまある。パームローズ遺跡の家は，近代前期への継続性がかなり認められる。
61) Jermann 他 1975. この遺跡には竪穴住居もあるようだが，この地域の後期パシフィック期には地下貯蔵庫があり，それを竪穴住居と見間違えた可能性もある。
62) 北西海岸で発掘された板壁住居の発掘事例がもっとも多いのは，コロンビア川下流の後期パシフィック期であり，後期パシフィック期～近代前期の建物が少なくとも11例発掘されている。これは北西海岸の他の多くの地域と著しい対照をなす。しかし，家，とくにこれらのうちのいくつかのものと同じくらい大きな家の発掘は，とかく金食い虫であり途方もない時間を費やさなくてはならない。
63) Chatters 1989b.
64) Renfrew 1986.
65) Huelsbeck 1989.
66) Ames〔1995〕は，海岸の上位階層の人々における職業上の技能と技術の専業化に対する証拠を再検討した。
67) Huelsbeck 1988.
68) Carlson 1991.
69) Ames 1996, Coutre 1975.
70) Ames 1996.
71) Suttles 1990b.
72) Mitchell 1971.
73) 黒曜石の成分化学分析により，ヨルゲンセン Jorgensen はおそらく海岸北部の小地域がアメリカ北西海岸のなかでもっとも特徴のある文化的領域であったと考えた〔Jorgensen 1980〕。
74) Carlson 1994.
75) Galm 1994.
76) 黒曜石の利用は北部でも続いているが，剥片石器の利用は南部よりも散発的である。Moss 他〔1996〕は，アラスカ州東南部で出土した前期パシフィック期の遺物組成の一例を示している。
77) Galm 1994.
78) McMillan 1996.
79) Galm 1994.
80) Allaire and MacDonald 1971, MacDonald 1984.
81) Teit〔1928〕は，毛皮交易について洗練された議論を展開している。
82) Galm 1994, Hayden and Schulting 1997.
83) Gibson〔1992〕の文献は，毛皮交易時代の海岸の交易におけるヨーロッパ人の体験談に関するもっともすぐれた論文だと思われる。
84) Ames〔1995〕の文献での議論を参照されたい。
85) ハーバーにおけるその他いくつかの遺跡の調査で出土した埋葬に伴い，より多くの銅製品が出土しているが，そのサンプリング結果はこの結論と異なっている。
86) このシナリオは，竪穴住居から板壁住居への移行が中期パシフィック期初頭にあったというわたしたちの推測にもとづいて主張されているのかもしれないが，それは事実ではない。竪穴住居は海岸の住民が利用可能である建物の代替形態の一つであり，何らかの条件のもとでは近代前期にも建設された（たとえば〔Barnett 1944〕）。中期パシフィック期初頭において二つの選択肢が利用可能であったことが重要なのであり，その条件は存在していた。海岸の自然的社会的環境において，板壁住居の方が相対的に竪穴住居よりもさまざまな利点を有していたというのがわたしたちの論旨である。

第7章

社会的地位と儀礼

第1節　序　文

　これまでの章で明らかにしたように，北西海岸の社会の複雑化は中期パシフィック期の開始とともに始まった。社会的な複雑化の一つの様相として，本章で取り上げなくてはならないのは，不平等性に関する問題である。

　社会的な不平等性は，近代前期における北西海岸の生活のなかに浸透し，広まった要素である。不平等性の進化の問題，つまりそれがいつ，どこで，なぜ発達したのかという問題は，北西海岸の人類学と考古学にとって重要な研究課題の一つである。

　この章ではどこで，いつというテーマでこの問題を議論するが，どのように，そしてなぜという疑問については第10章で扱うことにしよう。北西海岸でどのように不平等性が発達したかを説明するためには，権力と権威のありようの差異ばかりでなく，社会的な性差の役割，あるいは地理的な様相や奴隷制の問題にも取り組まなくてはならない。

第2節　北西海岸の階層制と階級制

　北西海岸の社会は，序列づけられ階層化していた[1]。階層社会は，通常権威や権力，場合によっては強制力をもった社会である。

　高い社会的地位の数は，その地位につきたい人々の数よりはるかに少ない。それらの地位は，個人的な努力によって得ることもできるが，生まれついての地位の場合もあるだろう【口絵1・33】。重要なのは，高い地位が社会的な機構のなかで不変的位置を占めていることである。一方，平等な社会でも，相対的な権威や権力に格差はあるが，これらの格差は個人的な人格や能力に起因するために，永続的ではないのが一般的である。リーダーは，権力をもたない。リーダーは，彼らに従うことを支持者に説得しなくてはならないのだ。

　あらゆる人類の文化は，何らかの方法で社会の構成員を差異化している。年齢と性別による差異化は，世界のどこでも見られる方法である。親戚関係は，また別の方法である。平等社会でもこのような差異が権威や権力の永続的な格差に帰すことはない。その一方，階層社会ではいくつかの社会的地位の差が権威や権力の永続的な格差となる。しかしながら，階層社会や平等社会では社会のすべての構成員は，生活に必要な資源を得る権利を平等にもっている。

　階級社会は，階層社会といくつかの様相を共有している。権威や地位の数は，そういった地位につこうとする社会構成員の数よりもよりはるかに少ないというのもその一つである。しかし，いくつか

第7章　社会的地位と儀礼

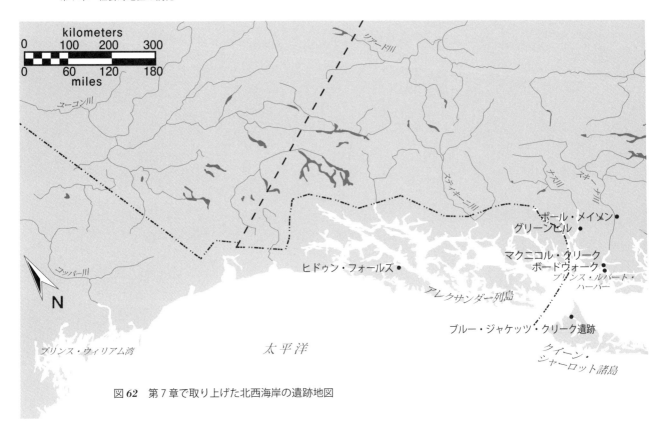

図62　第7章で取り上げた北西海岸の遺跡地図

の重要な違いもある。もっとも重要な違いが二つあるが，まず階級社会では基本的な資源を獲得できるかどうか，差別化されているということである。つまり，健康や生殖，そして命の源にかかわる基本的資源を獲得する権利をもっている者もいれば，それをもたない者もいるのだ。

二番目は，階級社会ではある者やある集団が他者に対して強制力をもっているということである。強制力には多くの形態や行使の仕方があるが，強制力とは根本的に個人や集団が他の個人や集団のいやがることを強いることができる力である。

すべての人間の社会では，ある者がその強さや社会的な関係を巧みに操る能力などによって，個人的な力を仲間に行使するのが通有だが，階級社会ではこれらの差別化が制度化されており，社会的秩序の永久で不変的な一部となっている。これらの状況下で，強制力は新たな形態を身に付ける。

階級化した北西海岸の社会のなかには，自由民と奴隷という二つの階級があった。自由民でもとくに首長たちは，奴隷の生死に対して強制力をもっており，奴隷は彼らに言われたことは何でもしなくてはならなかった。その一方，自由民は基本的に階層化されており，三つの地位に分かれていた。首長層のエリートはもっとも高い地位で，その次はある程度の富と社会的な才能を保持した者であり，エリートとも親戚であった。もっとも低いのは「一般」民であり，自由ではあったが世帯内では何も権利をもっていなかった。

自由民は，首長を無視することができた。首長たちはまったくの独裁者であり，大変な威厳と荘厳を身にまとって行動したが，人々に命令を下す強制力はほとんどもっていなかった。首長たちは自分たちの意志を他のものに強制するのに，甘言で誘ったり丸め込んだりあるいは説得しなくては

第2節 北西海岸の階層制と階級制

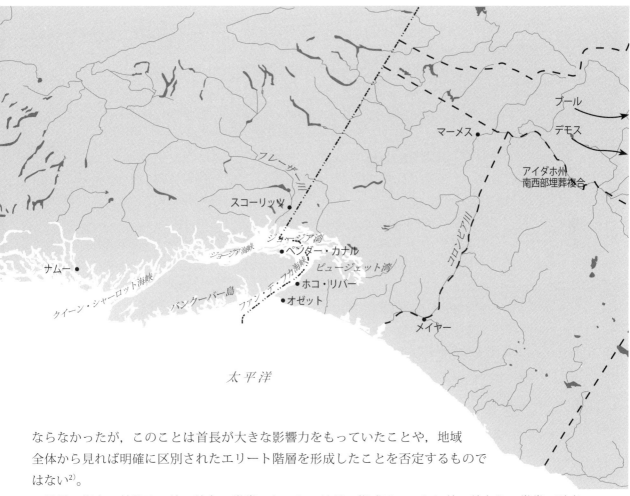

ならなかったが，このことは首長が大きな影響力をもっていたことや，地域全体から見れば明確に区別されたエリート階層を形成したことを否定するものではない[2]。

　首長の権力の基盤は，彼・彼女の世帯であった。首長の権威は，いかに彼・彼女らの世帯の財産が生産的で潤沢であるか，そして首長がその富を地方的地域的交換機構のために使うことができるかどうかにかかっていた。

　海岸の大部分の地域では，ポトラッチがこれらの交換網の重要な儀式であり，首長たちは主催者と客の両方としてポトラッチに参加することが期待された。首長たちは，首長たるべき富をもたねばならなかった。高い地位を相続した者でも，富をもたなければ影響力に乏しい。その一方，裕福であれば低い位でも大きな影響力と権力をもつことができた[3]。

　近代前期には二つの上位階層があったが，一つは年寄りで伝統的なエリート層であり，もう一つは毛皮交易を通じて新たな富を得た人々であった。

　世帯が北西海岸の基本的な政治の実体であった。首長たちは，彼らが暮らしている村や町，そして時にはより広い地域（第6章）を含んだ広がりのなかでその役割を果たした。しかし，彼らの影響力がいかに遠くまで及んでいるかにかかわらず，首長はいずれも世帯の長であることを基本とする。つまり，すべての首長は世帯に根付き，首長として振舞うために必要な富を生産する支持基盤としての世帯に依存していたのである[4]。19世紀の海岸地域では，家をこえる大きな政体はなかった。

　海岸地域の階層制と階級制の進化は，社会的な性差と地理的環境を抜きにして理解することはで

きない。女性が家の長の地位につくのはまれで，普通は男性だったとはいえ，生まれついての高い身分の存在は，男性に限られることはなかった【口絵14・15・34〜36】。高い身分の女性は，生まれついての権利として大きな影響力と権力，そして大きな権威を身につけてそれを行使した。

結婚による結びつきは，高い身分を保持するための中心である，重複した社会的紐帯を確立し，維持する根本的手段であった。自由民として生まれた女性は往々にして，世帯内経済と対外的な交換関係の両者にとって必要不可欠なものを生産するための職業的専門家であった[5]。

社会的な地位の決定には，出自は社会的な性差の役割と同じくらい重要であったことを示唆する考古学的な証拠がある。過去3800年間を通じて，高い身分の人は必ず北ないし南の海岸（以下参照）のどちらか出身の男性ないし女性であった。このことはまた，女性と男性の両方が地域的な交換機構のなかで重要な役割を果たしていたことを明確に示している。

社会的性差と地理的環境にかかわることだが，奴隷制は海岸地域の不平等性の歴史の重要な鍵となっている。奴隷[6]は戦争の捕虜か戦争捕虜の子孫のどちらかである。奴隷は，エリートを構成する者の身の回りの世話からはじまって，水汲みや伐採などおよそ必要なことはすべてにわたるまで多くの仕事をおこなった。奴隷は身分の高い所有者の利益のために，また彼・彼女らの世帯のために働いた。

奴隷の労働は，性的分業とは関係ない。だから奴隷は性別を問わず，必要な仕事は何でもあてがわされた。奴隷の処遇もさまざまで，家族の一員として扱われることも，売り買いされることも，あるいは所有者の気まぐれで殺されることもあった[7]。

第3節　社会的地位の考古学的判断

　古代の社会が階級化しているか，階層化していたか，平等であったかどうかを決定するのは，考古学の研究テーマの一つである。その取り組みは多岐にわたるが，方法論的にはこれら三つの概念の定義による。階層制とは，権威や権力の獲得に対しては差別化がはかられるが，資源や生産手段の獲得については平等である状態を言う。階級制は，資源や生産手段の獲得への差別化がはかられるという特徴を根源的にもつ。階層社会の統率者は，彼らの同僚に強制力を行使することができないが，その一方階級社会では，エリートたちが強制力を行使することができ，実際それをおこなっている。だから，考古学者はその結果いかんにかかわらず，権威，権力や強制力の獲得への差別化の証拠や，生産物に対する支配の証拠を捜し求めるのだ[8]【口絵37】。

権威と権力を推し量る一つの鍵は，財物と贅沢品の獲得である。財物はそれらをもつことができる身分の者であれば誰でも獲得することができるが，贅沢品の獲得はそれらをもつのにふさわしい地位の者に限定される。これらの品は，投入された労力と技術の総量が象徴するように，一般的に非常に高価なものである。

地上に築かれた巨大な盛り土は，それを構築する技術はたいしたことはないかもしれないが，大勢の人々の仕事を象徴している。その一方，ヒスイの首飾りの彫刻はたった一人の職人でおこなうことができるが，独自の技術を要する点ではそれもまた高価である。

財物と威信財は，外来のもしくは希少な原料でつくられている場合が多い。原料の産地は限られる

第3節　社会的地位の考古学的判断

図63　北西海岸で典型的な唇飾りの形態

滑車型
中央部唇飾り

環状の
突縁をもつ
中央部唇飾り

シルクハット型
中央部唇飾り

T字型中央部
中央部唇飾り

ばかりでなく，数が少ない。現代のダイアモンドは，これらのすべてにあてはまる好例である。ダイアモンドの原料はわずかな場所でしか発見されないから，魅惑的である。それらは採掘とカットに要する技術の両方の点で，多大な労力を示す品物といってよい。

　墓と埋葬儀礼は，このような証拠を考えるのにもっともよい例である。埋葬儀礼における死者の扱いは，埋葬された人の生前の地位をつねに反映しているわけではないが，一般的に言って密接な関係がある。ポール・K・ウェイソン Paul K. Wason が言うように，「社会的な集団のなかでどのように埋葬されているかという処遇の差異は，そのほとんどが社会における彼・彼女らの「立場 place」によった差異に関係している。埋葬は，人々の地位と社会的人格が複合したものとして表現されている可能性がある。」[9]

　埋葬の儀礼にはさまざまな要素があるが，それは遺体の処理方法，ウェイソンが「埋置施設 disposal facility（墓穴，納骨地下室，ひつぎなど）」と呼ぶものや，埋葬に伴う品々（副葬品や墓の内装品），そして故人の生活史（性，年齢，病気，栄養状態）などを含んでいる[10]。個人の社会的な人格の基礎的で重要な属性は性別と年齢であるから，考古学者が埋葬人骨に向き合うと，まずその人の性別と年齢を決定しようとする。その次に，埋葬儀礼のそのほかの要素が性と年齢に応じてどのように按分されているのかを考察する。さらに，埋葬人骨どうしの位置関係，空間的関係，つまりあちこちに散在して埋葬されているか，あるいは共同墓地に（ほかと近接して）埋葬されているか？ということにも目を向ける。

　同じように埋葬方法で区別される特定のグループが，すべての共同墓地に見られるのか？それとも限られた共同墓地にしか見られないのか？共同墓地のなかでも限られた地点だけに，特徴的な埋葬が見られるのか？そのような疑問に対する答えは埋葬だけに求められるわけではなく，高価な品物の居住遺跡内や地域を超えた分布のあり方を分析することでも知ることができる。

　最後に，わたしたちは強制力が行使されていた証拠があるかどうか墓を通じて調べる。それは大変明快なかたちで現れる場合がある。中国の安陽に近い有名な殷王朝の墓のなかで，支配階級の家の構成員は，家来と思われるたくさんの人々とともに埋葬された。これらの埋葬は，階級社会の存在を明確に示している。なぜならば，階層社会の指導者はとても数百人の家来の生殺与奪を左右することはできなかったからである。

　労働を命令する能力の証拠は，通常ピラミッドや中国の万里の長城のような記念碑的建築物を通じて明確になる。しかし，労働の命令を立証するのはそんなにたやすくはない。たとえば北西海岸において，わたしたちは家の大きさをてがかりとして，その労働力と木材の対価を推し量るのである（第6章のコラムを参照されたい）。

　海岸地域において身分的な区別が進化していったことを知るうえでもっともよい証拠となるのは，

183

第7章　社会的地位と儀礼

発掘によって明らかになった紀元前4400年から紀元1000年にわたる大量の埋葬である。第5章で述べたように，貝塚が海岸に出現したときすでに，貝塚のなかで埋葬がおこなわれていた。紀元500年以降，貝塚の埋葬はどんどん珍しくなっていったとはいえ，貝塚に人間を埋葬する習慣は，紀元1000年まで残存した。

海岸地域とカスケード地方の海岸に隣接した地域での埋葬のあり方をみると，その他の考古学的証拠が社会集団の平等性を示している時期でも，11,000年にわたって埋葬はどちらかというと多様性を帯びているようであり，大変入念におこなわれる場合もあった。ただしこの入念さは，彼・彼女らが生きているときと死んだときの両方の社会的な身分を反映している側面を否定することはできないというものの，それは宗教にかかわる信仰といった文化的な側面もまた反映しているに違いない。

北西海岸の考古学者が，社会的な高い地位を指し示す副葬品とみなすものとして，銅製品，貝製の玉類[11]，石を磨いてつくった玉類，彫刻のある首飾り，帆立貝のガラガラ，打製槍先形尖頭器，磨製大型尖頭器，耳栓と耳輪，貝の腕輪，骨を彫刻した額バンド，鯨骨製の棍棒と動物形製品などがある。社会的な階層差の証拠は，墓づくりに投入されるエネルギーと労働力や，支石墓の蓋石の存在とその大きさ，木棺の存在といった諸特徴をも含んでいる。大多数の北西海岸の人々は体を折り曲げて，あるいは胎児のような姿勢で埋葬された。

しかしながら，海岸の階層化に対する決定的な証拠は，なんといっても唇飾りと頭蓋変形の習慣である。唇飾りは，唇にあけた大きな孔の栓である。ヨーロッパ人との接触期，海岸地域北部の自由身分の女性は唇飾りをしていた[12]。

少女の下唇は，T字形の小さな唇飾りがはまるように切り開かれた。少女が大人になるにしたがい，唇飾りを次第に大きくしていった。海岸に分布する唇飾りには二つの形態がある。中央型唇飾り *medial labrets* は，口の下の下唇につけられた。側部型唇飾り *lateral labrets*[13] は，唇の両脇の頬で臼歯のすぐそばにつけられた。近代初期にみられるのは，中央型唇飾りだけである。中央型唇飾りのなかでも，ボタン状と糸巻き状の唇飾りは唇の肉厚の部分につけられた。一方，T字形（あるいは帽子形）の唇飾りは下唇のより肉の少ない部分につけられ，下の切歯にもたれかからせた。

唇飾りは石や骨，木でできている。石の唇飾りは，それらが当たる歯槽に相当する部分に特有の磨滅パターンを生じさせたが，そのパターンは「唇飾り装着痕ラブレット・ウェアー」と呼ばれた。唇飾り装着痕は，歯の脱落も引き起こしたであろう。

海岸で研究する考古学者たちは，埋葬人骨に伴う唇飾りの存在あるいは歯における唇飾り装着痕の存在によっ

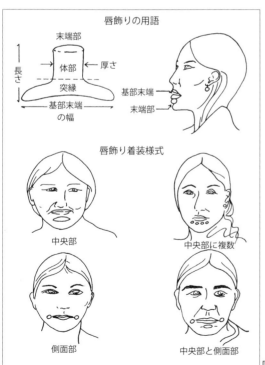

図64　唇飾りの多様な装着方法

て，それが高い身分の者だと推論した。しかし，この仮定には注意が必要である。なぜならば，19世紀の間にはすべての自由身分の女性が唇飾りをしていたからだ。そうしたなかで社会的身分を識別する指標となったのは，唇飾りの大きさである。つまり，高い身分の女性は大きな唇飾りをつけたのである[14]。前期および中期パシフィック期の間は，唇飾りは女性も男性もつけた。こうした歴史的パターンは，紀元500年以降発達したようである。

　唇飾り装着痕は，その人が生前に唇飾りをつけていたもっともよい証拠としてしばしば利用される。唇飾り，あるいはその他の副葬品でさえ墓穴に存在しない場合であっても，歯に唇飾り装着痕が認められる埋葬人骨が発掘されるのは珍しいことではない。生きている間あるいは死後に歯が失われることもあるので，唇飾りをつけた人がどれくらいの割合で存在していたのか見積もることはむずかしいが，唇飾りの装着はまれであったというのが常態である。

　カナダ国立博物館の形質人類学者チュブルスキーは，北西海岸における膨大な数の埋葬人骨の大部分を分析し，歯の喪失のうちのあるものはおそらく唇飾り装着の結果であると信じているが，その証明はできない。チュブルスキーは，埋葬人骨に唇飾りが供伴しているのは，後得的な地位（ある人が一生の間に獲得した地位で，その人の功績にもとづく）を示しており，唇飾りが欠如していること（歯に唇飾り装着痕はあるが，唇飾りを欠いている）は，生得的な地位（ある人が生まれながらにしてもっている地位）を示していると提起した[15]。

　生得的な地位の場合は，唇飾りが先祖伝来のもので生前にその跡取りに贈与してしまったものであり，その一方，後得的な地位の場合は，ある人が一生のうちに唇飾りをつける権利を獲得し，その特権を相続者に譲り渡さなかったのだというのが，チュブルスキーの論理だが，これは論証することが困難である。

　というのは，唇飾りはしばしば貝塚や家の床など，埋葬とは無関係の多様な考古学的状況下で発見されるからである。好奇心を大いにそそるのは，唇飾りが破損していることが多いことである。唇飾りは常に地位の表示物であったと仮定しているが，実際はそうでなかったかもしれないのである。

　頭蓋変形は，海岸地域の南部と中央部で近代前期を通じておこなわれていた。そしてそれは，自由身分ないし高い身分に伴う習慣であった【口絵36】。頭蓋変形にはいくつかの形態があるが，通常それはその者が海岸のどこの出身であるかという，場所にもとづいたものである[16]。

　頭蓋変形は，頭の骨の成長に連れて頭蓋骨が望みの形になるよう，子どもが小さい時に頭を特別な方法で縛ることによるものである。この習慣は世界中に広がっており，偶然の結果そうなることもある（子どもが板を敷いたゆりかごに寝かされた結果，頭の後ろが平らになるなど）。脳の成長は頭蓋骨の成長に適応するので，認知能力には何の影響もない（耳につながる聴覚の導管に深刻な損傷をあたえる原因になるかもしれないが）。

　海岸の一般的な頭蓋変形の形態は，前頭部と後頭部の偏平化（そしてその二者の組み合わせ）と，頭の回りを全部平らに

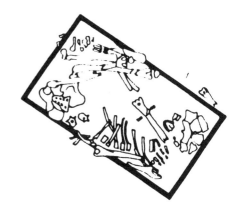

図65　プリンス・ルパート・ハーバー出土の木棺墓

第7章　社会的地位と儀礼

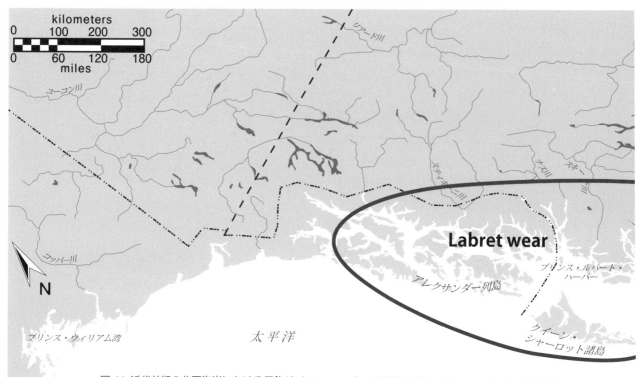

図66　近代前期の北西海岸における唇飾り（Labret wear）と頭蓋変形（Cranial deformation）の分布図

するように頭を包むものである。

　唇飾り装着痕と頭蓋変形は，いずれも生前における表象であり，埋葬儀礼の一環としてではない。したがって，近代前期における身分制の直接の証拠である。それに対して副葬品は，埋葬儀礼の一環として墓に置かれるものであり，埋葬儀礼は死者の社会的身分とはあまり関係がないかもしれない。とはいえ，すべての要素を同等に考えたとき，副葬行為の理由が何であれ，高価な品（時間と労働で高価な）は通常高い地位とかかわりをもつ。とはいえ，埋葬儀礼は地位の差異を偽装することがあるので注意が必要である。多くの階級社会では，死体に区別をつけないからである。それとは対照的に，身体変形はその人の人生に直接繋がっているのである。

　唇飾りは，社会的な役割と地位を示すものとして数多くの利点をもっている。唇飾りの装着は，顔を目に見える形で永続的に変形することなので，ある者が唇飾りをしているか，していないかは，明確な地位のしるしになりうる。唇飾りの大きさの違いも，大変視覚的である。頭蓋変形は多少わかりにくい。北西海岸の人々は着物をあまり着ていないが，裸になったときでも唇飾りと頭蓋変形は視覚的である。海岸のいくつかの場所では，顔の入れ墨もまた高い地位に伴っていた。

　中央型の唇飾りは正面から見たときに，側部型唇飾りよりもより目に付きやすい。これから見ていくように，前期パシフィック期では唇飾りは中央型と側部型の両方とも用いられたが，中期と後期のパシフィック期では中央型唇飾りだけであった。このことは，過去4,000年の間の海岸では，できるだけ様式を明確にすることで個人をはっきりと識別することが重要であったことを示唆している。

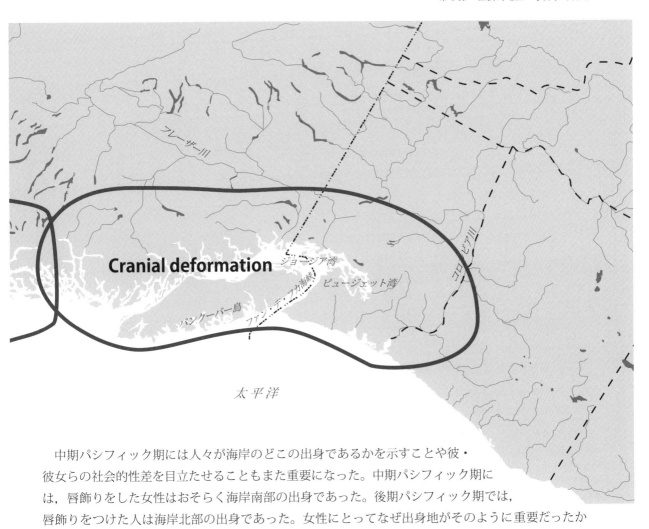

　中期パシフィック期には人々が海岸のどこの出身であるかを示すことや彼・彼女らの社会的性差を目立たせることもまた重要になった。中期パシフィック期には，唇飾りをした女性はおそらく海岸南部の出身であった。後期パシフィック期では，唇飾りをつけた人は海岸北部の出身であった。女性にとってなぜ出身地がそのように重要だったかはわからないが，この章の最後と第10章でその話題に戻ることにしよう。

　墓の空間的分布もまた，地位の差異についての有効な証拠となりうる。墓は墓地に群集しているか，地形上に分散しているかのいずれかである。

　墓地の存在は，一時的なあるいは完全な定住，領域意識，ないしは特定の場所に長期にわたってつながりをもつ組織化された集団の存在を指し示す，と考古学者によって考えられてきた。墓地のなかであるいは墓地どうしの間で，どこに埋葬されているのか，埋葬の習慣や副葬品がどのようなものだったのかは，社会的政治的組織を推測する有力な証拠となりうる。

　第6章ですでに議論したように，家の相対的な大きさや村の配置もまた地位の指標として用いられた。最後になるが，服装も身分指標として用いられた。頂部に把手のついた帽子（バスケットのように編まれた）は，オゼット遺跡やホコ・リバー遺跡のような低湿地で発見されている【口絵34】。歴史的にみて，それらは高い地位の者だけが身に着けることができた。

第7章　社会的地位と儀礼

第4節　海岸地域における身分序列と社会的地位の歴史

（1）アーケイック期

アーケイック期の社会は人口密度が低く，集団は小さく頻繁に移動していたことから，平等な社会だったと思われる。しかし，アーケイック期は海岸全域にわたって，この問題を解明するための直接的な証拠がない。

カスケード地方南部の内陸部からもたらされたデータによると，比較的入念な埋葬習俗がアーケイック期の初めから存在しており，ある特定の個人が特別に取り扱われるような埋葬の伝統が伴っていたようである。つまり，海岸地方からカスケード地方を包括する地域では，社会的な不平等の発生はきわめて古い時期にさかのぼるのかもしれない。

アーケイック期でもっとも古い埋葬の事例は，ブール遺跡の埋葬例を含めていずれもカスケード地方南部のものであり，マーメス岩陰では少なくとも10体が埋葬されていた。マーメス岩陰ではほかに15体の埋葬が知られているが，アーケイック期後半と前期パシフィック期のものであり，それは前期パシフィック期の区分問題の議論の対象となっている。アーケイック期の古い段階の埋葬方法には，土葬と火葬の両者があった。マーメス岩陰では少なくとも5人が1回の火葬でまとめて埋葬されているが，それらは紀元前9500年という年代が出されている。葬儀の際に死体を完全に燃やして灰にする[17]には，薪となる木が必要だったという点で，火葬墓は大変贅沢だといえる。

マーメス岩陰の5体の埋葬やより古いブール遺跡の埋葬も含めて，この時期の埋葬にはいずれも副葬品が伴うが，それらにはオリベラ貝の玉，槍先状有茎尖頭器，その他の両面加工石器や剥片石器，丸石，針やピンのような骨角器が含まれている。

たとえば，ブール遺跡で埋葬された唯一の若い女性は，槍先状尖頭器が頭の下に置かれ，ほかに骨製針とピンが副葬されていた。こうした副葬品のいくつかは，それらを製作して使用するための時間と技術を必要としており，「高価 expensive」なものであった。たとえば骨の針は，とても小さくて繊細である。オリベラ貝の玉も大変価値の高いものだったろう。オリベラ貝は，現在ではカリフォルニア半島からジョージア湾にかけての太平洋岸の海で見つかる海性軟体動物の一つであることからすれば，おそらく海岸から交易によってもたらされたものといえよう。

後期アーケイック期の埋葬人骨で非常に良好なデータが残されたのは，アイダホ州中央東部のデモス DeMoss 遺跡から出土した例であり，236個の精巧で大きな両面石器を伴う22体の埋葬人骨である。デモス遺跡の埋葬人骨は，カスケード地方における墓地のなかで，報告されたものとしてはもっとも早い段階を示すものだと思われ，紀元前5000〜前4700年の間に位置づけられる。

アイダホ州南西部にあるボイジー州立大学のマックス・ペイバシック Max Pavesic が「アイダホ州南西部埋葬複合 The Southwest Idaho Burial Complex（SWIBC）」と名付けて復元した埋葬習俗は，大変入念な特徴をもつ。その埋葬複合の年代は紀元前3200〜前2500年である。

遺体は屈葬で埋葬されていた。副葬品は赤色オーカー（顔料となる赤色粘土），オリベラ貝，精巧で大きな両面石器，大きな側面抉入尖頭器，両面石器やブランク（石器を作出するために形を整えた母体）

第 4 節　海岸地域における身分序列と社会的地位の歴史

のキャッシュ（貯蔵品），イヌの頭蓋骨，骨や貝の玉類，パイプ，赤鉄鉱石，骨器，剥片石器や磨製石器からなっている。これらの埋葬が重要なのは，入念な埋葬習俗が海岸だけに限定されるものではないことがわかった点であり，海岸で明確な社会的階層化の証拠が出現するよりもおそらく 1,000 ないし 2,000 年は古い点である。

　アーケイック期の文化を総合してみれば，これらの埋葬によって社会的不平等が広くいきわたっているということはできない。しかし，これらは初期の人々の間においてさえ，相対的な富あるいは少なくとも権威に違いがあったことを示唆している。デモス遺跡の墓地は，アーケイック期の終末までにカスケード地方に集団で生活する共同体が出現した可能性を高めている。端的に言うと，この段階は，すでに階層化と階級形成の発達が準備されていたのかもしれない。

（2）前期パシフィック期

　海岸地方で墓地はおそらく紀元前 4000 年ごろ，確実なところでは紀元前 2500 年までに出現した。
　ナムー遺跡で埋葬が集中した一角は，墓地のもっとも古い例の一つであろう。間違いなく共同墓地だといえる例は，年代が下るがクイーン・シャーロット諸島のブルー・ジャケッツ・クリーク遺跡やジョージア湾のペンダー・カナル遺跡で明らかになっている。
　これらの墓地に火葬はないが，埋葬にはかなりの多様性が認められる。土葬には，直立の状態や座った姿勢で埋葬されたものもある。それ以外の者は，胎児の姿勢で手足を折り曲げられて横たわって埋葬されていた。
　副葬品は，魚を突くヤスとしてつかわれた尖頭器のような日常の利器から，短剣の骨製の刃のような希少価値のあるものにまで及ぶ。ペンダー・カナル遺跡では，角製のスプーンを副葬された埋葬人骨も数例検出された。そのスプーンの把手には，オオカミなどからなる北西海岸様式（第 9 章参照）の動物意匠が彫刻されていた。これらのスプーンのいくつかは人骨のあごに載せるか渡し置かれた状態であり，あたかも遺体の口を覆っていたかのようである。
　それ以外のペンダー・カナル遺跡の人骨ひとりひとりには，二枚貝の貝殻でできた椀が副葬されていた。スプーンや椀を伴ったそれらの人骨は，座った姿勢で埋葬されていた。一方，ブルー・ジャケッツ・クリーク遺跡の座葬人骨には赤い土がかけられていた。彼・彼女らには，唇飾り装着痕も認められる。
　ロイ・カールソンは，スプーンと椀はたんに地位の指標としてよりも，葬式における儀礼的祭礼の一環として墓に納められたと考えている。しかし，もちろんそれ以外の人々は何の副葬品ももたずに埋葬されたし，多くの人々は墓地に埋葬されることすらなかったと思われる。海岸地域北部では，高い地位を定義づけるために社会的性差がその中心的な役割をなしていたことは，すでに中期パシフィック期に認めることができるが，それが前期パシフィック期にさかのぼるのか明言するのは困難である[18]。
　唇飾りの装着者が海岸に出現したのは，前期パシフィック期にさかのぼるのは明らかである。唇飾り装着痕が認められるのは，3 か所のすべての遺跡の 18 人骨である。そのうちの一つであるナムー遺跡の男性人骨の年代は紀元前 4000 年であり，これが唇飾り装着痕の海岸におけるもっとも古い証拠である[19]。唇飾り装着者の地位が社会組織上の何を表しているかということは，未解決の問題の一つである。
　この時期に唇飾りの使用は北太平洋沿岸に広がりをもち，ナムー遺跡の埋葬例と同時期にカムチャ

第7章　社会的地位と儀礼

ツカ半島にも唇飾りが出現した[20]。北西海岸の唇飾りは墓地に限られるだけでなく，居住遺跡にも存在しており，もっとも古いものはヒドゥン・フォールズⅡ遺跡の例である。唇飾りを装着できた者は，おそらく人口の10％くらいに限られていたが[21]，それらは男女ともに同等に成人に認められる。唇飾り装着痕は，死亡年齢が20代半ば以上の成人人骨に見つかっている。

前期パシフィック期の唇飾り装着痕のパターンは，より新しい時期のそれとの間に装着方法でいくつかの重要な違いがあったことを示している。前期には側部型と中央型の両者ともにあり，前期よりも新しい時期の中央型の唇飾りは，少なくともペンダー・カナル遺跡のものよりも小さかったようだ。海岸において唇飾り装着痕は，より後の時代よりも前期の方が地理的により広く広がっていた。

要するに，墓地は前期パシフィック期には，海岸部やその他のカスケード地方の両方に存在していたようである。社会的地位としての「唇飾り装着者」は存在していたようであるが，必ずしもそれがより後の時期のような社会的な身分の差を示しているとはわたしたちは考えていない。

(3) 中期パシフィック期

　貝塚の共同墓地は，貝塚に埋葬することが比較的まれなバンクーバー島，ワシントン州，オレゴン州の太平洋岸に沿った地域を除いた海岸沿いで，中期パシフィック期に一般化し，広がりをみせた。中期パシフィック期の埋葬でもっとも大規模な発掘例は二つあるが，それは海岸南部のジョージア湾と海岸北部のプリンス・ルパート・ハーバーに存在している。

階層制度は中期パシフィック期の間に発達した。唇飾りで特徴づけられる北部と頭蓋変形で特徴づけられる南部で差が現れたが，同じように社会的性差にも地理的な違いが現れた。相対的な富と権威の差異は，紀元前500年以降により明確になる。階層制に加えて，奴隷制もこの時期の初めまでには出現したかもしれない。

「唇飾り装着者」は，紀元前1800年から前650年の間（ロカルノ・ビーチ段階）のジョージア湾の人々の間で特別な地位の表象として連続して認められるが，副葬品はこの時期には比較的まれであり，石や貝の玉類，首飾り，赤色オーカー（黄土）[22]に限られている。例外はペンダー・カナル遺跡であり，そこでは壊れた唇飾りと糸巻き形耳飾りが出土した[23]。これは富やおそらく地位の差異すら，特別には強くなかったことを意味しているのかもしれない[24]。

唇飾りは，中期パシフィック期の早い段階（ロカルノ・ビーチ段階），海岸南部で男女ともに等しくまだ装着されていた。その唇飾りは前期パシフィック期のものよりもより大きく，形がより複雑だったが，唇飾り装着痕はまだ特定の人々に限られていた[25]。これらの習慣が前期パシフィック期から継続しているのが明確なのとは対照的に，中期パシフィック期には座位埋葬もなければ，彫刻されたスプーンや二枚貝製の椀もない。

　高い地位の者が帯びた性格は，ジョージア湾において，紀元前650年以降（マーポール段階）に変化をみた。それは「唇飾り装着者」の地位にある老人よりも，明らかに数多く人々による裕福なエリート層が出現したことである。

唇飾り装着は終わりをつげ，完全に頭蓋変形にとって変わった。貝塚の埋葬の数が増加するのにともなって，副葬品の贅沢さにも差が顕著になった。副葬品は埋葬人骨のおよそ15％に伴うが，それらは角貝の玉類（ときに1,000個もの）や銅製品，彫刻のある首飾りと額バンド，帆立貝のガラガラ，

打製あるいは磨製大型石製尖頭器を含んでいる[26]。彫刻のある額バンドは，専門の彫刻家によるものと思われ（第9章）[27]，バンドがエリートのために特別につくられた貴重品，ことによると贅沢規制品[28]であることを暗示している。

　副葬品は子どもを含むすべての年齢層に伴い，男女とも所持している。高い地位にある者の墓は，特定の墓地に限られたものではない。副葬品をもつ墓の人骨の年齢層からわかるのは，その地位が生得的なものだったことである。これらの墓地におけるすべての男性と女性の人口の比率は，男性0.98：女性1であるが，およそ3倍男性のほうが女性よりも多く副葬品をもち，中期パシフィック期は前期パシフィック期に対して，高い地位に昇る権利は男性のほうに強く偏していることを示している[29]。

　同じようなパターンは，この時期に海岸北部でも基本的に認められる。プリンス・ルパート・ハーバーでは，大人の埋葬の3分の1以下には，何ら副葬品が伴わない。この墓と副葬品のあり方は，人々が大まかに四つに区分されていたことを示唆している。

　もっとも数の多いのは，貝塚の墓地に埋葬されなかった人々である。彼・彼女らの遺体はどこか別の場所で処理された。埋葬された人々の数を考えたとき，このクラスの者は他と比べて断然多いに違いない。以下に見るように，それは奴隷やおそらく自由ではあるが低い身分の人を含んでいるであろう。

　次の区分は，貝塚の墓地に埋葬されているが，副葬品やその他の特別な扱い（棺や石標など）をされていないものである。この一群は，子どもから老人までのあらゆる年齢の男女からなる。

　3番目と4番目の区分は，ともに副葬品をもつなど特別な取り扱いをされた墓である。副葬品は，銅の管や板，貝の腕輪・玉類・のどあて，琥珀の玉類，唇飾り，イヌの埋葬，骨の短剣，骨や角でつくったさまざまな種類の実用的な品々（管，首飾り，穴あけ具，錐など）からなっており，たくさんのラッコの歯を打ちつけた棺を伴う。

　3番目の埋葬のクラスは，副葬品は骨や角でつくられたものであるが，4番目は銅製品，唇飾り，貝の工芸品，琥珀の玉類，言い換えれば外来の素材でつくられたものや，製作に費やす労働量や技術の点で高価なものである。銅製の工芸品は，専門工人の仕事の代表であり，とくにきわめて高価であったであろう。銅がどこの産地のものかよくわからないが，アラスカ州南部がもっとも可能性が高い。琥珀の原産地もよくわからない。このクラスは，ハーバーのすべての大人の埋葬のうち8％にすぎない。そして，その大半は事実上ボードウォーク遺跡という一つの遺跡の墓地から出土したものである。このクラスの埋葬は，ハーバーで紀元前500年ころに現れた。3番目のクラスの埋葬はこれほど規制が厳しくなく，三つの遺跡にみることができる。

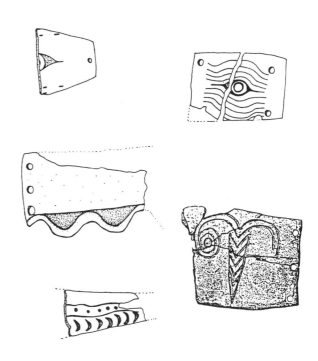

図67　マーポール段階の額バンド
専門工人の仕事を示すものであろう。

第 7 章　社会的地位と儀礼

　社会的な性差や年齢をすべて包括して副葬品がどのように分布しているか見てみると，序列にはっきりした等級のあったことが明らかとなる。それは，高い地位がおそらく生得的なものであったことも示唆している。

　北部における地位の差異に重要な役割を演じたのが，社会的性差である。埋葬された成人の性比は，およそ2：1で男性のほうが多い。これらのなかの副葬品をもつ墓は，3.25：1でこれも男性のほうが多い。唇飾りも6.3：1で男性のほうが多い。4番目の埋葬の等級における性比は，男：女が8.5：1である。他方，墓の等級が3番目（副葬品が骨などの比較的手に入りやすい素材で作られた）では性差はほぼ釣り合っており1：0.7である。この一群には，男女ともに短剣の刃のような遺物を伴って埋葬されている。加えて，この一群の2人の女性はハーバーの埋葬のなかではまったく特異な副葬品として，銛と首飾りとして身につけた磨製石製尖頭器を伴っていた[30]。

　年齢は若年の成人から老人までの範囲に及んでいるが，4番目の埋葬のなかでもっとも若い男性は12歳ほどで，その他は10代であり，高い地位についた者としては大変若い。まとめると，人口のうちの少数が貝塚の墓地に葬られ，さらにそのなかのわずかな人々が埋葬に際して特別な扱いを受けた。

　2番目に地位が高いグループを除くと，一般的に女性よりも多くの男性が高い地位についた。しかし，人数が限られるとはいえ，女性はもっとも高い等級のグループにも存在していた。もっとも高い等級の人員構成は若者から非常に高齢の年寄りの範囲であり，それは地位が相続されていたことを示している。もっとも高い等級の者は，この時期の南部の習慣とは対照的に，限られた墓地に埋葬されていた。

　唇飾りの装着は，とくに制限されていた。紀元前500年以降になると，唇飾りはほとんど男性に限られるようになった（ブルー・ジャケッツ・クリーク遺跡における初期のころの海岸北部様式や海岸南部と対照的に）。それ以外にも，唇に孔をあけるという痛さが，贅沢規制品としての石の唇飾りが広まることを抑制する働きをした。

　プリンス・ルパート・ハーバーで検出された唇飾りのおよそ半分は，墓から出土したものである。しかし，唇飾りはゴミ捨て場など墓以外の場所からも発見される。唇飾りの多くが故意に壊されており，いくつかは半分にぽきっと折られ，ほかのものは端が粉砕され，装着できなくされている。そもそもなぜ貴重品である唇飾りが捨てられているのだろうか。それは興味深い問題であるが，それらの価値を確立し，さらに高める方法として贅沢規制品を破壊することは世界中で珍しい習慣ではなく，近代前期の北西海岸でもしばしばおこなわれた。そのような行為が，およそいつでも社会的な地位の固定化に伴っていることが重要なのである[31]。

　中期パシフィック期の中頃に，海岸北部に身分秩序が存在していたことは明確ではあるが，それは家の大きさに反映するものではない。クイーン・シャーロット諸島[32]，アラスカ州東南部[33]，プリンス・ルパート・ハーバー[34]とポール・メイソン遺跡[35]で，中期パシフィック期後半の住居が調査されている（床面積が計測された）。それによると，ほとんどすべての家は一様に小さいのであり，近代前期とは異なって個々の世帯はまだ序列化されていなかったのであろう。しかし，ポール・メイソン遺跡では，やや大きい家の存在を示す凹みが2か所で検出されている。その2棟はその他の家からはやや離れているとはいえ，明確に村の一部をなしている。これらは未発掘であるが，大きな家からなる高い地位の世帯を含んだ村が想定できよう。

　一方，親族集団のような，複数のグループを統合したような共同体的集団は，序列化しているよう

第4節　海岸地域における身分序列と社会的地位の歴史

に思われる。これらの村の三つのうち二つはプリンス・ルパート・ハーバーとポール・メイソン遺跡であるが，それらは2列の村である。ハーバーのボードウォーク遺跡とポール・メイソン遺跡の二つは海岸北部のもっとも古い村であり，中期パシフィック期中葉に位置づけられ，残る村はマクニコル・クリーク遺跡で中期パシフィック期終末に位置づけられる。

海岸南部では，この時期の遺跡について同じレヴェルの情報量を持ち合わせていないが，マーポール段階に家と一列の村（第6章参照）が知られている。

ジョージア湾とプリンス・ルパート・ハーバーでは，この時期に戦争と襲撃の明らかな証拠がある（第8章参照）。プリンス・ルパート・ハーバーでは，縛られたり首を切られたと思われる埋葬人骨が何体か発見されている。これらの犠牲者でもっとも多いのは，中年の女性である。

その他の埋葬人骨は，チュブルスキーが「通常と異なる unconventional」埋葬姿勢と呼んだ状態で発見されている[36]。そのほとんどは屈葬であるが，手足は解き放たれ自然に伸びた状態であった。大多数は紀元前1700年より前なので，階層制の証拠が現れる埋葬よりも，1,000年以上古い。

これらのデータは，二つの可能性から奴隷制の証拠とみなす向きがある。つまり，縛られた者は，奴隷狩りとしてではない何らかの急襲が原因で殺されたか，あるいは富の儀礼的処分の一環として殺されたというのである。しかし，これらはまったくの推論にすぎない。海岸の南部では，紀元前250年をさかのぼる頭の皮をはがれた女性の骸骨が二例発見されている。これらは異例の場所で異例の埋葬姿勢をとっているので，奴隷として殺された者であろうと研究者は推測している[37]。

チュブルスキー[38]は，プリンス・ルパートの埋葬人骨の性比は，奴隷制を示しているかもしれないと考える。奴隷は近代前期には埋葬されなかった。つまり彼・彼女らの死体は海の中に放り投げられる場合があるので（「通常と異なる」状態の解釈である），その遺骨はいずれの墓地にも存在していないであろうというものである。

彼の考えがあたっているとすれば，中期パシフィック期の間のプリンス・ルパートの女性の人口のおよそ25％は奴隷であり，南部では奴隷制ははるかに重要性が低かったか，マーポール段階の埋葬の性比のバランスからして男女とも均等に含まれていたと考えられる。これらの意見は慎重に考察する必要があるだろうし，奴隷制はありうるとはいえ，まだ論証されていないといわざるを得ない。

北西海岸の身分秩序と社会的性差は，とくに紀元前500年以降の中期パシフィック期に明確な地理的パターンをみせるようになり，南部地域で頭蓋変形が存在するようになる。上の表が示すように，海岸で高い地位の者に出くわしたときに，誰もがすぐにその人の出身地を認識することができるようになった。

唇飾りを装着した男性は海岸北部の出身で，頭蓋変形をした女性は南部の出身である。唇飾りをつけた北部の女性は，おそらく非常に高い地位についていたであろう。唇飾りは唇の中央につけられ，時代とともに大きなものに変化していった。すなわちそれらはより目に付きやすいように工夫が凝らされたのである。高い地位の人がどこの出身であるのかを認識するのは重要だったので，海岸域における相互交流のパターンがきわめて明瞭になっていったのである。

	男性	女性
北部	唇飾り	どちらもなし（ほとんど）
南部	頭蓋変形	頭蓋変形

この問題については，第10章でもっと詳しく取り上げるので，ここでは紀元前500年までに海岸全域で身分序列システムがよく発達していたことを述べておけば十分である。高い地位の者は，銅製品のような希少，あるいは外来の品々や専門工人による製品を手に入れる権利をもっていた。しかし，彼らが仮に強制力を有していたとしても，それを行使した証拠はほとんどないかあってもわずかである。この状況は，階層制に関するほとんどの定義にあてはまる。

それに加えて，北部では個人ばかりでなく複数のグループを統合したような共同体的集団も序列化していた可能性がある。次の節で見ていくように，少なくとも海岸北部では，中期パシフィック期に現れた序列システムと後期パシフィック期におけるその序列システムの実際のあり方との間には違いがある。

コラム　北西海岸の墳丘墓

　墳丘墓に限らず，どんな種類のマウンドも北西海岸で目にすることはめったにない。マウンドは北アメリカの中西部と東部の広い範囲にわたって存在しており，墳丘墓もまた少なくとも北西海岸南部の二つの地域，すなわちブリティッシュ・コロンビア州南部の本土低地と，オレゴン州西部のウィラメット渓谷およびオレゴン州西部とワシントン州のコロンビア峡谷である。これらの二つの地域の間にマウンドがないのは，埋葬様式の違いというよりもまだ発見されていないからかもしれない。

　マウンドは単一の主体部を覆う土盛りをしただけのものもあれば，積石塚や立石列をさらに覆ったマウンドもある。より手の込んだ墓はそれに見合った副葬品をもっているが，それには銅製品が含まれていることがある。埋葬人骨の頭蓋骨には，しばしば頭蓋変形が見られる。

　この二つの地域の間には差がある。ブリティッシュ・コロンビア州のマウンドは単独埋葬だが，ウィラメット渓谷では多数の埋葬を伴う。ウィラメット渓谷のマウンドのなかには，埋葬のためのマウンドではないものを含んでいる。墳丘墓の発掘は1850年代の後半に始まり，1980年代まで時々続いていたが，フレーザー川のスコーリッツ遺跡のマウンドの発掘が，数十年間における北西海岸の墳丘墓のなかで，最初の記念碑的な調査といえる。

　北西海岸の考古学にとって，スコーリッツ遺跡はいくつもの理由で重要である。それまで海岸の墳丘墓の埋葬様式はよくわからなかったが，それに対して新たな知見と理解をもたらしたことが重要なのは言うまでもない。さらに何をおいても重要な点は，先住民と考古学者の協業のモデルの代表例になったことである。スコーリッツ遺跡の墳丘墓の発掘は，ストーロ Sto:lo 族の部族評議会の招請によってはじめられた。ストーロ族はフレーザー川下流に沿って，ブリティッシュ・コロンビア州ホープとバンクーバーの間に住んでいるコースト・サリッシュ族（スコーリッツ・バンドを含め，ストーロ族は12のバンドからなる）である。

　川の侵食が墳丘墓の一部に脅威を及ぼし始めるとともに，墳丘墓を含む地区がスコーリッツ族居留区の範囲外になっていたことから，この遺跡への関心が高まった。考古学的な遺跡を居留区の範囲に含めるように境界を変更するための根拠として考古学的なデータを用いるのが最終的な目標であった。この目標にもとづいて，ストーロ部族評議会がブリティッシュ・コロンビア大学とともに発掘調査をはじめたのである。

　こうした北西海岸の先住民と考古学者の協業の実例は，スコーリッツ遺跡ばかりではない。グリーンビル Greenville 遺跡におけるジェリー・チュブルスキー Jerry Cybulski の発掘（事実上，彼の最後の25年におよぶ分析的仕事の多く）は，先住民の積極的な参加とともになされている。グリーンビル遺

図 *68* フレーザー川下流のスコーリッツ遺跡におけるマウンドと家の分布図

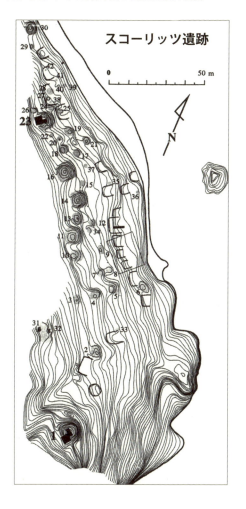

跡における彼の発掘は，ニシュガ・バンド評議会の要請でおこなわれた。

　スコーリッツ遺跡は村落遺跡である。18 棟の家の存在を示す凹みがあるが，そのほとんどがハリソン川に面している。家の背後と，いくつかは家の中や凹みの間に，少なくとも 37 の土盛マウンドと積石塚がある。それらの多くは家の凹みの背後や上方の隆起した部分に位置している。これらのうちの 2 基のマウンド 1 と 23 は，1995 年の初めまでに発掘された。

　マウンド 1 はきわめて大きく，主要なマウンドや家の凹みが集中する地区からは孤立して，南の高い小丘の上に存在している。マウンドの基盤は長方形で，12.5m（41 フィート）× 11.5m（38 フィート）の規模であり，その中心は 2.7m（8 フィート）の高さを測る。堆積は推定で 164.1㎡である。

　そのマウンドは積石の埋葬主体を覆って，一気に築造されていたようにみえる。マウンドは，積石埋葬主体を囲む二重の立石列全体を，地山の粘土で覆うように築かれた。石列は二つとも方形であり，外側は一辺 7m（23 フィート）を測り，内側は 3.5m（11.5 フィート）である。石列は巨石 1〜2 段の高さに設置されていた。内側の石列の中には 200 をこす角礫で作られた積石埋葬主体部があった。

　主体部，石列，マウンドは地表を平らにならした面に建造されており，その築造面は灰色の粘土の薄い層で覆われていた。積石埋葬主体は小さな墓壙を覆っており，墓壙には屈葬状態で埋葬された大人の男性人骨が残っていた。副葬品には，顔の下部近くに置かれた穴のある平たい銅版 4 点，頭部付近から発見されたあわびの首飾り 4 個と銅環の破片，カットされ磨かれたツノ貝の玉類およそ 7,000 個などがある。これは，これまで北西海岸で検出されたなかでも，もっとも裕福な埋葬の一つである。

　マウンド 23 はそれとは対照的に，9 × 10m（29 × 32 フィート），高さ 1.4m（4.5 フィート）で，53㎡ほどの土量にとどまる。それは遺跡の北端の積石塚と高塚が集中した地区にある。マウンド 23 は遺跡自体から出た廃棄物を盛って作られた。マウンドは，廃棄物を固めて築いた高さおよそ 1m，約 1m 四方の擁壁を基礎としていた。この壁の中には，小さな墓壙を覆うように積石埋葬主体が存在していた。マウンド築造面は平にならしたうえで，平らで黄色い粘土の薄い層で覆われていた。その土壌は強い酸性であり，骨やその他有機物は残っていなかった。副葬品は無かった。

　マウンド 1 はおよそ紀元 500 年であり，23 は 850〜950 年で，貝塚埋葬 Midden Burial 文化複合の時期の終末にあたる。

　マウンド 1 から発見された人骨は，それらが発掘された翌日に再埋葬されたが，人骨のごく一部と副葬品の現物は分析のために保管された。代わりに，銅，貝や皮で新しくつくった副葬品が再埋葬された。

第7章　社会的地位と儀礼

（4）後期パシフィック期

　海岸における階層性は，後期パシフィック期の最初の数百年間に大きな変化をめまぐるしくたどるが，それは埋葬様式の急速な変化に反映している。

　カスケード地方の先史時代は11,000年に及ぶが，その間の埋葬儀式の変化のうちでもっとも劇的な転換は，紀元1000～1200年までに海岸沿岸のあらゆる場所で貝塚への埋葬が終わったことである（それは早くも紀元500～600年に始まった）。近代前期にはそれにかわる埋葬習俗がみられるようになるが，なきがらを村から持ち去って処理する風葬がおこなわれる場合もあった。

　18，19世紀に，高い地位についていた者の遺体は，何かにくるまれたのちに，カヌーあるいはなんらかの容器の中に安置され，それは棚や台，柱や木の上に置かれた。富と威信財は遺体といっしょに容器の中に入れられたであろうが，時にそこには奴隷さえも入れられた。この習俗は文字記録によくとどめられてはいるものの，考古学的な記録は残らない。

　パシフィック期においてもっとも手の込んだ埋葬は，フレーザー川の下流沿いと，あるいはそれ以外のジョージア湾のどこかに紀元1000年ころ築かれた墳丘墓である。墳丘墓はさらにウィラメット渓谷とコロンビア川下流沿いにも点在しているが，そこからは高い地位を表示する品々が出土した[39]。ジョージア湾の墳丘墓の発掘は20世紀のはじめに限られ[40]，奇妙なことに調査はその後続かなかった。そのようななかで，フレーザー川のスコーリッツ遺跡における近年の発掘は，比類ない調査例となった。

　スコーリッツ遺跡は，少なくとも18棟の家の存在を示す凹みを伴う村落遺跡である。この遺跡は，フレーザー川とハリソン川の合流点を見下ろす場所に立地している[41]。家の凹みの背後あるいは凹みと凹みの間には，土を盛ったマウンドと積石塚が数十基存在している。それらの多くは家の凹みの背後や上方の隆起した部分に位置している。

　これらのうち二つのマウンド1と23が，1995年の初めまでに発掘された[42]。これらのマウンド

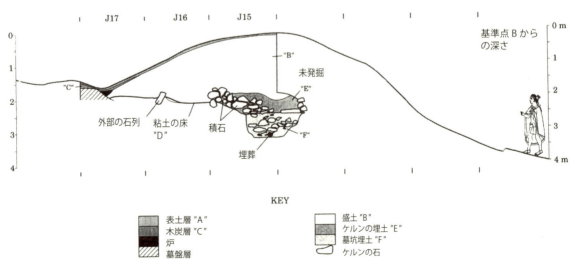

図69　スコーリッツ遺跡の主要なマウンドの断面図

は，多大な労働力が投下されたことを示すものであり，強烈な印象を最大限に発揮するためにそこに築造されたのである（コラム参照）。

　スコーリッツ遺跡は唯一無二というわけではないが，特異な墓地の一形態である。したがって，墳丘墓に埋葬された者とされない者との間には，集落を超えた地域的な区別がある。スコーリッツ遺跡のようなさまざまなマウンドをもった村もあるが，そうでない場合の方が多い。これは第6章で議論した，地域的な政治的組織化と密接な係わり合いをもった階層差が，個人間や世帯間ばかりでなく村どうしや町どうしにまで及んでいる可能性を示唆している。

　グリーンビル遺跡の墳丘墓を典型的な例とすると，序列化と葬送儀礼は北部では異なる方向に変化したことになる。ナス川のグリーンビル遺跡は北部における後期パシフィック期の墓地であり，きちんと調査されたただ一つの遺跡である。その内容は，南部の同じ時期のスコーリッツ遺跡と中期パシフィック期のプリンス・ルパート・ハーバー付近の遺跡の両方と明瞭に異なっていた。

　遺跡の年代は紀元500年と紀元1290年の間であるが，埋葬の大多数が1180年以降のものである。グリーンビル遺跡の埋葬は，プリンス・ルパート・ハーバーの中期パシフィック期の埋葬に見られる副葬品を欠く。

　グリーンビル遺跡では，墓の中に木棺とイヌの骨が数個とニワトコの実[43]しかなかった。唇飾りを身につけた者は女性に限られる。つまり，発掘された39体の人骨のうちの9体は女性であり，そのすべてが唇飾り着装痕をもっていた。これは，海岸北部における唇飾り着装の歴史的傾向性の始まりを示している。それはまた，この地域における母系制の始まりを示しているのかもしれない。

　紀元500年と1000年の間に，プリンス・ルパート・ハーバー，クイーン・シャーロット諸島南部とアラスカ州東南部では，大きな家が出現した【口絵32】。これらの大きな家は世帯の序列化と，それら世帯の首長がたくさんの支持者を引き寄せることができたことを示唆している。端的に言えば，海岸北部における歴史的な身分秩序のシステムは，紀元1000年までに出現したことが明らかなように思われる。第10章で，その原因についての可能性を議論することにしたい。

第5節　考　察

　北西海岸における恒久的な不平等性の根源は，アーケイック期に存在しているようだ。カスケード地方南部では，大変早い段階から埋葬の処理方法において個人間に区別が生じていた。アーケイック期後期と前期パシフィック期における海岸沿岸では，序列化はわたしたちが「試験的 experiments」と呼んで特徴づけているのであるが，コロンビア高原全域ではもっとも強力な序列化の指標として位置づけられるのが，アイダホ州南西部埋葬複合だと思われる。

　海岸における「唇飾り着装者」の立場が示すように，地位の差が前期パシフィック期の初めにはすでに存在していたようである。ただ，それが人口のおそらく10％に限定されており，男性と女性の両方にみられるとはいえ，わたしたちは唇飾りをつけた者の地位を定義づけようとは思っていない。

　唇飾りは北太平洋沿岸地域では相当な歴史的時間の深度をもっており，北西海岸からカムチャツカ半島にいたる広い範囲で，地位や地理的な位相の表示物として装着された。したがって，その習慣と

第 7 章　社会的地位と儀礼

地位表示の起源は北西海岸以外のどこか別の場所に存在しているように思われる。

地位の表示としての「唇飾り着装」は，紀元前 500 年ころのエリートの出現と拡大のなかで浸透していったと思われる。

より新しいエリート層は，その地位につく人も多く，またより高い地位の者は明らかに男性に偏っていた。彼らは，銅製品のような明らかに専業生産を必要とするエキゾチックなものを含んださまざまな種類の威信財をもっている，より裕福な階層であった。新興のエリート層は，南部においては頭蓋変形となって現れ，唇飾り装着が北部に限定されたように，地域色が強いものであった。このパターンは紀元前 500 年以降発達した一方，進化と変化も続いた。

南部地域のいくつかの場所では，後期パシフィック期において序列化した組織のエラボレーションが度合いを増していったが，それはスコーリッツ遺跡のマウンドに反映している。マウンド 1 と 23 は地域的な指導者，あるいは少なくとも同じ世代の人たちをはるかにしのぐ，かなりの富と労働を意のままにすることができた者の出現を示しているのかもしれない。

北部でも，後期パシフィック期の初期の数百年の間に，世帯の序列に何らかの意味のある違いが出現した。これは家の大きさから明らかであるが，埋葬の儀礼が単純なのは南部と対照的である。唇飾りの装着は，最終的に女性へと限られるようになった。さらに海岸沿岸域のすべてにわたって，土葬という埋葬習俗は新しいものに置き換えられた。

---

1) 平等，階層，階級といった概念定義は，本書ではフリード〔Fried 1967〕に従う。
2) 北西海岸の社会が階級化していたというわたしたちの主張は，二つの根拠によるものである。第 1 は，首長が奴隷の生殺与奪を自由におこなう権利をもっていたことと，奴隷がなにも生産手段をもっていなかったことである。第 2 に，高い地位の人どうしが結婚するという婚姻関係を通じて首長層のエリートはその地位を維持したことである。北西海岸の「階級」の本質を定義することは，長いこと超えるのが至難の壁となってわたしたちの前に立ちふさがってきた。ワイク Wike が 1958 年に提示したヌー・チャー・ヌルス族の階級に対する議論は今でも取り上げなくてはならない業績だが，ドナルドの最近の仕事〔Donald 1997〕がわたしたちにとって決定的に重要な意味をもつ。議論の中心となるのは（〔Ruyle1973〕論文と併載されたコメントを参照されたい），奴隷が首長にどのように使役されたのかということと，世帯経済における役割である。論争の一つは，世帯や共同体の自由民に対して行使された首長の強制力についてである。Ames〔1994〕は，北西海岸の首長の役割と権力について，詳細に議論した。このなかでエイムスは，首長が奴隷を使って暴力的な無理強いをしていた証拠はないと明言している。しかし，民族歴史学的記録のなかには，暴力に対するいくつかの正確な言及がみられることも注意しなくてはならない。

ジューイット Jewitt は，19 世紀初頭のヌー・チャー・ヌルス族の大首長であるマーキンナー Maquinna に捕えられて奴隷にされた時の日誌をつづっているが〔Jewitt 1807〕，それによれば，マーキンナーが就寝した際にジューイットとその同僚の奴隷であるトンプソン Thompson をボディーガードとして使ったという記述が 1 ヶ月のうちに 2 回出てくる。最初の記述は，ジューイットによるとマーキンナーは自分の身の危険の心配をしていたというのである。それというのも魚が遡上しなかったので（4 月の半ばであったが）みな腹をすかせており，マーキンナーは奴隷が自分を殺すのではないかと恐れていたのだ。5 月にマーキンナーは「奴隷頭の 3 人」が彼を殺そうと企んでいるとして，ジューイットとトンプソンをピストルと短剣で武装させ，マーキンナーの就寝中に再び守りにつかせたとされている。これらの出来事はいずれもジューイットが奴隷となって間もなくのことであり，その後は起こっていない。さらにジューイットは，別の記録のなかで奴隷が戦争に駆り出されて戦わされたことを目撃したと述べている〔Jewitt 1967〕。

ギルバート・スプロート Gilbert Sproat が 1860 年代に書いたヌー・チャー・ヌルス族の生活の本には，奴隷のことを観察した二つの記述がある〔Sproat 1868〕。一つ目は，「奴隷の所有者は，奴隷に対して自らが死ぬことを覚悟して敵を殺すように指示することがあり，奴隷もそれに応えて敵の首を必ずもってきた」〔Sproat 1868, p. 91〕というものである。スプロートは，首長は奴隷に対して絶対的な力をもっていたと議論するなかで，この観察を引用している。マーキンナーもジューイットに対しておそらく絶対的な力をもっていたのであり，ジューイットはマーキンナーが自分の生命を所有しており，マーキンナーのために生きていることをよく承知しており，マーキンナーが死ねば自分もすぐに死ぬとわかっていたであろう。

ジューイットの印象を強めたのは，ヌー・チャー・ヌルス族がどのようにして他人の船に乗り込んで船乗りたちを殺害したかを語ったある記録であった。スプロートは「首長は奴隷以外に士官を伴っていなかったが，奴隷は首長の部族に対して服従

を強いられた」〔Sproat 1868, p. 114〕と記している。しかし，別の箇所では首長の権力はさほどでもなく，「権威は実体的なものというよりは名ばかりのものであった」と述べている〔Sproat 1868, 113〕。さらに彼は，カナダの法律の下では奴隷の主人が奴隷を暗殺者として用いることを合法化していたというような事実があったのかどうか疑っている。それというのも彼がみたところ，記録をとった期間にはそのようなことはいっさいおこなわれなかったからである。

　ドナルドは，トリンギット族の首長であるシェイクス Shakes について研究した〔Donald 1997〕。シェイクスは 1840 年代半ばにすべての奴隷をまとめあげて従えていた首長であったが，このようなケースは大変に珍しい。コロンビア地方のダルズ近郊におけるチヌーク語族属の一つ，ウィシュラム Wishram 族の民族誌をまとめたスピアーとサピアー Spier and Sapir によれば，首長層は文句なく従っていたが，スピアーらの記述を読むとその服従が強制的なものだとは書いていない〔Spier and Sapir 1930〕。カーチス Curtis の文献を引用したシェルティング Schulting〔1995〕によれば，ウィシュラム族は奴隷からなると思われる暗殺者集団を組織していたが，スピアーとサピアーはそのことには触れていない。

　これらが，北西海岸の首長層は彼らが所有していた人々に対しては強制力をもっていたという主張の根拠となる史料であり，それらはまた首長層が世帯を構成する自由民たちに対しては権力をほとんどもっていなかったという多くの見解には不利に働く（〔Wike1958〕文献，〔Ames1995〕文献を参照されたい）。しかし，繰り返すが，首長層が彼らの奴隷に対して絶対的な権力を行使していたことは明らかだ。

　奴隷に関する論争の第 2 の点は，奴隷たちが北西海岸の経済に果たした貢献である。つまり，地位の表示目的を第一義として奴隷層が保持されたためになされたのか，あるいは首長層の役目を全うするのに必要な財に対して奴隷層の働きが直接貢献したのか，という問題である。それと関連する問題は，海岸の奴隷制度がどの程度古くまでさかのぼるのかということである（註 6 を参照）。北西海岸を研究する人類学者の基本的な立場は，第一義的には奴隷を所有することが権威に転化したから奴隷を維持したというものであり，生産に貢献するために所有されたというものではない。ここでは Donald〔1985・1997〕に従って，奴隷が世帯の生産活動にも重要なプラスアルファであったと主張したい（〔Ames 1995〕文献も参考にされたい）。

3）　Sproat 1868.
4）　"house" という単語は，三つの意味をもっている。まず，建築物あるいは住居それ自体の意味。第 2 には一つあるいは二つ以上の住居に住む世帯という意味，そして三つ目は "the House" というように複数の世代にわたってつけられた居住集団の名前である。本書原文では小文字の "h" を使うときは建築物の名前を意味し，大文字の "H" を使うときは居住集団の名前の意味し，両者を区別する。北部地域では，首長の名前は同時に house（建物）と House の名前でもあった。これについては，Ames〔1995・1996〕の文献を参照されたい。
5）　Norton 1985.
6）　大多数の研究者は，海岸の奴隷制は古代にさかのぼると考えている。近代初期に報告された奴隷制の規模が，毛皮交易によって戦争と奴隷の交易が拡大した結果なのか，より古い形態がそのまま反映したものであるのかについては論争がある。Mitchell〔1985〕の報告によれば，19 世紀初頭の集団には奴隷の人口はわずか 1〜2％にすぎないものもあれば，奴隷が人口の 30％を占める集団も存在している。ジューイットは，ヌー・チャー・ヌルス族の生活誌のなかで，ヌー・チャー・ヌルス族の首長であるマーキンナーの世帯はその半分，おそらく 50 人が奴隷であったと述べている〔Jewitt 1967〕。その一方で，Panowski〔1985〕は，ヨーロッパ人との接触以前は奴隷はすべて戦争捕虜であり，奴隷制度の誕生は毛皮交易の結果であったと主張するが，彼女は少数派に属する。
7）　Ames〔1995〕の文献とそのなかの参考文献，そして Donald〔1997〕の文献。
8）　社会的不平等に関して，その存在が考古学的にどのようにして立証されるのか，またそのスケールをどのようにして測るのかという考古学や人類学の文献は山のようにある。本書のようなレヴェルの本では，これらの問題を深く掘り下げることはできないが，Fried〔1967〕と Berreman〔1981〕の著作がわたしたちの議論の土台になっている。読者諸賢は，わたしたちの個人的な見解については〔Ames 1995・1996〕，〔Maschner 1991〕，〔Maschner and Patton 1996〕を参照されたい。社会階層の考古学に関する Wasson〔1994〕の議論も，大量の文献を検索する手始めとして格好のものである。
9）　〔Wasson 1994〕文献 p.69 からの引用である。下線部は原著者による。
10）　Wasson 1994, p.71, 表 41.
11）　玉類は，ツノ貝とオリベラ貝製のものがもっとも多い。ツノ貝はバンクーバー島の西海岸沿岸に分布し，アメリカ北部ほぼ全域に流通した。オリベラ貝はカリフォルニア州から北部に運ばれた。
12）　Moss 1993.
13）　Keddie 1981.
14）　Moss 1993.
15）　Cybulski 1991.
16）　Cybulski 1975.
17）　Schulting 1995.
18）　ブルー・ジャケッツ遺跡から出土した人骨の性別の判定が問題である。これには二つの大きく異なる判定結果が出されており，一つは性比がおよそ 1：1 というもので〔Murray 1981〕，もう一つが 6：1 というものである〔Cybulski 1993〕。

第 7 章　社会的地位と儀礼

19) ここでは，石製唇飾りのみを議論している。実際は，木や骨のように，唇飾り着装痕を生じさせない素材による唇飾りをそのほかの者全員がつけていたことも十分ありうる。もう一つ考えられるのは，彼らが全員歯に装着痕が残らないような方法で唇飾りをつけていたのかもしれないということである。前者の場合には，そのほかの者全員が軟らかい素材の唇飾りをつけているのに，なぜ一部の者が石製の唇飾りをつけているのか，という疑問が生じる。この問題は，素材（なぜ有機質の唇飾りに対して石製なのか）であり，なぜ限られた者だけが唇飾りをしているのか，という問題と本質的な差はあまりない。二つ目の可能性は，唇飾りの形態別の相対的比率を考えてみることであり，考古学的なデータを解析することでこの問題に取り組むことができる。圧倒的多数の唇飾りが糸巻き形であれば，ほとんど歯に痕跡が残らないという想定は論証されるだろう。しかし残念ながら，今のところそのような証拠は海岸全域にわたって得られているわけではなく，プリンス・ルパート・ハーバーから出土した限られたデータしか用いることはできない。報告されている 10 個の石製唇飾りには，装着痕が残らないと思われる糸巻き形のものが三つ含まれている。この大変零細な事例を敷衍してよいならば，唇飾り装着者の 3 分の 1 は歯に唇飾り着装痕を残していなかったといえるのではないだろうか。すべての埋葬例で，唇飾りを着けた人の比率は 10％をこえることはほとんどないので，誤差による影響はとるに足らない。もちろん，海岸全域における唇飾りの事例を調査して検証する必要があるが。
20) Dumond and Bland 1995. Dikov〔1994〕は，ウシュキ湖沿岸遺跡から出土した唇飾りを紀元前 10500 年としている。
21) Cybulski 1991.
22) Burley and Knusel 1989.
23) カールソン Carlson より 1995 年にご教示を得た。
24) 正反対の主張もありうる。つまり，地位の差別化が著しくかつ浸透していたので，埋葬行為にそれを表示する必要がなかったという見解である。しかし，ロカルノ・ビーチ段階の遺跡でみられる他の証拠からすれば，そのような地位の差別化が浸透していたということはない。
25) この見解は，チュブルスキーがおこなったクレセント・ビーチ遺跡から出土した人骨の分析〔Cybulski 1991〕にもとづいている。この遺跡では人骨の 6％に唇飾り装着痕が認められたが，唇飾り装着者の性比は男性：女性が 1.3：1 であった。
26) Burley and Knusel 1989.
27) Holm 1990.
28) 贅沢規制品は，着装がエリートに制限され，違反すると制裁が加えられるような，通常，衣服を指す。それに対して，貴重品ははたんに高価なだけであり，したがって富があれば手に入れることができるものである。
29) Cybulski〔1993〕の表にもとづく。
30) これらの議論はいずれも〔Ames1998a〕にもとづく。
31) Wasson 1994.
32) Acheson 1991.
33) Maschner 1992.
34) Archer 1996，Coupland 1996b.
35) Coupland 1985a.
36) Cybulski 1979.
37) ARCAS 1991.
38) Cybulski 1979.
39) たとえば〔Laughlin 1943〕文献。
40) たとえば〔Hill-Tout 1930〕文献。
41) エイムスは 1996 年 10 月に，スコーリッツ遺跡を訪れる機会を得たが，その時お世話していただいたダナ・デポフスキー Dana Lepofsky とミカエル・ブレーク Michael Blake の両氏に感謝申し上げたい。ここでの記述はその際の訪問にもとづくものである。また〔Thom 1995〕文献と〔Blake 他 1994〕文献も参照した。
42) 1996 年の秋までに，第 2 のマウンド地点が発見された。この遺跡は現在でも北アメリカ北西部のどこにも比類のないものである。
43) 海岸チムシャン族の神話では，ニワトコの実は死の象徴である。〔Cove 1987〕文献を参照。

第8章

戦 争

第1節　北西海岸の戦争

　ロシアの海軍士官のゴローブニン Golovnin 少佐が，1860年にアラスカ州南東部のロシアの砦であり，ロシア領アメリカの首都であるシトカをおとずれたときのことである。バルコニーに出て外を見ていると，砦の下のトリンギット族の家で大きな騒動が起きたではないか。いきなり板壁が押し開かれ，飛び出してきたトリンギット族の者が親族の家に駆け込み，戦争用のよろい冑で身を固め，武器を携えてすばやく戻ってきた。間髪をいれず，争っている人々の頭上にロシアの砦からカノン砲の一斉射撃が浴びせられ，トリンギット族はけちらされた。この出来事に興味を引かれたゴローブニンは，翌日これにかかわった者に事情を聞いた。

　聞き取りによれば，シトカ族がヤクタット族よりも歌をうまく歌ったので，ヤクタット族はメンツをつぶされた屈辱をはらそうとして争いが勃発したというのだ。1859年のポトラッチの時にも，シトカ族はヤクタット族のなわばりでヤクタット族よりもうまく歌ったらしい。

　翌年，ヤクタット族はコッパー川の北に住むアサパスカン族から歌をたくさん習うために，何人かをそこに派遣した。また別のポトラッチが1860年におこなわれたときには，シトカ族はロシア人が雇っていたラッコ猟師から習ったアリュート Aleut 族の歌を歌い，ふたたびヤクタット族を負かした。もし彼らがまた負けたら，攻撃しようと武装するに至った。その結果，13人のシトカ族が負傷し，そのうち2人が危篤状態になり，5人のヤクタット族が負傷した。ロシア人は「これをきっかけに血の復讐が始まり，おそらく数年間は戦争がつづくだろう」との理由から，この争いを鎮圧した。

　トリンギット族の，そして近代前期における北西海岸の部族間の戦争の多くは，このような性格のものだった。地位の防御と地位の喪失に対する復讐が，北西海岸の社会を維持するために大変重要だったので，争いはしばしば起こり，それはついに戦争へと発展したのである。

　力をもった地位の高い戦争指導者は，彼らの親族や氏族など何百人もの戦士を巻き込んで，戦争用の18m（60フィート）もある何十艘ものカヌーに乗って他の氏族を急襲した。大きな柵に囲まれた防御施設，全身を守る武具と威力を増した兵器類によって，北西海岸の先住民は有能な戦士になるべく，よく磨かれた戦術上の技術を身につけていったのだ。

　しかし，戦争の勃発はそんな事情ばかりだったのだろうか？北西海岸の戦争のまた違った仮説は，先史時代のデータから構築できないのだろうか？この章では，北西海岸の戦争の証拠から，そこにひそむ戦争の原因の考古学的な分析をおこなう。人骨のデータ，考古学的データ，そして民族誌上のデータを含んださまざまな証拠を用いて，戦争が北西海岸で変化にとんだ長い歴史をもっていること，そして歴史的な記録として残された話が，おそらく先史時代のパターンの名残であったことを説明してみたい。

第8章　戦争

図70　第8章で言及する遺跡の地図

　戦争の原因に焦点を当てて研究している文化人類学者，ブライアン・ファーガソン Brian Ferguson は，資源の乏しさという視点から北西海岸の争いを説明しようとした。象徴的社会的な観点から戦争を説明する点が自分の研究に欠けていることに対して，戦争の危機がせまれば生命や死にかかわる実効上の理由がなににもまさって重要だという理屈によって，それを正当化している。彼は，経済的な理由を強調することによって，武力に訴えることを決定するにいたるその他のさまざまな理由が無視されることにはならないと信じている。

　しかしながら，彼の見解によれば，地位，特権，あるいは儀礼的称号の獲得に対する要求といったような動機は絶え間なく生じる文化的な規範であって，戦争はそうではない。つまり，戦争は時たま起こるにすぎず恒常的なものではないのに対して，人々はいつでも地位や特権や称号を巡って競争しているのだから，そうした次元の違う競争では，戦争がいつなぜ起こるのかを説明することはできないというのだ。

　これに対してわたしたちは，歴史的な記録に対してどちらかというと寛容な姿勢をとりたい。人間は，自分たちが社会的にあるいは経済的に生きていくうえで重要だと考える物事に対しては，すべてにつけて争いあうのではないだろうか。

　もちろんこれは北西海岸の戦争の根源的，そして歴史的な原因が，遠い昔の食糧あるいは土地の欠乏にあるであろうという事実を否定するものではない。しかし，すべての民族誌的データは，なぜ人が戦争に参加したのかということにはたくさんの理由があることを示している。復讐戦，奴隷を捕まえるための戦い，妻をめぐる不貞者との戦い，そして獲得したい食糧や領域，交易ルートを得んとするための戦いなど，近代における文献には，北西海岸の戦争の主要な原因がさまざまに引用されている。

　復讐戦は，なんらかの不正，侮辱あるいは過激な行動を受けることによって増幅される争いであ

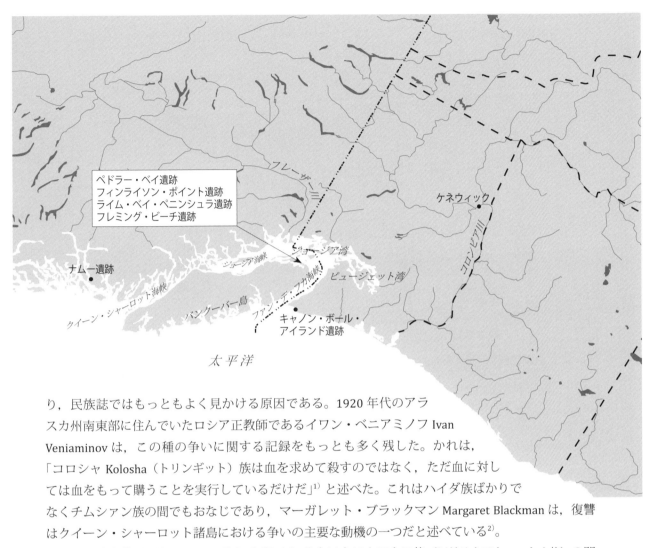

り，民族誌ではもっともよく見かける原因である。1920年代のアラスカ州南東部に住んでいたロシア正教師であるイワン・ベニアミノフ Ivan Veniaminov は，この種の争いに関する記録をもっとも多く残した。かれは，「コロシャ Kolosha（トリンギット）族は血を求めて殺すのではなく，ただ血に対しては血をもって購うことを実行しているだけだ」[1] と述べた。これはハイダ族ばかりでなくチムシャン族の間でもおなじであり，マーガレット・ブラックマン Margaret Blackman は，復讐はクイーン・シャーロット諸島における争いの主要な動機の一つだと述べている[2]。

ヘイルサク族（以前はベラベラ族と呼ばれた）やクワクワカワクワ族（以前はクワキュートル族）の間の復讐戦もまたよく知られている[3]。クワクワカワクワ族は，部族の誰かが殺されると必ず，殺された人と同じ地位の犯罪者集団の者を殺害しなくてはならなかったので，犯罪者集団の高い地位の者，あるいは地位の低い者であれば何人も殺すための首狩りに参加した[4]。北部のコースト・サリッシュ族は，レクウィルトック・クワクワカワクワ Lekwiltok Kwakwaka'wakw 族の襲撃に対して復讐戦をおこなった[5]。

南にいくと，中央コースト・サリッシュ族[6]とクィレウト Quileute族[7]も，それほど頻繁でないが復讐戦に加わっている。コロンビア川流域とそのさらに南では，復讐戦は代償を支払うか，加害者を奴隷にすると終結する場合が多かった。そして勝者は敗者から支払いを受けたが，敗者はたんに償いをするだけで領域を侵されることまではなかった。この形態の争いは，コロンビア川下流のチヌーク語を話す集団と同様に，ティラムーク Tilamook 族，チハリス下流，コウリッツ川下流とツアラティン Tualatin 族で一般的である[8]。北西海岸社会における復讐戦の重要性が何かという問いに対して，ほとんどの探検家，宣教師と民族誌学者が，地位や権威を維持するためのものであったと論

第 8 章　戦争

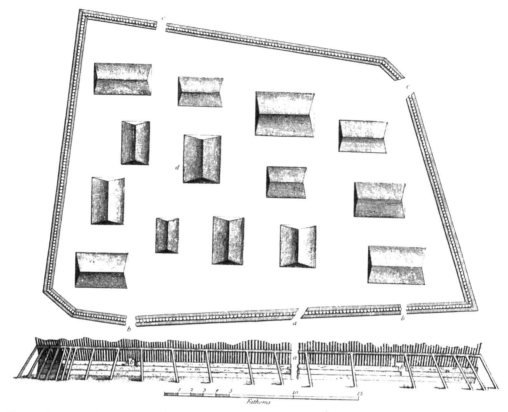

図 71　リシアンスキー Lisiansky が 1804 年に描いた，シトカにおけるトリンギット族の砦の見取り図
この砦は備蓄が使い果たされたとき放棄されただけで，それまではロシア海軍の砲撃に抗し続けた。

じている[9]。

　労働力と財産として奴隷を捕らえることは，争いの一般的な，そして重大な動機である[10]。カメンスキー Kamenskii は，トリンギット族は戦争によって財産を奴隷の形で得たとし，さらに「トリンギット族自身は汚れ仕事につくことは身を落とすことだとみなし，そういった仕事は奴隷や少なくとも女性の義務であると考えた」と主張している[11]。奴隷狩りは，ハイダ族の間でも普通におこなわれたが，彼らは北西海岸北部のあちこちでトリンギット族，チムシァン族，ヘイルサク族，クワクワカワクワ族や，ハイダ族の仲間をも急襲した。チムシァン族の間では「襲撃集団は，奴隷を捕らえるために，あるいはよその集団によって負わされた不正や傷害の復讐のために組織され」，「彼らの親戚を取り戻すための身がわりとして，あるいは奴隷として確保するために，急襲して捕虜を捕らえるのは「儲け」につながった」とガーフィールド Garfield は書き留めている[12]。

　レクウィルトック・クワクワカワクワ族が奴隷の所有に熱心だったので，北部，中央，そして南部コースト・サリッシュ族の集団は，いつでも守勢に回らなくてはならなかった。ハイダ族やトリンギット族との奴隷交易の際には，サリッシュ族の奴隷は居住地からおよそ 1,000 km（600 マイル以上）移動することはざらであった。レクウィルトック族の奴隷狩りは，たくさんの南部コースト・サリッシュ族の彼らに対する復讐戦を鼓吹することにもなったのである[13]。

　コロンビア川下流のチヌーク族もまた奴隷狩りをしたが，彼らはむしろコロンビア高原と北西海岸

との間の奴隷交易の仲介者として名が知られていた[14]。南部集団の多くは，急襲するよりも急襲されたり奴隷にされたりすることの方が多かったので，活発に奴隷を獲得した様子はない。これらの村の奴隷は通常，交易を通じて得た者である。ティラムーク族とチヌーク族，ティラムーク族とツアラティン族の間の初期の闘争が記録に残っているが，それによれば，これらの闘争は奴隷交易に巻き込まれて生じたものである[15]。

デ・ラグナは，集団の分裂や移住を引き起こす原因として，妻をめぐる争いが引き合いに出されることがよくあり，それは戦争を誘発したことも珍しくなかったであろうと述べている。また，エヤク Eyak 族はたくさんのトリンギット族の妻をもっており，それらは「いつでも（頻繁に？）盗まれた……」[16]とも報告している。これはしばしばトリンギット族とその北部の近隣集団間の戦争の引き金になった。ガーフィールドは，「神話のなかでも，不倫の事件が集団間のトラブルの原因となっている」と述べているが，彼によるとトリンギット族，ハイダ族あるいは内陸チムシャン族の女性奴隷は，しばしばチムシャン族に編入された[17]。ベニアミノフの調査によれば，争いの多くは不倫であった。それに対して北西海岸南部では，不義や婦女の窃盗，あるいは近親相姦による戦争は，ほとんど報告されていない[18]。

1852年，ハドソン湾会社が内陸部に交易を拡大するためにシルカーク砦を建築したということを聞きつけるやいなや，チルカット・トリンギット chilkat Tlingit 族の首長チャートリッチ（ショートリッジ）Shortridge（Chartrich）は，戦闘部隊を指揮して480㎞（300マイル）以上内陸に進撃し，砦を破壊して競争に終止符を打った[19]。近代期には戦争が頻発しているが，戦争の動機は交易権や交易路の獲得や支配をめぐる激しい競争が動機であったと思われる。

ウーリー Wooley は，交易をめぐる初期の闘争の多くは，重要な交易地点に集まってくる血縁関係にない集団どうしが引き起こした人口減少とストレスの影響という視点から説明できると主張する[20]。チルカット族や海岸北部のその他の多くの集団は，海岸と内陸間の交易路を管理し，内陸のアサパスカンと海岸のヨーロッパ人の間の直接の交流を禁じて，事実上の独占体制をつくりあげた。

交易と戦争の関係を探るよい例はナス川の河口に見られるが，そこでは毎年春になると現れるユーラカンの大群（第5章参照）をめぐって，激しい戦争が展開された。ユーラカンの油が重視されたのは，魚の長期間の保存にうってつけであるばかりでなく，とくに内陸部との交易の必需品でもあったからである。ボアズは，トリンギット族とチムシャン族の間での壮絶な襲撃に関するたくさんの逸話を文字に残しているが，結局チムシャン族が勝利して，トリンギット族を北の方に追いやった。

上述のファーガソンの論法に従えば，食糧不足と領土の拡張が戦争の理由となるわけだが，それはほかの理由に比べて一般的だといえるようなものではない。ヌー・チャー・ヌルス族と同様に，ヘイルサク族もたしかに食糧不足の期間に戦争に参加した[21]。

トリンギット族の領域（南部プリンス・オブ・ウェールズ島）にカイガニ・ハイダ Kaigani Haida 族が侵入してきたことや，エヤク族の領域内に南からトリンギット族が拡大してきたことは，トリンギット族やハイダ族の口碑に残されている。チムシャン族の口承は，ヨーロッパ人との接触以前に領域が移動していたことを示唆するものであるが，そのなかにはかつてトリンギット族がプリンス・ルパート・ハーバーに居住しており，その後チムシャン族が拡大してくることによって，ナス川とスキーナ川下流に押しやられたという内容がみられる[22]。

第2節　北西海岸の戦争に対するいくつかの考究

　北西海岸の戦争の顕著な特徴の一つは，それをおこなうために信じられない距離を移動することである。ハイダ族は，チムシャン族，南部トリンギット族，ヘイルサク族など近隣の集団と戦うばかりでなく，クワクワカワクワ族，コースト・サリッシュ族，そしてヌー・チャー・ヌルス族など，600km（375マイル）離れた村も襲った[23]。トリンギット族の戦争集団は復讐と奴隷狩りのためにジョージア海峡あたりまで南下して急襲をするのだから，これらの長距離の遠征戦争は，北部の海岸に限定されたものではなかったといえよう。海岸南部では，クワクワカワクワ族によるピュージェット湾南端の南部コースト・サリッシュ族の集団に対する奴隷狩りの急襲が日常化していた。

　北西海岸の戦争は，参戦した集団の人口動態に影響を与えたであろう。ボイドは，ハイダ族やチムシャン族，ヌー・チャー・ヌルス族の説話のなかには，全村が根絶やしにされるほど死亡率の高い領土戦争が認められるとしている[24]。ヌー・チャー・ヌルス族は，領土と主要な漁場を手に入れるために近隣の同族を襲い，絶滅させたことが知られている。レクウィルトック・クワクワカワクワ族は，サーモン川とケープ・ムンゴの間にある北部コースト・サリッシュ族土着の領域と村から，彼・彼女らを追い払った[25]。こうした部族内，部族間の争いやそれにともなう領域などの変動は，おそらく初期先史時代にも生じたことだろうが，考古学的な記録のなかにそれを見出すのは難しい。

　この議論をおこなうにあたり，北西海岸の戦争を説明するうえで二つの非常に重要な論点がある。第1の論点は，戦争は決して単一の理由でおこなわれたことはなかったであろうという点である。侮辱や不義に対する争乱は，何十年も続く復讐戦に発展することもしばしばだ。ただ，これらの戦争は一人あるいは数人の参加者が殺されてお開きになることはあるかもしれないが，領土が奪われるまで発展した証拠はほとんどない。領土拡張のための戦争は，それらがおこなわれたときは，地域のなかでもっとも人口密度が高く，もっとも力が強く，そしてもっとも豊かな生業資源を自らの領域のなかにもっている集団によって通常起こされた。

　それは第2の論点につながるが，勝利をおさめるには，集団は仲間・富・資源を事前に用意しておく必要があったということだ。これらは実際にもっとも不可欠のものであり，貧困な者であっては襲撃を仕掛けるのに必要な富も仲間のいずれも持ち合わせていないのである。

（1）北西海岸の戦争の考古学

　考古学者が先史時代における戦争を確認するのによく使う，三つの証拠がある。もっとも明白なのは，人骨に残された傷あとである[26]。それが暴力によって死亡した証拠とされる場合，手がかりとなるのは棍棒の打撃によって骨が破壊されていることや，骨に石鏃といった飛び道具が打ち込まれていることなどである。

　もう一つの証拠は，防御の遺跡や要塞である。防御遺跡と認められるのは，村が崖の上に存在していたり柵をめぐらしていたり，溝と盛土の築堤を伴っていたりする場合である。しかし，要塞施設の発掘例はまれである【口絵45】。要塞と考えられる遺跡のほんのわずかな発掘からは，そこで人が居住していたおおよその時期，これらの遺跡での彼・彼女らの活動の痕跡，居住していた間に食べた食

コラム　北西海岸の戦争のための武器と武具

弓と矢　戦争で多用された弓と矢は，火器が導入される前の主要な武器であった。弓の多くは木でできた単純なつくりのものであったが，通常イチイ属の木でつくられ，腱で補強された。マクドナルドは，矢柄にはサスカトーン・ベリーの枝が最適だったが，海岸にめったに生えていなかったので，矢柄のために海岸と内陸の交易がさかんにおこなわれたと述べている。海岸のスギを利用した矢柄は上手につくられたが，割れやすかった。サスカトーン・ベリーの矢柄はたいへん強靭で，体内に打ち込まれたものを抜くときに多大なダメージを与えた。導入期の弓と矢の証拠は希薄であり，海岸南部における小さな石鏃と海岸北部における骨製両面尖頭器の急増が，それを物語るわずかな例である。事例は，いずれも紀元200～500年以降の導入を示している。

剣　剣は，歴史時代に接近戦でもっとも一般的に用いられた武器である【口絵44】。もっとも古い民族例によれば，剣は鯨骨と銅でできており，打製石器あるいはスレート製の磨製石剣の考古学的な証拠は3000年前にさかのぼる。それらは最古のものも最新のものも両方とも長い刃と短い刃からなり，その間に溝をもつ特徴的な形をしていた。

槍　戦争用の槍は，戦士が3番目に多用した武器であった。槍は通常1.8～2m（5～6フィート）の長さで，「棒の先端に結びつけられるナイフ」と記述された。これらは突き刺す槍であり，めったに投げることはなかった。チムシァン族の槍は5.5m（18フィート）にも及び，柵をめぐらした砦の上から使われた。槍のような尖頭器は，中期パシフィック期およびその後の時期の遺構・遺跡から出土している。

棍棒　石製の戦争用棍棒は，中期パシフィック期の海岸北部，とくにチムシァン族の領域で起こった接近戦の戦闘形態を物語る劇的な証拠である。これら大きな重い棍棒は，鳥や魚，動物と人間の図像が念入りに彫刻された。1898年，ジョニー・ムルドー Johnny Muldoe のハグィレット・キャニオン Hagwilget Canyon 遺跡の発掘によって35個の棍棒【口絵43】を隠匿した場所が発見され，そのとき以来，ブリティッシュ・コロンビア州北部海岸沿いとクイーン・シャーロット諸島でたくさん発見されている。

武具　何種類かの武具が，北西海岸で使用された。もっとも頑丈なものは，木製の小札を繊して挂甲としたものであり，それは革製のシャツの上に着用された。腕や足を保護するためにも小札は繊され籠手，すね当てが作られた。アザラシやヘラジカのような大型獣の皮を二重あるいは三重にかさね，木製小札で補強された武具もつくられた【口絵47】。ときに，魚でつくったのりを用いて，革が硬くなるまで外側に石を貼り付けていたようである。

木製面頬　武具の上には面頬が首のまわりにつけられた。それは曲げられた木を革とつなげてできていた。面頬には息をする口や耳の部分に細長い孔があけられていた【口絵46】。面頬の上には大きな木製の冑が取り付けられ，戦士の背丈を相当大きくした。冑のいくつかは厚さが10cmに及ぶものもあった。

武具と面頬，そして冑にはすべて，グロテスクな人間の顔【口絵48】やクマ，あるいは他のモティーフの空想的な意匠が彫刻され，塗彩された。初期のころにはロシア製マスケット銃の玉が20フィートの距離で，トリンギット族の武具にあたってはねかえったようなことも報告されている。後のマスケット銃やライフル銃の玉は体の武具を貫いたが，いずれも面頬や冑にダメージを与えるほどの威力をもったものではなかった。

糧が明らかにされただけにすぎず，それらは防御施設をもたない村とほぼ同じ内容であった[27]。

暴力と戦争の三つ目の証拠は，争いに特化した道具あるいは武器である【口絵42～44・46～48】。問題は，このように特化した道具は発見例が少なく，大部分の道具は一つの目的に限定して考えることができないことである。これらの証拠三つがすべてそろったとき，北西海岸におけるたくさんの遺跡から，先史時代の争いとその進化を議論するための充分な情報を得ることができるのだ。

（2）アーケイック期（紀元前 10,500～前 4400 年）

アーケイック期における北西海岸の争いの考古学的証拠はわずかである。アーケイック期前期の明白な例は，近年発見されたただ一例のみだが，それは尻に打ち込まれ破片となった飛び道具を伴って発見された「ケネウィックマン Kennewick Man」である[28]。コロンビア高原南部における中期アーケイック期の埋葬人骨の多くは，暴力的な争いによると思われる傷をもっているようだ[29]。考古学的なサンプルの性格を考えると，サンプル数を我々がコントロールできないので，これら少ない事例は意味がほとんどない。しかし，わずかではあれ暴力的な傷の証拠のある人骨が存在していることは，アーケイック期の風景が平和的なものではなかったことを示している。

（3）前期パシフィック期（紀元前 4400～前 1800 年）

争いと戦争の証拠が増えてくるのは，前期パシフィック期である。ブルー・ジャケッツ・クリーク遺跡の人骨は紀元前 2900 年であり，彫刻のある骨製刃器または尖頭器 2 点を伴って埋葬されていた。紀元前 2200 年のナムー遺跡の男性人骨は，背骨に骨製尖頭器か刃器が撃ち込まれて先端部が残った状態で発見された。プリンス・ルパート・ハーバーで発見された前期パシフィック期終末の何体かの人骨は，縛られ，首を切られていたようだ。

前期パシフィック期の遺跡から発見された人骨を分析したチュブルスキーは，少なくとも 21% に暴力行為による何らかの外傷がある（ほかの 7% の外傷は他の原因による）としている。暴力による外傷を伴う人骨の大多数は，ナムー遺跡から発見された。ブルー・ジャケッツ・クリーク遺跡の人骨には，暴力の証拠はないかあってもわずかである。チュブルスキーの分析したこれらの傷は，棍棒の打撃による頭蓋骨の陥没骨折，顔面と前歯の破砕，防御による前腕骨の「かわし」骨折，手骨の外側の防御的骨折，前腕骨と手骨の攻撃を和らげるための骨折，そして首を切られた実例を含んでいる。

アラスカ州南東部には紀元前 2200 年頃，絶壁の上に築かれた遺跡が二つある。後の時代には防御的な要砦として使われたと考えられているが，防御的性格が前期パシフィック期にさかのぼるかどうかはわからない。これらの事例は，前期パシフィック期に何らかの争いがあったことを示唆している。

（4）中期パシフィック期（紀元前 1800～紀元 200／500 年）

中期パシフィック期における戦争は，北部海岸で目立って激化したが，南部海岸，とくにジョージア海峡では人どうしの暴力沙汰は頻発しなかった。チュブルスキーは，海岸北部の埋葬人骨（主としてプリンス・ルパート・ハーバー）の 32% 超が戦争などの暴力的な傷を負っていると判断した。その他の 16% の人々は，戦争以外の形態の外的傷害や傷を負っている。合計すれば，中期パシフィック期の北部海岸における人骨の 48% 以上が，何らかの形の外傷を示しているわけだ。外傷の合計が

たった 14.8％であり，暴力による外傷がわずか 6％にとどまる海岸南部と著しい対照をなしている。

　これらのデータは，中期パシフィック期の海岸北部と海岸南部のあいだの生活様式における重大な相違を示している。北部では，人々ははるかに傷を受けやすかったようであり，とくに争いによる傷害をたいへんに受けやすかったようである。

　プリンス・ルパート・ハーバーの遺跡では，外的傷害の高い比率は男性にあらわれているが，それには防御による前腕骨のかわし骨折や頭蓋骨の陥没骨折を含んでおり，骨製や石製の棍棒，両端が尖った磨製石器や粘板岩でできた磨製石剣のような武器の存在が明らかである[30]。クイーン・シャーロット諸島では，偶像を彫り込んだ「プリンス・ルパート様式 Prince Rupert‑style」という戦争用の石製棍棒が集落以外から出土することがある【口絵43】。この時期に島で戦争がおこなわれたことを直接説明する証拠はないが，棍棒は島と本土との間の関係がいつでも平和的ではなかったことを裏付けるものである。

　上に述べたジョージア湾地域にみられる外的傷害の証拠を除けば，北海岸南部では中期パシフィック期の争いの証拠はほとんどない。これは，海岸南部における戦争の重要性が中期パシフィック期を通じて北部に比して大変少なかったという推論のよりどころとなっている。こうした相違は，戦法の違いを反映しているという憶測もあろうが，それを裏付ける証拠はない。

（5）後期パシフィック期および近代前期（紀元200／500～1850年）

　後期パシフィック期の埋葬人骨は，戦争が海岸全体で中期パシフィック期の北部海岸と同じくらい活発になったことを示す。これは北部海岸の戦争のパターンが，紀元 500 年ころのある段階で南部にまで広がったことを物語っている。しかし，チュブルスキーが集めた例はただちに海岸の北部地域と南部地域を分離するのには少なすぎ，地域的なパターンは不明瞭である。

　ただ防御用砦と崖の上の村の存在だけは，後期パシフィック期の北西海岸における戦争に対するもっとも重要な証拠といってよい。ミッチェルによれば，一時的な避難所を囲う壁や溝からなる安全地帯は，北西海岸南部における後期パシフィック期の村に付随してしばしばみられる[31]。クイーン・シャーロット海峡では，「争いは要塞化した遺跡の存在が示唆するところである」。彼は，ジョージア海峡において溝を伴う築堤遺構が広く分布していることも指摘した。彼は，これらの遺構の構築や維持にかなりの労働力が投入されることからすれば，集約的で激烈な戦争が存在していたとみなすことができるに違いないと主張している[32]。

　これらの溝を伴う築堤遺跡は，北海岸南部ではほとんど知られていない。ケディー Keddie は，ジョージア海峡のビクトリア市域において，溝を伴った築堤の遺跡の数か所の年代を推定している。それらの遺跡とは，紀元 400 年に位置づけられるペドラー・ベイ Peddler Bay 遺跡（DcRu1），紀元 800 年のフィンライソン・ポイント Finlayson Point 遺跡（DcRu23），そして紀元 800 年のライム・ベイ・ペニンシュラ Lime Bay Peninsula 防御遺跡（DcRu123）である。

　年代が推定された遺跡は，そのほかにもエスキマルト Esquimalt 遺跡（DcRu21）に近いフレミング・ビーチ Flemming Beach 遺跡（DcRu20）がある。これは，2 か所の防御的な場所によって囲まれた大型の貝塚である[33]。主たる貝塚は底面の年代が 4,000 年前よりも古いが，遺跡に掘られた防御用の溝の壁は，紀元 800～1000 年である。オゼット遺跡の近所のキャノン・ボール・アイランド Cannon Ball Island 遺跡も，最大の見積もり幅で紀元前 200～後 200 年という防御遺跡のようだ。考

第 8 章　戦争

古学者の何人かは歴史的に知られる領域の境界線上にしばしばこれらが発見されるという，防御遺跡の分布のパターンを認識しているとモスとアーランドソンは指摘する[34]。

北西海岸北部にはおびただしい数の防御遺跡が存在しているが，それは戦争が日常的でかつ広い範囲でおこなわれていたことを示している。歴史的にみて，これらの防御の要砦は常に堂々たるものであった。

大型の矢来は，近づくのが困難な岬あるいは岩場の絶壁の上にいくつかの家を配して築かれた。プリンス・オブ・ウェールズ島の西にあるトリンギット族の要砦は，デ・ラ・ボケイ・イ・クゥアドラ De la Boca y Quadra が 1779 年，「高い丘の頂上に立地しており，その斜面がたいへんに険しいので，それに昇るのに木の梯子を使った」と記述している[35]。

キャプテン・クックは，グラハム島の丘の上の似たような要砦について 1778 年に記録を残し，ニューコム Newcombe はハイダ族の似たような防御の場所を数十も記録している。バンクーバーは，1779 年 8 月にアラスカ州南部中央にあるケーク海峡に近い数多くの防御の場所を，次のように記述した[36]。

　……少なくとも 8 つのさびれた村の遺構は……どれもこれもすべて，大変な絶壁のいただきあるいは急な狭い岩場に立地している。それを取り巻く自然は，その村に近づくことを拒否し，さらには技術と大変な労働によって強固な防御施設ができあがった……要砦化した頑丈な建物は岩場の上の一番高いところに建てられ，がっちりした木のプラットフォームをもっていた。プラットフォームは，建物の下の坂全面を覆うくらい外側に飛び出しており，その端は丸太を互い違いに積み上げて高くしたバリケードで囲われていた。

北西海岸中央部では，歴史上重要な遺跡に矢来がめぐらされていることはさほど多くなかったが，多くの村は防御にふさわしい場所に位置していた。バンクーバーが組織した探検隊は，廃絶された防御遺跡と推測される場所に幾度となくキャンプを張った。ベル Bell はヌクサーク村について，「本土から 50 ヤードほど離れた裸の岩場に立地しており，周囲は 300〜400 ヤードもない」と 1793 年に記述している[37]。

防御遺跡は後期パシフィック期に，アラスカ州南東部とクイーン・シャーロット諸島全域にわたって，容易に近づくことのできない絶壁の上に建設された[38]。これら防御遺跡のうちの数十は年代測定がしっかりなされており，さらに多くの場所が確認されている。これら大多数は，紀元 900〜1200 年の間に営まれた。これは中世の気候最適期として知られる世界的な気候現象の時期であり，北半球でたいへんに温暖な気候になった時期である。この時期に戦争が北西海岸中に拡大したということは，局所的ではない広域に及ぶ何らかの社会変動プロセスを強く示唆する。

戦争にかかわる遺物はほとんど知られていない。近世前期には，戦争の装備には甲冑，弓と矢，槍，棍棒，そして剣などがあった[39]。ロシアの海軍将校であるクレブニコフ Khlebnikov は，ヤクタット・トリンギット族 Yakutat Tringit（チュクチ ugach〔太平洋エスキモー〕族を狩っていた）とアリュート族とロシア人の間の争いを 1792 年に以下のように記録しているが，そこでは互いの側で 12 人の死者を出した。

　コロシュ（トリンギット）族は，鯨の内臓を硬く巻きつけた木のよろいからなる戦争用の衣装で身を包んでいた。かれらの顔には，クマやアザラシ，あるいは海獣に似せてつくった恐ろしい容貌の仮面（面頬）がつけられていた。彼らは丈が高くて厚い木の帽子をかぶったが，それは垂

第 2 節　北西海岸の戦争に対するいくつかの考究

> コラム　シトカにおけるロシア人に対するトリンギット族の反乱

　1800年までに，アレクサンダー・バラノフの指揮のもとにロシア・アメリカ・カンパニーがアラスカ州南東部を激しく侵略し，ついに現在のシトカにセント・アークエンジェル・ミカエルと呼ばれる砦を築いた。アメリカとイギリスの貿易商人たちは，この恒久的な施設の存在が彼らの交易活動にとってマイナスになるのではないかと憂慮した。

　ロシア人は毛皮を集めるのにアリュート族の狩猟民を使ったのに対して，アメリカ人とイギリス人はトリンギット族と直接毛皮を等価交換した。さらにアメリカ人はロシア人よりもさらに多額の報償金を支払ったので，ラッコの毛皮の大部分を得ることができたのである。トリンギット族は，ロシア人の砦が彼らの交易システムと直接競合し，自分らの土地を横取りするものだとみなした。そこで，1802年7月18日ないし19日にトリンギット族は反乱をおこし，シトカのロシア人の砦は焼かれ，その住人はすべて殺された。トリンギット族の居住地のなかにロシア人が集落をつくったのが反乱のすべての理由であったが，アメリカ人とイギリス人が彼らをそそのかしたこともまた疑われる。

　襲撃の時に，バラノフはコディアックにいて手出しができなかった。そこで1804年の夏，彼は4隻の船と120人のロシア人，800人のアリュート族とコディアックの島人，そして300艘のカヤックを用いてシトカのトリンギット族に仕返しをした。2隻の船は内陸の川を進行し，ケクやキーユユなど多くのトリンギット族の村を砲撃して焼失させ，ほかの2隻はシトカに直行した。バラノフはシトカ港に着き，ネバ号のリシアンスキー Lisiansky 船長と出会う。

　トリンギット族は矢来をめぐらした大きな砦を湾の突端に築いていたが，湾は大変浅かったので，大型の船は近づくことができない。両方の側に死傷者を出す小競り合いが，何日にもわたり何度もおこなわれた。ついに，ロシア人はカノン砲を用いて砦を砲撃し始めたところ，何の反撃の射撃もなかったので，砦を占領するために上陸を試みた。

　10月1日，5基のカノン砲，150丁の銃を用意したロシア人は，ネバ号の水兵，会社からの多数のロシア人と数百人のアリュート人とともに上陸した。激しい集中砲火をあびせながら，彼らは砦のすぐそばまで近づいた。すると突然，トリンギット族はカノン砲やマスケット銃で反撃し，ネバ号の水兵の全員とロシア人の多くはバラノフ総監を含めて負傷し，アリュート族は完敗した。幾隻かのロシア船籍も同じようにダメージを受けた。

　次の日にネバ号のリシアンスキー船長は，ネバ号からトリンギット族の砦に激しいカノン砲の砲撃をあびせたが，トリンギット族が柵に当たって跳ね返ったカノン砲の砲弾を集めようと柵から外に走り出るのを見て落胆した。続く数日間の戦闘の結果，トリンギット族は和平を請い，多数の人質を引渡した。しかし，彼・彼女らは砦を離れることは拒否した。数日にわたる交渉の後，10月7日の夜中，ついにトリンギット族の砦は放棄された。アリュート族はトリンギット族の要砦の背後の森にある食糧貯蔵域を襲撃した結果，彼・彼女らは穀物不足に陥った。このようにして，トリンギット族の反乱は実際上の終結を迎え，跡地にはニュー・アークエンジェル（シトカ）が建てられたのである。

　リシアンスキーは後に，ロシアのカノン砲の弾丸はトリンギット族の矢来を貫くことはほとんどなく，砦の中にはカノン砲の弾丸があり余っていたと書き残している。彼はさらに矢来の配置と構造に驚かされた。トリンギット族は，もう一つの要砦を築いたチャタム海峡に退却した。トリンギット族の反乱の実践力と戦争における彼らの技術の恐ろしさに閉口したロシア人は，むこう50年間，さらなる拡張をすべて控えざるを得なかった。ロシア人に対して砦を守るのに参加したトリンギット族は，

> 伝えられるところによれば多くの異なる氏族やリネージの出身者であり，おまけにいくらかハイダ族もまじっていたようである。これはおそらく，トリンギット族の歴史において最大規模の氏族やリネージの同盟であったろう。

れ下がった紐で上着と結ばれていた。彼らの所持する武器は，槍，弓，そして先端が二つある剣だった[40]。

トリンギット族の武具は，木の小札で補強された3層に及ぶ獣の皮からなっているが，それは槍や矢とナイフから身を守り，さらにマスケット銃の玉さえも跳ね返すものであった。海岸南部で初期の探検家が最初に出会ったチヌーク族の古参の首長コンコマリー Concomally は，着ていたエルクの毛皮の防御服がマスケット銃の玉を払い落としたという逸話をもっている。

北西海岸の戦争に用いられた武器類は，骨鏃，磨製や打製の石鏃と槍先，骨剣や粘板岩でできた磨製石剣，骨製棍棒や石製の磨製棍棒を除けば考古学的な遺物は残っていない。北西海岸の考古学者はこれら遺物の意味について論争しており，それらが狩猟や儀礼に対して用いられたものではなく，争いの証拠になるのかどうか議論している。また，北西海岸の飛び道具に対する実験的な研究が最近進められており，新しい見解が提示されている。

ネイサン・ローリー Nathan Lowrey は，北西海岸で見られるすべての様式のよろい，同じく磨製と石製そして骨製の尖頭器をつけた弓矢を，民族誌をモデルに用いて復元した。その結果，骨製の尖頭器がよろいを貫通したのに対して，粘板岩製磨製尖頭器と打製尖頭器はほとんどの型式のよろいに対して貫通する前に壊れてしまった[41]。

北西海岸における石製の飛び道具の形態と様式は非常に変化にとんでいるが，これは骨製の飛び道具が広い地域にわたって類似しているのと対照的である。これらの骨製尖頭器は比較的細くて長く，くさび形の基部をもち，要塞の柵の外側で発見されている。北西海岸における骨製尖頭器の使用は長い歴史をもつが，その数が増加したのはこの地域に弓矢が伝播したことと関係しているのかもしれない。

弓矢は，おそらく村どうしの政治と戦争の形態を変えたであろうとマシュナーは考える[42]。これは接近戦から弓矢での射かけ戦への明確な変化を示すであろう。崖の上の矢来に囲まれた，あるいは築堤や溝で囲まれた防御要塞や村と避難所の建設は，この変化をもっともよく説明している。しかし，とくに北部においては，人骨に残る証拠や海岸の人々の戦争の口伝えの両方から，接近戦が継続していたことも明らかである。

第3節　北西海岸の戦争の調査

北西海岸の戦争の調査研究を代表するのは，北部における二つのプロジェクトである。まず一つは，ジョージ・マクドナルドによるキトワンガ・フォート Kitwanga Fort・プロジェクトであり，詳細な口碑と単一の遺跡を基盤としたものである。二つ目はハーバート・マシュナーが指揮するキューユ・アイランド Kuiu Island・プロジェクトであり，戦争に対する時間的，空間的な研究である。

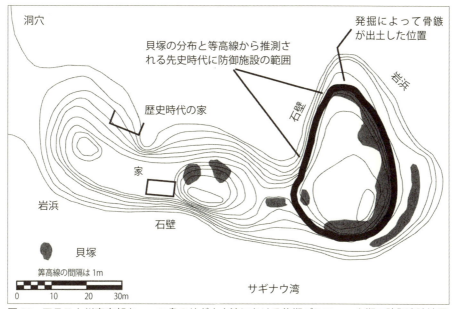

図 72　アラスカ州東南部キューユ島のサギナウ湾における後期パシフィック期の防御遺跡地図
廃棄物は壁の近くに捨てられたので，貝塚の分布によって矢来のラインがわかる。

(1) キトワンガ・フォート・プロジェクト[43]

　初春のナス川にさかのぼってくるユーラカンの群は，北西海岸の経済にとってきわめて重要だった。魚群自体はプリンス・ルパート・ハーバーで越冬する海岸チムシァン族によって所有され，管理されたが，魚と精製された油は，海岸沿いはもちろんのこと，かなり内陸にまで広く交易された。油脂が内陸に運ばれたのは，有名な「油街道」を通じてであった。これらの街道沿いのいくつかの重要な地点には砦が築かれたが，これらのうちもっとも有名な砦はキトワンガの要砦である。

　タアウドゼップ Ta'awdzep とも呼ばれるキトワンガの要砦はスキーナ川をさかのぼった油街道の重要な分岐点に位置しており，さらにチムシァン族の戦士であったネクト Nek't にまつわる口碑のなかに中心的な役割を演じた砦として登場する。要砦は，スキーナ川氾濫原の真ん中から離れた場所に位置する，頂上が平らで比較的急傾斜の丘の頂上に立地していたが，川からは近かった。要砦はジョージ・マクドナルドによって 1979 年に発掘調査され，復元された。年輪年代によれば，要砦は 18 世紀を通して使用されている。要砦のある場所には先史時代にも人々が住んでいたようだが，その年代はわからない。マクドナルドは要塞を復元するにあたって，考古学的，史料民族学的，民族学的情報を用いた。

　壁は北西海岸に典型的な矢来であり，柱によって支えられた傾斜のある丸太の壁であった。丸太と枝の先を尖らせて調整した丸太を「忍び返し」として柵の外側にしっかり留められた。これらは攻撃してきた者を転落させたり，砦を突破して中に侵入しようとする攻撃者に対して逆茂木の働きをしている。砦の内側には，五つの大きな板壁住居があったようだ。その家には大型の貯蔵穴と大きな屋根裏口などの逃亡用の扉も備えていた。要砦化した部分の範囲は，1,000 ㎡以下にすぎないであろう。

　マクドナルドが雇った情報提供者によれば，タアウドゼップは「ハイダ族の戦い」の最初に建設された砦であり，それは過去 1,000 年間における戦いだと考えてよいだろう。マクドナルドが調査したその

第8章　戦争

砦は，18世紀に激化した戦争に対応したもののようであり，ヨーロッパ人の到来に先立つものではあったが，毛皮貿易の期間も戦争は続き，そしてスキーナ川沿いでの闘争を激化させたのは確かである。

(2) アラスカ州南東部：キューユ・アイランド・プロジェクト[44]

①テベンコフ湾・サギナウ湾遺跡の防御集落

　アラスカ州南東部キューユ島のテベンコフ湾地域で，表採を伴う踏査と若干の試掘からなる考古学的プロジェクトが4シーズンおこなわれた。このプロジェクトの目標の一つは，北西海岸の戦争と政治的経済的変化の間の関係をモデル化することであった。

　テベンコフ湾での防御集落群の建設はおよそ紀元500年に建設が始まったが，900年をすぎてようやく建設は最盛期を迎えた。遺跡群における典型的な防御遺跡はXPA-188地点であり，地元でもっとも重要なサケの遡上する川の近くに立地している。年代は紀元1160～1285年の間であり，サケが遡上する川が流れ込む唯一の水路の中の孤島が遺跡となっている。この島は，四方の面が垂直の壁になっており，舟で上陸するのは不可能に近い。頂上は平らにならされており，島全体が貝塚で覆われている。この遺跡はテベンコフ湾におけるあらゆる地点のなかでサケの骨がもっとも密度高く出土し，おそらくそこが貯蔵域であったことを示している。

　キューユ島北端のサギナウ湾で最近調査された4か所の防御集落は，外見上はテベンコフ湾における防御集落に似ている。それらのうちの一つ，XPA-061地点は昔から知られていたが，垂直の岩壁が近づくことを不可能にしていたので未調査のままであった。1994年，ようやく頂上にたどり着くことができたが，表面を覆うように貝が稠密に堆積しているのが発見された。多くの地点は平らにならされており，いくつかの地点は石敷きの階段状になっていた。

　遺跡の年代は紀元1440～1650年であるが，歴史時代にも利用された証拠がある。遺跡の利用期間が長かったことは，サギナウ湾の別の防御遺跡であるXPA-289地点でも推測できる。この遺跡は紀元500～800年と，紀元1250～1600年に及ぶが，近過去には使用されなかったらしい。その遺跡が長い期間利用されていたことは，厚さ2m（6.5フィート）以上に及ぶ細かく層を成した貝塚が示している。貝塚の分布が矢来の位置の良い目印になっているが，それはゴミが壁にそって棄てられたからである。さらに，この遺跡でゴミは丘の等高線に沿って棄てられており，丘の中央にも貝塚があるので別の砦がある証拠にもなっている。

　この防御遺跡が立地する小島の周囲は岩の浜，あるいは自然にできた垂直な崖である。この地域では，かつて陸は海面水準よりも速い速度で隆起したが，現在の海水準が当時より1m（3フィート）しか高くないことからすれば，小島の西端の低い地域は水に浸かっていたのであろう。

　興味深いことに，よろいも貫く骨製の尖頭器が，矢来と考えられる地点の外側から発掘調査によって見つかった。XPA-061地点とXPA-289地点は，アラスカ州南東部全域で発見された防御遺跡の典型である。アラスカ州南東部の防御遺跡は，北西海岸南部のそれらと同じようにしばしば村の近くに立地しているか，ときに村それ自体が防御遺跡であった。とはいえ，多くの遺跡は村落に適した場所に立地しているが防御に不向きであったり，また防御に適していても居住に不向きであったりと，先述のケースは必ずしもすべてに通用するわけではなかった。

②村の遺跡とその防御的性格

北西海岸における戦争の発生と継続性を理解するには，防御遺跡と村の遺跡の両方とも重要である。アラスカ州南東部における防御遺跡の大多数は，紀元900〜1200年の間に年代比定されるが，いくつかは紀元400〜900年の間に位置づけられる場合もある。これらは大多数の村の遺跡と同じ年代である。

村の遺跡もまたこの地域の戦争にとって，重要な証拠を握っている。厚い板壁と屋根をもつ北西海岸の歴史時代の家などは，まさに防御に適したつくりである。これに類する型式の家が後期パシフィック期に存在していたことは，70〜300平方メートルの床面積の長方形の大型住居を示す地表上の凹みから明らかである。典型的な北西海岸の村がテベンコフ湾に出現するのは紀元300〜500年の間である。これはクイーン・シャーロット諸島に遺跡が出現するのとほぼ同時期であり，プリンス・ルパート・ハーバーに村落が出現したわずか後である。それらは防御的な立地であるか，防御的な避難所がすぐそばにある場合が多い。

村の立地の変化から，戦いを推し量ることができる。マシュナーは，中期パシフィック期の村は生業の資源を獲得するのに便利なように，テベンコフ湾の中心部における入り組んだ海岸線に立地していることを発見した。これらの村から海はよく見えない。それに対して後期パシフィック期の村は防御遺跡と同様，主として湾の北側の長く直線的な海岸線に立地しているが，そこは資源が貧弱なかわりに視界が良好でより防御に適している。

北西海岸の襲撃は，必ず水域を通じてなされたので，村から外の視界の良し悪しによって防御に対する配慮の度合いを推しはかることができる。したがって，これらの異なる集落の立地戦略にとっていかなる文化的配慮がなされたのかをよりよく理解するために，マシュナーは地理学的情報システムを用いて，中期と後期パシフィック期の村のそれぞれから見ることのできる海域の総量を計算しモデル化した。マシュナーは，後期パシフィック期の村は，見ることのできる海面の総量が中期パシフィック期の3倍以上であることを発見した。紀元300〜500年間のどこかで，村は湾の中央部の入り組んだ海岸線から，北部の長くまっすぐな海岸線へと移動した。この移動によって潮間帯や海域における資源が獲得しにくくなるとともに，季節的なあらしの被害を受けやすくなった。しかし，この変化は遺跡がより防御に適した立地を手に入れるための代償であったようだ。

さらにマシュナーは，後期パシフィック期の村の多くが大規模であることに関して，近世前期の記録からも明らかなように，たくさんのリネージが集合したものである可能性を考える一方で，中期パシフィック期は村の規模からすると単一リネージが予想されると述べた。中期パシフィック期の村の平均的な大きさからすれば，そう理解するのが妥当であり，それはまた後期パシフィック期の村における単一リネージの家の平均的居住面積と，見事に一致している。したがって，後期パシフィック期の村は，独立したリネージを基礎とした村が一つの村を形成するためにたくさん集まった結果成立したのではないだろうか。集合化の進展ばかりでなく，生業を最大限に重視した村の立地から防御に適する立地への移行と防御的遺跡の建設の開始は，弓矢の導入と同時に生じた。

これらの変化は，生業経済にもある程度反映している。マシュナーは，前期パシフィック期に始まり，中期パシフィック期を通じて後期パシフィック期にまでおよぶ生業は，決まり切った品目にわずかな変化がともなっているにすぎないようだと見通した。その品目は，主としてタラ，ニシンにい

くらかのサケが加わり，多くの海獣と貝からなるものである。しかし後期パシフィック期の半ば，およそ紀元1150〜1350年になると，サケとシカを基盤とする生業へと転換したのである。

　この変化はどのように説明すればよいのか？先史時代の居住民が，海で魚や海獣を捕りすぎたのか，あるいは何かほかの原因があったのだろうか。過剰に狩猟がおこなわれた証拠は何もなく，先史時代の技術ではそれは不可能と言ってよいであろう。さらに言えば，テベンコフ湾に注ぐサケが遡上する主な川であるアレックス・クリークはわずか幅4m（13フィート），深さ1m（3フィート）であるが，サケの群は20世紀初頭には50万匹を超え，さらにテベンコフ湾全体では毎夏に全体で100万匹を越えるサケを産した。ほんの20年前，ニシンはテベンコフ湾で数千トンもの卵を産んだのである。どのような記録をみても，水域の過剰な開発をおこなった証拠はない。

　収穫戦略を考慮すれば，さらにもっともらしい説明は可能である。近代前期におけるニシンとタラの海での漁撈は，海獣猟と同じく2〜4人の小規模な集団でおこなわれていた。第5章で指摘したように，サケは腐る前にすばやく加工しなくてはならないので，サケを効果的に収穫するには膨大な数の人々が参加することが要求される。したがって，サケは全村をあげて短期間サケの主要な漁場へと移動して収穫し，村に持ち帰った。シカは村の周辺で狩猟された。小さな集団の方が，全村が集合した場合よりも攻撃を受けやすいので，生業におけるこの転換は，一つには戦争とそれに対する防衛の必要性を増大させるような，政治的な環境の変化によってもっともうまく説明することができるのではないだろうか。

　テベンコフ湾の総人口が350人以上になることは一度もなかったが，生業の転換が，地域的な防御遺跡の建設がピークを迎えているのと同じ場所で，そして局地的に人口がピークを迎えるのとぴたりと一致した時期に生じているのは興味深い[45]。

第4節　考　察

(1) 戦争の要因と後期パシフィック期以前の戦争

　近代期における北西海岸の戦争の原因は様々であり，その規模も様々であった。過去にさかのぼってこれらの戦争に関する豊富で詳細な記録を求めるのはほとんど不可能であるが，少しは一般化することは許されよう。一つには，戦争は社会的，政治的，あるいは経済的な緊張状態のときに生じるのがもっとも一般的であるという認識である。紛争の解決手段として暴力をより頻繁に選択するのは，緊張に満ちた期間なのである。しかし，もっとも強くて有力な集団が，他の村が小さいことやあまり威圧的でないことに乗じて，富や奴隷やその他の品々の獲得を通じて地位や権威を増大させようとするのも，また緊張の期間である。

　アーケイック期に，すでに暴力の確かな証拠がある。しかし，アーケイック期の戦争にかかわる証拠は不足しており，推測する余地すらほとんどない。前期パシフィック期，とくにその時期の終わりには，より多くの証拠がみられるようになる。これは定住と，おそらく領域意識が増大した時期であった。それはまた急速な環境変化の時期でもあった。集落と景観におとずれたこれらの変化は，個

人と集団の間の緊張をたしかに増大させ，紛争の潜在的な可能性を高めたであろう。

　戦争の証拠がより一般化してくるのは，中期パシフィック期である。これは，サケやその他貯蔵のきく食糧の比重が高まってくる，経済的な集約化の時期（第5章）であった。それはまた，多数の親族集団からなると思われる大型の家や村が存在した時期であり（第7章），社会的地位と階層差に関する明白な証拠が存在している。傷をおった多数の人骨と接近戦に最適の武器の存在は，何らかの社会的そして政治的な犠牲を伴って，大規模な複雑化した社会へと変化していった証拠である。

（2）後期パシフィック期の戦争

　後期パシフィック期のはじめには，たくさんの異なる集団が集合して大きな世帯や町が編成されるなどの多くの変化があった。同じように技術的な変化もあったが，それは弓矢の使用の卓越，大規模木工用道具の増加，そして要砦の建造などである。

　後期パシフィック期の幕開けは，北西海岸におけるすべての地域的な文化編年のなかに，断絶あるいは重大な変化という考古学的な証拠を残している。いくつか実例をあげると，アラスカ州南東部における中期から後期への移行，プリンス・ルパート・ハーバーにおける村の放棄と再居住，クイーン・シャーロット諸島のグラハム・トラディション Graham Tradition 期における大型の村の勃興と発達，そしてさらにマーポール文化の衰退とストレート・オブ・ジョージア文化類型の発達が画す変化，などである。

　戦争用の武器としての弓矢の導入は，これらの変化の多くと符号している。近代期の記録によれば，接近戦が継続してはいるものの，まずは接近戦から防御的な立地や要塞を用いた攻囲戦へと移行していることを見逃すわけにはいかない。さらに小型の家から大型の家への変化も認められるが，それは紛争の増加が大型で組織的な世帯の編成に一役買っていることを示すものであろう。それは唇飾りの装着が女性に限定的な習慣へと変化した時でもあり，村の統合をともなう社会組織の変化を示唆する。

（3）近代期の戦争

　紀元900年以降，北西海岸の多くの地域で村の再編成が急速に進行していくことと符合するように，防御遺跡が急増した。キューユ島では，この戦争の段階的な拡大によって，結果として，海における漁撈と海生哺乳類の狩猟からサケと陸上動物の捕獲へと生業形態が完全に変化することになった。この時期は，北西海岸の全域で人口がピークに達した時期とまさに一致している（第4章）。

　近代前期の戦争は後期パシフィック期と同じように普及していたが，そこには顕著な違いも認められる。探検家と民族誌学者が戦争の証拠を記録するようになったときには，北西海岸の人口は大きく減少してしまっていた（第2章）。多数の住民が殺害された結果の一つとして，領域と生業をめぐる争いが少なくなったことがある。

　日常生活の基盤をめぐる競合がないにもかかわらず戦争が続いていった理由は，古傷が決して癒されることはなく，復讐戦を止めることはだれにもできなかったからか，あるいはもっとありそうな理由は，戦争行為は北西海岸の富と地位と権威のシステムのなかに非常に複雑に織り込まれていたので，状況に変化があろうがなかろうが，攻撃を通じて地位を維持することが保守的な社会的制度として定着しており，容易に棄て去ることができなかったからである。

第8章 戦争

1) Veniaminov 1984, p.432, Ferguson 1984.
2) Blackman 1990, Barbeau and Benyon 1987.
3) Hilton 1990, p.314, Codere 1950.
4) Codere 1966, p.109, Boas 1921, p.1375.
5) Kennedy and Bouchard 1990, p.443.
6) Suttles and Lane 1990, p.465.
7) Powell 1990, p.431.
8) Thwaites 1904-1905所収のFranchere報告, 6巻, pp.330-331, Coues 1897所収のHenry報告, 2巻, p.855, p.867, pp.879-880, p.905, p.908, Scouler 1905, p.279, Minto 1990, p.311, Silverstein 1990, p.443.
9) Holmberg 1985〔1855-1863〕, p.22, Krause 1970, p.169, Niblack 1970, p.340, Swanton 1970, p.449.
10) Mitchell 1984・1985, Donald 1983・1984, Mitchell and Donald 1985, De Laguna 1983, p.75.
11) Kamenskii 1906, pp.29-30.
12) Garfield 1939, p.267.
13) Suttles and Lane 1990, p.488, Brown 1873-1876, 1巻, pp.70-72, Curtis 1907-1930, 9巻, pp.14-16.
14) Seaburg and Miller 1990, p.560.
15) Franchere 1967, p.117, Mallery 1886, p.26.
16) De Laguna 1983, p.77, Birket-Smith and De Laguna 1938, p.149.
17) Garfield 1939, pp.272-273.
18) たとえば、〔Arndt他 1987, 2部, pp.11-12〕、〔Veniaminov 1984〕、〔Golovnin 1983, p.89〕、〔Tihkmenev 1979, p.352〕文献などを参照されたい。
19) De Laguna 1990, p.209, Davidson 1901.
20) Wooley 1984, Wooley and Haggarty 1989.
21) 全体像は〔Boas 1916〕、〔Hilton 1990, p.314〕や〔Drucker 1951〕文献を参照されたい。
22) これらの戦争に関する情報を入手するには、〔Wooley and Haggarty 1989〕および〔Barbeau and Benyon 1987〕文献がもっともよい。
23) Blackman 1990, p.246.
24) Boyd 1990, p.136.
25) ハイダ族に関しては〔Swanton 1905, pp.364-447〕文献、チムシアン族に関しては〔Boas 1916, pp.124-145〕文献、ヌー・チャー・ヌルス族に関しては〔Sapir and Swadish 1955, pp.336-457〕文献。さらに〔Drucker 1951, p.333〕文献や〔Taylor and Duff 1956〕文献を参照されたい。
26) Lambert 1993, Cybulski 1990・1994.
27) De Laguna 1960, Mitchell 1971 ; Moss 1989, Maschner 1992.
28) ケネウィックマンに対するわたしたちのコメントは、発見者であるジェームス・チャターズの最新の報告にもとづいている。
29) Ames 他 1998.
30) Fladmark 他 1990, p.234.
31) Mitchell 1990, p.348. ほかに〔Mitchell 1971, p.114, p.117〕文献を参照されたい。
32) Mitchell 1990, p.355.
33) 〔Moss and Erlandson 1992, p.84〕文献所収のケディーの論文。
34) Moss and Erlandson 1992, p.84.
35) Wooley〔1984, p.4〕が言及しているとおりである。
36) Vancouver, kaya.w(eds)1984, p.1386.
37) Vancouver, kaya.w(eds)1984, p.934.
38) Acheson 1991, Moss 1989, Moss and Erlandson 1992, Maschner 1992.
39) Emmons 1991.
40) Khlebnikov 1973, pp.8-9.
41) Lowrey 1994.
42) Maschner 1991・1992・1997.
43) 〔MacDonald 1989〕文献にもとづく。
44) 〔Maschner 1992・1997〕文献にもとづく。
45) 1棟の家に1人の人が居住する面積が4㎡という値にもとづく試算。

第9章
北西海岸の美術

第1節　序　論

(1) 北西海岸美術様式の復興

　北西海岸の美術様式は，もっとも特色があり有名なものの一つである。それはもっとも古い美術の一つでもある。仮面，トーテム・ポール，彫刻した箱や織物の毛布といった北西海岸の美術作品は，世界中の多くの博物館で目にすることができる。20世紀の初頭には，世界中の博物館におよそ50万点[1]の北西海岸の美術作品が納められていたが，これは海岸全域に残されたものよりも多かった。

　海岸のある地域，たとえばコロンビア川下流沿いでは，19世紀の間，美術作品の生産が途絶えていた。そのほかの地域，たとえばクワクワカワクワ族やハイダ族の美術作品は，小ぢんまりとつくり続けられていた[2]（たとえばクワクワカワクワ族は，1920年代にトーテム・ポールを立てつづけた）が，美術が社会的，儀礼的背景のなかで意味をもちうることは影をひそめた。それは，新しくできたカナダ政府による抑圧が，1888年に始まったからである[3]。

　しかし，その美術様式は1960年代に急激な復興を遂げることになる。それに火をつけたのは，まったく異なる二つのきっかけによるものだった。つまり，一つは1960年代に先住民が権利を再び取り戻そうと主張をはじめたことであり，もう一つは偉大なハイダ族彫刻家のビル・レイド Bill Reid と美術史家のビル・ホルム Bill Holm が共同で大きな仕事を始めたことである。北西海岸の美術の歴史を理解するのには，いくつかの根本原理を説明する必要があるが，ここではビル・ホルムの概念を使用することにしよう。

(2) 19世紀の木の文化

　この議論にはいる前に，北西海岸の美術ないしは美術様式の考古学に対する基礎的な理解が必要になる。19世紀の北西海岸を特徴づける美術は，おもにアメリカネズコ *Thuja plicata* を用いたすぐれた彫刻美術だった。石の彫刻や岩壁絵画，骨や角の彫刻もあるにはあったが，装飾品の圧倒的大多数は木彫である。

　木は，特別な条件のもとでないと残らない。そのような特別な環境の一つがオゼット遺跡である（第4章参照）。オゼット遺跡で明らかになったことは，そこで発見された人工遺物のじつに90％以上が木や繊維の製品だったということである。言い換えれば，考古学者が北西海岸の遺跡で石や骨や角の遺物を発見したとすると，そこに見出されたものはその遺跡で暮らした人々の物質文化の10％にも満たないということである。

美術の主要な媒体が木であるとすれば，美術様式に関してはわずかな遺物しか発見されていないということを意味する。したがって，博物館で展示できるような古代の仮面，トーテム・ポール，箱の考古学的な遺物はまったくなく，そしてそのほかの種類の木製遺物もほとんど失われているのだ。彫刻された木製品は，時たまオゼットのような遺跡から発見されるが，それは遺物が植物繊維の腐敗を防ぐ水浸かりで低酸素の環境のなかにパックされていたからである。これら「低湿地遺跡」は，北西海岸における技術の考古学的な知見にとって決定的な意味をもつ。それは低湿地遺跡からは，バスケットや紐類，網，釣針の軸[4]などが出土するからである。

（3）石に刻まれた歴史

北西海岸の美術様式の歴史に対する大半の知識の源泉は，石製彫像，貝塚で発見される小さな骨や角の製品，そしてペトログリフとピクトグラフの岩壁美術（ペトログリフは石をはつったデザインで，ピクトグラフは岩壁に彩色を施したデザインである）である。岩壁美術は海岸のあちこちで目にすることができるが，それらの多くは近づきがたい場所に立地し，年代がはっきりしたものはめったにない。

美術を研究するために考古学者は，小さな石製彫刻品ととくに骨や角の彫刻品に依存するが，それらの製品もまた稀である。一例として，エイムスはプリンス・ルパート・ハーバーから出土したパシフィック期の全期間に及ぶ10,000点を超す人工遺物を調査したが，装飾意匠をもった遺物はわずか180点以下，すなわち1.8％にすぎなかった。さらに，動物像もしくは人物像はそのうちのたった20点であり，残りは幾何学的文様であった。動物像＝ズーモーフィック zoomorphic は動物の形をモチーフにし，人物像＝アンソロポモーフィック anthropomorphic は人間をモチーフにしたもので，幾何学的文様には四角形，円形，三角形，線やその他の意匠がある。

マーガレット・ホルム Margaret Holm は，ブリティッシュ・コロンビア州の遺跡から1980年代後半までに発見された動物像と人物像の出土品をすべて集成し考察したが，それがおそらく今日に至るまでの北西海岸美術の考古学的研究ではもっとも徹底した研究である[5]。

彼女が集めた全資料は，過去4,500年間におよび，その数は243点であった（それらに幾何学的文様は含まれていない）。そこには，アラスカ州，ワシントン州（オゼット遺跡とホコ・リバー遺跡は除く）とオレゴン州（コロンビア川下流から出土したわずかな資料は除く）の遺物は含まれていない。このうち150点が，ジョージア湾地域全域の遺跡から発見されたもので，29点がブリティッシュ・コロンビア州中央及び北部の海岸からのものである。

プリンス・ルパート・ハーバーから出土した遺物の数も考慮に入れて，これらの像の数は北西海岸美術の考古学的証拠が限られたものであることを示している。おそらく，全体の遺物数のなかでのこの比率は海岸全域にあてはめることができよう。つまり，研究に役立つ装飾品はほんのわずかであり，それは地中に埋もれあるいは朽ち果てた，装飾を伴う資料の総量のほんの一握りにすぎないことを認識しなくてはならない。

考古学者が発掘調査で発見した資料は，19世紀と20世紀初頭に集められた資料とはその種類を異にしている。石製彫刻はまれに収集品にみられるが，小さな角や骨でできた資料は，ニューヨーク，ロンドン，ベルリン，そしてサンクト・ペテルブルグの博物館やコレクターに卸すために北西海岸の美術品を購入したバイヤーたちの興味の対象ではなかった。たとえば角製スプーンのような考古学者

が発見した資料がコレクションのなかにある場合もあるが，一般的ではない。

(4) トーテム・ポールの古さと考古学的証拠

トーテム・ポールは，この問題の実例だ【口絵40・49】。トーテム・ポールは北西海岸美術のなかでもっとも有名だが，実際にはそれらは海岸においてさえすべての箇所に立てられたわけではなかったにもかかわらず，それらはあまりに有名なので北アメリカにおけるすべての先住民族の典型として，いまでは時にステレオタイプ化されてしまった[6]。トーテム・ポールの彫刻がいつ始まったのか，ということも論議がある。研究者のなかには，ポールの彫刻が普及したのは近代期初頭に金属器の有効性が影響を与えたからに違いない，と考えているものもいる。

バンクーバー島西海岸のクレイオクォット Clayoquot（ヌー・チャー・ヌルス族の領域）では1788年，ハイダ族の間ではクイーン・シャーロット諸島で1790年と1791年，そしてアラスカ州東南部のトリンギット族のヤクタットでは1791年，以上がトーテム・ポールと考えられるものを観察した記録が残された最初期の年であるが，それはポールが北部海岸で白人と接触した時期には立てられていたことを示唆している。

一方，海岸地域の先住民の研究でよく知られている文化人類学者フィリップ・ドラッカーは1948年，トーテム・ポールの彫刻の普及はヨーロッパ人との接触をさかのぼると考えた。彼は，鉄はヨーロッパ人との交易がさかんになるはるか前に彫刻の道具として海岸で使用されていたとも考えており，鉄はアジア起源であると主張している[7]。いったいトーテム・ポールは最近のものなのか古代のものなのか。

ポールを彫刻するのに要する熟練技術は，海岸ではたしかに古くからのものであるが，実際のところ鉄器以外の伝統的な道具（石，貝やビーバーの歯でできた縦斧）を用いておこなうポールの彫刻は，時間はかかるし骨のおれる作業であったろう。したがって，ヨーロッパ人との接触以前にポールが製作された期間がいかに長くても，ポールの彫刻自体はおそらく稀なものであったろう。

ヨーロッパ人との接触以前に年代比定される金属器は，オリンピック半島のオゼット遺跡やオレゴン州ポートランド近くのコロンビア川におけるキャスラポトル遺跡（第4章参照）を含む海岸沿いの遺跡から時折見つかる。キャスラポトル遺跡からは紀元1400～1500年の手斧の刃先が1点出土した（そこは伝統的にトーテム・ポールを彫刻しない地域であるが）。これが，現在知られている唯一の鉄の手斧であるとはいえ，この時期の海岸地域でこれが唯一だとは考えにくい。だから，ポールをつくるための金属の道具は，海岸ではヨーロッパ人の最初の航海よりも200～300年前に利用されていたであろう[8]。

ポールが遠い過去に立てられていたことを考古学的に知るには，どのようにすればよいのだろうか。低湿地遺跡でそれが発見されることを除けば，考古学上唯一の直接的証拠は，ポールが立てられた穴の発見であろう。しかし，それが家などの堅牢な柱を立てるための穴ではなくて，トーテム・ポールのための穴だということを証明するのはむずかしい。

それにかわる有効な証拠は，先史時代の美術作品のなかに描かれたポールを見出すことだろう。19世紀の彫刻には，ポールをかかえた人物像がしばしば見受けられる。しかし，残念なことにトーテム・ポールをかかえた像が遺跡から発見されたことはいまだかつてないのも，また事実である。

（5）美術の意味を探るために

美術を取り扱っていくと，最後に考古学者は美術とは何なのかという問題に直面する。この章を読むと，考古学者がいかにして古代の象徴体系のもつ意味を理解しようとしているのか，その大きな問題に日々格闘していることがわかるだろう。

根本的には，意匠や装飾がそれらを製作した当時の人々にとってどのような意味があったのかを知ることはできない。しかし，それは背後に残された手がかりを読み取ることができないことを意味するものではない。その際の決定的な手がかりは，その遺物と関係のある装飾された遺物の種類や，それらがどんな状態で出土したのか，つまりそれらが常に完全な形で出土するのか破片なのか，いつでも墓から見つかるのか，そうではないのか，いつでも家から出土するのか，そうではないのかといった出土状況や共伴関係である。

また，その製作方法や技術，特定の意匠どうしの組み合わせや，意匠とそれらの製作手法との組み合わせ，つまりその意匠がいつも深く彫られているのか，あるいは石製品にだけにみられる意匠なのかといったことにも手がかりはある。

上述したあらゆる理由から，考古学者はその研究において北西海岸の美術様式の発達を重視してきた。特定の意匠あるいは技術がある時期以前に存在していたことを立証するために，たった一つの遺物さえあればすむことである。しかし，それよりもさらにずっと困難なのは古代の北西海岸の社会と文化のなかで美術様式が演じた役割を論じることである。

先住民諸族のあいだで美術が果たした役割は，4,000年はおろか2,000年の昔でさえも近現代のそれと同じであったわけではない。現在残されている古代の装飾品の数が大変少ないということもまた，美術様式の地域的差異の研究にとっても障害の一つである。

ここまで，北西海岸の美術様式がさも単一であったかのように議論してきたが，実際には近代前期の美術様式には地域や素材や目的によっていくつかの違いがある。以下の節では，海岸沿いの地域的差異のいくつかの様相や19世紀における美術がもっていた役割を描写しながら，いくつかの基本的な美術の要素を紹介することにしよう。そのうえで，美術の考古学に戻ることにする。19世紀の美術における入門書に関しては，参考文献一覧に引用された著作を参照することをおすすめする。

第2節　北西海岸美術の作風

ビル・ホルムは，影響力が強くかつもっとも信頼度の高い自身の著作『北西海岸インディアンの美術 Northwest Coast Indian Art』[9]のなかで様式 style を作風および表現形態として記述したが，それはたんに様式として考えるよりもよい方法である。その作風とは，北西海岸の生活において二つの密に関係し合った領域のなかで用いられた。それはすなわち精神的な領域と社会政治的な領域である[10]。

精神的な領域では，装飾品はシャマンがレガリアや服装の一部として用い，治療や占いのパフォーマンスのなかでこれ見よがしに使われた。社会政治的な領域では，上位階層の個人に限らずすべての世帯や拡大親族集団が，地位や権利やふるまいを確認するための紋章として用いた。美術作品の中に

描かれた動物などの生き物は、トランス状態になったシャマンに憑依する精霊であり、精霊がもつ力は世帯の財産の一部でもある。美術は北西海岸の生活に必須の役割を演じているが、意匠はたんなる装飾としても広く使われていた。もっともすぐれた美術家は専門工人であり、少なくともそのいく人かはタイトルホルダーだった。名の知れた彫刻者は各地の依頼に応じて活動し、家族全員であちこちに移動した。

第3節　基礎的な概念

（1）描写・構図・技術

作品は、動物や神獣の意匠を含んでおり、動物は人を伴っている場合もある。しかし考古学的には実際のところ幾何学的な文様がはるかに一般的である。それはバスケットに普及しており、骨や角や小さな石の道具に施された幾何学的な文様のいくつかは、バスケットないしは着物の文様を写したものであろう。幾何学的な文様は、神獣美術のそれらよりもはるかに人目を引きづらい。

ホルムは**描写** representation と**構図** composition を区別している。描写は、美術家がどのようにして北西海岸美術の主題である生き物を表現するかという問題である。それに対して構図は、意匠や形をどのようにして配置していこうかを左右する規則の問題である。そこで、構図は形態に適用される。さらに、彫刻の原料や方法や様式の選択といった問題に応じて**技術** technique を付け加えることにしよう。

（2）描写の方法

北西海岸美術における描写の約束事は長い間知られてきたが[11]、その美術は**写実的** naturalistic と

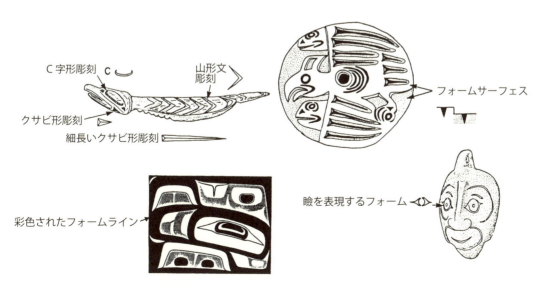

図73　北西海岸美術の基本的なデザイン構成要素

コラム　彫刻の技術（マーガレット・ホルムによる）

引く：引く動作によって刻みをつけて石の像を形づくる。
立体感表現：丸みを帯びた，彫刻的な柔らかい等高線によって像の特徴をはっきりさせる方法。
敲打：角ばった石をコツコツと打ち付けて石像を形づくる方法。
研磨：軽石や砂岩のようなきめの粗い石でこすったり磨いたりすることにより石像などを形づくる方法。
浮き彫り：平らな背景の表面から浮き出すように飛び出して彫刻された突出部。
高い浮き彫り：ほとんど完全にそれらの背景から浮き上がり，3次元的に造られた浮き彫り。
低い浮き彫り：ほんのわずかな部分が，背景の表面から浮き上がったもの。
刻む：細く彫刻された線によって形状を明瞭にする方法。線は浮き彫り表現である。
彫刻：表面の部分を切り離すことによって形状を明瞭にすること。彫刻された線は取り除かれた部位を表現し，そしてそれは陰刻表現である。
二次元的な彫刻：重要な部分を浮き上がらせるために部分を取り除くこと。取り除かれた部位は陰刻表現である。
象嵌：穴をあけたり除去した部位をその形をした物質で埋めること。象嵌は，銅や貝（たとえばアワビ）など別の素材で埋められる。

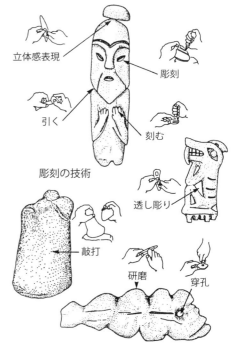

彫刻の技術

いうよりも**様式化 stylized** したものである。動物を描くとき，体の特定の部分，とくに頭が強調されるが，それは他の部分に比して大きく描かれることが多い。動物は，ときに頭や尾部で二つに切り開かれているので，二つの側面図をもつ。分割された細部は，必ずしも体の残りの部分との間に解剖学的に正しい位置関係があるわけではなく，解剖学的な位置をまったく無視して配置される場合もある。ちょっと見ただけでは，意匠は左右対称に見えるのが普通である[12]。

　意匠がどれほど写実的かということでは，描かれた生物を少なくとも「これはオオカミである」というレヴェルですぐに同定できる程度に写実的なものから，生物の種類を特定することやあるいは体の部分を認定してそれを一つの動物に組み立てることさえ不可能であるくらいはなはだしく様式化したものまで，途切れ目がないほどの連続性をもっている[13]。

　この連続性は，意匠が，それが配置される空間にどのように関係しているかに左右される。北西海岸美術の構図の鍵となるのは，空間を徹底的に使用することである（空間を埋め尽くす必要はないが，

空間の使用は必須である)。写実的な描写では，その生物は解剖学的にみて完全な状態を保つ方法によって，有効な空間に配置されるであろう。一方，手足が切断され，それらが空間のすべてを埋め尽くすように美術的に配列される場合には，解剖学的なつながりを保っていない。

造形品はしばしば**骸骨化** skeletnized を表現していたり，レントゲン画像のように見えたりする。重要な関節部分を表すために，卵形の表現がしばしば用いられる。脊椎も，ひとつながりの卵形の表現として描かれることが多い。肋骨などの骨の部分要素も，よく描かれている。美術のこの特定の特徴は，大変古いものかもしれない。

(3) フォームラインと陰画の重要性

海岸北部の二次元的な美術の構成要素と規則に対して認識を深めたのは，ビル・ホルムであった。とくに北部様式において陰と陽の空間を作り出すための**フォームライン** formlines が重要であるという認識を深めたことが，海岸北部地域の美術の研究への大きな貢献といってよい。フォームラインはその幅はいろいろであるが，幅広の線である。その線は，デザインの中のある部分や時にはデザイン全体の範囲を決めたり，その輪郭線として描かれたりする。ホルムは「フォームライン・システム」と称して，それを次のように記述している。

……フォームライン・システムは，生き物がその体の部分部分で描写され，その詳細な部分が，デザインが描かれた範囲全体に切れ目のない格子を形づくるために常に繋げられたさまざまな幅のフォームラインで描写されると規定された。……スムーズな変化を可能たらしめるため，フォームラインは限られた継ぎ目の形態で交互につなげられる。……[14]

一義的フォームライン primary formlines は，意匠の全体をつらぬいたりめぐったりして流れるようにつないで表現されている。彩色が施される場合には，一義的フォームラインのほとんどが黒で表現される。彫刻されるときには，回りを彫り除いてフォームラインが浮き上がるようにされる。マーガレット・ホルムは，一義的フォームラインの概念を**フォームサーフェス** formsurface まで含めている[15]。一義的フォームラインによって画されたスペースの中には，副次的フォームラインや自由で流動的なフォームライン（目や卵形物）もある。

ビル・ホルムは，北部地域におけるフォームラインの発達は，彫刻されたフォームラインとよく似た彩色の線から生じたと理解している。彼は最近の論文で，上述の北部のフォームラインの伝統と南部の伝統とを区別しているが，南部のフォームラインは幅が一定で，三日月形やT形と楔形を用いて動物の体が決められている[16]。彼は北部と南部のフォームラインを，海岸の共通の伝統から同時併行で発達したものと見なしている。

意匠と意匠の間に配置される陰画のスペースには，もちろん何も描かれているわけではないが，それはデザインの積極的主体的な意味をもつ部分であり，デザイン全体が陰画空間をうまく使って表現されていることはよくある。

このことは，西洋人のアップリケを施したシャツと毛布を思い浮かべるともっともよく理解できる。明るい色地の上にアップリケを縫い付けるのではなくて，暗い布地の上に縫いつけることによって意匠を浮き立たせている。彫刻でもその手法は重要である。なぜならば，陽の空間は陰の空間を彫り取ることでつくり出されるからにほかならない[17]。陰の空間が大きくて深い，あるいはいずれかの

第 9 章　北西海岸の美術

図 74　第 9 章で言及する遺跡の地図

場合に意匠は彫刻的になるが，トーテム・ポールのように表面が彫刻される大型品の場合にはとくにそれが際立つ。

　ビル・ホルムの構図に対する洞察は，北西海岸の美術の歴史をあとづけるための考古学にとってとくに重要なものである。ユカタン地方における古代の中庭であれ，ブリティッシュ・コロンビア州における 4,000 年前の角製スプーンの把手であれ，古代のシンボルやシンボル体系の意味を見抜くのは困難だが，デザインをどのように形づくるのか，スペースをどのように使用するのかという規則は見出すことができる。

　また，どのようにしてその規則が適用されたのかということについても考えをめぐらすことができる。ホルムは，骸骨化，北西海岸の目の表現，陽刻のスペースをつくりだすための陰刻のスペース，三日月形の線刻，T 字形の浮彫によって特徴づけられている，古代の二次元的様式から様式が発展したと提議した。彼の見解によると，彩色の線と彫刻されたフォームラインとが類似していることからすれば，フォームラインは彩色から生まれたものという。彫刻は，この平板で二次元的な様式を丸い表面に適応することによって生まれたものである。

　技術というものは，コラムであげたような角，木，骨そして石に用いることのできる彫刻の技術ばかりでなく，彫刻に用いる素材を処理するための加工工程（たとえばアメリカネズコとは対照的な角を加工するために必要とする特別な処置）であるとか，素材の選択や加工の際の動作（たとえば道具はどのように握るのか：北西海岸の彫刻工人はナイフよりもチョウナをよく使用するので，彼らは自分に向かって道具を動かして削る）といった技術も含んでいる。

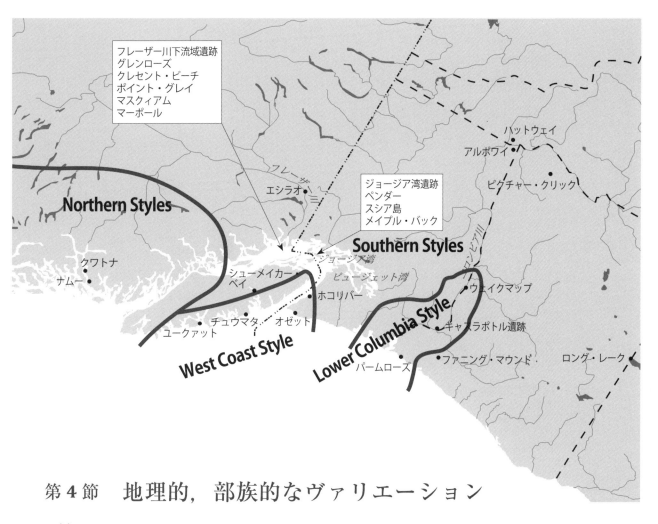

第4節　地理的，部族的なヴァリエーション

　美術様式の北部の特色は，フォームラインの使用とビル・ホルムが再発見した構図上の規則を墨守していることである。しばしば「古典的様式」と呼ばれる北部様式は，わたしたちが目にする近代北西海岸美術の多くの基礎をなしている[18)]【口絵49】。北部美術様式はハイダ族，トリンギット族，海岸チムシァン族の間で最高潮に達しているばかりでなく，さらにクワクワカワクワ族，ハイスラ Haisla 族，ハイハイス Haihais 族，そしてヌクサーク Nuxalk 族の美術家の仕事がそのよい例となっている。

　一方，南部の諸集団の美術も北部と共通する特徴を有するが，南部的なフォームラインなどさまざまな面において北部とは違ったものになっている。北部の美術に比べると，意匠は交叉することはあまりなく，一般的にいって北部のものほど様式化されていない【口絵50】。バンクーバー島西海岸の美術はブリティッシュ・コロンビア州南部やワシントン州付近のコースト・サリッシュ族のそれとは異なっていて，さらにコロンビア川下流域の諸集団の美術はおそらくより個性的であるといったように，南部様式のなかにもかなりなヴァリエーションがある。この差異の理由はまだよくわからないが，これらの様式で特徴づけられる地域の範囲は他の要素の地理的分布とも一致しており（第7章），古代における相互交流域の存在を示しているのかもしれない。

美術作品の部族レヴェルでの差は，北部においては箱のような平らで二次元的装飾品の技法においては違いが少ないが，トーテム・ポールのような大きな彫刻では差が大きい。美術家個人の間では，平らなものや立体彫刻の両方の作品においてかなりの差がある。南部にいくと，個人ばかりでなく地元集団にも大きな差がある。そして近代前期になると，南部では美術作品はあまり製作されなくなったようである[19]。

第5節　北西海岸の動物造形美術と人物造形美術の考古学

（1）起源：アーケイック期（紀元前 10,500～前 4400 年）

　次の節でみるように，北西海岸の作風に十分属すると考えれらる意匠は紀元前 2500 年には存在している。アーケイック期にはほとんどデータがないけれども，北西海岸の美術はおそらく北アメリカ西部のより古い美術それ自身の伝統から発達したのであろう。カスケード地方の内陸部の考古学的情報が海岸地域のそれよりも豊富なのは，ここでも当てはまる。

　カスケード地方で最古の彫刻は，オレゴン州東部のピルチャー・クリーク Pilcher Creek 遺跡で発見された石鹸石のいくつかの玉だと思われる[20]。これらの玉は紀元前 7500 年を下らない。その遺跡は石鹸石の原産地のそばに立地しており，発掘者のデビッド・ブラウナー David Brauner は，この遺跡の人々はペンダント用の石鹸石を採掘するためにピルチャー・クリーク遺跡に露営したと考えている。

　カスケード地方では，これらの玉のほかに彫刻品の例はない。さらに，それらの玉は荒っぽく削られたものにすぎないので，おそらく玉作りの準備段階の遺物であろう。したがって，そこにすでに「原―原―北西海岸美術 proto-proto-Northwest Coast art」の意匠の要素が存在していると認めることはできない。ピルチャー・クリーク遺跡の遺物からわかるのは，ただカスケード地方では彫刻は大変古い時代にさかのぼるということにすぎない。

　北アメリカ西部でアーケイック期にさかのぼる美術は一つしかないが，おそらくもっとも重要な（おそらく最大の）意匠である。それはカスケード地方のものではなく，オレゴン州中央南部のグレート＝ベースン北部におけるものであるが，その美術資料というのはメリー・リックス Mary Ricks とウィリアム・キャノン William Cannon がロング・レーク Long Lake 遺跡で調査した，パネル状の岩画である[21]。そのパネル画は紀元前 5800 年を下らないもので，岩肌の表面を深く削って凹凸をつくり出し，連結しあう複雑で力強い曲線意匠からなっている。ロング・レーク遺跡のパネル画は，北西海岸と認識できる美術の出現より数千年もさかのぼるものであるが，北西海岸美術にみられる技術とおそらく構図上の規則さえも表している。

　さらに，彫りの深さが彫刻作品的な効果も生んでいる。もしパネル，とくに像の部分が**四方からまんべんなく** *around* 叩くことによってつくりだされておれば，それは手の込んだ彫刻像として絶賛されよう。北西海岸の石製彫刻は，ロング・レーク遺跡の伝統に関係するような古い岩壁美術の伝統からスムーズに発達したのであろう。深い凹みが生み出すスペースといったいくつかの構図上の特徴

図75　オレゴン州ロング・レーク遺跡の岩画パネル
左のパネル画は，高さ1m。これはカスケード地方とその近隣でもっとも古いデザインである。

は，角や木の彫刻に応用され得るであろう。それに加えてパネル画の技法は，石器製作に用いる敲打の技術が石器製作に広く使用されるよりもはるか以前にカスケード地方に存在していたことを明示している。

ロング・レーク遺跡のパネル画は，「美術」作品の製作にかなりの労力が必要だったことを暗示している。パネル画の露出している部分の長さは3m（9.75フィート）ある。完全な長さはわからないが，かなりのものだろう。1m（3.25フィート）の高さにわたって，硬い玄武岩を敲打している。ピルチャー・クリーク遺跡の玉は，それとは対照的にやわらかく簡単に彫刻できる石鹸石を彫ったものである。しかし，ピルチャー・クリーク遺跡は石鹸石を切り出すための野営地としておそらく1年のうちのある時期に定期的に利用されたことからすれば，玉の生産は定期的な活動であったと推測できる。

木の彫刻に適した道具もまた，アーケイック期には数多く存在していた。角を割るくさびは，なにがしかの大工仕事の存在を示している。彫刻や線刻のための剥片石器もある。それを用いて銛や溝をもつ尖頭器といった骨角器が製作された。このことが偶像の彫刻が広まっていた直接の証拠にはならないが，その潜在的可能性を示している。美術作品を生み出す技と技術，そして道具がすでに存在していたのである。

（2）前期パシフィック期（紀元前4400～前1800年）

もっとも古い北西海岸の動物の造形品は，ボードウォーク遺跡から出土した遺物が候補にあげられる。紀元前3800～前2500年に位置づけられ，魚を表現しているように見える。格子状に平行線で引かれた意匠を刻んでおり，マクドナルドは背骨と肋骨を表現したものだろうと考えている[22]のだが，たんなる幾何学的なデザインのようにも思われる。

北西海岸で人間を表現したもっとも古い像は，紀元前2600～前1300年に位置づけられるグレンローズ・カナリー遺跡から発見された鹿角製の柄である[23]。それはセント・ムンゴ期（あるいはチャールズ期）の遺物とともに出土した。その像の背中には溝が彫ってあるが，おそらくビーバーの切歯を植えるためのものであろう。ビーバーの切歯は，彫刻用の小型斧の刃として用いられた歴史がある。

北西海岸の美術でもっとも古いこの例は，彫刻のための道具の柄と考えるのが適切であろう。その像は大きな顔と頭をもつが，体のその他の部分（足を欠いている）はそれに比して小さい。手は胸の上に載せられ，腕は体の線に対して曲げられている。羽冠を有しているが，それはパシフィック期における南部海岸の人物像や動物像に通有の特徴である。眉と鼻はT形につながって陽刻されており，顔面いっぱいに広がっている。これは北西海岸の人物表現像にみるもう一つの特徴である。鼻と眉はそれらの周辺を削り去ることで，浮き彫りにされている。口と目も浮き彫りにされ，卵形をし

図76 ブリティッシュ・コロンビア州のプリンス・ルパート・ハーバーにおける
ガーデン・アイランド遺跡から出土した中期パシフィック期の角製櫛

ている。その像はひげを生やしているらしい。

　これほど完全なものではないが，同じような彫刻をもつ柄がプリンス・ルパート・ハーバーのレイチェン Lachane 遺跡から発掘された。残念ながら，年代は明らかではない。それもまた羽冠をもち，手は胸にのせられ，ひげか尖った顎をもち，浮き彫りにされたアーモンド形の目をもっている。

　グレンローズ遺跡の像には耳朶に相当する部分に小さな穴があり，それはペンダントであったか，あるいは革紐の腕輪につけてぶら下げていたと思われる。その孔はアワビのような象嵌を伴っていたのかもしれない。この例は，海岸ではこのような早い時期に耳飾りが装身具として用いられていたことを示唆するものかもしれない。歴史的に見て，耳飾りは高い地位と関係していた[24]。

　ペンダー・カナル遺跡群から出土した鹿角製のスプーンは，前期パシフィック期の美術のもっとも重要な証拠である（第7章）。これらのスプーンの詳細な報告や図面はまだ出ていないが，スプーンの簡単なスケッチが公にされており，その内一つの年代は紀元前2140～前1740年である[25]。したがって，それはグレンローズ遺跡の柄とほぼ同じ年代である。鹿角など角製のスプーンは海岸では近代期までずっと使われており，その柄は装飾されるか彫刻のあるのが普通である。ペンダー遺跡のスプーンは，この伝統のもっとも早い事例である。これらはひしゃく形のスプーンとは区別され，「しゃくし状スプーン」の形態をとっている。

　図76の像は動物おそらくオオカミを表しており，口に魚をくわえている。オオカミであることは，尖った耳，上方に張り出した鼻孔と鼻【口絵62のオオカミの櫛と比較】にもとづく。造形品によくある鼻に沿って盛り上げた刻みと同じような手法によって，オオカミの脊骨が表現されている。象嵌されていたらしい瞳の回りを浮き彫りで縁どり，まぶたを表現している。目は楕円形で，その両端は尖っている。唇と耳の端もまた陽刻である。頭は中空であるが，カールソンはジョージア湾から出土した後の時代の同じような特徴をもつ像とともに，それらは仮面を表現したものであると考えている。彼自身が認めるように，この考えはまったくの推測である。

　ペンダー・カナル遺跡から出土したもう一つのスプーンは，関節の部分に卵形二つが表現されている。図30にみられるように，オオカミの一対の上を向いた鼻孔を形づくる卵形二つは脊骨に連なるが，それらは同時に尻の関節をも表現している。つまり，北西海岸美術の他の構成要素の存在を示している（動物は体を折り曲げられたり手足を切断されたりして表現され，デザインの要素は非合理な場所を占め，複数の意味をもつ—この場合，デザインは鼻孔であり同時に腰部の関節というように，一つのデザインはたくさんの意味を有している—）。この推測は，古代の美術の分析における魅力と難しさの両方を物語るものであり，分析者の知識と想像力に限定されてしまう部分が大きい。

　グレンローズ遺跡の柄とペンダー・カナル遺跡のスプーンは，ともに北西海岸の作風を示す。その作風は素材を削り去るという陰刻部分の彫刻によって陽刻形態を生み出す構成ばかりでなく，その伝統の写実的要素があることもはっきりと示している。これはとくに鹿角製の柄に顕著だ。魚とオオカミが結合したそのスプーンは，北部様式の特徴が出現することを予測させる。マーガレット・ホルム

図77 アラスカ州南東部キューユ島テベンコフ湾におけるステップ・アイランド・ヴィレッジ遺跡の貝塚から出土した前期パシフィック期の線刻礫

は，前期パシフィック期の終わりまでには，彫刻や深く削ること，塑像，象嵌，鹿角を切断するといった技術は存在していたとしており，ジョージア湾の意匠には，この時期すでに人間や動物，鳥，魚そして背骨と肋骨が存在している。

探索の規模を広げれば，これらだけがカスケード地方における前期パシフィック期の装飾品ではないことに気づくであろう。

およそ紀元前3800年にさかのぼると思われる幾何学的な意匠を刻んだ石製品は，海岸からさほど遠くないフレーザー川渓谷に近いエシラオ Esilao 遺跡から出土している。マシュナーは，紀元前2200年にさかのぼるアラスカ州東南部のステップ・アイランド・ヴィレッジ遺跡から，幾何学的な意匠のある線刻礫を発見した。同じ地域でスタンレー・デーヴィスは，ヒドゥン・フォールズ遺跡の前期パシフィック期の層位から線刻礫とともに線刻のある骨を発見した。

内陸のクリアーウォーター川にあるハットウェイ遺跡で出土した骨製品（おそらく針）は，蔓ないしは草木と思われる植物の洗練された意匠が線刻されていた。植物の意匠はきわめて珍しい。ハットウェイ遺跡の遺物は紀元前3200年の住居に伴ったもので，カスケード地方でもっとも古い彫刻された骨の遺物である。幾何学的な意匠が刻まれた磨製石板は，付近のアルポワイ Alpowai 遺跡で紀元前3200〜前2500年の層位から出土する。

ペンダー・カナル遺跡とグレンローズ・カナリー遺跡の遺物は，それが紀元前2100年にすでに存在していたということを除けば，北西海岸の美術的な伝統の起源や初期的進化についてほとんど語ることはない。ステップ島，ボードウォーク遺跡，エシラオ遺跡，アルポワイ遺跡やそのほかの遺跡から出土した石製品は，粘板岩やその他の石に刻まれた幾何学的意匠が前期パシフィック期にカスケード地方全域に広まったことを伝えている。装飾された骨製品は，カスケード地方で紀元前3200年には存在していた。

北西海岸美術の作風の初期の進化を理解するためには，海岸やほかの場所から紀元前2100年以前の装飾品を得る必要があるが，現在，ロング・レーク遺跡のパネル画が唯一のものである。

しかし，北西海岸の美術的な伝統は，おそらくさらに古い彫刻や線刻の伝統，そして北アメリカ西部における構図の伝統に由来するようにも思われる。言い換えればそれは，それらの伝統の地方的な現れである。つまり，紀元前2000年にそれらが出現したのはカスケード地方全域に発達した文化の地方的な現れの一つにすぎないかもしれず，したがって海岸における出来事を参照することだけでは完全に説明できるものでないのかもしれない。

（3）中期パシフィック期（紀元前1800〜紀元200/500年）

中期パシフィック期の美術作品（27個体）は，前期パシフィック期よりもさらに数が増している。その大部分はジョージア湾からの出土遺物であるが，オレゴン海岸とブリティッシュ・コロンビア州北部海岸からの重要な例も知られる。

第9章　北西海岸の美術

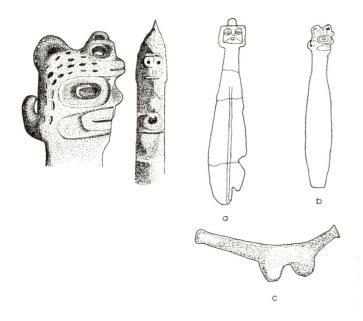

図78　(左端)プリンス・ルパート・ハーバーのボードウォーク遺跡出土の中期パシフィック期における鯨骨製棍棒の柄頭　意匠を構成するのにフォームラインが用いられていることなど，北西海岸における19世紀の美術に共通する多くのデザイン要素が棍棒に用いられている。(左)　鯨骨製の棍棒の様式　a) 顔全体を表現した南部様式　b) 横顔の北部様式　c) 南部海岸あるいはカリフォルニアの「奴隷殺具」あるいは三日月刀様式

①海岸北部

この時期の北部海岸から出土した遺物はほとんどない。ほとんどはプリンス・ルパート・ハーバーから発見されたものであり，年代が比較的確かな10例が知られている。その10例の一つはオオカミをかたどった櫛である（装飾された櫛は中期パシフィック期の革新的遺物である）。それは尖った耳やアーモンド形の目をもつなど，ペンダー・カナル遺跡から出土したスプーンについたオオカミとたいへんよく似た点をもつ。肋骨は明らかに表現されている。マーガレット・ホルムは，これに伴う重要な構成要素の革新として，上下の足によって形づくられた，切り抜かれたスペースの存在を指摘している。この櫛とほかのいくつかの遺物は，住居に伴う地層・遺構から発見された。

プリンス・ルパート・ハーバーで墓に直接ともなった動物表現の遺物はわずか1個体であるが，それは雲母片岩を彫刻したワタリガラスのペンダントである。このペンダントの出来栄えは，かなりの技術があったことを示している。しかし，底部の表面における肋骨の表現を除けば，それを明らかに北西海岸のものと言うことはできない。それは成人男性人骨の胸の部分から発見され，紀元前640年に位置づけられる。

紀元1世紀初頭に比定される大型の鯨骨製の棍棒は，北西海岸の発達した美術様式の決定的な面を示す（図78左）。この棍棒はボードウォーク遺跡の墓域に掘られた遺物の隠匿所から発見されたものであり，特定個人の墓に直接伴うものではない。鯨骨製の棍棒は，民族誌的にみた場合身分表示物であった（第7章）。顔は，幅の広い主要なフォームラインによってつくられた三つの卵形表現で成り立っている。上位にある二つの卵形表現には目があり，その一方下位のそれには口があるが，それ自身がフォームラインあるいはフォームサーフェスによって構成された卵形表現である。顔のフォームラインは相互に連結している。

この意匠にみられるスペースの作出と処理方法は，基本的には19世紀の箱や家の扉に見出される二次元的な意匠と同じであるが，違いももちろんある。つまり，その様式は進化を続けたが，構図の根本的な規則は同じだったのである。おもしろいことに，フォームラインは幅が統一されており，それゆえこの遺物は北で発見されたものであるにもかかわらず，北のフォームラインよりも南のフォームラインの伝統によく似ている。人物の頭には動物が載せられており，その尻尾は先端が上へ折れ曲っている。人物は鼻輪を装着しているが，民族誌的にみればそれは身分表示である。鼻輪はU字

第5節　北西海岸の動物造形美術と人物造形美術の考古学

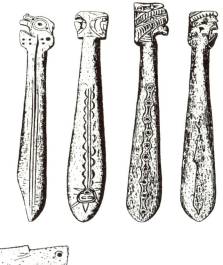

図79　（右）バンクーバー島西海岸から出土した北部様式の鯨骨製棍棒
稲妻のような蛇の横顔が柄頭を形作る。

図80　（下）プリンス・ルパート・ハーバーのボードウォーク遺跡から出土した「奴隷殺具」のかたちをした小型の骨製棍棒
この棍棒は，ペンダントとしてつりさげるための孔があいている。前足には石刃を埋め込むための溝が切られている。

形で，その造形物の目や耳やしっぽと同じ表現である。
　これらが北西海岸における一義的フォームラインの使用のもっとも早い例に違いない。それは，北西海岸北部様式の構図上の規則を決定する側面として用いられたもっとも早い証拠でもある。エイムスがこの棍棒の意匠をこのようにみなした最初の研究者である。意匠が棍棒の柄頭をすっかり覆っているので，頭の中でそれを包んでいる意匠をとりはずし展開した状態で考えたのである。これは，北部海岸における一義的フォームラインの出現を，ジョージ・マクドナルドやマーガレット・ホルムが考えるよりも 1,000 年さかのぼらせるものである[26]。
　北西海岸の棍棒には二つの基本的な様式がある。一つは鯨の骨を彫刻してつくり，幅の広い櫂の形態をした刃と装飾のある柄頭をもつものである（図79）。二つめは偃月刀形の磨製の棍棒で，粘板岩製が一般的である（図80）。これらは「奴隷殺害器」としてよく知られている。
　最初の様式（A）には二つの亜型式があり（A1とA2），それらは柄頭によって区別される。A1型棍棒では，柄頭の顔は横向きである。A2型棍棒では，顔は全体が描かれる。
　A1型棍棒の柄につけられた顔はサンダーバード（監訳者註：北米先住民のある種族の伝説に出てくる巨大な鳥で，雷・いなずま・雨を起こすと信じられている）のように見えるが，ときに稲妻のようなヘビ（様式A1a），あるいは人物像のような（様式A1b）それと異なる生物が表現されている。ボードウォーク遺跡の棍棒は，もっとも古いA1b型棍棒である。二つ目の亜型式の棍棒（様式A2）は鯨骨製で，顔は人間であることを常とする。A1a型棍棒はバンクーバー島の西海岸でつくられ，近代前期には海岸沿岸や内陸にまで広く交易された。ワシントン州スポケーンのようにはるか東で発見されたものも，一例がある。A1a様式はより北部の様式と考えられるが，B様式の棍棒は，北西海岸南部で発見される。
　磨製粘板岩製の棍棒（様式B）は，先端に哺乳類の頭部の表現をもっており，どの種ともとれるがシカや海獣，あるいは別の生物のようだ。これらの棍棒の下部の四足獣の足となるところには，一つか二つのチョウナの刃が突出している。様式Bは，カリフォルニア州南部から少なくともジョージ

第9章 北西海岸の美術

図81 プリンス・ルパート・ハーバーにおける怪物の姿を彫った石塊
北西海岸の「美術」様式は，木や骨に限らない。

ア湾地域にまでは分布している。それらはおそらく身分を表示するものであろう。北部海岸のボードウォーク遺跡で発見された骨製ミニチュアの二つの例は，紀元1年から500年の間に位置づけられる。

鯨骨製棍棒は海岸の広い範囲で携帯され，ヨーロッパ人はそれが武器として用いられたとしているが，どちらの棍棒も武器としての有効性は低いようだ[27]。粘板岩はかけやすく，こなごなになりやすい。鯨骨製の棍棒を模倣して硬い木（あるいは鍛えて頑強にした木）でつくったものもそうであるが，先ほど紹介した「奴隷殺害器」の長い部分にチョウナの刃をつけた木製の剣は危険な武器になるかもしれない。ボードウォーク遺跡で発見された様式Bの小さな鹿角製棍棒には小さな刃を埋めるための溝が両側についていたが，それを除けば武器としての証拠はない。しかし，それとても武器として用いるには小さすぎるので，大型のペンダントと考えるのがもっとも妥当なように思われる。

これらの棍棒の様式とその分布からは，地域間の相互交流がうかがえる。最初の様式の棍棒はバンクーバー島西海岸に分布しており，近代前期に広く交易されていた。2番目の様式の棍棒は，北西海岸南部でよく見つかる。

その他の装飾品は，プリンス・ルパート・ハーバーの居住にかかわる堆積層から発見されているが，それらには人物を表現した小さなペンダント（マクドナルドがシャマン的だと提起している）やグレンローズ遺跡の出土遺物に似た人物表現のついた柄が含まれている。レイチェン遺跡の低湿地から出土した彫刻をもつエンピツビャクシンの柄（おそらく鉢についていた）は，マクドナルドによって海の生物をかたどったものと解釈されている。それはフォームラインの使用がみられ，とくにそれは頭部に顕著である。その年代は，紀元前600年である。

アラスカ州南東部のヒドゥン・フォールズ遺跡では，多数の線刻礫が発見された。スタンレー・デーヴィスは，意匠が幾何学的なものから刺突による図形まで多数に及ぶことに気づいた。そのうちの一例は卵形に磨かれて滑らかに研磨された平たいものであり，そこには3列の木に似た刺突図形があるが，それぞれの列には四つの図が表現されている。列のそれぞれは，刻まれた線によって分けられていた。これらの線刻礫は，中期パシフィック期後半に位置づけられる。

近代前期には，ラッコの歯が曲物の箱の側面に鋲のように打ちこまれて装飾に用いられた。ボードウォーク遺跡の中期パシフィック期におけるたくさんの埋葬には棺が用いられ，それらはこの方法で飾られていたと思われる。というのも，いくつかの墓には箱の外郭線に沿って数百のラッコの犬歯が出土したからである。

②海岸中部

ブリティッシュ・コロンビア州海岸の中部から発見されたこの種の遺物で，確実に中期パシフィック期だというものはほとんどなく，ごくわずかなものもその終末に位置づけられるにすぎない。そ

れは，遺跡のサンプルが少ないということを反映しているのかもしれない。

バンクーバー島西海岸でも同じような理由から，これらの遺物は少ない。ユークァット遺跡から発見されたのは鯨骨製の棍棒の破片を除くと，歴史時代に位置づけられる人物像あるいは動物像だけであり，ヘスクィアット遺跡からは人工的な装飾遺物は報告されていない。シューメイカー・ベイ遺跡のシューメイカー I 層から線刻礫が一つ検出された。バークレー・サウンドにあるチュウマタ DfSi4 遺跡における試掘調査では櫛とおぼしきものが出土し，調査隊は遺物包含層の底で片岩を彫刻した鳥の大きな羽の破片も発見した。その遺跡は紀元前 2400～紀元 1000 年の間に位置づけられる。本書の執筆の時点で，調査者のマクミラン McMillan とセント・クレア St Claire の仕事はまだ途についたばかりだ。

③海岸南部

海岸南部における中期パシフィック期の美術作品はきわめて豊富に存在しているが，ジョージア湾，フレーザー川下流，そしてオレゴン州北西海岸という三つの地域にとくに集中している。コロンビア川下流もまた，美術作品が多く残された地域であるが，帰属時期を判断するのがむずかしく，後期パシフィック期の節で議論する。中期パシフィック期がロカルノ・ビーチ段階とマーポール段階に分けられるジョージア湾からみていくことにしよう。

1. ロカルノ・ビーチ段階（紀元前 1500～前 600 年）

この時期の実例はわずかであり，14 例がそのすべてである。それらのなかには，マスクィアム・ノースイースト遺跡から出土した 2 本のスプーンがある。出土した地層は，紀元前 1300 年から前 530 年の間に位置づけられる。そのスプーンはペンダー・カナル遺跡から発見されたものによく似ており，陽刻と陰刻の U 形や T 形などマーガレット・ホルムがフォームラインに近いとみなす特徴をもっている。彼女の解釈によれば，それらの意匠の要素は孤立したものであり（それらは一義的フォームラインによって繋がっていない），コースト・サリッシュ族の美術の典型例と彼女がみなす特徴である。

図 82　（上）プリンス・ルパート・ハーバーのレイチェン遺跡における高湿層から出土した箱の把手
エンピツビャクシンでできており，中期パシフィック期後半に属する。この把手はフォームライン，くさび，北部様式の典型的な様式化した表現をとる。

図 83　（右）ワシントン州オリンピック半島のホコ・リバー遺跡から出土したござを折る木製道具
海岸地域でもっとも古い木の彫刻品である。

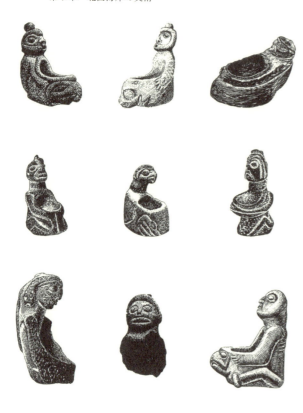

図84 ジョージア湾地域から出土した
マーポール段階の石製の椀
石製の椀と人物像は，ジョージア湾のマーポール段階を特徴づけるものと考えられている。しかし，これらの多くはきちんとした調査で出土したものではないので，マーポール段階に限定してよいか疑問である。

　ロカルノ・ビーチ段階のスプーンもペンダー・カナル遺跡で発見されたそれらと同様，杓子形のものである。ロカルノ・ビーチ段階の美術には，深い彫りの幾何学的意匠をもつ鹿角製の遺物に加えて死者の頭部の表現もある。それらは海岸では独特なものである。またこの時期に人物像も存在している。
　北西海岸でもっとも古い木の彫刻品は，ホコ・リバー遺跡（図83を参照）で発見された。その年代は紀元前1000～前800年あたりで[28]，プリンス・ルパート・ハーバーにあるラチャン遺跡から出土した椀の把手よりもわずかに古い。その遺物は，ござに折り目を付ける道具（杉の樹皮から繊維をとるのに使った）の把手であり，向かい合ってくちばしを突き合わせたとさかのある鳥が2羽彫刻されている。その鳥は，冠羽のあるウッドペッカーか，かわせみと考えられる。その把手は彩色され（それは彩色のもっとも古い証拠でもある），鳥のとさかや目には褐炭ベースの顔料による黒い着色がある。
　サンプル数の少なさが，研究者が特定の意匠の歴史を追跡する際の足枷となるのであるが，それは関節（ひじやひざなど）の印として使われた卵形あるいは環状の表現が時期ごとにどのように分布するのかという課題によく表れている。
　北西海岸美術におけるこの基本的モチーフは，ペンダー・カナル遺跡の前期パシフィック期の一，二の実例にみられるが，中期パシフィック期にはその表現を伴う遺物がない。このことは，そのモチーフが比較的まれであることを示唆しており，幸運にも初期の例が得られたにすぎない。本例がなかったなら，そのモチーフは後期パシフィック期まで存在していなかったことになるし，考古学者は北西海岸美術においてそのモチーフが遅れて加わったと結論してしまうかもしれない。
　したがって，たくさんの装飾要素やそれらの構図上の法則は，わたしたちが記録しているよりもっ

図85　ジョージア湾地域から出土したマーポール段階の石製の椀
石製の椀のいくつかは，ジョージア湾をこえてさらに広い地域に分布を広げている。

第 5 節　北西海岸の動物造形美術と人物造形美術の考古学

と古い可能性がある。ロカルノ・ビーチ段階とされる古典的な北西海岸のデザイン要素は，U 字形，T 字形（読者は，フォームラインが紀元前 600 年のプリンス・ルパート・ハーバーに存在していたことを思い起こすかもしれないが）である。マーガレット・ホルムが集成した目録のなかで，彼女はヒト，哺乳類，鳥，魚，頭蓋骨，稲妻のような蛇を，ロカルノ・ビーチ段階に存在した北西海岸のモチーフと認定している。

図 86 （上）ジョージア湾地域から出土したマーポール段階の石製の椀

図 87 （右）マーポール段階の石製像

2. マーポール段階（紀元前 600～紀元 500 年）

ジョージア湾ではマーポール段階に，装飾をもつ遺物の数と，装飾のタイプの数が劇的に増加した。マーガレット・ホルムが集成した遺物のうち，ロカルノ・ビーチ段階のものは 28 点であったが（プリンス・ルパート・ハーバーから出土した遺物を 3 点含む），マーポール段階は 102 点であった（ユークァットとプリンス・ルパート・ハーバーを含む）。これらのうち 48 点は，マーポール遺跡自体から出土している。残念ながらこの遺跡はほとんど科学的な調査を経ておらず，その多くは破壊されている。この大きなサンプル数のおかげで，ジョージア湾におけるマーポール段階の美術に関するいくつかの結論を導くことが可能になっている。

マーポール段階の資料のなかに，デザインの仕上げに用いた技術に違いがあることにホルムは気がついた。この章の最初に記したように，誰でも美術作品を製作することはできたかもしれないが，北西海岸の美術作品からはパートタイムとフルタイムの彫刻家，専門家の存在がうかがえる。ホルムは，いくつかの彫刻の質はそうした専門家の存在を暗示するものだと考えている。

一方，カールソンは，ペンダー・カナル遺跡から発見された前期パシフィック期のスプーンがもつ彫刻の技術や構図を思い通りに実現させることが，早い時期から専門家が存在していたことを指し示すものだと推測している。なるほど，そうかもしれない。しかし，マーポール段階の豊富な資料は技術的な点で明らかにそれ以前とは異なっており，マーポール段階に画期があるというホルムの推論を裏付けるものである。さらに，これらの技術は美術作品のうちの特定の種類にとくに使われたようだ。額の帯飾りは一様によい出来であり，動物意匠と幾何学文の両方とも深い彫刻意匠を有しているが，ペンダントはその品質にばらつきがある。興味深いことに，ペンダントにつけられた意匠はきわめて限定されており，鳥（側面）あるいは人物（正面から見たところ）に限られている。

マーポール段階の石製彫刻品もまったく規格化されたものであり，すべて石製の椀であり四つの種類に分けられる（下記を参照）。マーガレット・ホルムがこれらの椀の品質を研究したところ，骨や角に施された仕事と比較して一様に出来が悪いという結論を得た。出来のよい椀もわずかながら

第9章　北西海岸の美術

 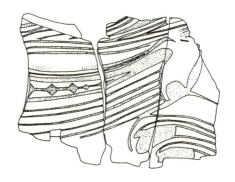

図88　(左) スカギット投槍器
海岸で発見された先史時代の彫刻のなかでは，形態や装飾の点でもっとも複雑なものの一つであろう。およそ紀元350年のものである。

図89　(右) ブリティッシュ・コロンビア州南部のエシラオ遺跡から出土した，のこぎりでひいてつくった彫刻をもつ箱の破片
中期パシフィック期後半のもの。

あるが，年代が明確な状況で出土したものはないので，それらはマーポール段階あるいはそれより新しいかもしれない。

　石製椀は北西海岸の近代期にまで残るが，マーポール段階のそれらは明確に区別できる。それらは，ウィルソン・ダフ Wilson Duff が定義した次の四つの種類に分類できる。①椀を腕で丸く抱えた直立した人物像，②外側を向いた人物の顔がついた石製の椀，③動物をかたどった表情が加えられた椀，④動物をモチーフにした立像あるいは偶像で椀が付いたものである。

　それらのうち，仕上げがもっともていねいないくつかの椀は，出土状況から年代がわからないので，マーポール段階以降の時期かもしれない。これらの椀は大変小さいので，おそらく顔料を入れたものであろう。そうした実用的な目的をなにももっていなかったものも，いくつかあるかもしれない。図86の凍石製の椀はたった10cm（2.5インチ）の高さしかなく，もともと黄土（オーカー）によってふさがれていた。図87の人物が抱えている椀には凹みがない。

　マーポール段階のジョージア湾における美術は，何を意匠とするかという点で，初期のものと著しい対照をなしている。人間（人の形の意匠）はいたるところにあり，鳥，稲妻のような蛇，肋骨や背骨，そして羽の意匠もまた存在している。稲妻のような蛇を除いて，欠落しているのは哺乳類の動物意匠であるが，それもより古い時期の少ない事例のなかに存在しているにすぎない。マーポール段階の事例は豊富なので，哺乳類の意匠が存在しないのは確かにマーポール段階の美術作品のきわだった特徴といってよい。

　これ以上にこのことが何を意味するかは何も言えないが，この問題は第10章で再び取り上げることにしたい。構図に戻ると，マーポール段階の美術には，フォームライン，T形，楔形，サリッシュ族特有の目や山形の印などさまざまな種類の意匠の要素が存在している。

　マーポール段階の美術作品でもっとも有名な例は，羽毛を備えた完全なアオサギの形をした小さなペンダント（あるいは栓）であろう。人の形をしたペンダントの一つも，マーガレット・ホルムが「コースト・サリッシュの目」と呼ぶ目の形をもつ，またすばらしい一例である。

　マーポール段階の美術でもっとも重要な木製品は，スカギット・リバー Skagit River 投槍器であるが，スカギット川の河口近くの分流を浚渫した際に見つかったことからその名がある[29]。それはマー

238

第5節　北西海岸の動物造形美術と人物造形美術の考古学

図90　オレゴン海岸北部のパームローズ遺跡出土の角製彫像
中期パシフィック期。真ん中の人物像は，二羽のフクロウを側面に配置している。

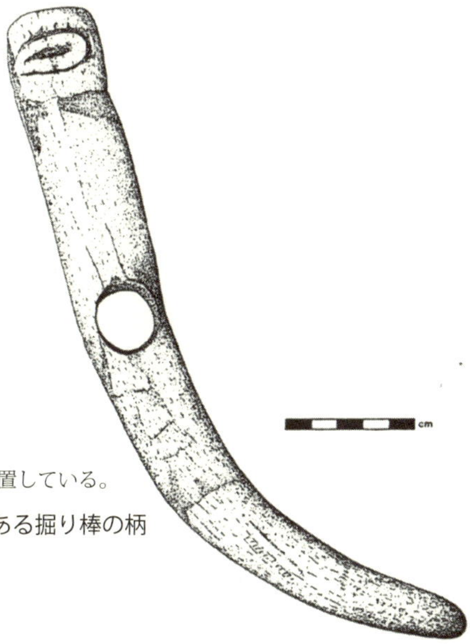

図91　（右）オレゴン海岸北部のパームローズ遺跡出土の彫刻ある掘り棒の柄
中期パシフィック期。

ポール段階の最終末の，紀元230～450年に位置づけられる。この投槍器は，タクサス・ブレウィフォリア Taxus brevifolia Nutt の木片を用いて，最高に腕のよい工人が彫刻したものである。それは海の怪獣とも稲妻のような蛇とも（その描写は互いに排他的ではない）さまざまに描写される生き物が人の頭の上に乗っている様子を表した複合的なイメージの彫刻である。

　人物に乗っている生き物の目は象嵌されており，狼のような顔をしている。その目は両脇を楔形の意匠によって縁どられている。また，頭と背中には羽毛が生えている。人間と，とくに海の生物の「怪物」の組み合わせは北西海岸の図像では一般的であり，口碑には人間と同様に多様な海の生物に変身できる生き物である「海の支配者」のテーマが満ち溢れており，そしてこの生物は人間界と同様に海の豊饒にも相当な力を発揮する。

　この彫刻は，この時期に木製品として何が広く存在していたかもしれないかということを明確に示す。ナット・フラッドマークは，この時期のトーテム・ポールの証拠は何もないのだが，この時期までにポールを彫刻する技術は存在していたと提起している。

　当時一般的であったかも知れない美術のもう一つの例は，フレーザー川のエシラオ遺跡から見つかった炭化した箱である。その箱は，紀元1年以降の竪穴住居から見つかった。それは曲線の装飾を深く念入りに彫りこんでおり，マーガレット・ホルムは間違いなくコースト・サリッシュ族の彫刻と文様構成の伝統の範疇にあるとみなしている。この遺物と，プリンス・ルパート・ハーバーのラッコの歯を装飾の鋲としたほぼ同時代の遺物によって，箱を装飾し彫刻する習慣は，紀元1年以前までさかのぼることが明らかである。

④オレゴン北西部とコロンビア川下流

　オレゴン州シーサイドの近隣にあるパームローズ遺跡では，中期パシフィック期の装飾をもった遺物の素晴らしい集積が検出された。それらの遺物は，紀元前700年から紀元200年の間に何回も人が居住した，おそらく板壁住居と思われる大型の長方形の建物に伴っていた。それらの遺物は，いろいろな点でマーポール段階の遺物を思い起こさせるものであるが，いくつかの固有の特徴をも

第9章 北西海岸の美術

っている。それはまた，コロンビア川下流域の後期パシフィック期の彫刻の特徴も共有している。

彫像は，人か鳥をかたどったものしかない。図90の人の姿をした彫像は，これで完全な形を示している。顔は正面を向き，陽刻された目，T形の鼻と眉をもっている。それらの特徴は，海岸におけるもっと古い人物彫像と，そしてもっと後になってコロンビア川下流域で出現する人形の装飾とも一致したものである。ふくろうの意匠は，いつの時代でもこの地域に通有のデザインであり，おそらく1,000年も古いペンダー・カナル遺跡から出土したふくろうの彫像と非常によく似ている。

この遺物の集積のなかで北西海岸様式（構図）のもっとも明確な事例は，角でできた土掘り用の棒の柄に施されているフォームラインを用いた卵形の装飾である（図91）。フォームラインはこの形に統一されており，この時期までに南部のフォームラインの伝統がこの地域にまで達したことを指し示しているのかも知れない。

卵形装飾の下方には，装飾部分を柄の残りの部分から区別するためにつけられたくびれがある。そのようなくびれは，さらに北部のスプーンの柄や骨角製の棍棒に一般的である。卵形をした装飾の形は，それが目であることを示唆しているが，そうした見方からすると，その意匠はおそらく柄の先端を顔に見立てたものであろう（プリンス・ルパート・ハーバーから出土した鯨骨製棍棒の先端の人頭表現を思い出してほしい）。

この組成の遺物のなかには，幾何学的な装飾を深く刻んだ柄がたくさん含まれており，ジョージア湾のロカルノ・ビーチ段階におけるいくつかの彫刻された角製の遺物を思い出させる。これらの資料は，この時期にオレゴン海岸とジョージア湾の間に密接な交流関係があったことを示すかのようだ。

⑤中期パシフィック期の美術に関する議論

紀元前後までに，北西海岸美術の作風は確立した。北部のプリンス・ルパート・ハーバーから南部のオレゴン州シーサイドに至るまで，フォームラインの実例が存在している。地域的な相互交流関係の理解に関してこの事実が内包することは，すでに第6章で究明したところである。それは，彫刻工人がお互いにかなりの接触をもっていたことをはっきりと示すものである，とここでいえば十分だろう。

これらの共通点は，地方的あるいは地域的な違いを覆い隠してしまうようにも見える。たとえば，多くのマーポール段階の美術は，直接的であれ間接的であれ，埋葬に伴うようだ。これとは対照的に，プリンス・ルパート・ハーバーで発掘された230の中期パシフィック期の埋葬（第7章）のうち，埋葬に直接伴ったのはわずかにワタリガラスの形をしたペンダントだけで（棺に施された装飾はいずれも直接伴ったものである），クジラ骨製の棍棒が間接的に埋葬に伴っていただけである。さらにプリンス・ルパート・ハーバーの美術作品の多くと同様，パームローズ遺跡の遺物は住居跡から発見された。

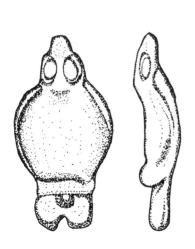

図92　プリンス・ルパート・ハーバーのボードウォーク遺跡出土のワタリガラスをかたどったペンダント
プリンス・ルパート・ハーバーでは唯一の直接墓に伴った動物像。中期パシフィック期。

こうした南北の地域差は，現時点でもまだ鮮明である。それらは，北部においては出現しつつある階層化システム（第7章）とより密接に関連しているが，ジョージア湾においては常にそれは葬送儀礼に伴っているように，海岸の異なる地域において美術作品の果たす役割があまり完全には重ならなかったのかもしれない。

マーガレット・ホルムは，額の帯飾りのような，目につきやすいものの装飾のほうが，目につきにくいものよりも，より深くていねいに彫刻されるとしている。このことは，ジョージア湾においても，美術もまた階層化システムにおいて役割を果たし始めていたことを示唆するのかもしれない。彼女の分析結果はさらに，この時期に専門的な彫刻工人が存在したことをも示唆する。

わたしたちが抱いたもう一つの印象は，装飾品が比較的少数の遺跡に集中する傾向のあることである。また別の見方をすれば，装飾品は多くの遺跡にあるが，多数生産されるのはわずかな遺跡でしかない。

これらの遺跡には，パームローズ遺跡，マーポール遺跡，ボードウォーク遺跡があるが，このうちパームローズ遺跡とボードウォーク遺跡は，ともに海岸地方では特異な存在である。パームローズ遺跡はその地区のなかでも特異であるが，プリンス・ルパート遺跡群のなかには美術作品が比較的集中する点で，ボードウォーク遺跡と似ていると思われる遺跡がほかに一，二存在している。しかし，海岸北部のプリンス・ルパート・ハーバー以外では，ボードウォーク遺跡と同様の発掘調査された（少なくとも完全に報告された）事例はない（クイーン・シャーロット諸島のブルー・ジャケッツ・クリーク遺跡はその可能性がある）。とくにアラスカ州東南部には見られない。しかし，それは発掘のサンプル数の結果なのかもしれない。

プリンス・ルパート・ハーバーでは大規模な発掘がおこなわれているので，いくつかの美術作品が発見されていることからすれば，たった一つのものしか見つかっていないのはアラスカ州東南部の発掘調査が不十分だからだということは，おおいにありそうなことである。

さらにマーガレット・ホルムは，北西海岸美術におけるコースト・サリッシュ族の地域様式がこの時期までには出現していたと力説している。これは，海岸において長期にわたり，民族的言語的に文化が継続していたことを意味している。フォームラインで完全に描いた顔がプリンス・ルパート・ハーバーに存在しているのも，完全な北部様式がこの時期までに出現していたことを示しているのかもしれない。

（4）後期パシフィック期（紀元 200／500〜1775 年）

わたしたちの一人を含めて多くの研究者は，後期パシフィック期は装飾品が相対的に少ないことに触れている[30]。この時期にはすでに「北西海岸」様式が完成していたであろうから，それは皮肉なことである。装飾品の数の減少は，とくにジョージア湾で顕著だ。

マーガレット・ホルムは，マーポール段階の 102 例の装飾品を分析したが，後期パシフィック期のそれはたった 77 例であった。マーポール段階の資料をジョージア湾の後期パシフィック期と比較するために，彼女は 13 遺跡から出土した 92 例のマーポール段階の遺物（1 遺跡につき平均して 7 例の遺物）を研究したが，後期パシフィック期に対しては 8 遺跡で 28 例（平均して 3.5 個）にすぎない。しかし，この計算からマーポール遺跡をはずした場合には（このように大量の装飾品が見つかることは

めったにないので)，マーポール段階の遺物は12遺跡44例となり，それは1遺跡に対して平均で3.7個と後期パシフィック期に近づく。

このように後期パシフィック期の美術作品が目立って減少しているのは，第一にマーポール遺跡のゴミ捨て場のような遺跡が後期パシフィック期にないことに起因しており，第二にジョージア湾地域全体で後期パシフィック期の遺跡の発掘例が少ないことに起因している。

問題は，なぜ装飾品が少ないかではなく，なぜ遺跡が少ないかということになる。これは考古学的探査の方法に問題があるのかも知れず，あるいはより古い段階の遺跡は現在の海岸線から遠くはなれているので開発にさらされる危険性が少ないのに対して，後期パシフィック期の遺跡はすでに破壊されてしまった結果かも知れない。

後期パシフィック期にマーポール遺跡のような遺跡が欠落している理由は，ジョージア湾地方における後期パシフィック期とマーポール段階の間の文化的な習慣に大きな違いがあるからかもしれない。

後期パシフィック期のはじまりを特徴づけるのは，海岸沿岸で貝塚への埋葬が終了し，おそらく居住域から離れた場所に遺体を置くという近代前期の埋葬習俗へと変化したことである。その結果が，数百もの埋葬がある中期パシフィック期とは対照的に，後期パシフィック期の埋葬が相対的にわずかであるという状況となって現れた。もし，マーポール段階の美術作品が葬送儀礼で重要な役割を果たしていたならば，これらの習俗の変化のみで，マーポール段階以降に美術が明らかに衰退していくことを説明できるのかもしれない。

プリンス・ルパートのすでに認められているようなわずかなサンプル数の資料を検討すれば，中期パシフィックと後期パシフィック期の比較がさらに明確になる。ハーバーでは，貧弱ではあったとはいえ，中期と後期の間で装飾品の数に減少はない。これらの時期を通じてボードウォーク遺跡はおそらく居住遺跡ではなかったので，この知見はとくに興味深い。埋葬の習俗は北部海岸でも貝塚への埋葬の終了という変化を伴っていたが，美術作品の発見数に影響はない。

一方，ジョージア湾から出土した後期パシフィック期における装飾品は，その前段階の事例に比べると考古学的に確かな状況のもとに出土したものは格段に少ない。ホルムは研究資料の範囲を個人コレクションにまで広げなくてはならなかった。コロンビア川下流域でも，石製彫刻品はそのほとんど

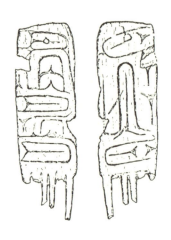

図93 （左）プリンス・ルパート・ハーバーから出土した櫛の破片
後期パシフィック期。これらの意匠はフォームラインで構成されており，いかなるモチーフを表現したものか不明。

図94 （上）貯蔵のために処理される魚と「ワタリガラスの尾」と似たデザインの幾何学文を描いたと思われる線刻礫
後期パシフィック期。この遺物はアラスカ州東南部のキューユ島におけるステップ・アイランド・ヴィレッジ遺跡から出土した。

が信頼するにたる出土状況が記録されてはいない。

①北部海岸

プリンス・ルパート・ハーバーで出土した二つの遺物は，北西海岸美術の北部様式の19世紀的型式が紀元1000～1200年までには備わっていたことを示している。一つは鹿角製のペンダントで，卵形と陰刻されたC字形の文様が彫刻されている。もう一つは櫛の破片で（図93），何を表現しようとしたのか推測するのが大変むずかしい，入り組んだフォームラインのデザインをもっている。

マシュナーはアラスカ州東南部のステップ・アイランド・ヴィレッジ遺跡から紀元900～1150年に位置づけられる線刻された礫を発見した（図94）。この礫は，片面に頭を失ったサケを描いているように見えるので，興味深い。もう一方の面は，その土地のトリンギット族が「ワタリガラスの尾」と呼ぶ織りのパターンとおぼしき入り組んだ幾何学的な意匠である。

アラスカ州南東部には，いたるところに後期パシフィック期につくられたのではないかとされるおびただしい岩石の彫刻と岩壁画がある。これらは，潮間帯の巨岩の上に動物像や人像と幾何学の意匠を我々がみると無秩序に配したものや，領域の境界を画すための彫刻などがある。こうした領域の境界はカウ・クリーク Cow Creek 遺跡にもみられるが，この遺跡では後期パシフィック期の村に至る川の三つの入り口近くにある崖に大きな渦線が刻まれた。いくつかの彩色絵画，たとえばサギナウ湾にある太陽のシンボルのような絵画は，遺跡との関係性はわからない。

②中央海岸

装飾された遺物は，わずかであるが中央海岸の本土における遺跡からも発見されている。これらは，図95bに示した結合銛頭の弁にある二股のU字形の文様のような，たくさんの相互に分離した装飾要素をもっている。この資料のなかには大型の人物像と，鹿角から彫られたこれも人物像のペンダントがある【口絵64】。これらの像は，ジョージア湾とコロンビア川下流域といういずれも南部地域で発見された像と似ている。

繰り返すが，バンクーバー島西海岸から発見された美術作品はない。シューメイカー・ベイⅡ遺跡には彫刻した岩があるが，そのほとんどは葉のようなデザインにすぎない。

③南部海岸

1．ジョージア湾／フレーザー川

意匠は，表現と構図の両方の面からして，明らかにコースト・サリッシュ族の伝統の範疇に含まれる。マーガレッ

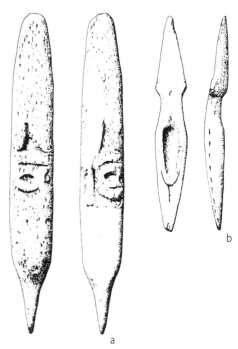

図95　ブリティッシュ・コロンビア海岸中央部から出土した後期パシフィック期の遺物　a) 鯨骨に彫刻を施した紡茎あるいは杼　b) T形をした回転銛頭の逆刺

第 9 章　北西海岸の美術

図 96　（左上）コロンビア川下流出土の動物をかたどった磨り臼
後期パシフィック期。ビーバーをかたどったものと思われる。

図 97　（右上）コロンビア川下流のダレス地区から出土した石臼に差し込んだフクロウの像
高さ 4.5 インチ。後期パシフィック期。

図 98　オレゴンのポートランド近郊のメイヤー遺跡から出土した彫刻のある人物像
建物の後方の壁付近から出土した。

　ト・ホルムは，メイプル・バンク Maple Bank 遺跡から出土した櫛を，その最たる例とみなしている【口絵 62】。その櫛は，紀元 700 年の土層から発見された。オオカミかイヌをかたどっており，19 世紀のイヌ科の動物像に典型的な上を向いた鼻を有している。
　そのほか，近代期美術作品と同様の特徴として，手首の関節に刻まれた三日月形文様と先が細く長い鍵爪の文様がある。マーガレット・ホルムによれば，それは四足獣であり歴史時代北西海岸美術に典型的な意匠だが，マーポール段階の美術には欠落しているそうだ。彼女は，自身が言う「生き生きとしたポーズ」であること，写実的な彫刻であること，そしてコースト・サリッシュ族の美術の一つの特徴であること，以上 3 点も強調している。この櫛は，プリンス・ルパート・ハーバーのガーデン・アイランド Garden Island 遺跡から出土したオオカミ形の櫛と似ている点もあるが，それはとくに肋骨の浮彫りといった点であり，ペンダー・カナル遺跡にも，そしてバークリー・サウンドのチュウマタ遺跡から出土した彫刻にも認められる。
　オゼット遺跡から発見された装飾をもつ遺物は，海岸のあらゆる遺跡のなかでもっとも重要な一括資料である（これまで述べてきた装飾品の数，そういった遺物の出土数にオゼット遺跡は含まれていない）。これらは最近の年代測定の結果，1700 年代の早い時期に位置づけられている。およそ 42,000 点の資料化された遺物のなかで，おそらく 300 点から 600 点の装飾された遺物（おもに木質）が発見されている。
　オゼット遺跡の遺物は，海獣骨製の棍棒や捕鯨用の道具から，板や有名な「鯨骨製の鞍」，ラッコの歯が打ち込まれた黙の背びれの像まで，北西海岸の家屋に存在していた装飾品を白日の下にさらした。調査者によると，棍棒，道具の柄，紡織具や櫛は必ず装飾をもっており，銛の柄，織機の棹，箱，そして椀は装飾されたものが多い。銛を含む海獣の狩猟具は装飾をもっていたが，陸の哺乳類の狩猟具は装飾されていなかった。

244

第 5 節　北西海岸の動物造形美術と人物造形美術の考古学

　ウェイン・サットルスは，コースト・サリッシュ族（オゼット遺跡はマカー族が居住していた）は素材を富に変換できるものを装飾した，と提起する。マーガレット・ホルムは，なぜオゼット遺跡のマカー族とサリッシュ族の両方が機織具を装飾したのかということの説明にサットルスの指摘を応用した。さらに彼の指摘は，オゼット遺跡ではなぜ海獣狩猟の道具と木彫り用の道具両方が装飾されているのかということの説明にも使える，とホルムは提起した。海獣狩猟の道具は，歴史時代のマカー族において確かに素材を富と名声に変換するものであった。彼女の推測は，海岸のどの地域にも適応することができる。

　ジョージア湾地域には，中央海岸で発見されたのと同じような小さな人物像もある。第 7 章で議論した地域間交流はこの本の基礎的なテーマの一つであるが，これらの像はその証拠として重要である。ジョージア湾地域において，そういった人物像は紀元 1000 年ころ出現した。

　これらは鹿角から彫刻されており，マーガレット・ホルムは，短いスカート・明確な腕と脚と足・頭蓋変形を表現したとみられる頭・時に念入りに整えたように表現される，明確に示された毛髪・耳飾り・体の入れ墨・骸骨化して描写された身体，といったこの時期のジョージア湾に共通する特徴をリストアップしている。彼女は地域性も認めるが，基本的な主題は首尾一貫している。男性あるいは女性の生殖器を表現しているものもある。ジョージア湾地域でもっとも良好な事例は，サン・ファン諸島にあるスシア Sucia 島で見つかったものであろう。これらの遺物の出土状況は，まだ研究されていない。

　地域的相互交流圏を明らかにするために，人物像に次いで重要なのは鯨骨製の棍棒である。ジョージア湾地域で発見されたそれらは，西海岸様式であり，それらは交易によってもたらされたことを示唆している。動物形をした磨製の棍棒もジョージア湾に存在しており，それらの分布の北端をなしている。

　中期パシフィック期以前の遺物と同様，フレーザー川渓谷ではたくさんのこの時期の装飾品が発見されている。そのなかには人の形をしたパイプと片面に目と裏面に蛇が装飾された紡錘車といった資料が知られる。紡錘車は，糸をつむいだとき，目あるいは蛇が周りをぐるぐる回り，穴に落ちるように見えるであろう。それは紡錘車が，実際にシャマニズム的な道具でありトランス状態に導くものであり，上で述べたようにそれは装飾されたコースト・サリッシュ族の紡織具であることを示唆している。残念ながら，このまことに珍しい遺物はミリケン遺跡の崩壊したトレンチの壁から発見されたので，正確な年代はわからない。

2. ブリティッシュ・コロンビア州内陸部

　ブリティッシュ・コロンビア州内陸部の遺跡は，埋葬遺跡が一般的であり，北西海岸美術との類似が明らかな装飾品が多数出土する。いくつかは交易によって入手したものと思われるが，それ以外は地元の工人の手になるものである[31]。これはこうした遺物が大変少ないカスケード地方南部の内陸と対照的である。

3. ワシントン―オレゴン海岸／コロンビア川下流

　南部外海岸では，中期パシフィック期のパームローズ遺跡と比較できるような後期パシフィック

第9章 北西海岸の美術

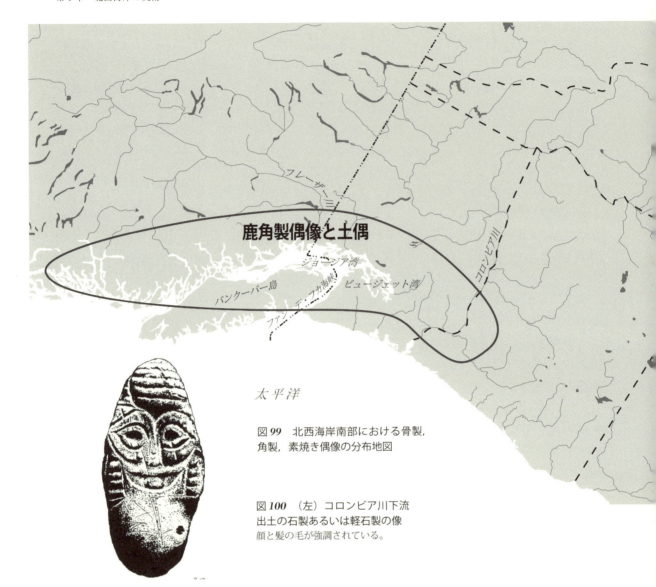

図99 北西海岸南部における骨製，角製，素焼き偶像の分布地図

図100 （左）コロンビア川下流出土の石製あるいは軽石製の像
顔と髪の毛が強調されている。

期の遺跡はない。たまに彫刻された遺物がみられるが，数少ない。もっともまとまった美術関係遺物の資料は，コロンビア川下流のダレスからその河口までで集められたものである。これらの遺物はしっかりとした考古学的な調査によって発見されたものはほとんどなく，その多くは個人コレクションである。遺物の圧倒的多数は，石製の像である[32]。

この地域の石造物は，マーポール段階の美術とある程度の類似点をもっており，まれに魚と哺乳類が表現されているが，実際にはすべてが鳥と人間である。

石製の椀は，マーポール段階の四つの型式のうちの三つがあり，椀を抱えた人の形をした像だけを欠いている。しかし，椀ではなくて柱（あるいは男根）を抱えた人物像がある。これらの像は一般的にジョージア湾とバンクーバー島西海岸から出土した2，3の像に似ているが，細部が異なっている。石製の椀は美しく仕上げられており，多くは北部の技術にまさるとも劣らない。家の内外に単独で立てられた石製像には，地域的な伝統を見て取ることもできる。これらのいくつかは大変大きく，

第 5 節　北西海岸の動物造形美術と人物造形美術の考古学

図 **101**　（上）コロンビア川下流から出土した彫刻のある骨製の偶像

図 **102**　（右）ワシントン州中央部のヤキマ渓谷から出土した彫刻のある角製の偶像
発見された偶像のうちもっとも東のものであり，もっとも入念に彫刻されている。ヤキマ渓谷はコロンビア高原にあるが，カスケード山脈を横切ってピュージェット・サウンドに至る山道に近いところに位置する。

個人コレクションのなかの一つは，1.2 m（4フィート近く）の高さで，赤い土が塗られていた。

　素焼きの像と同じく，角製，骨製と軽石製の彫刻もある。角製と軽石製の彫刻は，ジョージア湾から出土したマーポール段階に相当すると思われる凍石製の像と大変よく似ているが，凍石製の像の方は出土地点がよくわからない。これらはまた明らかに上述の像の組成・複合体の一部をなしており，その複合体に属する像と基本的な特色を共有している。素焼きの人物像は，コロンビア川下流域に固有のものである。顔は単純な線で表示されているが，毛髪の結い方は入念に表示されている場合が多い。これらはまさに，北西海岸における先住民の陶芸の伝統（実際，ほかにはどこにもない）を示すものでもある。

　鯨骨製の動物形をした棍棒はさまざまな状況で出土するが，主として埋葬遺構・遺跡からである。中央ウィラメット渓谷におけるファニング・マウンド Fanning Mound 遺跡から出土した鯨骨製棍棒は，それらの分布範囲の南限を示す。その柄頭は，顔全体を表現した南部の様式である。

　北西海岸あるいはその付近で鯨骨製棍棒がもっとも集中している地点はといえば，おそらくそれはウェイクマップ・マウンド遺跡付近だろう。その棍棒は，土坑の中で火にかけられたか，火にかけられた後で土坑の中に投げ込まれた[33]。こうした出土状況は，この本の対象地域のなかでは唯一の例である。B 様式の動物の形をした棍棒はごく一般的であるが，片刃と両刃の両方があり，一般化された（特定の種を示さない）哺乳類を表現している。

　コロンビア川下流域は，南部的なフォームラインをはじめ，その美術の数多くの特徴を北部，とくにジョージア湾地域と共有している。具体的には，陽刻されたスペースと陰刻されたスペースを対照的に使い分けることと，骨製像や岩壁美術で目や口といった顔の造作を際立たせるために幅の広い陽刻の線を使うこと，などである。分断した T 字形の装飾は，鼻と眉毛（古代の北西海岸のモチーフ）と一段と高い目を際立たせるのも同じである。

　しかし，初期の彩色と絵で表現されたチヌーク族の美術は，彩色された幾何学の意匠を多く用いる点において，北部よりも際立っている。大きな彫刻が存在しているが，そのいくつかの特徴はサリッシュ族と西海岸の美術，とくにサリッシュ族の守護霊の像と共通している。コースト・サリッシュ族のスクウェイクスウェイ Sxwayxwey の仮面と似た彫刻もあるが，それを除くと海岸には他に

類似する物がない。

　コロンビア川下流域には，装飾された遺物が発見される重要な地域が二つあるが，それはオレゴン州ポートランドとワシントン州バンクーバーを合わせた大都市域と，コロンビア川渓谷東端にあるダレスの地域である。美術品が発見される状況はそれら二つの地域の間では異なっており，ポートランド地域と河口へと下る流域では遺物は居住地で発見されるが，ポートランドより上流，ダレス地域では墓から発見される。

第6節　北西海岸美術の起源と発展

　この節は非常に大胆な表題を掲げてしまったが，実際，わたしたちはその表題通りの目的は達成できない。しかし，いくつかの論評は可能である。わたしたちのねらいは，第一に表現，構図と技術の歴史について知られていることを要約し，それから美術の進化に関するいくつかの議論を，危険を冒しつつも試みる。

(1) 表　現

　一般的にもっとも古い美術作品は，きわめて写実的である。もっとも完全に近く様式化した（そして意味を理解することがまったく不可能な）意匠は，後期パシフィック期にはじめて出現した。

　実際に古い段階の装飾された遺物群は，一般的に北西海岸美術と判断される作風に特徴的な様式的表現の多くを欠いている。これはサンプルの数がわずかであり，そして北部よりも様式化の度合いが少ない南部から出土した美術作品であるという，地域的にかたよった資料のあり方を反映しているのかもしれない。この章の冒頭で述べたように，多くの人々の北西海岸全体の作風として頭に浮かぶのは，北部の様式にもとづくものである。

　人形と動物形の像は，両方とも前期パシフィック期からある。新しくなればなるほど美術作品のヴァラエティは豊富になるが，それは新しい時期の資料が多いというサンプルの傾向性を反映しているだけなのかもしれない。美術作品には，時間的空間的変化がある。ジョージア湾のマーポール段階とコロンビア川下流域では，前期と後期のパシフィック期にはどこにでもみられた陸上の動物像を欠いているが，鳥はごく普通に描写された。

(2) 構　図

　現在知られているアーケイック期の美術作品のなかで，北西海岸美術に特徴的な構図に関するルールを表に出したものは何もない。しかし，ロング・レーク遺跡の岩壁美術の意匠は，深く彫られた陰陽の空間と曲線で描いたデザインという点で，北アメリカ大陸西部においてきわめて古いものとみなしてよい。

　中期パシフィック期の中ごろには，一義的フォームラインはオレゴン州からプリンス・ルパート・ハーバーに至るまでの地域ですでに出現しており，ボードウォーク遺跡の鯨骨製の棍棒では北西海岸の意匠の構図を構造化するために明確に用いられていた。しかしながら，北部のフォームラインが近

代前期の様式を獲得するのは，紀元 1000 年から 1200 年を待たねばならなかった．

一つの図像的要素に多くの意味をもたせること，あるいは「視覚的なしゃれ visual punning」[34] は，明確に中期パシフィック期に存在し，もしかすると前期パシフィック期にさかのぼって存在したかもしれない．ジョージア湾において，すでにマーポール段階にコースト・サリッシュ様式の構図が存在していた証拠をマーガレット・ホルムは見出している．そして，北西海岸美術意匠の構図のルールは，紀元前後までに具体的なものとなったようだ．わずかな変異があったにせよ，このルールが次の 2,000 年にわたって維持されたのは，学問的にきわめて重大な問題を投げかけている．美術的不変性は文化的不変性をも意味しているかも知れないが，いずれにせよ，それには説明が必要である．

(3) 技　術

彫刻は，カスケード地方ではきわめて古くさかのぼる．古い段階の鹿角の彫刻の存在は，基本的な彫刻技術と木彫技術が，おそくとも前期パシフィック期までに出そろっていたことを示している．しかし，一連の重労働用の木工具が遺跡において共通して認められるようになるのは，中期パシフィック期を待たねばならない．古い段階で石を加工する方法が発達したのは，鹿角の彫刻技術を石鹼石や凍石のような軟らかい石に応用することで簡単に達成されたからだと思われる．ホコ・リバー遺跡のござの折り目つけ器，レイチェン遺跡の把手，さらにスカギット遺跡の投槍器のような稀な木製品は，質の高い木彫技術が中期パシフィック期に存在していたことを証明している．

ナット・フラッドマークと彼の同僚（スカギット遺跡の投槍器の年代を推定した）は，これらの技術はたとえばトーテム・ポールのような大きな木製品の彫刻にふさわしいと示唆している[35]．本章の初めに記したように，1788 年をさかのぼるポールの証拠はない．石製の彫像は，過去 2,000 年の間に隆盛をきわめたと思われるが，はつるという基本的な技術は紀元前 7000 年にさかのぼる．石製彫像の製作は，おそらく，かけや，くい打ち器，大型の横斧の刃といった，重い石製の道具をつくるのに用いられた研磨とはつりの技術を応用することによって促進されたのであろう．

北西海岸美術の発達と技術の進化の点で一つの鍵となる問題は，海岸域ではいつ金属の道具を利用することが可能になったのか，ということである．キャスラポトル遺跡から出土した 1400～1500 年に位置づけられる鉄製の横斧の刃の存在は，フィリップ・ドラッカーが 50 年前に主張したように，そのような道具がヨーロッパ人との接触よりもはるか前に海岸域で使われていたことを示唆するものである．

資料は希薄でも，北部海岸，ジョージア湾とコロンビア川下流域という三つの地域的な様式が紀元 1～500 年のどこかの時点で，すでに存在していたようだ．西海岸など他の地域にも同じような地域性が存在していたことは十分ありうる．ジョージア湾とコロンビア川下流の様式は，それぞれ現代のコースト・サリッシュ族とチヌーク族に連なる．鯨骨製の棍棒の様式と彫像の組み合わせの分布もまた，この時期までに相互交流圏が形成されていたことを示唆している．これに関しては，彫像がとくに興味深い．というのは，それらは南部海岸の広い地域に独特な表現をもって広がっていると同時に，彫像にはジョージア湾とコロンビア川下流の間に地方的な違いがあるからである．

遅くともマーポール段階には，彫刻という工芸的な技術が専門化したことを示唆するような証拠がある．マーガレット・ホルムは，そのような証拠として，マーポール段階の深く彫刻された額の帯飾りの装飾を仕上げるために必要とされた技術を取り上げている．スカギット遺跡の投槍器に投下され

た技術もまた，専門工人の存在を暗示している。

別のところで見てきたように，紀元前500年ころまでに銅製品製作の専門化が生じたことを示すよい証拠がある。それは，このころには木工の専門化も生じた可能性を補強している。曲物の存在も，紀元前500年にはすでに木工技術が高度に発達していたことを示しているようだ。

しかしこうした情報は，わたしたちに，どこでそれらの意匠の構成と表現の規則が生まれたのかということや，それらの意匠がどこから到来したのかという，美術作風の本源的な起源について語るものではない。もっとも確からしいのは，それらは北西海岸に由来し，より古い地方的伝統のなかから発達したという答えである。

この見解は，おそらく今日の海岸における研究者の大部分の意見であろうが，これまでは必ずしもそのような意見をとらない人もいたのである。20世紀前半，基本的なルールと意匠のその本源地は中国殷周期（紀元前1800～前800年）の美術作品に由来すると多くの研究者は主張し[36]，さらにアジアから北西海岸へ移住してきた者がいるのではないかという点にまで言及している。この学派のうちでも穏当な見解は，より古い時代に共通の基層的な文化，あるいはフランスの歴史家が古代的心性と呼ぶかもしれないものを共有していた人々が北太平洋外縁に住んでいたので，類似した美術の作風が生じたのではないかとの推測である。

張光直 Chang Kwang-chi は，この立場を唱導しているもっとも最近の研究者であるが，中国からマヤに至る北太平洋外縁のすべての文化は，シャマニズムを基盤とする共通の心性を共有しており[37]，彼がこれらの文化のなかに見出した類似性は，これらの共有された古代的な信仰に究極的には由来すると示唆している。彼のモデルによると，シャマニズムは疑いもなく東北アジアに起源する最初期の居住者によってアメリカにもたらされた信仰である。

このような研究方法がかかえるやっかいな点は，明白な類似性にどの程度重きを置くかという選択性の問題であろう。つまり，その類似性のいくつかは一般的すぎてすべての人類の行為を反映しているかもしれないのであり，その一方で相違（類似性は共通の伝統として当然のように受け入れられるのに対して，相違はその後の歴史の結果として簡単に片付けられてしまう）については，無関心になりがちなのだ。

1920年代と30年代には，北アメリカの土着の人々は，東アジアの人々と観念を共有していたと簡単に論じる傾向が強かった。それ以来，多くの人が北西海岸に居住したのは，たかだか2,000年ないし3,000年にすぎないと考えてきた。現在は，人々の居住はもっと古くからのものであることを認識している。張光直は，これらの観念は12,000年から15,000年続いたか，北アメリカへの移住が複数回，もっと最近にあったと提起せざるを得なくなった。

北西海岸とアジアの東北海岸（日本からカムチャツカの間）との間の大変興味深いいくつかの共通点，すなわち唇飾り，柱と梁による構造の建物はほんの二つだが，それらが共通したものであるという明瞭な証拠を否定するつもりはない。木のよろいもそれに含まれるだろう。過去においてベーリング海峡を横切っていたところで繰り広げられた人々と観念の往来，あるいは少なくとも点々とした流れの証拠もまた存在した[38]。最近では，紀元1100年[39]の年代をもつ古代ノルウェー人の手工業製品が，カナダの北極地方で発見されたが，これらの製品を所有していた人がすぐにバイキングの美術作品の生産を開始したわけではなかった。

いずれにしても，この往来が実際に海峡を越えておこなわれたのか，どのようにして移動したの

か，その理由は何かということについてはほとんどわかっていない。またその方向，つまり唇飾りが明らかに北西海岸で生まれてアジアに伝播したといえるのか，あるいはその逆かということもわからない。しかしながら，表面上はより複雑なアジアの文明から，明らかにより単純でより原始的な北部アメリカの採集狩猟民へとむかうように考えられているのが常である。

　考古学者と人類学者は一般的に，優越にかかわるそのような説を拒絶するが，最終的に張光直の考えを受け入れたとしても，20,000年もの古く深い，北太平洋沿岸周辺のすべての人々によって共有された文化的な土台は，中国の文化，そして殷王朝の発展を説明するものではあっても，北西海岸の美術の進化を説明するものではない。

　ロイ・カールソンとジョージ・マクドナルドは，北西海岸の文化的な根源はシャマニズムにあり，そしてそれは北西海岸の美術の意味を洞察するうえで有効だろうというが，それはたぶん当を得ているのであろう。しかし，シャマニズムがどのような方法を用いてそしてなぜ美術を発達させたのか，なぜ地域的な多様性が発達した（それぞれの地域のシャマニズムのあり方が違うのでなければ）のか，なぜ南部よりも北部のほうが製作のルールが厳しく見えるのか，なぜ南部の美術は一般的にいってより写実的だったのか，なぜフォームラインが一つではなく北部と南部で違っていたのか，そして南部の美術はなぜより多様性が大きいのかという疑問には，答えることができていない。

　その美術作風は，明らかに進化する階層化システムとともに発達した（海岸におけるシャマニズムの実践は，おそらく時間を通じても変化した）。地域を超えた交換と相互交流が，階層化システムの発達をうながす主要な役割を演じたが，美術の地域的差異は，唇飾りの装着，頭蓋変形，イレズミが人々を地域的に識別する指標になったのと同じ力を発揮した。

　「唇飾り装着者」の地位が新しい富裕なエリート層のなかに浸透したのは中期パシフィック期後半であるが，中期パシフィック期は北西海岸美術の作風が完成した時期でもある。専門工人の出現もまた，別の方法では不可能な技術の開発や道具や知識に磨きをかけることを通して，美術の歴史だけでなくおそらく専門工人の地方的な「流派」の発達に大きな影響を及ぼしたに違いない。

　専門工人による美術作品の専業生産は，作品がそれを見る者によってどのように評価されるかにも影響を与えているのかもしれない。近代前期において，仮面などの彫刻品が誇示され，儀礼の中心部分をなした。エリートの成員と作品を製作した専門工人（これらの人々はまったく同一の人物だと思われる[40]）との競合は，急速に構成の規則の形式化を進め，さらにより高度に様式化した表現形式の原因となったのであろう。

　それでは，北部と南部の違いはなぜなのだろうか？それは，南部の美術がより多様で，より写実的なようにみえるのは，専門工人が存在しないことを暗示しているのだろうか？たしかに専門工人の数が少ないことを意味しているのかもしれないが，マーポール段階には確実に専門工人が存在していた証拠がある。それよりも，南部では美術に対する役割が北部とは若干異なっていたことを示唆している。つまり，南部の美術は北部よりも葬送儀礼で大きな役割を演じていたようである。最後の章でこの疑問に再び戻ることにしよう。

第 9 章 北西海岸の美術

1) Cole 1985.
2) たとえば，〔Jonaitas 1993〕文献.
3) ポトラッチはカナダでは 1885 年に違法とされ，1951 年まで合法ではなかった〔Cole and Chaikin 1990〕．
4) たとえばデール・クローズのホコ・リバー遺跡における発掘報告〔Crose 1995〕を参照されたい．そこでは木製の釣針の軸がもっとも一般的な遺物である．
5) Margaret Holm 1990.
6) ネルソン・エディー Nelson Eddy とジャネット・マクドナルド Jeannette MacDonald の映画「*Indian Love Call*」に素晴らしいシーンがある．たぶんブラックフット村だと思われるがそれを背景にしてカナダ人の騎馬警察隊であるエディーがマクドナルドに歌を歌うシーンである．そこにはカナダロッキー山脈に囲まれたティピー（テント小屋）の村があり，小屋の前にトーテム・ポールが並んでいるのが映っている．
7) トーテム・ポールはおそらく家の中の装飾された柱に起源をもつものであり，それらは実際にヨーロッパ人との接触期に北西海岸全域で目にすることができた．19 世紀後半になるまで，バンクーバー島の北端に住むクワクワカワクワ族にポールを立てる習慣はなく，20 世紀になるまで一般化しなかった．ワシントン州とオレゴン州の太平洋岸あるいはコロンビア川流域では，ポールはまったく立てられなかったが，その一方でチヌーク族の家の内の装飾にはあちこちに彫刻や彩画を見ることができる．
8) ヨーロッパ人との接触に先立って金属器が海岸で使用されていたのかは，古くからの問題である（Quimby〔1985〕の議論を参照されたい）．その場合の金属器の源は東アジアであり，長距離交易によってもたらされたのか，中国や日本の船が流されて北太平洋を横断してもたらされたかである．そのような何百という船が海岸の浜に打ち上げられたとマーガレット・ホルムは概算している（註 5）．また別の問題としては，鉄器を製作する技術がどこからもたらされたのかである．今日では海岸で金属器が生産されていたという考古学的な証拠はなく，たんに製品が使われたにすぎない．
9) Holm 1965. 読者諸賢はさらに『北アメリカ大陸先住民ハンドブック *Handbook of North American Indians*』第 7 巻（北西海岸）所収のホルムの美術に関する 1990 年の論文〔Holm 1990〕を参照されたい．ボアズの『原始美術 *Primitive Art*』（1927）も基礎的な古典として重要である．ジョナイタス Jonaitas はボアズのそのほかの北西海岸美術に関する多くの著作を編集，1 冊の本にまとめているが，それも同じように有効である〔Jonaitas 1986〕．彼女のまとめた文献目録もまた，北西海岸の美術を探るうえですばらしい．
10) 〔Jonaitas 1986〕文献を参照されたい．
11) たとえば〔Boas 1927〕文献．
12) 北西海岸の美術家が製作するデザインは通常は対称であるが，左右の面がわずかに異なっている．目と脳はその違いを認識しているのかもしれないが，注意しないと非対称に気づかない．
13) たとえばチルカット毛布に描かれた生物の種類を特定するのは，きわめてむずかしい．
14) B.Holm 1990, pp. 606-607.
15) マーガレット・ホルムは，フォームサーフェスについて次のように定義する．それはその周囲が彫刻された線によって，あるいはほかのより低い面と結合させることによって画された，繋がっている統一的な面である．一義的フォームサーフェスは明確な浮き彫り表現をとっている．二次的な，あるいは三次的なフォームサーフェスもあるらしい．複数のフォームサーフェスからなる複雑なデザインをつくりだすために，二次元的なブロック彫刻の手法が用いられている〔M. Holm 1990, p.55〕．
16) B. Holm 1990, p.613.
17) マーガレット・ホルムはフォームラインを次のように定義している．「デザインにおける主要な像の輪郭を示すための連続した陽画の線である．フォームラインは彩色で描かれた線あるいは周囲を削りとることで作出した陽彫の線である．そしてそれは作品のなかの他の構成要素と影響しあって膨らんだり縮んだりすることがよくある」〔M. Holm 1990, p.55〕．
18) 海岸における地域的な様式のうちでも，北部の様式はもっとも発達したあるいは進化した「高度な様式」として理解される場合が多い．19 世紀から 20 世紀初頭の進歩的な考え方にもとづけば，文化とその遺物も単純なものからより複雑なものへ発達したとみなされたのである．したがってそのころは，コースト・サリッシュ族や北西海岸の部族がもつより自然主義的な美術様式は，より複雑で様式化した北部の美術（これらの議論については〔Jonaitas 1995〕文献を参照されたい）よりも北西海岸様式のオリジナルに近いと考えられた．北西海岸の美術コレクションには，北部の様式（クワクワカワクワ族の美術を含む）の資料が好んで収集されたのはもちろんだが，南部の美術作品の製作数が少なかったことも一つの理由である〔Suttles 1983〕．いずれにしても，紋切り型に「北西海岸の美術」といえば北アメリカの多くのヨーロッパ人にとっては北部の美術作品であり，また研究や展示の面で焦点が当てられるのも北部様式である．南部出身の先住民の美術家たちは，彼・彼女らの美術様式を復活させるべく製作活動に励んでいる．
19) 海岸の地域的なそして部族的なレヴェルでの美術の差異に関するビル・ホルムの議論を読者諸賢は検討されたい．サットルスは，南部における美術の「生産」の問題に取り組んでいる〔Suttles 1983〕．
20) Brauner 1985.

21）Ricks 1995.
22）MacDonald 1983.
23）Carlson 1991.
24）たとえばウィシュラム族で知られている〔Spier and Sapir 1930〕。
25）Carlson 1991.
26）MacDonald 1983, M.Holm 1990.
27）いくつかの民族誌をひも解くと，これらは武器として用いられたことが記述されている。ルイスとクラーク〔Moulton 1990〕は，チヌーク族が鉄製の剣を模倣した木の剣を用いていることを記している。
28）Croes 1995.
29）この議論は〔Fladmark 他 1987〕文献にもとづく。
30）〔Suttles 1983〕文献を参照されたい。
31）これらの遺物は Stryd〔1983〕，Richards and Rousseau〔1987〕，Schulting〔1995〕の諸文献で議論されている。
32）コロンビア川下流の彫刻作品でもっともよい情報源は，〔Wingert 1952〕文献とピーターソンがポートランド州立大学に提出した修士論文〔Peterson 1978〕にとどまる。北西海岸の美術に対する重要性や興味の広がりをしても，考古学的な取り扱いをした三つの専門研究書のうちの二つが修士論文〔M.Holm 1990, Peterson 1978〕であるのはたいへん皮肉なことである。三つ目はカールソンが 1983 年に編集した本である。
33）Butler 1957.
34）McMillan and Nelson 1989.
35）Fladmark 他 1987.
36）Jonaitas〔1995〕は，これらの発案とその命運をなかなかよくできたエッセイの形で論評している。
37）張光直 Chang 1992.
38）Fitzhugh 1988.
39）McGhee 1984.
40）Ames〔1996〕は，少なくともいく人かの彫刻工人はエリート集団に属していたと述べている。

第10章

結論

(1) 三つのテーマ

序文で示したように，この本は三つの基本的なテーマにもとづいている。それは，①採集狩猟民はダイナミックな歴史をもっていること，②海岸の考古学を理解するためには，文化の地方的な差と地域的な類似性の間の関係や，自然環境の地方的な差と地域的な豊かさの間の関係を理解する必要があるということであり，③そして最後のテーマは，文化的進化は結局，人々が行なった決定の結果である，という三つである。これらのテーマを設定した目的は，北西海岸の複雑採集狩猟民の進化を説明するための枠組み作りである。最終章では手短にこれらのテーマを振り返り，所期の目的を果たすことにしよう。

(2) ダイナミズム—継続と変化—

本書では一貫して，北西海岸の人々は長期にわたるダイナミックな歴史をもっていることを強調してきた。

海岸の文化と社会の歴史は，後期パシフィック期のある時期についに達成されるまで，近代前期のあり方にどんどんと近づいていったという単純なものではない。海岸における歴史は，世界中のほかの地域とよく似た歴史をたどった。つまりそれは終焉と始まり，変転と紆余曲折の問題をかかえていたのである。相対的に平和な時もあったし，争いの頻発する時もあった。技術的経済的な変化が比較的急速になされた時もあれば，見た目には安定している時もあり，さらに人々が自ら決定を下す行動原理が変わらないでいる時もあれば，それらが変化する時もあった。

海岸の歴史において，連続性がなかったと言っているのではない。それはあった。しかし，大規模な人間集団の交替の証拠はない。人々は海岸沿いに移動したり，境界線を拡張したり，領域を失ったりしたが，そこに大規模な人間集団の交替を示唆するものはないのである。

海岸は海によって生計を立てるという必要性から，海岸の人々は自動的に継続性を強いられることもあった。海岸の特定の場所はずっと生産性が高かったようだが，そうではない場所もある。実際に10,000年前に利用された資源のすべては，200年前にも利用されていた。変化したのは経済組織であり，資源を獲得する際の集約性である。海岸の美術の作風は，過去2,000年を通じて継続しており，貝塚の埋葬の終焉と社会組織の大きな変化によって特徴づけられる期間でも力強い文化的な継続性を示している。

(3) 地域的な多様性と類似性

歴史的な変化と継続性のパターンは，地域的にも同じように観察することができる。一例をあげると，中期パシフィック期から後期パシフィック期にかけては，たとえばジョンストン海峡沿いやジ

ョージア湾地域の海岸のようにどこでも大きな変化のあった時期であるが，それに対してプリンス・ルパート・ハーバー地域では生業にかかわる遺物に実質的変化はない。これはもちろん 2 番目のテーマである，地方的な差異と地域的な類似性とも関係することである。

海岸の歴史の鍵を握るのは，地方的な差異と地域的な類似性，地方的な環境の差異と地域的な豊かさのパターンであり，他の世界でも等しくみられるパターンである。この本全体にわたって，多様性と類似性がどのようにして海岸の歴史に対するわたしたちの理解を形づくってきたか，それらがどのようにして海岸の歴史そのものを形づくってきたか俯瞰してきた。

たとえば相互交流と交換が，いかにして海岸における地域を創造してきたか論じた。さらに，第 5 章と第 6 章では，中期パシフィック期における社会的革新の鍵となったものの一つが，多様性と豊かさの両方をフルに利用した世帯組織であることを主張した。この革新は，海岸の社会的複雑さの進化の基盤を成したものであり，第 3 のテーマにつながる。第 3 のテーマは要するに，文化がいかにして，そしてなぜ変化したのか，さらに社会的複雑性が北西海岸においていかにして，そしてなぜ発達したのかというものである。

(4) 環境変動と人の歴史

わたしたちが叙述した歴史のなかで，環境変動はある程度それを動かす基本的なものだったに違いないが，どの環境が変動したのかは未解決の問題である。

たしかに紀元前 2500 年〜前 1200 年ころに，家や箱，そしてカヌーの原材料を得るためには，スギのうっそうとした森林の成熟がきわめて重要だったことは疑いない。しかしおそらく，温暖で乾燥した後氷期が紀元前 8000 年に終わりにさしかかり，冷涼で湿潤な環境へ移行したことが，実際にはそれ以降何世紀も影響し続けた大きな変化として重要であろう。エコシステムとしての北太平洋の歴史はほとんどわかっていないが，海の変化と同じくらい，陸上の環境の変化は海で暮らす人々の歴史を理解するための基本である。

とはいえ，当時の人々の技術で人々が自分のものにできる自然環境の豊かさを高めるような動きこそが決定的な変化であったに違いない。自然環境のその豊かさは同時に，自然環境の多様性のパターンに影響を及ぼしたのである。そうした自然環境の豊かさを高める動きには次のような事例があげられよう。紀元前 4000 年ころの川を遡上するサケの群れと海水準の安定化，海の浅い部分や河口といった生産性の高い環境の開発，巨大な家の建築や航海用のカヌーの製作に適したエンピツビャクシンのような木や雨林の形成と広がり，などである。

海岸の自然環境は，海に生きる人々に我慢と努力を強いた。自然環境は彼・彼女らに経済的社会的な決定のためのさまざまな素材を提供したが，人々のそうした決定が長期短期にわたってどのように影響するのかも自然環境が逆に決定づけたのである。自然環境がたたきつけた挑戦の中の筆頭は多様性であるが，海岸におけるさまざまなレヴェルでの経済の発達を理解する基礎となるのがこの多様性である。

(5) 自然環境の変異と世帯の重要性

海岸の自然環境は一様なものではなく，場所ごとに，そして時期によって，時として大いに変化

に富むものであった。

　第6章では，世帯の領域という形態での社会的な取り決めが，どのようにしてこれらの多様性を一部平準化しているのかを垣間見た。またそのなかで，世帯は中期パシフィック期までには，海岸の経済システムに参画するのに必要な経済レヴェルに世帯それ自体を維持するために，地域的経済の一部分とならなければならなかったことを提起した。

　しかし，そのすべての根本において，海岸の自然環境を効果的に開発するために，専業性が要求される作業や，専業化によってより効率的にこなすことができる作業など，いろいろな作業をすべて同時にやり遂げる能力が世帯には求められた。

　局地的な自然環境の変異が引き起こしたスケジュールの問題を解決し，そして根源的なところで北西海岸の社会と彼・彼女らの階層化システムを支えた生業の豊かさを生み出したのは，この世帯組織にほかならない。簡単に言えば，海岸の環境は豊かであり，その豊かさを人々がフルに活用できるようにしたのは大型の世帯であったのである。

　これらの世帯を形づくった原因が何なのか，それはわからない。わたしたちが言いたいのは，一度世帯という組織が形成されれば，それらが前期パシフィック期の終末の海岸において存在していたかもしれない家庭組織のほかの形態よりも有利であったということである。

　板壁住居は明らかに社会的な定住と所有の観念の存在を示唆している。それを建設するには労働と技術のかなりの代償を払わなくてはならないので，その見返りは相当なものであり，そうした見返りは家の実用的機能にとどまるものではない。

(6) 人口増加と社会の変化

　この有利さの本質は何だろうか。互いに排他的ではない多くの可能性がある。板壁住居では世帯が多くの食糧を生産し，だから食糧不足の時は人々を引き付けたのかも知れない。板壁住居では多くの子どもが生まれ，彼・彼女らもそのような家に住んだであろう。板壁住居の住人たちはほかのどのような世帯よりも高い名声を得たかもしれず，他の人々もそのような世帯に住みたいと願うようになったであろう。

　板壁住居の増加とその突出した壁は，外敵からの守りにとって有効だったのかもしれない。こういったさまざまな種類の理由こそが，わたしたちが意味するところの「文化的進化の中心であるさまざまな帰結・影響の評価」である。海岸の自然環境と当時可能であった技術を視野に入れたとき，このように世帯を基礎とした経済は，集合形態をとらない集団からなる世帯やより小さな世帯よりも，はるかに大きな人口をささえることができることを，わたしたちは強く提起したい。

　列状の村の出現は，何らかの規則的な共同体組織の発達を意味する。そのような村の出現は，世帯組織の変化と結びついているのかもしれないが，そればかりにもとづいているわけではない。たとえばフレーザー川下流のカッツ村は，2列の竪穴住居からなる村であった。さらに，これらのパターンは，紀元前1800年から前1200年の間のいずれかの時期に明確になったようだが，一般的になるのは後期パシフィック期を待たねばならなかった。人口の増加は，たしかにこれら組織の変化における重要な要素である。

　人口動態パターンのデータから，人口の急激な増加は紀元前4000年までにはじまり，紀元500〜

900年までに海岸域全体でピークに達することが読み取れる。人口増減のカーブには北部と南部の海岸域で違いがあるが，それはそれらの地域の人口動態の歴史の違いを示しているのかもしれない。

そのデータはあまりにも漠然としているので，人口の増加は海岸域における経済と生業の変化を原因としているのか，その結果であったのか明言することはできない。しかし，カスケード地方全域の変化—つまり紀元前4300年までに竪穴住居が出現したこと，紀元前3900年以後それらが広範囲に広まること，そして紀元前1800年以後の貯蔵を基礎とした経済の発達—が，北西海岸全地域のいたるところで人口の増加と同期していることは言える。

(7) 技術の変化と航海術の発達

技術の変化も決定的に重要である。そういった変化とはまったくの技術革新と，昔からの道具や技術をさらに幅広く，あるいは新しい方法で使用することの両方であった。

いくつかの必須の道具類と技能には，海岸に最初に移り住んだ人々の技術的基盤の一部をなすものが存在していた。網の作製，木を裂くのに鹿角のくさびを用いること，漁撈や海獣猟に用いる逆刺のある尖頭器，そして磨製石器と舟の知識を，当初から存在した技術的基盤の実例としてあげることができよう。すでにアーケイック期にこれらがすべてそろっていた，すくなくとも間接的な証拠がある。

さらに貯蔵の基本的技術—燻製，冷凍，風乾や天日干し—もアメリカ大陸に最初に移住した人々は知っていたに違いない。冬期における食糧保存の基礎知識なしに後期氷河期の冬を生き延びることができたなどとはとうてい考えられないからである。だとすれば，貯蔵を基礎にする経済の発達は，新しい技術の出現というよりは，貯蔵により大きく依存する経済への，力点を置く場所の転換を意味するものであった。

決定的な技術革新のなかでももっとも重要とわたしたちが考えるのは，紀元前1800年以前のある時点で，おそらく鹿角や貝の斧と手斧から磨製石器の斧と手斧が開発されたことであり，それは板と箱をつくるための技術の開発であった。鹿角と骨のくさびやのみは海岸に最初に移り住んだ人々のもともとの道具装備の一部分であり，それによって木材を裂いたり形づくることができるようになったであろうが，磨製石器の手斧の出現によって，木を切り倒し，製材し，航海に適するカヌーをつくるために大きな丸太をくりぬくことがさらに容易になった。さまざまな大きさの貝と石の斧によって，すべての大工仕事が可能となった。

本書では，箱作りの技術の発達を世界の別の場所における土器作りの発達になぞらえたが，それは水の漏らない箱は油から硬い燻製の魚ペミカンに至るまですべてのものの貯蔵が可能だったからである。さらに水を沸かすことやスープや粥をつくるのが容易になるとともに，植物のあるものをよりこなれやすく，より滋養のあるものにすることができた。箱は土器よりもさらに重要な利点をもっていたが，それは箱がたやすく積み重ねることができ，輸送も容易で，もし落としたとしても土器よりもはるかに壊れにくそうであるという点だ。板壁住居は，ヘイズィック・ロック遺跡のような海岸における古い建築の内部の骨組にこれらの技術をたんに応用したものにすぎない。

同じように重要だとわたしたちが考えるのは，大きな積荷をのせて海域を長距離にわたって輸送するための航海に適した，そして大きな海獣猟とより深い水域での漁撈に適した大型のカヌーの発達である。

それらは，近代前期の海岸でみられた，生態的かつ社会的な定住の特徴的なあり方を可能たらしめた。北西海岸の人々は，一般的な遊動する採集狩猟民が資源に応じていつでも徒歩で移動分散していなくてはならないというのではなくて，カヌーを用いて必要に応じて町やその住民を移動させることが可能になった。それにより違う場所ではあるとはいえ，一年を通じて大きな人口集団を維持することができたのである。

　北西海岸の気候は予想不可能である。舟とその乗組員は，どんな悪い状況のなかでも安全に航行するための能力をもたねばならなかった。何らかの舟が最初から存在していたと考えた方がよいだろうが，小さなカヌーはともかく中型であってもわたしたちが先に述べた能力をすべて備えているわけではない。それに対して近代期初頭の大型の航海用カヌーは，たいへんすばらしいものだった。それらの能力を備えた大型のカヌーは途方もない距離をこえて旅し，交易し，敵に攻撃をおこなうことができたが，それらをもたない舟では行き来したり開発することのできた水域がいちじるしく制限されたであろう。

　本書で述べたような地域的な，そして海岸の広域にわたる社会動態の大半は，大型の航海用のカヌーによる結果に違いない。こうした舟が存在していたことを示す証拠はきわめて少ないが，遅くとも1世紀までには北部の海岸に存在していた。それに必要な木工技術はそれよりも1000年さかのぼるらしいので，わたしたちはそのような技術が中期パシフィック期の初期にはすでに用いられていたと考えている。こうした点を重視すれば，大型のカヌーがすでにその時期の南部海岸にあったことに期待がもてる。

(8) さまざまな技術革新と生業経済への反映

　そのほかの重要な技術的革新（あるいは改良）として，前期パシフィック期の初頭において，尖頭器とナイフとして用いた粘板岩製磨製石器の使用をあげることができよう。

　粘板岩製磨製石器は，世界の多くの地域で海獣狩猟道具にかかせない道具であり，打製石器にはない多くの利点をもっているようだ。航海用のカヌーに加えて，粘板岩製の磨製尖頭器を装備した大きな銛とヤスによって海岸の人々は大型の海獣を効果的に捕獲することが容易になり，離頭銛によって捕獲できる浅瀬の動物の種類が増えた。

　海岸沿いの離頭銛の普及は，生産の集約化により短時間で効果的に獲物を獲得することにウェイトがおかれたことを反映しているようである。新しい網の開発，あるいは網の新しい使用方法も海岸における技術の歴史のなかで重要な役割を演じたに違いない。魚を加工する技術の改良は，貯蔵できる食糧の総量を増やしたであろう。

　技術に関する議論は，必然的にわたしたちを生業経済の問題へと導くが，すでにそのいくつかの様相については触れたところである。

　繰り返しになるが，変化には何らかの完全に新しい資源の開発よりもむしろ，古くからの資源の役割を変化させる意味が含まれている。たとえば，海岸の人々は，当初からサケを利用していたが，そこで問題となるのは，いつ，なぜ，サケが海岸全体の経済の主要な役割を演じ始めたのか，ということである。答えの一つは，紀元前1800年ころのいつか，貯蔵を基盤とする経済の発達を背景として生じたものであり，おそらくカスケード地方全域で起こった人口増加の結果であったことはわたした

第10章 結論

ちが示唆したとおりである。サケは高品質で，たやすく乾燥させて貯蔵できる資源である。

(9) 相互交流圏と地域的経済の発達

答えの二つ目は大型の世帯の進化であり，三番目の答えは海岸の地域的な経済の発達にかかっている。それは，相互交流圏の継続と発達の証拠を考慮に入れると，地域的経済の発達は紀元前1800年ころに生じたのであろう。わたしたちはこれらを別々に論じたが，この二つは同じ現象―世帯による食糧貯蔵にもとづく地域的な経済―なのかもしれない。生産量の増大は，網や簗，海岸沿岸の新しい生息地の利用や，さらに簗の建設や森林に火を入れることによって生物の新しい生息地を生み出すといった，資源を大量に獲得するための技術への大幅な依存なくしてはなしえなかったであろう。

地域的な経済は，おそらくアーケイック期に端を発した相互交流圏のなかで形づくられた。黒曜石の流通網は，交換が確実にアーケイック期までさかのぼることを示す好例である。

サケの生産量の増加は，それだけが孤立して生じた現象ではない。北西海岸の社会は，じつにさまざまな資源を利用した。もしサケだけによって北西海岸の人口を維持し社会組織を満足に支えることができたならば，サケの加工は広範囲にわたって専業化したに違いない。局地的なレヴェルならばそのような専業化はあちこちに存在していたかもしれないが，わたしたちがよりしばしば目にするのは，さまざまな資源や生息地の開発を指向した経済である。どの資源が決定的に重要かが，場所や時期によってかなり多様であることも，また目に入る。

経済に均一性が存在するのは，地域的なレヴェルにおいてである。なるほどサケは重要な地域的資源ではあるが，それはすべての地点においてではない（そして必ずしもすべての地域においてではない）。生産のレヴェルの上昇は，貯蔵，増加した人口や定住と結びついているようだ。繰り返すが，そういったきわめて重大な出来事は中期パシフィック期の初頭に起こったように思われる。これらは海岸だけではなく，カスケード地方全域で生じた出来事である。生産を増加させようという努力は，あるいは後期アーケイック期という早い時期に始まったようだが，それはパシフィック期，とくに中期と後期パシフィック期を通して続いた。

第4章を通して，とくにユークァットやプリンス・ルパート・ハーバーにおける遺物組成の地域的な違いを観察し，これらの違いは自然の素材の入手状況に左右される（道具に適切な石が少ないと，骨の道具が多いという）のかも知れないと示唆した。これらの違いが経済の違いを指し示すこともありうる。スケジュールが競合したときに時間が制限されると，その結果技術はより複雑になるであろうというロビン・トレンス Robin Torrence の理論をわたしたちは論じた。海岸における技術の多様性に関してこの理論が暗示するのは，ユークァットやプリンス・ルパート・ハーバーのような場所における経済は，パシフィック期を通して他の場所よりも常に時間的なストレスがより多くかかっていた，ということである。

ジョージア湾の後期パシフィック期の初めにおける技術的な変化をみたとき，スケジュールの競合によって生み出された時間的ストレスが増大する証拠を実は目撃しているのである。これらの競合は，結局，食糧生産の集約化や食事のメニューが拡大したことの結果生じたのであろう。こうした考えは憶測にすぎないが，パシフィック期における海岸の技術の変化に対する説明としてはあり得ないことではない。

(10) 専業化と階層化の問題

　中期パシフィック期の発展の最後を飾るのは，専業化である。プリンス・ルパート・ハーバーにおける銅板や，ジョージア湾マーポール期の素晴らしい額飾りなど，エリート層の墓から発見された副葬品に専業化の存在をもっとも鮮明にみることができる。専業化は，エリート層の発達の結果かも知れない。しかし，中期パシフィック期の新しい世帯経済の一部として，非常勤レヴェルの専業化が発達したというのが真相に近いようだ。

　木工細工はとくに専業化が顕著であり，社会的な高い地位と木工技術の間のつながり—その二つが同時に発達した—を示すいくつかの証拠がある。専業化は，おそらく世帯の中の組織が，同時進行の複雑な仕事を成し遂げる方向へと変化するために生じたのであろう。地域的な相互交流圏を通じた交換と，エリート層の台頭は，専業的な生産に拍車をかけたであろう。海岸における専業化に関して最も理解が進んでいない側面の一つは，個人ばかりでなく町や地域が，社会的経済的な結びつきによる広域なネットワークを通じて，どの程度生産の専業化が進んでいたのかという問題である。

　これは，わたしたちを社会階層化の問題へと導く。北西海岸社会における階層化と階級化の進化は，海岸のあらゆる文化の歴史を理解するうえで核心をなす。カスケード地方では遅くともアーケイック期の半ばまでに，埋葬の形式によって地位の違いが表現されているらしいことをみてきた。したがって，海岸における不平等は，遠古の完全な平等社会から発達したというのではなく，古い段階にすでにあった社会的差異化から成長してきたというのがあたっている。

　「唇飾り装着者」という特別な地位の存在が，遅くとも紀元前2500年にさかのぼることは確かである。したがって，北西海岸の階層制はより古いパターンの変形であり，その拡大であったようだ。差異化をつくりだすより古いシステムは，新しいシステムを発達させる温床を用意した。唇飾りは地位の目印を提供し，唇飾り装着者は新しいエリート層の中核をなしたというのがもっとも確からしいシナリオである。

　発達した階層制が階級制度へと姿を変えたのは，ほんのわずかな人々が奴隷を所有しているに過ぎなかったにしても，とにかく奴隷制が海岸沿いの制度となったときである。繰り返しになるが，たとえばペンダー・カナル遺跡における埋葬様式の変化が示すように，紀元前1800年ころにより古い形態の地位のシステムから階層化がはじまり，さらに階級化したシステムへと変化したようにみえる。しかし，階級化が明らかになるのは紀元前600年ころであり，紀元1世紀以降各地にあまねく広まったのであろう。

　社会的階級化は，近代前期に海岸の地域的なレヴェル（相互交流圏）でもっとも鮮明になった。首長の相対的な社会的名声が評価されたのは，この地域的規模であり村落規模であった。社会的性差もまた明確に地域的な次元を有していた。したがって，エリート層の発展と相互交流圏の発展が密接に結びついているという結論は，筋が通っている。

　黒曜石の検討からは，海岸では少なくとも紀元前10,000年までに大規模な交易網が存在していたことがわかる。現在得られている証拠は，紀元前1800年ころに安定した相互交流圏が発達し，近代前期にまで継続していたことを示唆している。

　当初は，エリートの地位は男女ともに海岸における広い範囲で，唇飾りの装着により視覚的にほか

の人々の知るところとなった。紀元前後になると，南部海岸の頭蓋変形の出現とともにこの海岸全域の画一性は弱まった。北部では唇飾りの装着は継続したが，ただし最初は男性の特権であり，そののちに女性に及んだ。頭蓋変形の様式は南部の海岸沿いでは多様であり，個人のエリートがどこから来たのかということについてのきわめてきめの細かな判別が可能である。頭蓋変形は，紀元前1800年以降の，北西海岸におけるおそらく最も重要な変化の一つであった。

エリートは，自らの世帯と切っても切れないほど強く結びついていた。彼・彼女らが自信をもって操ることができる唯一の資源は，世帯の資源だった。村や地域のレヴェルの彼・彼女らの地位は，一般的に彼・彼女らの世帯の地位であった。わたしたちは，中期パシフィック期に政治組織体を編成する試みがあったかも知れないと推測しているが，もし起こったとしても，こうした試みは長続きしなかった（海岸チムシャン族とヌー・チャー・ヌルス族はおそらくその例外である）。

海岸において階層と階級化の性格が変化していくのは，おそらく台頭してきた世帯と村組織（列状の村と板壁家屋によって示される）と，それよりも古い段階の唇飾りの装着による地位の区別との間の相互作用の結果である。高い地位の者は新しい世帯の核となり，新しい経済が生み出された貯蔵物とそのほかの富を利用することによって，自らの目的をさらに推し進め，新しい地位を不動のものにしたのであろう。紀元前600年以降にみられる埋葬は，莫大な富が集積されていた明確な証拠である。

（11）相互交流圏・世帯・首長

地位の差と同じく，北西海岸美術の伝統の諸相は，明らかにこれらの社会的経済的な変化に先行する。さらに，美術は周囲の状況の変化に応じて進化した。海岸の歴史は場所ごとにいくらかの相違はあったようだが，海岸全域の交流と海岸のエリート同士の交流で美術が果たした顕著な役割のおかげで，地域による歴史の多少の差異は目立たなくなった。

北西海岸美術の地域的作風は紀元前1800年以降出現し，それらは大部分，紀元1世紀までに歴史時代に知られるような形になったらしい。北西海岸の美術は，近代前期の海岸の生活において多くの役割を演じた。そうした役割は，大きな世帯や首長にふさわしいエリートと地域的な相互交流圏の発達ともに形成されていったようである。

以上の変化の過程において，少なくとも以下のような二つの動向が平行して存在していたが，それは終始互いに影響しあった一方で，いくぶんかはっきりとした違いも認められる。一つ目の動きは，新しい経済が複雑な分業を伴った大型の世帯を基礎とする新しい世帯の形態を生み出す方向性であり，これらの世帯はより大きな相互交流と交換の領域に組み込まれていた。それと同時に生じた二つ目の動向として，古くからの特別な地位の者が新興のエリート層へと進化した場合であり，これもまた世帯の生産と結びついてはいたが，地域的な規模で作用していたものである。

こうした資源の基盤の相違が，一部では世帯の富や地位の相対的な差を招き，結果的には首長の富や地位の差につながるのだが，だからこそこの相違はより大きな規模の相互交流圏への参画の程度の差にも繋がったのである。

世帯，社会的な地位（ジェンダーを含む），そして地域動態，この3者の繋がりが，世帯の生産と専業化の背後に存在しているに違いない。世帯は首長の活動を通じて，さらにおそらく交易と交換を通じて経済の地域網に組み込まれた。物資の生産は常勤あるいは非常勤の専門工人の腕にかかってお

り，彼・彼女らのあるものはおそらく高い地位にある，世帯に組み込まれた専門工人であった。

　世帯が機能を果たすために首長が必要だったのかどうかは，未解決の問題である。言い換えれば，首長は世帯の経済を効果的に運営するために必要とされたのか，そして彼・彼女らは地域的なレヴェルでそれを運営するために世帯に必要とされたのか？ということである。最初の質問に対する答えは，おそらくNOであり，二番目の答えはまさにYESというにふさわしい。

　エリート層の影響力によって，より大きな相互交流圏が形づくられたかもしれないが，ここでの論点は，北西海岸の世帯と地域経済はエリートとともに進化し，エリートは経済とともに進化したことである。

　なぜ，階層や階級化が北西海岸で発達したのであろうか？答えは，名声を得る競争に打ち勝つために海岸に出現した新しい世帯組織の生産性を利用できた，前期パシフィック期後葉と中期パシフィック期初頭の個人的能力のなかに見出すことができる。名声と資源を獲得するための方法として，戦争がこうした傾向に拍車をかけたことも明らかである。

（12）戦争・奴隷の発達と埋葬様式の変化

　戦争は紀元前2300年以降のある時点以降，とくに北部海岸地方を特徴づけるものである。闘争は，おそらくエリート層や奴隷制の発達のおもな要因であったろう。奴隷制は襲撃によって生まれたものであるとともに，その原因にもなったであろう。首長は自由身分の構成員に命令に従うよう強制することはできなかったので，台頭するエリートに命じられるままに働くのは奴隷の役割だった。

　海岸では南北で戦争の歴史が一見異なったようにみえるが，それは二つの地域の何か異なる歴史を示唆しているのであり，もしそうでなければたがいに重なる同じ相互交流圏に参画することによって結びついたであろう。

　戦争のパターンと熾烈さは，時とともに変化した。前期・中期パシフィック期の戦争は，主として白兵戦（つかみ合い）の戦闘であったと思われるが，後期パシフィック期における大規模な要塞や濠は包囲攻撃への移行を物語っており，その推論は北部における口承によって補強される。弓矢の導入は，戦法の変化や戦争激化の一つの根拠になるであろう。北部では，戦争の様相の変化は唇飾り装着が男から女へ変わったことや巨大な家の出現と同期しており，これらの変化がいっしょに起こったことを示唆している。

　スコーリッツ遺跡の墳丘墓のように，埋葬行為がもっとも労力のかかる形態に達し，そして変化した――貝塚の埋葬が中断した――のもまたこの期間（紀元500～1000年）である。わたしたちを含めて海岸で研究している多くの考古学者が想定しているように，埋葬とそれに伴う儀式が社会的地位の差別化と確立化に大きな役割を果たしているとするならば，埋葬儀式の変化は，どのようにして社会的な地位がつけられたり表示されたりするのかといった意味を内包する。

　地位の階層化と階級化は，地域的なレヴェルでもっとも明瞭に推し測ることができる。埋葬行為の変化は海岸の広い範囲における出来事であり，いかなる理由で変化したのかはわからないけれども，その広い範囲でその原因があったことは明らかだ。こうした推論は，埋葬行為の変化の原因が海岸の広い範囲で地位や特権の表示方法を変化させるものであったことを示唆している。その理由の一つの可能性としては，わたしたちが目撃したように祝宴と大盤振る舞いであるポトラッチが近代前期に急

第 10 章 結論

速に発達して普及し，そのポトラッチを通して高い社会的地位が社会的に確認され，さらに高められたことにあるだろう。

＊

　北西海岸は切り立った絶壁の山，広大な川，巨大な木々のある暗い森からなる，とても規模の大きな言葉もないほどに美しい場所である。そこから西には，途方もなく巨大な北太平洋が広がっている。わたしたちは，この本を通じて海岸の人々の考古学的な歴史を提示した。彼・彼女らの考古学の歴史はまさに近代の始まりとともに終わったのだが，13,000 年にも及ぶ歴史であり，そのなかにはあらゆる地域がたどった歴史がすべて含まれている。記述を終えるにあたり，この壮大な歴史は海岸沿岸のすべての人々の行動の結果であることが大事なこととして思い起こされる。さらに詳しく言えば，それらは起こるべきある種の事柄を期待して待ち受け，そうした意思に従って行動し，日常的に下した決定の結果である。これらの行動は，あるものは自らの意思で決定された結果と成果，あるものは自らの意思とは無関係の結果と成果を伴っていた。わたしたちが記述したのは，これらの結果と成果が積み重なったところに生まれた物語である。

図の出典

Figures
HDGM = Herbert Maschner principal artist
KMA = Kenneth Ames principal artist

The Northwest Coast maps used throughout this work were drawn by HDGM, based on Wayne Suttles and Cameron Suttles, 1985, *Native Languages of the Northwest Coast*. Western Imprints, The Press of the Oregon Historical Society, Portland, Oregon.

KMA: 3, 33 (Original courtesy of George MacDonald), 63 (from Coupland 1988a), 93, 94; 96, 98 and 108 (redrawn from MacDonald 1983); Drawing by Heidi Anderson: 22, 30; Courtesy Michael Blake: 79, 80; From Boas, 1907: 95; From Butler 1958: 119; Courtesy of Scott Byram: 50, 51; Courtesy Dale Croes: 100; Drawing by Steven Dwyer: 92, 110; Courtesy Archaeology Press, Simon Fraser University: 15; Barbara Hodgson courtesy of Archaeology Press, Simon Fraser University: 38, 39, 43, 111, 116, 117; Courtesy of Museum of Archaeology and Ethnology, Simon Fraser University: 37; From Fladmark 1970. This excerpt was originally published in BC Studies 6/7 (Fall/Winter 1970), and is reprinted with the permission of the publisher. All rights reserved: 12; From Fladmark 1986, reproduced by permission of the Canadian Museum of Civilization, Hull, Quebec, Canada: 13, 26, 28, 31, 32, 36; Courtesy of Brian Hayden: from Hayden 1997: 65; Drawn by Margaret Holm. Used courtesy Margaret Holm: 86, 87, 88, 103, 104, 105; Courtesy Dept. of Sociology/Anthropology, University of Idaho: 60; Lisiansky, 1804: 82; Used courtesy George MacDonald: 34, 77, 91, 97, 109; HDGM: 1, 2, 4 (redrawn from Croes and Hackenberger 1988), 7, 9, 19, 40, 46, 67, 73, 76, 81, 85, 89, 115; HDGM and KMA based on Carlson 1994: 68, 69, 70, 71; Courtesy A.R. Mason: from Mason 1994: 62; MDGB: 55, 58; MDGB after Croes 1995: 57; after Oberg 1973: 52, 53, 54; Darin Molnar: 72; Reprinted by permission of the Musqueam Band, courtesy Margaret Holm: 78; Courtesy Oregon Historical Society: 47; From Connolly 1992. Used courtesy Museum of Anthropology, University of Oregon, and T.J. Connolly: 106, 107; From Peterson 1978, drawing by B. Momi: 112, 114, 118; Drawing by Mary Ricks. Used courtesy of Mary Ricks: 90; Courtesy Royal British Columbia Museum. Ground slate from Mitchell 1971, chipped stone projectile points from Calvert 1970. This excerpt was originally published in BC Studies 6/7 (Fall/Winter 1970), and is reprinted with the permission of the publisher. All rights reserved: 20, 23; Courtesy Royal British Columbia Museum: From Keddie 1981: 74, 75; from Mitchell 1971: 23, 41; Courtesy Royal British Columbia Provincial Museum: From Duff 1956: 101, 102; Redrawn from Smith, 1930: 120; Courtesy Smithsonian Institution Press: from Holm 1990: 29; from Mitchell 1990: 35; from Suttles 1990: 42, 59; From *Indian Fishing: Early Methods of the Northwest Coast*, Hilary Stewart, 1977. University of Washington Press. Used courtesy of Hilary Stewart: 48, 49; Drawing by Joy Stickney: 18, 25, 113; Courtesy University of Utah Press: From Connolly 1998: 17; Courtesy of the University of British Columbia Press, Vancouver: from Ackerman 1996: 10, 11; from Hutchings 1996: 14; from MacDonald 1983: 61; from Mitchell and Pokotylo 1996: 16; Map prepared by US Fish and Wildlife Service, used courtesy Wapato Valley Archaeological Project: 44; Courtesy of James C. Woods: 8.

Plates
Lowie Museum of Anthropology, University of California, Berkeley: 48; Museum für Völkerkunde, Staatliche Museen Preussicher Kulturbesitz, Berlin: 20, 65, 67; Photograph by Werner Forman, British Columbia Provincial Museum: Frontispiece, 38; Courtesy British Museum: 17; Haddon Collection, Cambridge: 52, 55, 56, 66; Photograph by Roy Carlson: 9, 60, 62, 63; Photograph Ursula Didoni. Linden-Museum, Stuttgart:16; Photograph by Adrian Dort: 2, 3, 4, 5, 6, 7, 8; Photograph by C.F. Feest: 49; Photograph by Ray Hill: 70; Photograph courtesy Margaret Holm: 61; Lomonsov State University, Moscow: 47; American Museum of Natural History: 10 = Negative # 338687, 11 = Negative # 41629F, 14 = Negative # 338660, 26 = Negative # 42264 (Photographs by E. Dossetter),15 = Negative # 42270, 24= Negative # 12134, 51 = Negative # 411787 (Photographs by H.I. Smith), 32 = Negative # 24482, 40 = Negative # 3290 (Photographs by T. Lunt), 33 = Negative # 328740 (Photograph by E.W. Merrill), 44 = Negative # 330987, 330986 (Photograph by Rota), 46 = Negative # 128008 (Photograph by A. Singer), 50, 69; Museum of the American Indian, New York: 53; Painting by Paul Kane. Illustration courtesy Stark Museum of Art, Orange, Texas: 1, 13, 31, 36; Oregon Historical Society: 25, 26, 27, 29 (Drawing by John Webber of the Cook expedition, 1778), 30, 34 (Drawing by Josfl Cardero, 1791), 35 (Drawing by George Dixon), 39 (Drawing by Fernando Brambila), 41, 45, 58, 59; Wingnalt Museum, The Dalles, Oregon: 71Museum of Ethnography, St Petersburg: 19, 21; Royal British Columbia Museum: 18, 43; Smithsonian Institution, National Anthropological Archives, 12 = photo no. 56748, 37; Staatliches Museum für Völkerkunde, Munich: 23; Vancouver Museums and Planetarium Association, Centennial Museum, Vancouver: 64; Museum für Völkerkunde, Vienna: 42; Thomas Burke Memorial Washington State Museum, University of Washington: 57.

＊図の出典については原著のまま掲載する。

参考文献

　以下の参考文献は，本書で引用したものばかりでなく，一般の方々を対象に書かれたもの，あるいは特定の事柄をもっと深めてみようという方のための書籍や論文ものせている。これらにはアスタリスク（*）を打っておいた。北西海岸の文献は膨大な数にのぼるが，19世紀と20世紀の北西海岸の美術作品を図解したこれもまた途方もない数の美しい図書を除けば，ほとんどが一般読者を対象につくられたものではない。ここでは，これらのなかから〔Brown 1998〕だけを掲げておいたが，それは18世紀から今日までの北西海岸美術の進化をテーマとしたものであり（美術館での展示もおこなわれた），第9章にふさわしい。これらの美術に関する書物は別として，北西海岸の文化を扱った一般向きの書物は多いとはいえない。

　わたしたちが興味をひかれた作品や入手可能なものはできるだけ網羅したが，そのなかにはスワンが1854年に彼の生活を記録した『ウィラパ湾 The Northwest Coast』やアイバン・ドイッグがスワンの回顧録を熟考し，1982年に出版した Winter Brothers が含まれている。さらにドイッグの19世紀の北西海岸を描いたすばらしい小説，Sea Runners も掲載した。古典的な民族誌としては，ヌートカ族（ヌー・チャー・ヌルス族）に関するドラッカーの文献，ボアズの数多くの作品，サリッシュ族に関するサットルスの文献やトリンギット族に関するラグナやオーベルグの文献を掲げた。ロイ・カールソンが編集した Indian Art Traditions of the Northwest Coast は，北西海岸美術に対する1983年以前の文献や理解を把握するのに便利である。

　考古学の文献はやや時代遅れの感があるが，そうでないものもある。たとえばナット・フラッドマークが1986年に著した British Columbia Prehistory は一般の読者に向けて書かれたものであり，この地域の考古学と先史学に対するよい入門書だといえよう。マトソンとコープランドが著した1995年の書物 The Prehistory of the Northwest Coast は，本書とはまた違う視点から海岸の先史時代に対するアプローチを試みたものである。

　ルイスとクラークの日誌やクックとバンクーバーの探検は，もちろん大変興味深いものである。ジューイットが1800年代の最初の10年間（それはルイスとクラークがオレゴン海岸にやってきた時期でもあるが），マーキンナーによって囚われの身になった時期のことをつづった記録は，スプロートが19世紀の半ばにバンクーバー島の西海岸で送った生活の回顧録とともに一見の価値がある。

　北西海岸の民族誌に興味をもっている方は，ウェイン・サットルスが編集してスミソニアン機構から出版された The Handbook of North American Indians, vol. 7, The Northwest Coast を手始めに読んでみるとよいだろう。この本や，このシリーズの本はいずれも一般の読者の役に立つ。このシリーズ本には，北西海岸で見出された部族集団について，それぞれの民族誌ばかりでなく考古学やその他の分野（言語学，形質人類学）の論文が収められている。民族誌に関する論文には，18世紀後半から19世紀の北西海岸の人々の生活様式が描かれており，参考文献も網羅されている。これに対して考古学の論文は概して時代遅れの感があるが，参考文献は充実しており，基礎的な情報として役に立つ。

　海岸の自然環境については，スクーンメーカー Schoonmaker，フォン・ヘイガン Von Hagen とウォルフ Wolf が編集した The Rainforests of Home が海岸の自然環境の歴史とともに現在の状況も扱っており，学習を始めるのに最適である。

Acheson, S.R., 1991, *In the Wake of the ya'Áats' xaatg·ay ['Iron People']: A study of Changing Settlement Strategies among the Kunghit Haida*. Ph.D. Dissertation. Oxford University.

Ackerman, R.E., 1968, The Archaeology of the Glacier Bay Region, southeastern Alaska. *Laboratory of Archaeology Report of investigation* 44. Washington State Univeversity, Pullman.

Ackerman, R.E., 1970, Archaeoethnology, Ethnoarchaeology, and the Problems of Past Cultural Patterning. In *Studies in Anthropology 7: Ethnohistory in Southwestern Alaska and the Southern Yukon*, M Lantis ed., pp. 11–48. The University Press of Kentucky, Lexington.

Ackerman, R.E. (ed.), 1996, Bluefish Caves. In *American Beginnings: The Prehistory and Paleoecology of Beringia*. F. H. West, ed. pp. 511-513, Chicago: University of Chicago Press.

Ackerman, R.E., D.T. Hamilton, and R. Stuckenrath, 1985, Archaeology of Hecata Island, a survey of 16 timber harvest units in the Tongass National Forest. *Center for Northwest Anthropology Project Report* 3. Washington State Universtiy, Pullman.

Ackerman, R.E., K.C. Reid, J.D. Gallison, and M.E. Roe, 1985, Archaeology of Heceta Island: A Survey of 16 Timber Harvest Units in the Tongass National Forest, Southeastern Alaska. Pullman: *Washington State University. Center for Northwest Anthropology. Project Reports* 3.

Adams, J. W., 1973, *The Gitksan Potlatch, Population Flux, Resource Ownership and Reciprocity*, Toronto: Holt, Rinehart, and Winston of Canada

*Aikens, C.M. and T. Higuchi, 1983, *Prehistory of Japan*. Academic Press, New York

Aikens, C.M., K.M. Ames, and D Sanger, 1986, Affluent collectors at the edges of Eurasia and North America: some comparisons and observations on the evolution of society among north–temperate coastal hunter–gatherers. In Prehistoric hunter–gatherers in

参考文献

Japan; new research methods, T. Akazawa, and CM Aikens, eds., pp 3 –26. *Bulletin 27, The University Museum, University. of Tokyo.*

Alabeck, P. and J. Pojar, 1997, Vegetation from Ridgetop to Seashore. In *The Rainforests of Home: Profile of a North American Bioregion*, PK Schoonmaker, B von Hagen and EC Wolf eds., pp 69 –88. Island Press, Washington DC.

Alaska Department of Parks—Office of History and Archaeology, 1989, *Archaeological Mitigation of the Thorne River Site (CRG-177), Prince of Wales Island, Alaska, Forest Highway No. 42 (DT-FH70-86-A-00003)*. Anchorage: Office of History and Archaeology, Report 15.

Aldenderfer, M., 1993, Ritual, Hierarchy, and Change in Forager Societies, *Journal of Anthropological Archaeology* 12:1 –40

Allaire, L., 1979, The cultural sequence at Gitaus: a case of prehistoric acculturation. In Skeena River Prehistory, G.F. MacDonald, and R.I. Inglis eds., pp. 18 –52. *National Museum of Canada, Mercury Series Paper* 89

Allaire L., and G.F. MacDonald, 1971, Mapping and excavations at the Fortress of the Kitselas Canyon, B.C. *Canadian Archaeological Association Bulletin* 3, pp.48 –55.

Allaire, L., G.F. MacDonald, and R.I. Inglis, 1979, Gitlaxdzawk – Ethnohistory and Archaeology. In Skeena River Prehistory, G.F. MacDonald, and R.I. Inglis, eds., pp. 53 –166. *Archaeological Survey of Canada Mercury Series No. 89.* Ottawa.

Ames K.M., 1981, The Evolution of Social Ranking on the Northwest Coast of North America, *American Antiquity* 46:789 –805.

Ames K.M., 1985, Hierarchies, Stress and Logistical Strategies among Hunter – Gatherers in Northwestern North America. In *Prehistoric hunter gatherers, the emergence of cultural complexity*, T.D. Price, and J. Brown, eds., pp. 155 –80. New York: Academic Press.

Ames K.M., 1988, Early Holocene forager mobility strategies on the southern Columbia Plateau. In Early human occupation in Western North America. J.A. Willig, C.M. Aikens, and J. Fagan eds., pp. 325 –60, *Nevada State Museum Papers.* 21. Carson City: Nevada.

Ames, K.M.,. 1989 Art and Regional Interaction among Affluent Foragers on the North Pacific Rim. In *Development of Hunting –Gathering –Fishing Maritime Societies on the Pacific*, A. Blukis Onat ed..Washington State University Press, Pullman.

Ames, K.M., 1991a, Sedentism, a Temporal Shift or a Transitional Change in Hunter –Gatherer Mobility Strategies." In *Between Bands and States: Sedentism, Subsistence, and Interaction in Small Scale Societies,* Susan Gregg, ed. pp 108–133. Southern Illinois University Press, Carbondale.

*Ames K.M., 1991b, The Archaeology of the *Longue DurÈe*: Temporal and Spatial Scale in the Evolution of Social Complexity on the Southern Northwest Coast, *Antiquity* 65:935 –945.

*Ames, K.M. 1994, The Northwest Coast: Complex Hunter-Gatherers, Ecology, and Social Evolution. *Annual Reviews of Anthropology* 23:209-229.

Ames, K.M., 1995 , Chiefly Power and Household Production on the Northwest Coast. In *Foundations of Inequality*, T.D. Price and G.M. Feinman eds., pp. 155 – 187. Plenum Press, New York.

Ames, K.M.,. 1996 , Life in the Big House: Household Labor and Dwelling Size on the Northwest Coast. In "People Who Lived in Big Houses: Archaeological Perspectives on Large Domestic Structures", G. Coupland and E.B. Banning eds., pp. 131 – 150. *Monographs in World Prehistory No. 27,* Prehistory Press, Madison.

Ames K.M., 1998a, *The North Coast Prehistory Project excavations in Prince Rupert Harbour, British Columbia: The Artifacts.* National Museum of Canada, in press

Ames K.M., 1998b, Economic Prehistory of the north British Columbia Coast. *Arctic Anthropology* 35(1):.

Ames, K.M., D.F. Raetz, S.C. Hamilton and C. McAfee, 1992, Household Archaeology of a Southern Northwest Coast Plank House, *Journal Field Archaeology* 19:275 –90

Ames K.M., C. M. Smith, W.L. Cornett, S.C. Hamilton, and E.A. Sobel, 1998, Archaeological Investigations (1991–1996) at 45CL11 (Cathlapotle), Clark County Washington: A Preliminary Report. *Wapato Valley Archaeological Project Report Number 7.* Portland State University, Portland, Or.

Ames K.M., D.E. Dumond, G.R. Galm and R. Minor, 1998, The Archaeology of the Southern Columbia Plateau. In *Handbook of North American Indians, Vol. 12, The Plateau.* D. Walker ed. Smithsonian Institution, Washington DC.

ARCAS (ARCAS Archaeological Consulting Archaeologists Ltd.) 1991, Archaeological Investigations at Tswwassen, B.C. Report on File, B.C. Heritage Branch, Victoria.

Archer D.J.M., 1984, *Prince Rupert Harbour Project Heritage Site Evaluation and Impact Assessment*. Report on file, National Museum of Man, Ottawa, Ontario.

Archer D.J.M., 1992, *Results of the Prince Rupert Radiocarbon DatingProject*. Paper on file, British Columbia Heritage Trust, Victoria.

Archer D.J.M., 1996, *New Evidence on the Development of Ranked Society in the Prince Rupert Area*. Paper presented to the 29th Annual Meetings of the Canadian Archaeological Society, Halifax.

Archer D.J.M., and K. Bernick, 1990, *Perishable artifacts from the Musqueam Northeast Site*. Report on file, Archaeology Branch, Victoria, BC.

Arima, E.Y., 1983, *The west coast people: the Nootka of Vancouver Island and Cape Flattery*. British Columbia Provincial Museum.

Arndt K.L., R.H. Sackett, and J.A. Ketz, 1987, *A Cultural Resource Overview of the Tongass National Forest, Alaska, Part 1: Overview.* GDM Inc. Report on file, Tongass National Forest, Juneau, Alaska.

Arnold J.E., 1996, The Archaeology of Complex Hunter–Gatherers. *Journal of Archaeological Method and Theory* 3(2): 77 –125.

Atwater, B.F., 1987, Evidence of Great Holocene Earthquakes along the outer coast of Washington State. *Science* 236:942-944.

Atwater, B.F., 1992, A Tsunami about 1000 years ago in Puget Sound, Washington. *Science* 258:1614-1616.

Atwater, B.F., A. R. Nelson, J.J. Clague, G.A. Carver, D.K. Yamaguchi, P.T. Bobrowsky, J. Bourgeois, M.E. Darienzo, W.C. Grant, E. Hemphill-Haley, H.M. Kelsey, G.C. Jacoby, S.P. Nishenko, S.P. Palmer, C.D. Peterson, and M.A. Reinhart, 1995, Summery of Coastal Geologic Evidence for past Great Earthquakes at the Cascadia Subduction Zone. *Earthquake Spectra* 2: 1-8.

Atwell.Ricky G., 1989, *Subsistence variability on the Columbia Plateau.* Unpublished MA thesis, Portland State University.

Barbeau M., and W. Beynon, 1987, Tsimshian Narratives 2: Trade and Warfare. GF MacDonald and J.J. Cove eds. *Canadian Museum of Civilization. Mercury Series Directorate Paper 3*, Ottawa.

Barnett H.G., 1944, Underground Houses on the British Columbia Coast. *American Antiquity* 9:265–70

Barnowsky, C.W., P.M. Anderson, and P.J. Bartlein, 1987, The Northwestern U.S. during Deglaciation: Vegetational History and Paleoclimatic Implications. In *North America and Adjacent Oceans During the Last Deglaciation*, W.F. Ruddiman, and H.E. Wright Jr. eds. pp. 289–322. Boulder: Geological Society of America.

Beattie, O.B., 1981. *An Analysis of Prehistoric Human Skeletal Material from the Gulf of Georgia Region of British Columbia*. Ph.D. Dissertation, Simon Fraser University. Burnaby, BC.

Bedwell S., 1973. *Fort Rock Basin: Prehistory and Environment*. University of Oregon Press, Eugene.

Bender B., 1978, Gatherer–hunterer to Farmer: a Social Perspective. *World Archaeology*, 10:204–222.

Bernick, K., 1983, A Site Catchment Analysis of the Little Qualicum River Site, DiSc 1: A Wet Site on the East Coast of Vancouver Island, BC. *Archaeological Survey Of Canada Mercury Series*. *118*. Ottawa.

Bernick, K., 1989, *Water Hazard (DgRs 30) Artifact Recovery Project Report Permit 1988–55*. Report on file,the Archaeology and Outdoor Recreation Branch, Province of British Columbia.

Bernick, K., 1998, Stylistic Charactistics of Basketry from Coast Salish Area Wet Sites. In *Hidden Dimensions: The Cultural Significance of Wetland Archaeology*, K. Bernick ed., pp. 139–156. University of British Columbia Press, Vancouver. B.C.

K. Bernick (ed.), 1998, *Hidden Dimensions: The Cultural Significance of Wetland Archaeology*. University of British Columbia Press, Vancouver. B.C.

Berreman G.D. (ed.). 1981, *Social Inequality: Comparative and Developmental Approaches*. Academic Press, New York.

Betz V.M., 1991, Sampling, Sample Size, and Artifact Assemblage Size and Richness in Oregon Coast Archaeological Sites. In *Prehistory of theOregon Coast: The Effects of Excavation Strategies and Assemblage Size on Archaeological Inquiry*, by R, L. Lyman, pp. 50–63. Orlando: Academic Press

Binford LR 1988. Willow smoke and dogs' tails: Hunter-gatherer settlement systems and archaeological site formation. *American Antiquity* 45:4–20.

*Binford, L.R., 1983. *In pursuit of the past*. New York/London: Thames and Hudson

Birket-Smith, K., and F. de Laguna, 1938, *The Eyak Indians of the Copper River Delta, Alaska*. Copenhagen: Levin and Munksgaard.

Blackman, M.B., 1990, Haida: Traditional Culture. In *Handbook of North American Indians, Vol. 7: Northwest Coast*, W. Suttles, ed. pp. 240-260. Smithsonian Insitution. Washington DC.

Blaise, B., J.J. Clague, and R.W. Mathewes, 1990, Time of Maximum Late Wisconsin Glaciation, West Coast of Canada. *Quaternary Research* 34: 282–295.

Blake, M., G. Coupland and B. Thom, 1994, *Burial Mound Excavations at the Scowlitz site, British Columbia*. Manuscript in possession of the authors.

Boas, F. 1916 *Tsimshian Ethnography*. Thirty–first Annual Report, U.S. Bureau of American Ethnology, 1909–1910. Smithsonian Institution, Washington DC

Boas, F. 1921, Ethnology of the Kwakiutl (Based on data collected by George Hunt). 2 pts. In *35th Annual Report of the Bureau of American Ethnology for the years 1913–1914*, pp 43–1481. Washington DC.

Boas, F. 1927, Primitive Art. Instituttet for Sammenlignende Kulturforskning, H. Aschehoug, Oslo.

Borden C.C., 1968, Prehistory of the Lower Mainland. In "Lower Fraser Valley: Evolution of a Cultural Landscape," A.H. Siemens, ed., pp. 9–26. *University of British Columbia Georgraphical Series 9*. Vancouver.

Borden C.C., 1970, Culture History of the Fraser–Delta Region: An Outline. BC Studies 6–7: 95–112.

Borden C.C., 1975 Origins and Development of Early Northwest Coast Culture to about 3000 B.C. *Archaeological Survey Of Canada Mercury Series* 45.

Borden C.C., 1979, Peopling and Early Cultures of the Pacific Northwest. *Science* 203:963–71.

Borden C.C., 1983, Prehistoric art in the lower Fraser region. In *Indian Art Traditions of the Northwest Coast*. R.L. Carlson, ed, pp. 131–65. Burnaby BC: Simon Fraser University Press.

Bowers P.M., and R. C. Betts, 1995, *Late Holocene Microblades on the Northern Northwest Coast: Preliminary Report on an Intertidal Site at Port Houghton, Alaska*. Paper Prepared for the 22nd Annual Meeting of the Alaska Anthropological Association, Anchorage, March 23-25.

Boyd, R., and P.J. Richerson, 1985, *Culture and the evolutionary process*. University of Chicago Press, Chicago.

Boyd, R.T., 1985, *The introduction of infectious diseases among the Indians of the Pacific Northwest, 1774–1874*. Ph.D. Dissertation, University of Washington, Seattle.

Boyd, R.T., 1986, Strategies of Indian burning in the Willamette Valley. *Canadian Journal of Anthropology* 5 (1):65–86.

Boyd, R.T., 1990, Demographic History: 1774-1874. In *Handbook of North American Indians, Vol. 7: Northwest Coast*, W. Suttles ed., pp. 135-148. Smithsonian Insitution, Washington DC. *American Ethnologist:* 14:309–26

Boyd, R. T., and Y.P. Hajda, 1987, Seasonal population movement along the lower Columbia River: the social and ecological context. *American Ethnologist* 14:309–326.

Brauner, D.R., 1985, *Early Human Occupation in the Uplands of the southern Plateau: Archaeological Excavations at the Pilcher Creek site, Union County, Oregon*. Report on File, Department of Anthropology, Oregon State University, Corvallis.

Brauner, D.R., R.L. Lyman, H. Gard, S. Matz and R. McClelland 1990 *Archaeological Data Recovery at Hatiuhpah, 45WT134, Whitman County, Washington*. Department of Anthropology, Oregon State University, Corvallis.

Brown, R. 1873-1876 *The Races of Mankind: Being a Popular Description of the Characteristics, Manners and Customs of the Principal Varieties of the Human Family*. 4 vols. Cassell, Petter, and Galpin, London.

Brown, S.C., 1998, *Native Visions: Evolution in Northwest Coast Art from the Eighteenth through the Twentieth Century*. University of Washington Press, Seattle, WA.

Bucknam, R.C., E Hemphill-Haley, E.B. Leopold, 1992, Abrupt Uplift within the past 1700 years at Southern Puget Sound, Washington. *Science* 258:1611-1613.

Burley, D.V., 1980, Marpole: anthropological reconstructions of a prehistoric culture type. *Department of Archaeology Publication* 8. Burnaby BC: Simon Fraser University.

参考文献

Burley, D.V., 1989, SenewÈlets: Culture History of the Nanaimo Coast Salish and the Falso Narrows Midden. *Royal British Columbia Museum Memior.* 2, Victoria BC

Burley, D.V, and C. Knusel. 1989 Burial Patterns Archaeological Interpretation: Problems The Recognition of Ranked Society in the Coast Salish Region. In *Development of Hunting –Gathering –Fishing Maritime Societies on the Pacific,* A. Blukis Onat ed. Pullman, Wash. State University. Press. In press

Butler, B.R., 1957 *Archaeological Investigations on the Washington Shore of The Dalles Reservoir, 1955–1957.* Report on File, US National Park Service.

Butler, B.R., 1960 *The Physical Stratigraphy of Wakemap Mound.* Unpublished MA theses, University of Washington, Seattle.

Butler, B.R., 1961 The Old Cordilleran Culture in the Pacific Northwest. *Occasional Papers of the Idaho State University Museum 5.* Pocatello.

Butler, V.L., 1987, Distinguishing Natural from Cultural Salmonid Remains in the Pacific Northwest of North America. in "Natural Formation Processes and the Archaeological Record," DT Nash, and MD Petraglia eds. pp 131 –47. *BAR International Series* 352.

Butler, V.L., 1993, Natural vs. Cultural Salmonid Remains: Origin of the Dalles Roadcut Bones, Columbia River, Oregon. *Journal of Archaeological Science* 20:1 –24.

Butler, V.L., and J.C. Chatters, 1994, The Role of Bone Density in Structuring Prehistoric Salmon Bone Assemblages, *Journal of Archaeological Science* 21:413–424..

Byram, S. and J. Erlandson, 1996, *Fishing Technologies at a Coquille River Wet Site: The 1994 –94 Osprey Site Project.* University of Oregon Department of Anthropology and State Museum of Anthropology Coastal Prehistory Project. Eugene.

Caldwell, J.R., 1964, Interaction Spheres in Prehistory. In Hopewellian Studies, JR Caldwell and R.L., Hall, eds., pp 134–143. *Illinois State Museum Scientific Papers No. 12.*

Caldwell, W.W., 1956, *The Archaeology of Wakemap.* Unpublished Ph.D. dissertation, University of Washington, Seattle.

Calvert, S.G., 1970, *A Cultural Analysis of Faunal Remains from three Archaeological Sites in Hesquiat Harbour, B.C.* Unpublished Ph.D. dissertation, University of British Columbia, Vancouver.

Calvert, S. G., 1980, *A Cultural Analysis of Faunal Remains from Three Sites in Hesquiat Harbour, B.C.* Unpublished Ph.D. Dissertation, University of British Columbia, Vancouver.

Campbell, S.K., 1989, *Postcolumbian Culture History in the Northern Columbia Plateau: A.D. 1500 –1900.* Ph.D. Dissertation, University of Washington, Seattle.

Cannon, A., 1991, *The Economic Prehistory of Namu.* Burnaby BC: Archaeology Press, Simon Fraser University, Burnaby, B.C.

Carl, G.C., W.A. Clemens, and C.C. Lindsey, 1967, The Fresh–water Fishes of British Columbia. *British Columbia Provincial Museum Handbook No. 5,* Victoria.

Carlson, C., 1979, The Early Component at Bear Cove. *Canadian Journal of Archaeology* 3:177 –94.

*Carlson, R.L., 1983, Prehistory of the Northwest Coast. In *Indian Art Traditions of the Northwest Coast,* R.L., Carlson,, ed, pp. 13 –32.Simon Fraser University Press, Burnaby BC.

Carlson, R.L., 1987, Cultural and ethnic continuity on the Pacific Coast of British Columbia. Presented at 17th Congress of the Pacific Science Association, Seoul, Korea.

Carlson, R.L., 1990a, History of Research. In *Handbook of North American Indians, Vol. 7, The Northwest Coast,* W. Suttles, ed. pp. 107–115. Smithsonian Institution Press, Washington DC.

Carlson, R.L., 1990b, Cultural Antecedents. In *Handbook of North American Indians, Vol. 7, The Northwest Coast,* W. Suttles, ed, pp. 60 – 69. Smithsonian Institution Press, Washington DC.

*Carlson, R.L., 1991, The Northwest Coast before A.D. 1600. In, *Proceedings of the Great Ocean Conferences, Volume One The North Pacific to 1600,* pp. 109 –37. Oregon Historical Society, Portland.

Carlson, R.L., 1992, *Paleo –Shamanism on the Northwest Coast.* Presented at the 45th Annual Northwest Anthropological Conference, Burnaby B.C.

Carlson, R.L., 1994, Trade and Exchange in Prehistoric British Columbia. *In Prehistoric Exchange Systems in North America,* T.G. Baugh and J.E. Ericson, eds., pp 307–361, Plenum Press, New York.

Carlson, R.L., 1996a, Early Namu. In *Early Human Occupation in British Columbia,* R.L., Carlson and L. Dalla Bona eds, pp. 83 –102. University of British Columbia Press, Vancouver.

Carlson, R.L., 1996b, Introduction to Early Human Occupation in British Columbia. In *Early Human Occupation in British Columbia,* R.L., Carlson and L Dalla Bona eds, pp. 4 – 10. University of British Columbia Press, Vancouver.

Carlson, R.L., 1997, *Early Maritime Adaptations on the Northwest Coast.* Paper presented to 163rd Annual Meeting, American Association for the Advancement of Science. Seattle.

Carlson, R.L., and P.M. Hobler, 1993, The Pender Island Excavations and the Development of Coast Salish Culture. *BC Studies* 99:25 –52.

Carniero, R.L., 1970, A Theory of the Origin of the State. *Science* 169:733 –38.

Chang, K.C. 1987, *Archaeology of Ancient China* 4th Edition. Yale University Press, New Haven.

Chang, K.C., 1992, The Circumpacific Substratum of Ancient Chinese Civilization. In *Pacific Northeast Asia in Prehistory: Hunter–fishers–gatherers, Farmers, and Sociopolitical Elites,* C.M. Aikens and S.N. Rhee eds, pp 217–222. Washington State University Press, Pullman.

Chartkoff, J.L. and K.K. Chartkoff, 1984, *The Archaeology of California.* Stanford Universty Press, Stanford.

Chatters, J.C., 1981, *Archaeology of the Sbabadid site, 45KL151, King County, Washington.* Office of Public Archaeology, University of Washington, Seattle.

Chatters, J.C., 1986, The Wells Resevoir Archaeological Project. *Central Washington Archaeological Survey, Archaeological Report 86-6,* Central Washington University, Ellensburg.

Chatters, J.C., 1988, *Tualdad Altu, a 4th century village on the Black River, King County, Washington.* First City Equities, Seattle.

Chatters, J.C., 1989a, Resource Intensification and Sedentism on the Southern Plateau. *Archaeology in Washington* 1: 1 –20

Chatters, J.C., 1989b, The Antiquity of Economic Differentiation within Households in the Puget Sound Region, Northwest Coast. In *Households and Communities.* S. MacEachern, et al., eds. pp. 168 –178. Archaeological Association, University of Calgary, Calgary AL..

Chatters, J.C., 1995, Population growth, climatic cooling, and the development of collector strategies on the Southern Plateau, western North America. *Journal of World Prehistory* 9:341–400.

Chisholm, B.S., and D.E. Nelson, 1983, An Early Human Skeleton from South Central British Columbia: Dietary Inference from Carbon Isotope Evidence. *Canadian Journal of Archaeology.* 7: 85 –87

Chisholm, B.S., D.E. Nelson and H.P. Scharcz, 1982, Stable Carbon Isotope Ratios as a Measure of Marine vs. Terristrial Protein in Ancient Diets. *Science* 216:1131–32

Chisholm, B.S., D.E. Nelson and H.P. Scharcz, 1983, Marine and Terristrial Protein in Prehistoric Diets on the British Columbia Coast. *Current Anthropology* 24:396–98

Clague, J.J., 1984 Quaternary Geology and Geomorphology, Smithers–Terrace–Prince Rupert Area, British Columbia. *Geological Survey of Canada Memoir 413*, Ottawa

Clague, J.J., 1987, Quaternary stratigraphy and history, Williams Lake, British Columbia. *Canadian Journal of Earth Sciences* 24(1):147–158

Clague, J.J. 1989 Introduction (Quaternary stratigraphy and history, Cordillerna ice sheet). In *Quaternary Geology of Canada and Greenland*, RJ Fulton, ed. Geological Survey of Canada, Ottawa.

Clague, J.J., J.R. Harper, R.J. Hebda, and D.E. Howes, 1982, Late Quaternary sea levels and crustal movements, coastal British Columbia. *Canadian Journal of Earth Sciences* 19:597–618.

Clark, G. 1979, *Archaeological testing of the Coffman Cove site, southeastern Alaska.* Paper presented to the 32nd Annual Northwest Anthropological Conference, Eugene.

Cleland, C.E., 1976, The focal–diffuse model: an evolutionary perspective on the cultural adaptations of the eastern United States. *Midcontinental Journal of Archaeology.* 1:59–76

Cobb, C.R., 1993, Archaeological Approaches to the Political Economy of Nonstratified Societies. *Archaeological Method and Theory*, 5: 43–100.

*Codere, H., 1950, *Fighting With Property: A Study of Kwakiutl Potlatching and Warfare 1792-1930.* University of Washington Press, Seattle.

*Codere, H., (ed.), 1966, *Kwakiutl Ethnography: Franz Boas.* University of Chicago Press, Chicago.

Cohen, M.N., 1981, Pacific Coast Foragers: Affluent or Overcrowded? In "Affluent Foragers: Pacific Coast East and West." *Senri Ethnological Studies* 9, S. Koyama, and D.H. Thomas, eds., pp. 275–95. National Museum of Ethnology, Osaka

Cohen, M.N., 1985, Prehistoric Hunter–Gatherers: The Meaning of Complexity. In *Prehistoric Hunter–Gatherers: The Emergence of Cultural Complexity,* T.D. Price and J.A. Brown, eds., pp. 99–122. Academic Press, Orlando.

*Cohen, M.N, 1989, *Health and the Rise of Civilization.* Yale University Press, New Haven.

*Cole, D., 1985, *Captured Heritage, The Scramble for Northwest Coast Artifacts.* University of Washington Press, Seattle.

*Cole, D., and I. Chaikin 1990, *An Iron Hand upon the People : The Law against the Potlatch on the Northwest Coast.* Douglas and McIntyre, Vancouver BC

Colinvaux, P. A., 1986, Plain Thinking on Bering Land Bridge Vegetation and Mammoth Populations. *Quarterly Review of Archaeology* 7(1):8-9.

Connolly, T.J., 1992, Human Responses to Change in Coastal Geomorphology and Fauna on the Southern Northwest Coast Archaeological investigations at Seaside, Oregon. *University of Oregon Anthropology Papers* 45, Eugene.

Connolly, T. J., 1995, Archaeological Evidence for a former bay at Seaside, Oregon. *Quaternary Research* 43, 362-369.

Connolly, T.J., 1998, *Newberry Crater: A 10,000 Year Record of Human Occupation and Environmental Change in the Basin–Plateau Borderlands.* University of Utah Press, Salt Lake City.

Cope, C., 1991, Gazelle hunting strategies in the Southern Levant. In *The Natufian Culture in the Levant* O. Bar–Yosef and F.R. Valla, eds.,pp. 341–358. International Monographs in Prehistory, International Series 1, Ann Arbor MI.

Cosmides, L., and J. Tooby, 1987, From evolution to behavior: evolutionary psychology as the missing link. In *The latest on the best: essays on evolution and optimality*, J. Dupre. ed. pp 277–306. The MIT Press, Cambridge Ma.

Coupland, G., 1985a, Household Variability and Status Differentiation at Kitselas Canyon, *Canadian Journal of Archaeology* 9:39–56

Coupland, G., 1985b, Restricted access, resource control and the evolution of status inequality among hunter–gatherers. In *Status, Structure and Stratification: Current Archaeological Reconstructions*, M. Thompson et al., eds., pp. 245–52. Archaeological Association of the University of Calgary, Calgary, AL

Coupland, G., 1988a, Prehistoric Culture Change at Kitselas Canyon. *Archaeogical Survey of Canada Mercury Series* 138. Ottawa.

Coupland, G., 1988b, Prehistoric Economic and Social Change in the Tsimshian Area, *Research in Economic Anthropology*, supplement 3: 211–45.

Coupland, G., 1991, The Point Grey Site: A Marpole Spring Village Component. *Canadian Journal of Archaeology.* 15:73–96

Coupland, G., 1996a, The Early Prehistoric Occupation of Kitselas Canyon. In *Early Human Occupation in British Columbia*, R.L. Carlson and L. Dalla Bona ,eds., pp. 159–166. University of British ColumbiaPress, Vancouver.

Coupland, G., 1996b, The Evolution of Multi-Family Households on the Northwest Coast of North America. In "People Who Lived in Big Houses: Archaeological Perspectives on Large Domestic Structures", G. Coupland and E.B. Banning eds., pp. 121–130. *Monographs in World Prehistory No. 27.* Prehistory Press, Madison.

Coupland, G., and E.B. Banning, 1996, "People Who Live in Big Houses: Archaeological Perspectives on Large Domestic Structures." *Monographs in World Prehistory No. 27.* Prehistory Press, Madison, WA.

Coupland, G., G. Bissel and S. King, 1993, Prehistoric Subsistence and Seasonality at Prince Rupert Harbour: Evidence from the McNichol Creek Site. *Canadian Journal of Archaeology* 17: 59–73.

Coues, E. (ed.), 1897, *New Light on the Early History of the Greater Northwest: The Manuscript Journals of Alexander Henry, Fur Trader of the Northwest Company, and of David Thompson... 1799-1814.* 3 vols. Francis P. Harper, New York. (Reprinted: Ross and Haines, Minneapolis, 1965).

Coutre, A. 1975 Indian Copper Artifacts from Prince Rupert. *Physical Metallurgical Laboratories Report MRP/PMRL–75 –3(IR) Canada Centre for Mineral and Energy technology, Energy and Mines Resources Canada*, Ottawa. Archaeological Survey of Canada Archives Ms. No. 1079.

Cove, J., 1987. Shattered images: Dialogues and meditations on Tsimshian narratives (No. 139). McGill-Queen's Press-MQUP.

Cowan, I.M., and C.J. Guiguet, 1965, The Mammals of British Columbia. *British Columbia Provincial Museum Handbook No. 11.* Victoria.

Cressman, L.S., D.L., Cole, W.A. Davis, T.M. Newman and D.J.

参考文献

Scheans, 1960, Cultural Sequences at The Dalles, Oregon: A Contribution to Pacific Northwest Prehistory. *Transactions of the American Philosophical Society, New Series* 50(10).

Croes, D.R., (ed.), 1976, The Excavation of Water–Saturated Archaeological Sites (Wet Sites) on the Northwest Coast of North America, *Archaeological Survey Of Canada Mercury Series* 50

Croes, D.R., 1988, The Significance of the 3,000 BP Hoko River Waterlogged Fishing Camp in Our Overall Understanding of Southern Northwest Coast Cultural Evolution. In *Wet Site Archaeology*, B. Purdy ed., pp. 131–52. Telford Press, Caldwell N.J

Croes, D.R., 1989, Prehistoric Ethnicity on the Northwest Coast of North America: an Evaluation of Style in Basketry and Lithics. *Journal of Anthropological Archaeology* 8:101–30

Croes, D.R., 1991, Exploring Prehistoric Subsistence Change on the Northwest Coast, In "Long–Term Subsistence Change in Prehistoric North America," DR Croes, et al. eds., pp. 337–66. *Research in Economic Anthropology*, supplement 6.

Croes, D.R., 1992, An Evolving Revolution in Wet Site research on the Northwest Coast of North America. In *The Wetland Revolution in Prehistory*, B. Coles, ed., pp. 99–111. Prehistoric Society: London.

Croes, D.R., 1995, *The Hoko River Archaeological Complex: the Wet/Dry Site (45CA213), 3,000–1,700 B.P.* Washington State University Press, Pullman.

Croes, D.R., and S. Hackenberger, 1988, Hoko River archaeological complex: modeling prehistoric Northwest Coast economic evolution. *Research in Economic Anthropology*, supplement 3: 19–86

*Curtis, E.S. 1907-1930, *The North American Indian: Being a Series of Volumes Picturing and Describing the Indians of the United States, the Dominion of Canada, and Alaska.* F.W. Hodge, ed. 20 volumes. Plimpton Press, Norwood, Mass. (reprinted Johnson Reprint, New York, 1970).

Cybulski, J.S. 1975, Skeletal variation in British Columbia coastal populations: a descriptive and comparative assessment of cranial morphology. *National Museum of Canada Mercury series, Archaeological Survey of Canada Paper No. 30*. Ottawa.

Cybulski, J.S., 1979, *Conventional and Unconventional Burial Postions at Prince Rupert Harbour, British Columbia.* Archaeological Survey of Canada Archive Manuscript No. 1486.

Cyrbulski, J.S., 1990, Human Biology. in *Handbook of North American Indians, Vol. 7 Northwest Coast.* W. Suttles (ed.). Smithsonian Institution, Washington D.C. pp 52–59.

Cybulski, J.S., 1991, Observations on Dental Labret Wear at Crescent Beach, Pender Canal, and other Northwest Coast Prehistoric Sites. Appendix to: *1989 and 1990 Crescent Beach Excavations, Final Report: The Origins of the Northwest Coast Ethnographic Patterns: The Place of the Locarno Beach Phase*, R.G. Matson, et al.. Report on file, Archaeology Branch, Victoria

Cybulski, J.S., 1993, *A Greenville Burial Ground: Human Remains in BritishColumbia Coast Prehistory.* Archaeological Survey of Canada, Canadian Museum of Civilization, Ottawa.

Cybulski, J.S., 1994, Culture Change, Demographic History, and Health and Disease on the Northwest Coast. In *In the Wake of Contact: Biological Responses to Conquest.* R.G. Miller and C.S. Larsen, eds., pp. 75–85. Wiley–Liss, New York.

Cybulski, J.S., D.E. Howes, J.A. Haggerty, and M. Eldridge, 1981, An Early Human Skeleton from South–Central British Columbia: Dating and Bioarchaeological Inference. *Canadian Journal of Archaeology* 5:49–60

Daifuku, H., 1952, The pit house in the old world and in native North America. *American Antiquity*, 18(1), pp.1-7.

Darienzo, M.E., and C.D. Peterson, 1995, Magnitude and Frequency of Subduction-Zone earthquakes along the Northern Oregon Coast in the past 3,000 years. *Oregon Geology* 57(1): 3-12.

Daugherty, R.D., 1956, Archaeology of the Lind Coulee Site, Washington. *Proceedings of the American Philosophical Society* 100(3): 223–278.

Daugherty R.D., J.J. Flenniken and J.M. Welch, 1987a, A Data Recovery Study of Layser Cave (45-LE-223) in Lewis County, Washington. *Studies in Cultural Resource Management No. 7.* U.S. Forest Service, Portland, Or.

Daugherty RD, J.J. Flenniken, and J.M. Welch, 1987b, A Data Recovery Study of Judd Peak Rockshelters (45-LE-222) in Lewis County, Washington. *Studies in Cultural Resource Management No. 8.* U.S. Forest Service, Portland, Or.

Davidson, G., 1901, Explanation of an Indian Map of the Rivers, Lakes, Trails and Mountains from the Chilkaht to the Yukon Drawn by the Chilkaht Chief Kohklux in 1869. *Mazama* 2(2):75-82.

Davis, S.D., (ed.), 1989a, The Hidden Falls Site, Baranoff Island, Alaska. Aurora: *Alaska Anthropological Association Monograph Series.*

Davis, S.D., 1989b, Cultural Component I. In "The Hidden Falls Site, Baranoff Island, Alaska", SD Davis ed. Aurora: *Alaska Anthropological Association Monograph Series*, pp. 159–198.

Davis, S.D., 1990, Prehistory of Southeast Alaska. In *Handbook of North American Indians, Vol. 7, The Northwest Coast,* W. Suttles, ed, pp. 197–202. Smithsonian Institution Press, Washington, DC.

de Laguna, F., 1953, Some Problems in the Relationship between Tlingit Archaeology and Ethnology. *Memoirs of the Society for American Archaeology 3.*

de Laguna, F., 1960, The Story of a Tlingit Community: A Problem in the Relationship between Archaeological, Ethnological, and Historical Methods. *Bureau of American Ethnology Bulletin No. 172.* U.S. Government Printing Office, Washington, D.C.

*de Laguna, F., 1972, Under Mount St. Elias: The History and Culture of the Yakutat Tlingit. *Smithsonian Contributions to Anthropology Vol. 7* (in three parts). U.S. Government Printing Office, Washington D.C.

de Laguna, F., 1983 ,Aboriginal Tlingit Political Organization, in: *The Development of Political Organization in Native North America*,E. Tooker ed.,pp. 71–85. The American Ethnological Society, Washington D.C.

de Laguna, F., 1990, Tlingit. In *Handbook of North American Indians, Vol. 7: Northwest Coast,* W. Suttles, ed.,pp. 203-228. Washington D.C.: Smithsonian Institution.

de Laguna, F., F.A. Riddel, D.F. McGeein, K.S. Lane, J.A. Freed, and C. Osborne, 1964, Archaeology of the Yakutat Bay Area, Alaska. *Bureau of American Ethnology Bulletin No. 192.* U.S. Government Printing Office, Washington, D.C.

Desgloges, J.R., and J.M. Ryder, 1990, Neoglacial History of the Coast Mountains near Bella Coola, British Columbia. *Canadian Journal of Earth Sciences* 27(2): 281–290.

Dewhirst, J., 1980, The indigenous archaeology of Yuquot, a Nootkan outside village. "The Yuquot project, Volume ¾,"

History and Archaeology No. 39, Parks, Canada, Ottawa.

Dikov, N.N., 1977, *Arkeologicheskie Pamiatniki Kamchatki, Chukotki, i Verkhnio Kolyme.* Mockva: Nauka.

Dikov, N.N., 1979, *Drevnie Kul'tury Severo-Vostochnoj Azii.* Mockva: Nauka.

Dikov, N., 1994, The Paleolithic of Kamchatka and Chukotka and the problem of the peopling of America. In *Anthropology of the North Pacific Rim*, W.W. Fitzhugh and V. Chaussonet eds. pp 87–96. Smithsonian Institution, Washington.

Dikov, N., 1996, The Ushki Site, Kamchatka Peninsula. In *American Beginnings: The Prehistory and Paleoecology of Beringia*, F.H. West ed., pp 244–250. The University of Chicago Press, Chicago.

* Dobyns, H.E., 1983, *Their Number Become Thinned, Native American Population Dynamics in eastern North America.* University. Tennessee Press, Nashville.

*Doig, I., 1982, *Winter Brothers: A Season at the Edge of American.* Harcourt Brace, New York.

*Doig, I., 1991 *The Seas Runners.* Penguin, USA (reprint.)

Donald, L., 1983, Was Nuu –chah –nulth –aht (Nootka) society based on slave labor? In "The Development of Political Organization in Native North America," E Tooker ed., pp. 108 –119. *Proceedings of the American Ethnological Society.*

Donald, L., 1984, Slave Trade on the Northwest Coast of North America. *Research in Economic Anthropology* 6:121-158.

Donald, L., 1985, On the Possibility of Social Class in Societies Based on Extractive Subsistence. In, *Status, structure and stratification current archaeological reconstructions*, M Thompson, et al. eds., pp. 237 – 243. Archaeological Association of the University of Calgary, Calgary.

*Donald, L., 1997, *Aboriginal Slavery on the Northwest Coast of North America.* University of California Press, Berkeley.

Donald, L., and D.H. Mitchell, 1975, Some correlates of local group rank among the Southern Kwakiutl. *Ethnology* 14(3): 325 –346.

Donald, L., and D.H. Mitchell, 1994, Nature and Culture on the Northwest Coast of North America: The Case of the Wakashan Salmon Resource. In *Key Issues in Hunter–Gatherer Research*, E.S. Burch, Jr., and L.J. Ellanna eds., pp65–95. Berg, Oxford.

Dumond, D.E. and R.L., Bland, 1995, Holocene Prehistory in the Northernmost North Pacific. *Journal of World Archaeology* 9(4): 401–445.

Driver, J.C., 1993, Zooarchaeology in British Columbia. *BC Studies* 99:77–104.

Drucker, P., 1943, Archaeological survey on the northern Northwest Coast. *Bureau of American Ethnology Bulletin 133*: pp. 17 –132. Smithsonian Institutions, Washington DC.

*Drucker, P., 1951, *The Northern and Central Nootkan Tribes*, *Bureau of American Ethnology Bulletin* 144, Smithsonian Institution, Washington DC

Duff, W., 1956, Prehistoric Stone Sculpture of the Fraser River and Gulf of Georgia. *Anthropology in British Columbia* 5:15-51.

Duff, W., 1964, The Indian History of British Columbia: Vol.1; The Impact of the White Man. *Anthropology in British Columbia Memoirs 5*. Victoria.

Dunnell, R.C., and S.K. Campbell, 1977, History of Aboriginal Occupation of Hamilton Island, Washington. *University of Washington Reports in Archaeology 4*. Seattle.

Durham, W.H., 1991, *Coevolution: genes, culture and human diversity*. Stanford University Press, Palo Alto.

Eakin, D.H., 1987, *Final Report of Salvage Investigations at the Split Rock Ranch Site (48FR1484), Highway Project SCPF-020-2(19), Fremont County, Wyoming.* Report on File, Wyoming Highway Department.

Easton, N.A., 1985, *The Underwater Archaeology of Straits Salish Reef-netting*, MA Thesis, University of Victoria, Victoria BC

Edwards, P.C., 1989a, Revising the broad spectrum revolution: and its role in the origins of Southwest Asian food production. *Antiquity* 63:225 –46.

Edwards, P.C., 1989b, Problems of Recognizing Early Sedentism: The Natufian Example. *Journal of Mediterranean Archaeology* 2/1:5-48.

Eels, M., 1985, *The Indians of Puget Sound, The Notebooks of Myron Eels*, G.B. Castile, ed. University of Washington Press, Seattle.

Eldridge, M., and S. Acheson, 1992. The Antiquity of Fish Weirs on the Southern Coast: A Respons to Moss, Erlandson and Stuckenrath. *Canadian Journal of Archaeology* 16: 112 –116.

Elias, Scott A., 1995, *The Ice History of Alaskan National Parks*. Smithsonian Institution Press, Washington D.C.

Emmons, G.T., 1991, *The Tlingit Indians*. F de Laguna. ed. University of Washington Press: Seattle.

Engelbrecht, W.E., and C.K. Seyfert, 1994, Paleoindian watercraft evidence and implications. *North American Archaeologist* 15(3): 221 –234.

Erlandson, J.M., 1989, Faunal Analysis of Invertebrate Assemblage. In "The Hidden Falls Site, Baranoff Island, Alaska" S.D. Davis, ed, pp. 131 – 158. Aurora: *Alaska Anthropological Association Monograph Series*.

Erlandson, J.M., 1994, *Early hunter-gatherers of the California coast* Plenum Press, New York.

*Fagan, B.M., and H.D.G. Maschner, 1991 The Emergence of Cultural Complexity on the West Coast of North America, *Antiquity* 65:974 –76

Feinman, G.M., 1996, The Emergence of Inequality: A Focus on Strategies and Processes. In *Foundations of Social Inequality*, T.D. Price and G.M. Feinman eds., pp 255–280. Plenum Press, New York.

Fedje, D., A.P. Mackie; J.B. McSporran; and B. Wilson 1996 : Early Period Archaeology in Gwaii Haanas: Results of the 1993 Field Program. In *Early Human Occupation in British Columbia*, R.L., Carlson and L Dalla Bona eds., pp. 133–150. University of British Columbia Press, Vancouver.

Fedje, D.W.; A.R. Mason, and J.B. McSporran, 1996, Early Holocene Archaeology and Paleoecology at the Arrow Creek site in Gwaii Haanas. *Arctic Anthropology*.

Ferguson, R.B., 1984, A reconsideration of the causes of Northwest coast warfare. In *Warfare, culture and environment,*. R.B. Ferguson, ed. pp., 267 –328. Academic Press, New York Press

*Fitzhugh, W.W., 1988, Comparative Art of the North Pacific Rim. In *Crossroads of Continents: Cultures of Siberia and Alaska.* W.W. Fitzhugh and A. Crowell, eds., pp 294 –313. Smithsonian Institution Press, Washington, DC.

Fladmark, K.R., 1973, The Richardson Ranch Site: a 19th century Haida house. In *Historical archaeology in northwestern North America*. R.M. Getty and K.R. Fladmark eds., pp. 53 –95. Archaeological Association, University of Calgary, Calgary, AL.

Fladmark K.R., 1975, A Paleoecological Model for Northwest Coast prehistory. *Archaeological Survey of Canada Paper,*

参考文献

Mercury Series, No. 43. Ottawa.
Fladmark, K.R., 1979, Routes: Alternative Migration Corridors for EarlyMan in North America. *American Antiquity* 44: 55–69
Fladmark, K.R., 1982, An Introduction to the Prehistory of British Columbia. *Canadian Journal of Archaeology* 3:131–144.
Fladmark, K.R., 1983, Times and Places: Environmental Correlates of Mid-to Late Wisconsin Human Population Expansion in North America. In R.. Shutler, ed. pp. 13-41. *Early Man in the New World*. Beverly Hills, CA: Sage Publications.
Fladmark, K.R., 1985, Glass and Ice, The Archaeology of Mt. Edziza. *Department of Archaeology, Simon Fraser University Publication* 14, Burnaby BC.
Fladmark, K.R., 1986, Lawn Point and Kasta: Microblade Sites on the Queen Charlotte Islands, British Columbia. *Canadian Journal of Archaeology* 10:39-58.
*Fladmark, K.R., 1988, *British Columbia Prehistory*. Archaeological Survey of Canada, National Museums of Canada, Ottawa.
*Fladmark, K.R.,1989, The Native Culture History of the Queen Charlotte Islands. In G.G.E. Scudder and N. Gessler, eds., *The Outer Shores*, pp. 199-221, Proceedings of the Queen Charlotte Islands First International Symposium, University of British Columbia, August 1984. Second Beach, Skidegate: Queen Charlotte Islands Museum Press.
Fladmark, K.R., D.E. Nelson, T.A. Brown, J.S. Vogel, and J.R. Southon 1987, AMS Dating of Two Wooden Artifacts from the Northwest Coast. *Canadian Journal of Archaeology* 11:1–12.
Fladmark, K.R., K.M. Ames, and P.D. Sutherland, 1990, Prehistory of the North Coast of British Columbia. In *Handbook of North American Indians, Volume 7, Northwest Coast*, W Suttles ed., pp. 229–239. Smithsonian Institution, Washington, D.C.
Flannery K.V., 1969, Origins and Ecological Effects of Early Domestication in Iran and the Near East. In *The Domestication and Exploitation of Plants and Animals*, P.J .Ucko and G.W. Dimbleby eds., pp. 73–100. Duckworth, London.
Flannery K.V., 1972, The Origins of the Village as a Settlement Type in Mesoamerica and the Near East: A Comparative Study. In *Man, Settlement and Urbanism*, P.J. Ucko, R. Tringham and G.W. Dimbleby eds., pp. 23–54. Schenkman Publishing Company, Cambridge, Mass..
Flenniken, J.J., 1981. Replicative Systems Analysis: A Model Applied to the Vein Quartz Artifacts from the Hoko River Site. *Washington State University, Laboratory of Anthropology Reports No. 59*. Pullman.
Folan, W.J., 1972 *The Community, Settlement and Subsistence Pattern of the Nootka Sound Area: A Diachronic Model*. Ph.D. Dissertation. Southern Illinois Univesity, Carbondale.
Ford P.J., 1989, Archaeological and Ethnographic Correlates of Seasonality: Problems and Solutions on the Northwest Coast, *Canadian Journal of Archaeology* 13:133–50.
Franchere, G., 1967, *Adventures in Astoria, 1810-1814*. H.C. Franchere ed. and trans. University of Oklahoma Press, Norman.
Fricke, T.E. 1986 *Himalayan Households: Tamang Demography and Domestic Process*. UMI Research Press, University Microfilms Inc., University of Michigan, Ann Arbor.
Fried, M., 1967, *The Evolution of Political Society*. Random House, New York.

Galm, J.R., 1994, Prehistoric Trade and Exchange in the Interior Plateau of Northwestern North America. In . *In Prehistoric Exchange Systems in North America*, T.G. Baugh and J.E. Ericson, eds.,pp 275–306., Plenum Press, New York.
Gallant, T.W., 1991, *Risk and Survival in Ancient Greece: Reconstructiong the Rural Domestic Economy*. Standford University Press, Stanford.
*Garfield, V., 1939, *Tsimshian Clan and Society*. University of Washington Publications in Anthropology 7(3):169–340.
Gaston, K. and J.V. Jermann, 1975, Salvage Excavations at Old Man House (45-KP-2), Kitsap County, Washington. *University of Washington Office of Public Archaeology, Institute For Environmental Studies Reconnaissance Reports 4*. Seattle.
*Gibson J.R., 1992, *Otter Skins, Boston Ships, and China Goods : The Maritime Fur Trade of the Northwest Coast, 1785–1841*. University of Washington Press, Seattle.
Goebel, T., W.R. Powers and N. Bigelow, 1991, The Nenana Complex of Alaska and Clovis Origins. In *Clovis: Origins and Adaptations*. R. Bonnichsen and K.L. Turnmire, eds. pp. 41-79. Center for the Study of the First Americans, Corvallis, OR.
Goetcheus V.G., D.M, Hopkins, M.E. Edwards, and D.H. Mann, 1994, Window on the Bering Land Bridge: A 17,000-Year-old Paleosurface on the Seward Peninsula, Alaska. *Current Research in the Pleistocene*. 11:131-132.
Golovnin, P.N., 1983, *Civil and Savage Encounters*. B. Dmytryshyn, and E.A.P. Crownhart-Vaughan, trans.The Press of the Oregon Historical Society, Portland.
Gottsfeld, A.S., R.W., Mathewes, and L.M. Johnson–Gottsfeld, 1991 Holocene Debris Flows and Environmental History, Hazelton Area, British Columbia. *Canadian Journal of Earth Sciences* 28(10):1583–1593.
Green, T.J., 1993, Aboriginal Residential Structures in southern Idaho. *Journal of California and Great Basin Archaeology* 15(1):58–72.
Gruhn, R., 1961, The Archaeology of Wilson Butte Cave, Southcentral Idaho. *Occasional Papers of the Idaho State College Museum, No. 6*. Pocatello.
*Guthrie, R.D., 1990, *Frozen Fauna of the Mammoth Steppe*. Chicago: University of Chicago Press.
Haas, J., 1982. *The Evolution of the Prehistoric State*. New York: Columbia University. Press
Haggarty, J.C., 1982 *The Archaeology of Hesquiat Harbour: The Archaeological Utility of an Ethnographically Defined Social Unit*. Ph.D. Dissertation. Washington State University, Pullman
Haggarty, J.C., and R.I. Inglis, 1984, *Coastal site survey: theoretical implications of a new methodology*. Presented to 17th Annual Meeting, Canadian Archaeological Association, Victoria, BC.
Hajda, Y., 1984 *Regional Social Organization in the Greater Lower Columbia, 1792–1830*. Ph.D. dissertation, University of Washington, Seattle.
Halpin, M. and M. Seguin, 1990 Tsimshian Peoples: Southern Tsimshian, Coast Tsimshian, Nisga, and Gitksan. In *Handbook of North American Indians, Volume 7, Northwest Coast*, W. Suttles ed., pp. 267–284. Smithsonian Institution, Washington, D.C.
Ham, L.C., 1983, *Seasonality, Shell Midden Layers, and Coast Salish Subsistence Activities at the Crescent Beach Site, DgRr 1*. Unpublished Ph.D. dissertation, University of British Columbia, Vancouver.
Ham, L.C., 1990, The Cohoe Creek site: A Late Moresby

Tradition Shell Midden. *Canadian Journal of Archaeology* 14: 199–221

Ham, L.C., A. Yip, L. Kullar, and D. Cannon, 1986, *A Charles Culture Fishing Village*. Report on file, Heritage Conservation Branch, Victoria.

Hammel E.A., 1984, On the *** of studying household form and function. In: *Households: comparative and historical studies of the domestic group*, edited by Robert McC. Netting, Richard R. Wilk, and Eric J. Arnould. Berkeley, California, University of California Press, pp. 29–43.

Hansen, HP. 1967, Chronology of Postglacial Pollen in the Pacific Northwest (USA). *Review of Palaeobotany and Palynology 3*: 103–5

Hanson, D.K., 1991, *Late Prehistoric Subsistence in the Strait of Georgia Region of the Northwest Coast*. PhD. Thesis, Simon Fraser University. Burnaby BC

Harlan, J.R., 1967, A Wild Wheat Harvest in Turkey. *Archaeology*, 20:197–201.

Harrell L., and S. McKern, 1986, The Maxon Ranch Site: Archaic and Late Prehistoric Habitation in Southwest Wyoming. *Cultural Resource Management Report No 18*. Western Wyoming College, Rock Springs.

Hassan, F., 1982, *Demographic archaeology*. Academic Press, New York.

Hayden, B., 1981, Research and Development in the Stone Age: Technological Transitions among Hunter–Gatherers. *Current Anthropology* 22:519–548.

Hayden, B., 1990, Nimrods, Piscators, Pluckers, and Planters: the Emergence of Food production, *Journal of Anthropological Archaeology* 9(1):31–69.

Hayden B., (ed.),. 1992a, *A Complex Culture of the British Columbia Plateau: Traditional Stl'-tl'imx Resource Use*. Vancouver: University. British Columbia Press

Hayden, B., 1992b, Conclusions: Ecology and Complex Hunter–Gatherers, In *A Complex Culture of the British Columbia Plateau: Traditional Stl'-tl'imx Resource Use*. B. Hayden, ed, pp 525–563. University of British Columbia, Vancouver.

Hayden, B., 1995, Pathways to Power: Principles for creating socioeconomic inequalities. In *Foundations of Social Inequality*, T.D. Price and G.M. Feinman eds., pp 15–85. Plenum Press, New York.

Hayden, B., and A. Cannon, 1982, The corporate group as an archaeological unit. *Journal of Anthropological Archaeology 1(1):132–158*.

Hayden B., J.M.Ryder, 1991, Prehistoric Cultural Collapse in the Lillooet Area. *Am. Antiq.* 56:50–65.

Hayden, B., and R. Schulting, 1997, The Plateau Interaction Sphere and Late Prehistoric Cultural Complexity. *American Antiquity* 62(1):51–85.

Hayden, B., G.A. Reinhardt, D. Holmberg and D. Crellin 1996 Space Per Capita and the Optimal Size of Housepits. In "People Who Lived in Big Houses: Archaeological Perspectives on Large Domestic Structures," G. Coupland and E.B. Banning eds., pp 151–163. *Monographs in World Prehistory No 28*, Prehistoric Press, Madison, WI.

Hebda, R., and R. Mathewes, 1984, *Postglacial history of cedar and evolution of Northwest Coast native cultures*. Paper presented to the 35th annual Northwest Anthropological Conference, Simon Fraser University, Burnaby.

Hebda, R., and C. Whitlock, 1997,*The Rainforests of Home, Profile of a North American Bioregion*, ed. P.K. Schoonmaker, B. von Hagen and E.C. Wolf, eds., pp. 227–254. Island Press, Washington D.C.

Hendon, J.A., 1996, Archaeological approaches to the Organization of Domestic Labor: Household Practices and Domestic Relations. *Annual Review of Anthropology* 25:45–61.

Henry, D.O., 1985, Preagricultural Sedentism: The Natufian Example. In *Prehistoric Hunter–Gatherers: The Emergence of Cultural Complexity*, T.D. Price and J.A. Brown eds., pp. 365–384. Academic Press, Orlando..

Henry, D.O., 1989, *From Foraging to Agriculture, the Levant at the End of the Ice Age*. University of Pennsylvania Press, Philadelphia.

Henry, D.O.. 1991. Foraging, Sedentism, and Adaptive Vigor in the Natufian: Rethinking the Linkages. In *Perspectives on the Past, Theoretical Biases in Mediterranean Hunter–Gatherer Research*. G.A. Clark.ed. pp. 353-370. University of Pennsylvania press, Philadelphia.

Hester, .J., and S. Nelson (eds.) 1978. Studies in Bella Bella Prehistory. *Department of Archaeology Publication* 5. Simon Fraser University, Burnaby BC

Heusser, C.J., 1960, Late–Pleistocene Environments of North Pacific North America. *American Geographical Society Monographs No. 35.*

Heusser, C.J., 1985, Quaternary Pollen Records from the Pacific Northwest Coast: Aleutians to the Oregon–California Boundary. In *Pollen Records of Late–Quaternary North American Sediments*, V.M. Bryant and R.G. Hollow eds., pp.. 141–165. Association of Stratigraphic Palynologists Foundation, Dallas, Tx..

Heusser, C.J., and L.E. Heusser, 1981, Palynological and paleotemperature analysis of the Whidbey Formation, Puget lowland, Washington. *Canadian Journal of Earth Sciences* 18:136–149.

Heusser, C.J., L.E. Huesser, and S.S. Streeter,. 1980, Quaternary Temperatures and Precipitation for the North–west Coast of North America. *Nature* 286:702–4

Hewes, G.W., 1947, *Aboriginal Use of Fishery Resources in Northwestern North America*. PhD Thesis, University. Calif. Berkeley.

Hill-Tout, C. 1930, Prehistoric Burial Mounds of British Columbia. *Museum and Art Notes*, V(4): 120–126

Hilton, S.F., 1990, Haihais, Bella Bella, and Oowekeeno. In *Handbook of North American Indians, Vol. 7: Northwest Coast*. W. Suttles, vol. ed. pp. 312-322. Washington D.C.: Smithsonian Institution.

Hobler, P.M., 1978, The Relationship of Archaeological Sites to Sea Levels on Moresby Island, Queen Charlotte Islands. *Canadian Journal of Archaeology* 2:1-13.

Hobler, P.M., 1990, Prehistory of the Central Coast of British Columbia, *in Handbook of North American Indians, Vol. 7, The Northwest Coast*.W. Suttles ed., pp. 298–305. Smithsonian Institution, Washington, DC.

Hoffecker J.F., W.R. Powers and T. Goebel, 1993, The Colonization of Beringia and the Peopling of the New World. *Science*. 259:46-53.

*Holm, B., 1965, Northwest coast Indian art: an analysis of form. *Monograph No. 1*, Thomas Burke Memorial Museum. University of Washington Press, Seattle.

Holm, B., 1990, Art. In *Handbook of North American Indians, Vol.7,*

The Northwest Coast, W. Suttles ed. pp. 602–632. Smithsonian Institute, Washington.

Holm, M., 1990,*Prehistoric Northwest Coast Art: A Stylistic Analysis of the Archaeological Record*. Unpublished Master's thesis, University of British Columbia, Vancouver.

Holmberg, H.J., 1985, *Holmberg's Ethnographic Sketches*, originally published 1855-63, English translation by F. Jaensch, M. Falk ed., The Rasmuson Library Historical Translation Series, vol. 1. Fairbanks: The University of Alaska Press.

Holmes, C.E., 1996, Broken Mammoth. In *American Beginnings: The Prehistory and Paleoecology of Beringia*. F.H. West, ed. pp. 312-318. Chicago: University of Chicago Press.

Holmes, C.E., R. Vanderhoek, and T.E .Dilley, 1996, Swan Point. In *American Beginnings: The Prehistory and Paleoecology of Beringia*. F.H. West, ed. pp. 319-323. Chicago, University of Chicago Press.

Hopkins, D.M. (ed.), 1967, *The Bering Land Bridge*. Stanford, Stanford University Press.

Hopkins, D.M., 1996, Introduction: The Concept of Beringia. In *American Beginnings: The Prehistory and Paleoecology of Beringia*. F.H. West, ed., pp. Xvii-xxi. Chicago, University of Chicago Press.

Hopkins, D.M., J.V. Mathews, Jr., C.E. Schweger, and S.B. Young, 1982, *Paleoecology of Beringia*. New York, Academic Press.

Huelsbeck, D.R., 1983, *Mammals and Fish in the Subsistence Economy of Ozette*. Unpublished Ph.D. dissertation, Washington State University, Pullman.

Huelsbeck, D.R., 1988, The Surplus Economy of the Northwest Coast. *Research in Economic Anthropology, supplement 3*, 149–177.

Huelsbeck, D.R., 1989, Food Consumption, Resource Exploitation and Relationships with and between Households at Ozette. In *Households and communities*, ed. S. MacEachern, D.J.W. Archer, and R.D. Garvin, pp. 157–66. Archaeological Association,. University of Calgary, Calgary Ala

Hulten, E., 1937, *Outline of the History of Arctic and Boreal Biota During the Quaternary Period*. Stockholm, Borforlag Aktiebolaget Thule.

Hutchinson, I., 1992, Holocene Sea Level Change in the Pacific Northwest: A Catalogue of Radiocarbon Dates and an Atlas of Regional Sea level Curves. *Institute of Quaternary Research, Simon Fraser University, Discussion Paper*, 1 Burnaby BC

Hutchinson I., and A. D. McMillan, 1997, Archaeological Evidence for village abandonment associated with Late Holocene Earthquakes at the Northern Cascadia Subduction Zone. *Quaternary Research* 48: 79-87.

Inglis, R., 1976, 'Wet' Site Distribution – The Northern Case GbTo 33 – The Lachane Site. In. *The Excavation of Water–Saturated Archaeological Sites (Wet Sites) on the Northwest Coast of North America*, D.R., Croes ed. *National Museums of Canada Archaeological Survey of Canada Mercury Series Paper No. 50*. Ottawa,.

Ingold, T., 1987, *The Appropriation of Nature*. University of Iowa Press, Iowa City.

*Imamura, K., 1996, *Prehistoric Japan: New Perspectives on Insular East Asia*. University of Hawai'i Press, Honolulu.

Jermann J.V., D.L. Lewarch, and S.K. Campbell, 1975, Salvage Excavations at the Kersting Site (45CL21), A Preliminary Report. *Reports in Highway Archaeol*. 2, Office of Public Archaeology, Institute for Environmental Studies, University of Washington.

Jewitt, J.R., 1807, *A Journal Kept at Nootka Sound, by John R. Jewitt. One the the Surviving Crew of the Ship Boston, of Boston; John Salter, Commander Who Was Massacred on 22d of March, 1803. Interspersed with Some Account of the Natives, Their Manners and Customs*. Printed by the author, Boston.

*Jewitt, J.R., 1967, *A Narrative of the Adventures and Sufferings of John R. Jewitt; only Survivor of the Crew of the Ship Boston [1815])*. Ye Galleon Press (reprint), Fairfield Wa.

*Jonaitas, A., 1986, *Art of the Northern Tlingit*. University of Washington Press, Seattle.

*Jonaitas, A., 1993, Traders of Tradition: Haida Art from Argillite Masters to Robert Davidson. In *Robert Davidson, Eagle of the Dawn*. Vancouver Art Gallery, Vancouver.

Jonaitas, A., 1995, Introduction: The Development of Franz Boas' Theories on Primitive Art. In *A Wealth of Thought: Franz Boas on Native American Art*, A Jonaitas ed., pp 3–37. University of Washington Press, Seattle.

Jopling, C.F., 1989, The Coppers of the Northwest Coast Indians: Their Origin, Development and Possible Antecedents. *Transactions of the American Philosophical Society*, Vol. 79, Part 1, Pp. 1 –164.

Jorgensen, J.G., 1980, *Western Indians: Comparative Environments, Languages and Cultures of 172 Western American Indian Tribes*. W.H. Freeman and Co. San Francisco.

Kamenskii Fr. A., 1906, *Tlingit Indians of Alaska*. Translated and Supplemented by S Kan, The Rasmuson Library Historical Translation Series, Volume II, M.W. Falk ed. The University of AlaskaPress, Fairbanks.

Keddie, G.R., 1981. The Use and Distribution of Labrets on the North Pacific Rim. *Syesis* 14:60–80.

Kelly, R.L., 1991, Sedentism, Sociopolitical Inequality, and Resource Fluctuations, In Gregg. pp.135–60

Kelly, R.L., 1992, Mobility/Sedentism: Concepts, Archaeological measures, and Effects. *Annual Review of Anthropology*, 21: 43–66.

Kelly, R.L., 1995, *The Foraging Spectrum: Diversity on Hunter-Gatherer Lifeways*. Smithsonian Institution Press, Washington DC.

Kennedy, D.I.D., and R.T. Bouchard, 1990, Bella Coola. In *Handbook of North American Indians, Vol. 7: Northwest Coast*. W. Suttles, vol. ed. pp. 323-339. Washington D.C.: Smithsonian Press.

Kew, M., 1992, Salmon Availability, Technology, and Cultural Adaptation in the Fraser River Watershed. In *A Complex Culture of the British Columbia Plateau: Traditional Stl'·tl'imx Resource Use*, B. Hayden, ed, pp 177–221. University of British Columbia, Vancouver.

Khlebnikov, K.T., 1973, *Baranov, Chief Manager of the Russian Colonies in America*. Translated from the Russian edition (St. Petersburg, 1835) by C. Bearne. The Limestone Press, Ontario.Press.

Kosse, K., 1990, Group Size and Societal Complexity: Thresholds in the Long–Term Memory. *Journal of Anthropological Archaeology* 9(3): 275–303.

Koyama, S. and D.H. Thomas (eds) 1981, *Affluent Foragers, Pacific Coasts East and West*. *National Museum of Ethnology Senri Ethnological Series No. 9*. Osaka.

*Krause, A., 1970, *The Tlingit Indians*. University of Washington Press, Seattle.

*Kroeber, A.L., 1939, Cultural and Natural Areas of North America. *University of California Publications in American Archaeology and Ethnology 38.* Berkeley.

Kunz, M.L., and R.E. Reanier, 1996, Mesa Site, Iteriak Creek. In *American Beginnings: The Prehistory and Paleoecology of Beringia.* F.H. West, ed. pp. 497-504, University of Chicago Press: Chicago.

Kuzmin, Y.V., 1994, Paleogeography of the Stone Age cultures of Primorye (far eastern Russia). *Archaeology of Russia: Current Status of Archaeological Research and Problems for Future Investigation of Siberia and Far East Area*, Hakyeon, Seoul, pp.299-356.

Kuzmin, Y.V., Orlova, L.A., Sulerzhitsky, L.D. and Jull, A.J.T., 1994, Radiocarbon dating of the stone and bronze age sites in Primorye (Russian Far East). *Radiocarbon*, 36, pp.359-366.

Kuzmin, Y.V. and K.B. Tankersley, 1996, The Colonization of Eastern Siberia: an Evaluation of the Paleolithic Age Radiocarbon Dates. *Journal of Archaeological Science*, 23(4): 577-585.

LeClair, R., 1976, Investigations at the Mauer site near Agassiz. In "Current research reports", *Department of Archaeology, Simon Fraser University Publication number 3*, R.L., Carlson ed., pp.33-42.

Lambert, P.M., 1993, Health in prehistoric populations of the Santa Barbara Channel. *American Antiquity* 58:509-521.

Laughlin, W. S., 1943 Notes on the Archaeology of the Yamhill River, Willamette Valley, Oregon. *American Antiquity* 9: 220-229.

Lee, R.B,, and I. DeVore, 1968, Problems in the Study of Hunter and Gatherers. In *Man the Hunter*, ed. RB Lee, I DeVore, pp. 3-12. Chicago: Aldine

Lee, R.B., and I. DeVore, 1968, *Man the Hunter*. Aldine, Chicago.

Legros, D. 1985, Wealth, Poverty and Slavery among the 19th-Century Tutchone Athabaskans. *Res. Econ. Anthrop.* 7:37-64

Leonhardy, F.C. and D.G. Rice, 1970, A Proposed Culture Typology for the Lower Snake River Region, Southeastern Washington. *Northwest Anthropological Research Notes* 4(1):1-29.

Lightfoot, K.G., 1993, Long-term Developments in Complex Hunter-Gatherer Societies: Recent Perspectives from the Pacific Coast of North America. *Journal of Archaeological Research* 1:167-200

Lightfoot, R.R., 1989, Cultural Component II. In The Hidden Falls Site, Baranoff Island, Alaska, edited by S.D. Davis. Aurora: *Alaska Anthropological Association Monograph Series*, Pp.. 199-268.

Lowrey, N.S., 1994, *An Ethnoarchaeological Inquiry into the Interactive Relationship Between Northwest Coast Projectile Point and Armor Variants.* Unpublished manuscript on file at the University of Wisconsin, Madison.

Luternauer,J.L., J.J. Clague, K.W. Conway, J.V. Barrie, B. Blaise, and R.W. Mathewes,1989, Late Pleistocene terrestrial deposits on the continental shelf of western Canada: Evidence for rapid sea-level change at the end of the last glaciation. *Geology* 17: 357-360.

Lyman, R.L., 1989, Seal and sea lion hunting: a zooarchaeological study from the southern Northwest Coast of North America. *Journal of Anthropological Archaeology* 8: 68-99

Lyman R.L., 1991, *Prehistory of the Oregon Coast: The Effects of Excavation Strategies and Assemblage Size on Archaeological Inquiry.* Academic Press, Orlando.

MacDonald, G.F. 1969 Preliminary culture sequence from the Coast Tsimshian area, British Columbia. *Northwest Anthropological Research Notes* 3(2): 240-254.

MacDonald, G.F. 1983 Prehistoric art of the northern Northwest Coast. *In Indian art traditions of the Northwest Coast*, R.L. Carlson ed. Simon Fraser University Press, Burnaby. Pp. 99-120.

MacDonald, G.F., 1984, The Epic of Nekt: the Archaeology of Metaphor. In *The Tsimshian: Images of the Past Views of the Present*, M. Seguin ed, pp.65-81. University of British Columbia Press, Vancouver.

MacDonald,G.F., 1989 *Kitwanga Fort Report*. Canadian Museum of Civilization, Quebec.

MacDonald, G.F., and J.J., Cove (eds.), 1987 : Tsimshian Narratives (in two volumes). *Canadian Museum of Civilization, Mercury Series Directorate Paper No. 3.* Ottawa

MacDonald, G.F. and R.I. Inglis, 1981, An overview of the North Coast prehistory project (1966-1980). *BC Studies* 48: 37-63.

*MacDonald, G.F., G. Coupland and D. Archer, 1987, The Coast Tsimshian, ca 1750. In *Historical Atlas of Canada, Volume I, From the Beginning to 1800*, R.C. Harris and G.J. Mathews, eds. University of Toronto press, Toronto.

Magne, M.P.R.. 1996. Comparative analysis of Microblade Cores from Haida Gwaii. *In Early Human Occupation in British Columbia*, R.L. Carlson and L. Dalla Bona eds. pg. 151-158. University of British Columbia Press, Vancouver.

Mallery G., 1886, Pictographs of the North American Indians: A Preliminary Paper. pp. 3-256 in *4th Annual Report of the Bureau of American Ethnology for the Years 1882-1883*. Smithsonian Institution, Washington DC.

Mann D.H., and D.M. Peteet, 1994, Extent and timing of the last glacial maximum in southwestern Alaska. *Quaternary Research*, 42:136-148.

Marshall, Y., 1989, The House in Northwest Coast, Nuu-Chal-Nulth, Society: The Material Structure of Political Action. In *Households and Communities*, ed. S MacEachern, David DJW Archer, RD. Garvin, pp. 15-21. University. Calgary Archaeol. Assoc., Calgary.

Marshall, Y., 1993, *A Political History of the Nuu-chah-nulth People: A Case Study of the Mowachaht and Muchalaht Tribes*. Unpublished Ph.D. dissertation, Simon Fraser University, Burnaby.

Maschner, H.D.G., 1991, The Emergence of Cultural Complexity on the northern Northwest Coast, *Antiquity*,65(6): 924-934.

Maschner, H.D.G., 1992, *The Origins of Hunter-Gatherer Sedentism and Political Complexity: A Case Study from the Northern Northwest Coast*. Unpublished Ph.D. disssertation, University of California at Santa Barbara.

Maschner, H.D.G., 1996. "American Beginnings" and the Archaeology of Beringia: A Comment on Variability. Review Article of American Beginnings, Frederick Hadleigh West, ed. *Antiquity* pp. 723-728.

Maschner, H.D.G., 1996. The Politics of Settlement Choice on the Prehistoric Northwest Coast. In *Anthropology, Space, and Geographic Information Systems*, M. Aldenderfer and H. Maschner eds. pp. 175-178. Oxford University Press, New York.

Maschner, H.D.G., 1997. Settlement and Subsistence in the Later Prehistory of Tebenkof Bay, Kuiu Island. *Arctic Archaeology* 18: pp. 74-99.

参考文献

Maschner, H.D.G., 1997. The Evolution of Northwest Coast Warfare. In *Troubled Times: Violence and Warfare in the Past*. D. Martin and D. Frayer, eds. Pp 267–302. Gordon and Breach, New York.

Maschner, H.D.G., and J. Stein, 1995, Multivariate Approaches to Site Location on the Northwest Coast. *Antiquity* 69: pp 61–73.

Maschner, H.D.G. and J.Q. Patton., 1996, Kin Selection and the Origins of Hereditary Inequality: A Case Study from the Northern Northwest Coast. In *Darwinian Archaeologies*, H.D.G. Maschner ed. Springer, New York, pp.89 - 107.

Maschner, H.D.G., J.W, Jordan, B, Hoffman, and T. Dochat, 1997, *The Archaeology of the Lower Alaska Peninsula*. Paper No. 4 of the Laboratory of Arctic and North Pacific Archaeology. 1997.

Mason, A.R., 1994, *The Hatzic Rock Site: A Charles Phase Settlement*. Unpublished MA thesis. The University of British Columbia, Vancouver.

Matson, R.G., 1976, The Glenrose Cannery Site. *Canadian National Museum, Archaeological Survey of Canada Paper, Mercury Series No. 52*, Ottawa.

Matson, R.G., 1983, Intensification and the Development of Cultural Complexity: The Northwest versus the Northeast Coast. In "The Evolution of Maritime Cultures on the Northeast and Northwest Coasts of America". R. J. Nash, ed. pp 124 – 148. *Department of Archaeology Publication No. 11*, Simon Fraser University.

Matson, R.G., 1985, The relationship between sedentism and status inequalities among hunter –gatherers. In *Status, Structure and Stratification: Current Archaeological Reconstructions*, M. Thompson, M.T. Garcia and F.J. Kense eds., pp. 245 –252. Archaeological Association of the University of Calgary, Calgary.

Matson, R.G., 1989, The Locarno Beach Phase and the Origins of the Northwest Coast Ethnographic Pattern. In *Development of Hunting –Gathering –Fishing Maritime Societies on the Pacific*, ed. A. Blukis Onat. Pullman: Washington State University Press. In press.

Matson, R.G., 1992, The Evolution of Northwest Coast Subsistence. In Long –Term Subsistence Change in Prehistoric North America, D.E. Croes, R.A. Hawkins, and B.L. Isaac, eds.. *Research in Economic Anthropology*, Supplement 6. Pp. 367 –430

Matson, R.G., and G. Coupland, 1995, *The Prehistory of the Northwest Coast*. Academic Press, Orlando.

Matson, R.G., D. Ludowicz, and W. Boyd, 1980, *Excavations at Beach Grove in 1980*. Report on File, Heritage Conservation Branch, Victoria, BC.

Matson, R.G., H. Pratt, and L. Rankin, 1991, *1989 and 1990 Crescent Beach Excavations, Final Report: The Origins of the Northwest Coast Ethnographic Pattern: the Place of the Locarno beach Phase*. Report on File, Archaeology Branch, Victoria.

Mauger, J.E., 1978, Shed Roof Houses at the Ozette Archaeological Site: A Protohistoric Architectural System. *Project Report* 73 Washington Archaeological Research Center, Washington State University, Pullman.

McCartney, A.P., and D.W. Veltre, 1996 , Anangula Core and Blade Site. In *American Beginnings: The Prehistory and Paleoecology of Beringia*, F.H. West ed., pp 443–450. University of Chicago Press, Chicago

*McGhee, R., 1996, *Ancient people of the Arctic*. University of British Columbia Press, Vancouver.

McGhee, R., 1984, Contact between Native North Americans and the Medieval Norse: A review of the evidence. *American Anitiquity* 49:4–26.

McGuire, R.H., 1983, Breaking down cultural complexity: inequality and heterogeneity. *Advances in Achaeological Method and Theory* 6:91 –142.

McKern, S., 1987, The Crooks Site: Salvage Excavation of an Archaic Housepit Site. *Cultural Resources Management Report No. 36*. Western Wyoming College, Rock Springs.

*McKee, B. 1972. *Cascadia: The Geologic Evolution of the Pacific Northwest*. McGraw –Hill Book Co., New York.

McMillan, A.D., 1979 Archaeological Evidence for Aboriginal Tuna Fishing on Western Vancouver Island. *Syesis* 12:117–119.

McMillan, A.D., 1996. *Since Kwatyat lived on Earth: An examination of Nuu –Chal –Nulth Culture History*. Unpublished Ph.D. dissertation, Simon Fraser University, Burnaby, British Columbia.

McMillan, A.D., and D.E. Nelson, 1989, Visual punning and the whales tail: AMS dating of a Marpole –age art object. *Can. Journal Archaeol.* 13:212 –18

McMillan, A.D., and D.E. St. Claire, 1982, *Alberni Prehistory: Archaeological and Ethnographic Investigations on Western Vancouver Island*, Theytus Books, Penticton B.C.

Minor, R., 1983, *Aboriginal Settlement and Subsistence at the Mouth of the Columbia River*. Unpublished Ph.D. dissertation, University of Oregon, Eugene.

Minor, R., 1984, An Early Complex at the Mouth of the Columbia River. *Northwest Anthropological Research Notes* 18(2):1–22.

Minor, R., 1991, Yaquina Head: A Middle Archaic Settlement on the North-Central Oregon Coast. *Cultural Resource Series No. 6*. Oregon State Office, Bureau of Land Management, US Department of the Interior, Portland.

Minor, R., and W.C. Grant, 1996, Earthquake-induced Subsidence and Burial of Late Holocene Archaeological Sites, Northern Oregon Coast. *American Antiquity*, 61:772-781.

Minor, R., K.A. Toepel, and S.D. Beckham, 1989, An Overview of Investigations at 45SA11: Archaeology in the Columbia River Gorge (Revised Edition, 1989). *Heritage Research Associates Report No. 83*. Eugene, Or.

Minto, J., 1900, The Number and Condition of the Native Race in Oregon When First Seen by the White Man. *Oregon Historical Quarterly* 1(3):296-315.

Mitchell. D., 1971, Archaeology of the Gulf of Georgia Area, A Natural Region and its Culture Types, *Syesis* 4, suppl. 1. Victoria, BC

Mitchell, D., 1984, Predatory Warfare, Social Status and the north Pacific Slave Trade. *Ethnology* 23(1):39 –48.

Mitchell, D., 1985, A Demographic Profile of Northwest Coast Slavery. In *Status, Structure and Stratification: Current Archaeological Reconstructions*, M. Thompson, M.T. Garcia and F.J. Kense,eds., pp. 227–236. Archaeological Association of the University of Calgary, Calgary..

Mitchell, D., 1988, Changing Patterns of Resources Use in the Prehistory of Queen Charlotte Strait, British Columbia. In Prehistoric Economies of the Northwest Coast, *Research in Economic Anthropology*, suppl. 3, pp. 245 –92.

Mitchell, D., 1990, Prehistory of the Coasts of Southern British Columbia and Northern Washington, In *Handbook of North American Indians, Vol. 7, The Northwest Coast*. W Suttles ed. pp 340 –358. Smithsonian Institution, Washington DC.

Mitchell, D., and L. Donald, 1985, Some Economic Aspects of Tlingit, Haida and Tsimshian Slavery. *Research in Economic Anthropology* 7:19 –35.

Mitchell, D and L. Donald, 1988, Archaeology and the Study of Northwest Coast Economies. *Prehistoric Economies of the Northwest Coast, Supplement No. 3, Research in Economic Anthropology*, pp 293–351. JAI Press, Inc, Greenwich, Conn.

Mithen, S., 1990, *Thoughtful foragers: a study of prehistoric decision making*. Cambridge University Press, Cambridge UK

*Mithen, S., 1996, *The prehistory of the mind: the cognitive origins of art, religion and science*. Thames and Hudson, London.

Mobley, C.M., 1984, *An Archaeological Survey of 15 Timber Harvest Units at Naukati Bay on Prince of Wales Island, Tongass National Forest, Alaska*. Report on file, U.S. Forest Service, Ketchikan, Alaska.

Mochanov, Iu.A., 1977, *Drevnejshie Etapy Zaseleniia Chelovekom Severo- Vostochnoj Azii*. Novosibisk, Nauka.

Mochanov, Y., and S.A. Fedoseeva, 1996, Ust-Timpton (Strata Vb-X).In *American Beginnings: The Prehistory and Paleoecology of Beringia*, F.H. West ed., pp 199–205. University of Chicago Press, Chicago

Mochanov, Iu. A., S.A. Fedoseeva, and A.N. Alekseev, 1983, *Arkheoloicheskie Pamiayniki Iakutii: Basseiny Aldana I Olokmi*. Novosibirsk, Nauka.

Monks, G.G., 1987, Prey as Bait: the Deep Bay Example. *Canadian Journal of Archaeology* 11: 119–42

Moseley, M., 1975, *The Maritime Foundations of Andean Civilization*. Cummings, Menlo Park.

Moss, M.L., 1989, *Archaeology and Cultural Ecology of the Prehistoric Angoon Tlingit*. Unpublished Ph.D. Dissertation, University of California, Santa Barbara.

Moss, M.L., 1993, Shellfish, Gender and Status on the Northwest Coast: Reconciling Archeological, Ethnographic, and Ethnohistoric Records of the Tlingit. *American Anthropologist*. 95:631–52

Moss, M.L., and J.M. Erlandson, 1992, Forts, Refuge Rocks, and Defensive Sites: The Antiquity of Warfare along the North Pacific Coast of North America. *Arctic Anthropology*. 29:73–90

Moss, M.L., J.M. Erlandson, and R, Stuckenrath, 1990, Wood Stake Fish Weirs and Salmon Fishing on the Northwest Coast: Evidence from Southeast Alaska, *Canadian Journal of Archaeology* 14:143–158.

Moss, M.L., J.M. Erlandson, R.S. Byram, and R. Hughes, 1996, The Irish Creek Site: Evidence for a Mid –Holocene Microblade Component on the Northern Northwest Coast. *Canadian Journal of Archaeology* 20:75–92.

Møllenhus, K.R., 1975, Use of Slate in the Circumpolar Region. In *Prehistoric Maritime Adaptations of the Circumpolar Zone*, W. Fitzhugh ed., pp 57–74. Mouton Publishers, The Hague.

*Moulton G.E. (ed.), 1990, *The Journals of the Lewis and Clark Expedition Vol. 6, November 2, 1805–March 22, 1806*. University of Nebraska Press, Lincoln.

Murray, J., 1981, Prehistoric Skeletons from Blue Jackets Creek (FlUa 4), Queen Charlotte Islands, British Columbia. In "Contributions to Physical Anthropology, 1979–1980", J.S. Cybulski ed., pp. 127–68. *Archaeological Survey of Canada Mercury Series Paper No. 106*

Netting, R.M., 1982, Some Home Truths about Household Size and Wealth. *American Behavioral Scientist* 25:641–662.

Newberry J. and C. Harrison, 1986, The Swift Creek Site. *Cultural Resource Management Report No. 19*. Western Wyoming College, Rock Springs.

Newman, T.M., 1959, *Tillamook Prehistory and its relationship to the Northwest Coast Culture Area*. Unpublished Ph.D. dissertation, University or Oregon. Eugene.

Newman, T.M., 1966, Cascadia Cave. *Occasional Papers of the Idaho State University Museum 18*. Pocatello.

*Niblack, A.P., 1970, *Coast Indians of Southern Alaska and Northern British Columbia*. Johnson Reprint Corporation, New York. Originally published 1888, Report of the National Museum, Washington, D.C.

Norton, H.H., 1985, *Women and Resources on the Northwest Coast: Documentation from the Eighteenth and Nineteenth Centuries*. PhD Thesis,University. Wash., Seattle.

*Oberg, K., 1973, *The Social Economy of the Tlingit Indians*. University of Washington Press, Seattle.

O'Connell, J.F., 1975, The Prehistory of Surprise Valley. *Ballena Press Anthropological Papers No. 4*.

O'Leary, B.L., 1985, *Salmon and Storage: Southern Tutchone Use of an "Abundant Resource*. Unpublished Ph.D. dissertation. University of New Mexico, Alburquerque.

Olszewski, D.I., 1991, Social Complexity in the Natufian? Assessing the Relationship of Ideas and Data. In *Perspectives on the Past, Theoretical Biases in Mediterranean Hunter–Gatherer Research*. G.A. Clark ed. University of Pennsylvania press, Philadelphia. Pp. 322–340.

Okada, H.A., A. Okada, K. Yakima, W. Olson, M. Sugita, N. Shionosaki, S. Okino, K. Yoshida, and H. Kaneka, 1992, *Heceta Island, Southeastern Alaska: Anthropological Survey in 1989 and 1990*. Department of Behavioral Science, Hokkaido University, Sapporo, Japan.

Panowski, E.J.T., 1985, *Analyzing hunter-gatherers: population pressure, subsistence, social organization, Northwest Coast societies, and slavery*. Unpublished Ph.D. Dissertation. University of New Mexico.

Pavesic, M.G., 1985 Cache Blades and Turkey Tails: Piecing Together the Western Idaho Archaic Burial Complex. In *Stone Tool Analysis: Essays in Honor of Don E. Crabtree*, M.G. Plew, J.C. Woods, and M.G. Pavesic, eds., pp. 55–90. University of New Mexico Press, Albuquerque.

Pearson, G.W. and M. Stuiver, 1986, High precision calibration of the radiocarbon time scale, 500–2500 BC. *Radiocarbon* 28:839–862.

Peterson, M.S., 1978, *Prehistoric Mobile Sculpture of the Lower Columbia River Valley: A Preliminary Study in a Southern Northwest Coast CultureSubarea*, MA Thesis, Portland State University. Portland

Pettigrew, R.M., 1990, Prehistory of the Lower Columbia and Willamette Valley, *in Handbook of North American Indians, Volume 7, The Northwest Coast*, W Suttles, ed., pp. 518–29. Smithsonian Institution, Washington DC.

Piddocke, S., 1965, The Potlatch System of the Southern Kwakiutl: A New Perspective. *Southwestern Journal of Anthropology* 21:244–264.

*Pojar, J., and A. MacKinnon, 1994, *Plants of Coastal British Columbia*. Lone Pine Press, Vancouver.

Powell, J.V., 1990, Quileute. In *Handbook of North American Indians, Vol. 7: Northwest Coast*. W. Suttles, vol. ed., pp. 431-437, Smithsonian Institution, Washington D.C.

Powers, W.R., and J.F. Hoffecker, 1989, Late Pleistocene Settlement in the Nenana Valley, Central Alaska. *American Antiquity* 54(2):263-287.

Price, T.D. and J.A. Brown (eds), 1985, *Prehistoric hunter–gatherers: the emergence of cultural complexity*. Academic Press,

参考文献

Orlando.

Price, T.D. and J.A. Brown, 1985, Aspects of Hunter-Gatherer Complexity. In *Prehistoric Hunter-Gatherers: The Emergence of Cultural Complexity*, T.D. Price and J.A. Brown eds. Pp. 3–20. Academic Press, Orlando.

Price, T. Douglas 1985 : Affluent Foragers of Mesolithic Scandinavia. In *Prehistoric Hunter-Gatherers: The Emergence of Cultural Complexity*, T.D. Price and .J.A. Brown eds. Academic Press, Orlando. Pp. 341–364.

*Quimby, G.I. Jr., 1985, Japanese Wrecks, Iron Tools, and Prehistoric Indians of the Northwest Coast. *Arctic Anthropology* 22(2):247–255.

Rabich–Campbell, C., 1984, *Results of Test Excavations at Sarkar Cove, Southern Southeastern Alaska.* Paper presented to the 11th Annual Meeting of the Alaska Anthropological Association, Fairbanks.

Rafferty, J.E., 1985, The archaeological record of sedentariness: recognition, development and implications. In *Advances in archaeological method and theory, Volume 8.* Pp. 113–156.

Ramenofsky, A., 1987, *Vectors of Death, the Archaeology of European Contact.* University. New Mexico Press, Albuquerque.

Raymond, J.S., 1981, The Maritime Foundations of Civilization: A Reconsideration of the Evidence. *American Antiquity* 46(4): 806–821.

Redmond, K., and G. Taylor, 1997, Climate of the Coastal Temperate Rainforest. *In The Rainforests of Home, Profile of a North American Bioregion*, P.K. Schoonmaker, B. von Hagen, and E.C. Wolf, eds, pp 25–42. Island Press, Washington DC.

Renfrew, C,. 1986, Introduction: Peer Polity Interaction and Socio-political Change. In *Peer Polity Interaction and Socio-Political Change*, C Renfrew and JF Cherry eds., pp.1–18. Cambridge University Press, Cambridge.

Renouf, M.A.P., 1991, Sedentary Hunter–Gatherers: A Case for Northern Coasts, In *Between Bands and States: Sedentism, Subsistence, and Interaction in Small Scale Societies*, S. Gregg ed, pp 89–10. Southern Illinois University Press, Carbondale.

Rice, H.S., 1985, *Native American Buildings and Attendant Structures on the Southern Plateau.* Archaeological and Historical Services, Eastern Washington State University, Cheney.

*Richards, T.H., and M.K. Rousseau, 1987, Late Prehistoric Cultural Horizons on the Canadian Plateau. *Department of Archaeology, Simon Fraser University, Publication No. 16.* Burnaby.

Richardson, A. 1981, The Control of Productive Resources on the Northwest Coast of North America. In *Resource Managers: North American and Australian Hunter–Gatherers*, N Williams and ES Hunn eds., pp. 93–112. AAAS Selected Symosium No. 67.

Ricks, M.F., 1995, *A Survey and Analysis of Prehistoric Rock Art in the Warner Valley Region, Lake County*, Oregon. Ph.D. dissertation, Portland State University, Portland.

Rohner, R.P., and E.C. Rohner, 1969, *The Ethnography of Franz Boas.* University of Chicago Press, Chicago

Roll, T.E., 1974, *The Archaeology of Minard: A Case Study of a Late Prehistoric Northwest Coast Procurement System.* Unpublished Ph.D. dissertation, Washington State University, Pullman

Ross, R.E., 1990,. Prehistory of the Oregon Coast, in *Handbook of North American Indians, Volume 7, The Northwest Coast*, W. Suttles ed., pp. 554–59. Smithsonian Institution, Washington DC.

Rostlund, E., 1952, *Freshwater Fish and Fishing in Native North America.* University of California Press, Berkeley.

Rowley–Conway, P., and M. Zvelebil, 1989, Saving it for later: storage by prehistoric hunter–gatherers in Europe. In *Bad year economics, cultural responses to risk and uncertainty*, P.P. Halstead, and J. O'Shea, eds, pp. 40–56. Cambridge University Press, Cambridge.

Ruyle, E. 1973, Slavery, Surplus and Stratification on the Northwest Coast: The Ethnoenergetics of an Incipient Stratification System. *Current Anthropology* 14: 603–31

Sahlins, M., 1972, *Stone Age Economics.* Aldine, Chicago.

Saleeby, B. 1983, *Prehistoric Settlement Patterns in the Portland Basin on the Lower Columbia River: Ethnohistoric, Archaeological and Biogeographic Perspectives.* Unpublished Ph.D. dissertation, University of Oregon, Eugene.

Salmon, D.K., 1997, Oceanography of the Eastern North Pacific. In *The Rainforests of Home: Profile of a North American Bioregion*, PK Schoonmaker, B von Hagen and EC Wolf, eds., pp 7–24. Island Press, Washington DC.

Samuels, SR 1983 Spatial patterns and cultural processes in three Northwest Coast longhouse floor middens from Ozette. Unpublished Ph.D. dissertation, Washington State University, Pullman.

Samuels, S.R. (ed.), 1991, House Structure and Floor Midden, *Ozette Archaeological Project Research Reports, Volume I. Washington State University Reports of Investigation 63.* National Park Service Northwest Regional Office. Washington State University, Pullman.

Samuels, S.R. (ed.) 1993 The Archaeology of Chester Morse Lake: Long–Term Human Utilization of the Foothills in the Washington Cascade Range. *Project Report Number 21*, Center for Northwest Anthropology, Department of Anthropology, Washington State University, Pullman.

Sasaki, K. 1981, Keynote Address. In "Affluent Foragers", edited by S Koyama and DH Thomas. *Senri Ethnological Studies No. 9*, National Museum of Ethnology, Osaka. Pp.13–18.

Schaepe, D.M., 1998, *Recycling Archaeology: Analysis of Material from the 1973 Excavation of an Ancient House at the Maurer Site.* Unpublished M.A. Thesis, Simon Fraser University, Burnaby, B.C.

Schalk. R.F., 1977, The Structure of an Anadromous Fish Resource. In *For theory Building in Archaeology*, Lewis R. Binford, ed. Academic Press, Orlando. Pp. 207–249.

Schalk, R.F., 1981, Land use and organizational complexity among foragers of northwestern North America. In "Affluent foragers: Pacific coasts East and West," S Koyama and DH Thomas eds. *Senri Ethnological Studies No. 9*, National Museum of Ethnology, Osaka. Pp. 53–76.

*Schalk, R.F., 1987, Estimating Salmon and Steelhead Usage in the Columbia Basin before 1850: The Anthropological Perspective. *The Northwest Environmental Journal* 2(2):1–29.

Schulting, R.J. 1995, *Mortuary Variability and Status Differentiation on the Columbia–Fraser Plateau.* Archaeology Press, Simon Fraser University, Burnaby.

*Schoonmaker, P.K., B. von Hagen, and E.C. Wolf, (eds.), 1997, *The Rainforests of Home: Profile of a North American Bioregion.* Island Press, Washington DC

Scouler, J. 1905, Dr. John Scouler's Journal of a Voyage to N.W. America [1824]. FG Young,ed. *Oregon Historical Quarterly.* 6(1)(:54-75, (2):159-205, (3):276-287.

Seaburg,W.R., and J.Miller,1990, Tillamook In *Handbook of North American Indians, Vol. 7:Norhwest Coast*, W.Suttles, ed., pp.560–567. Smithsonian Institution, Washington Dc.

Service, E.R., 1962, *Primitive Social Organization: An Evolutionary Perspective*. 2nd ed., 1971. Random House, New York.

Severs, P., 1973, A View of Island Prehistory: Archaeological Onvestigations at Blue Jackets Creek 1972–73. *The Charlottes, A Journal of the Queen Charlotte Islands* 3: 2–12.

Severs, P., 1974, Recent Archaeological Research at Blue Jackets Creek, F1Ua 4, The Queen Charlotte Islands. *The Midden* 6(2): 22–24.

Shimkin, E.M., 1978, The Upper Paleolithic in North-Central Eurasia: Evidence and Problems. In *Views of the Past: Essays in Old World Prehistory and Paleoanthroplogy*, L.G. Freeman ed., pp 193–315. Mouton Publishers, The Hague.

Shipek, F.C., 1989, An Example of Intensive Plant Husbandry: the Kumeyaay of southern California. In *Foraging and Farming: The Evolution of Plant Exploitation*, D.R. Harris, and G.C. Hillman eds., pp. 159–167. Unwin Hyman, London.

Sillen, A. and J.A. Lee–Thorpe, 1991, Dietary Change in the Late Natufian. In "The Natufian Culture in the Levant," O. Bar–Yosef and F.R. Valla eds., pp 399–411. *International Monographs in Archaeology Archaeological Series No.1*, Ann Arbor.

Silverstein, M., 1990, Chinookans of the Lower Columbia. In *Handbook of North American Indians, Vol. 7: Northwest Coast*, W. Suttles, ed., pp. 533-546. Washington D.C.: Smithsonian Institution.

Simonsen, B.O., 1973, Archaeological Investigations in the Hecate Strait –Milbank Sound Area of British Columbia. *National Museum of Man, Archaeological Survey of Canada Papers Mercury Series No. 13*, Ottawa.

Smith, C.M., 1996, *Social stratification within a protohistoric plankhouse of the Pacific Northwest coast : use-wear and spatial distribution analysis of chipped lithic artifacts*. Unpublished MA thesis, Portland State University, Portland.

Smith, E.A., and B. Winterhalder (eds), 1992 *Evolutionary ecology and human behavior*. Aldine de Gruyter, New York.

Smith, H.I., 1909, Archaeological remains on the coast of northern British Columbia and southern Alaska. *American Anthropologist* 11(1): 595–600.

Smith, H.I., 1927, Kitchen middens of the Pacific Coast of Canada. *National Museum of Canada Bulletin* 56: 42–6. Ottawa

Smith, J.L .and M. McCallum, 1993, *Cultural Resource Survey and Test Excavations for the Starfish Timber Sale, Anita Bay, Etolin Island, Alaska. Project 93-02-01-A*. USDA Forest Service, Tongass National Forest, Stikine Area, Wrangell Ranger Disrict.

Smith, M.E., 1987, Household Possessions and Wealth in Agrarian States: Implications for Archaeology. *Journal of Anthropological Archaeology* 6: 297–335.

Soffer, O., 1989, Storage, Sedentism and the Eurasian Palaeolithic Record. *Antiquity* 64:719–732.

Spier, L., and E. Sapir, 1930, Wishram Ethnography. *University of Washington Publications in Anthropology.* 3(3): 151–300. Seattle.

Spencer, C.S., 1993, Human Agency, Biased Transmission, and the Cultural Evolution of the Chiefly Authority, *Journal of Anthropological Archaeology* 12:41–70

*Sproat, G.M., 1868, *Scenes of Savage Life*. Smith, Elder. London.

Stanford, M., and T. Thibault, 1980 *Archaeological Investigation at Traders Island (49 SIT 120) and Catherine Island, Alaska*. Ms. on file, Chatham Area Office, USDA Forest Servie, Sitka, Alaska.

Stewart, F.L., and K. Stewart, 1996, The Boardwalk and Grassy Bay Sites: Patterns of Seasonality and Subsistence on the Northern Northwest Coast, B.C. *Canadian Journal of Archaeology* 20: 39–60.

Stewart, H., 1977. *Indian Fishing: Early Methods on the Northwest Coast*. University of Washington Press, Seattle.

*Stewart, H., 1981, *Artifacts of the Northwest Coast Indians*. Hancock House Publishers, North Vancouver.

Stiefel, S.K,. 1985, *The Subsistence Economy of the Locarno Beach Culture (3300 – 2400 B.P.)*. Unpublidhed MA Thesis. University of British Columbia, Vancouver.

Strong, D.W., W.E. Schenk and J.H. Steward, 1930, Archaeology of The Dalles–Deschutes Region. *University of California Publications in American Archaeology and Ethnology* 29$^{(1)}$:1–154.

Stryd, A.H., 1983, Prehistoric Mobile Art from the mid–Fraser and Thompson River areas. In *Indian Art Traditions of the Northwest Coast*, R.L., Carlson ed., pp 167–181. Archaeology Press, Simon Fraser University, Burnaby.

Stuiver, M., and G.W. Pearson, 1986, High Precision Calibration of the Radiocarbon Time Scale, AD 1950 –500 BC. *Radiocarbon* 28(2B): 805–838

Stuiver, M. and P.J. Reimer, 1986, A Computer Program for Radiocarbon Age Calibration. *Radiocarbon* 28:1022–1030

Stuiver M., and P.J. Reimer, 1993, Extended 14C database and revised CALIB radiocarbon calibration program. *Radiocarbon*, 35, 215-230.

*Suttles, W., 1951, *Economic Life of the Coast Salish of Haro and Rosario Straits*. Unpublished Ph.D. dissertation, University of Washington, Seattle.

Suttles, W., 1960. Affinal ties, subsistence, and prestige among the Coast Salish. *American anthropologist*, 62(2), pp.296-305.

Suttles, W., 1962, Variation in Habitat and Culture on the Northwest Coast. *Proceedings of the 34th International Congress of Americanists*, Vienna. Pp.522–536.

Suttles, W.,. 1968. Coping with Abundance:Subsistence on the Northwest Coast. In *Man the Hunter*, ed. RB Lee, and I DeVore, pp. 56–68. Aldine, Chicago.

Suttles, W. 1983. Productivity and its constraints: a Coast Salish case. In *Indian art traditions of the Northwest Coast*, R.L., Carlson,ed. pp. 67–88. Simon Fraser University Press, Burnaby.

Suttles, W., 1990a. History of Research: Early Sources. In *Handbook of North American Indians, Volume 7, Northwest Coast*, W Suttles ed. pp.70 – 72. Smithsonian Institution, Washington, D.C.

Suttles, W., 1990b Introduction. In . In *Handbook of North American Indians, Volume 7, Northwest Coast*. W Suttles, ed. pp 1–15. Smithsonian Institution, Washington D.C.

*Suttles, W., (ed.) 1990 *Handbook of North American Indians, Volume 7, Northwest Coast*. Smithsonian Institution, Washington, D.C.

Suttles, W., and A. Jonaitas, 1990, History of Research in Ethnography. In *Handbook of North American Indians, Volume 7, Northwest Coast*. W. Suttles, ed. pp 73 – 88. Smithsonian Institution Press, Washington D.C.

Suttles, W., and B. Lane, 1990, Southern Coast Salish In *Handbook of North American Indians, Vol. 7: Northwest Coast*, W. Suttles, ed., pp. 485-502 Smithsonian Institution Press, Washington D.C..

Swadesh, M., 1948, Motivations in Nootka Warfare. *Southwestern Journal of Anthropology* 4:76-93.

*Swan, J., 1857, *The Northwest Coast; Or, Three Years Residence in Washington Territory*. Harper, New York (reprinted in 1972 University of Washington Press, Seattle.

Swan, J., 1870, The Indians of Cape Flattery; at the Entrance to the Strait of Juan de Fuca, Washington Territory. *Smithsonian Contributions to Knowledge* 16 (8):1 – 106. Smithsonian Institution, Washington D.C.

Swanton, J.R., 1905, Contributions to the Ethnology of the Haida.*Publications of the Jesup North Pacific Expedition 5: Memoirs of the American Museum of Natural History* 8(1):1-300. New York.

Swanton, J.R., 1970, *The Social Conditions, Beliefs, and Linguistic Relationship of the Tlingit Indians*. Johnson Reprint Corporation, New York.

Taylor, H.C. Jr., and W. Duff ,1956, A Post-contact Southward Movement of the Kwakiutl.*Washington State College Research Studies* 24(1):55-66. Pullman.

Teit, J.A., 1928, The Middle Columbia Salish. *Publications in Anthropology* 2(4):83–128. University of Seattle, WA.

Testart, A. 1982, The Significance of Food Storage among hunter –gatherers: residence patterns, population densities, and social inequities.*Current Anthropology* 23:523–537

Thom, B.. 1992, An Investigation of Interassemblage Variability within the Gulf of Georgia Phase, *Canadian Journal Archaeology* 16: 24–31

Thom, B.D., 1995., *The dead and the living: burial mounds & cairns and the development of social classes in the Gulf of Georgia region*. Unpublished Ph.D. Dissertation, University of British Columbia.

Thompson, G. 1978, Prehistoric Settlement Changes in the Southern Northwest Coast, A Functional Approach. *University of Washington, Department of Anthropology, Reports in Archaeology Number 5*.

Thoms, AV., 1989, *The northern roots of hunter–gatherer intensification: camas and the Pacific Northwest*. Unpublished PhD dissertation, Washington State University, Pullman.

Thwaites, R.G. (ed.), 1904-1905, *Original Journals of the Lewis and Clark Expedition, 1804-1806*, 8 vols. Dodd, Mead, New York.

Tihkmenev, P.A., 1979, *A History of the Russian America Company, Volume 2,Documents*. D. Krenov trans., R Pierce and A Donnelly (eds.). Limestone Press, Kingston, Ontario

Torrence R 1983 Time budgeting in prehistory. In *Hunter-Gatherer Economy in Prehistory*, G Bailey ed. Pp. 11–22. Cambridge University Press, Cambridge.

Torrence, R. 1989., Retooling: towards a behavioral theory of stone tools. In *Time, Energy and Stone Tools*, R Torrence ed. University of Cambridge Press, Cambridge. Pp. 57–66.

Turner, N., *1991*, Burning mountain sides for better crops: Aboriginal landscape burning in British Columbia. In *Archaeology in Montana*, special issue 3(2).

Turner, N., 1996, Traditional Ecological Knowledge. In *The Rainforests of Home, Profile of a North American Bioregion*, PK Schoonmaker, B. von Hagen and EC Wolf eds, pp. 275–298. Island Press, Washington DC.

Vancouver, G., *A Voyage of Discovery to the North Pacific Ocean and Round the World, 1791-1795*, edited by W. Kaye, 1984, with an Introduction and Appendices. London, The Hakluyt Society.

Vastokas, J.M., 1966, *Architecture of the Northwest Coast Indians*. Unpublished Ph.D. dissertation. Columbia University, New York.

Vayda, A.P., 1961, A Re-examination of Northwest Coast Economic Systems. *Transactions of the New York Academy of Sciences*, ser. 2. Vol. 23 (7):618–624.

Veniaminov, I .1984, "Notes on the Islands of the Unalaska District [1840]." L Black and RH Goeghegan, trans., R.A. Pierce. ed. *Alaska History* 27. The Limestone Press, Kingston, Ont.

Warner, B.G., J.J. Clague, and R.W. Mathewes, 1982. Ice –free Conditions on the Queen Charlotte Islands, British Columbia, at the height of late Wisconsin glaciation. *Science* 218:675–77

Wasson, P.K., 1994, *The Archaeology of Rank*. Cambridge University Press, Cambridge.

Watanabe, H., 1992, The Northern Pacific Maritime Culture Zone: A Viewpoint on Hunter-Gatherer Mobility and Sedentism. In *Pacific Northeast Asia in Prehistory*, C.M. Aikens and S.N. Rhee, eds., pp 105–112. Washington State University Press, Pullman.

Weinberg, D., 1973 Models of Southern Kwakiutl Social Organization. In *Cultural Ecology, Readings on the Canadian Indians and Eskimo*, B.A. Cox ed., pp 227–253. McClelland and Stewart, Toronto.

Wessen, G., 1982, *Shell Middens as Cultural Deposits: a Case Study from Ozette*. Unpublished Ph.D. dissertation, Washington State University, Pullman.

Wessen, G. and R.D. Daugherty, 1983, *Archaeological Investigations at Vancouver Lake, Washington*. Western Heritage, Olympia, Wa.

Wessen, G., 1988, The use of Shellfish Resources on the Northwest Coast: the View from Ozette, in Issacs. etc. pp 179–210

Wessen, G., 1990, Prehistory of the Ocean Coast of Washington, In *Handbook of North American Indians, Vol. 7, The Northwest Coast*. W. Suttles ed. pp. 412 –421. Smithsonian Institution, Washinton DC.

West F.H., 1996, Preamble: The Study of Beringia. In *American Beginnings: The Prehistory and Paleoecology of Beringia*. F. H. West, ed. pp.1-10, Chicago, University of Chicago Press.

West FH 1981 *The Archaeology of Beringia*. New York, Columbia University Press.

Whitlock, C. 1992, Vegetational and Climatic History of the Pacific Northwest during the last 20,000 Years: Implications for UnderstandingPresent –day Biodiversity. *Northwest Environ. Journal* 8:5–28

Wilk, R.R., 1991, *Household Ecology: Economic Change and Domestic Life among the Kekchi Maya in Belize.*University of Arizona Press, Tucson.

Wilk, R.R., and W.L. Rathje, 1982, Household Archaeology. *American Behavioral Scientist* (25)6:631 – 640.

Wilson, I.R., 1992, *Excavations at the Baker Site, EdQx 43, Permit 91-107*. Report on File, Simon Fraser University, Burnaby, BC.

*Wilson, P.J., 1988, *The domestication of the human species*. New Haven: Yale University Press.

Wike, J.A., 1958, Social Stratification Among the Nootka. *Ethnohistory* 5:219–241.

Wingert, P.S., 1952, *Prehistoric Stone Sculptureof the Pacific Northwest*. Portland Art Museum, Portland, Or.

Winterhalder, B.,1980, Environmental Analysis in Human Evolution and Adaptation Research. *Human Ecology* 8: 135–70

Wissler, C. 1917, *The American Indian: An Introduction to the Anthropology of the New World*. Douglas C. McMurtrie, New York.

*Wolf, E., 1982, *Europe and the people without history*. University of

California Press, Berkeley.

Woodburn, J., 1980, Hunter–Gatherers Today and Reconstructing the Past. In *Soviet and Western Anthropology*, E Gellner ed, Columbia University Press, New York. Pp. 94–118.

Wooley, C.B. 1984, *Isla de la Empalizada: Defensive Sites and Early Culture Change in Southeast Alaska*. Fairbanks: Paper presented at the 13th Annual Meeting of the Alaska Anthropological Association.

Wooley, C.B., and J.C. Haggarty, 1989, Tlingit–Tsimshian interaction in the Southern Alexander Archipelago. Presented 17th Annual Meeting, Alaska Anthropological Association, Anchorage, Alaska.

Wright, G.A., 1985, Social Differentiation in the Early Natufian. In *Social Archaeology*, edited by CL. Redman et al, pp. 201–4. New York: Academic Press

Yen, D.E. 1989. The Domestication of the Environment. In *Foraging and Farming, the Evolution of Plant Exploitation*, DR Harris and GC Hillman eds.,pp. 55–78. Unwin Hyman, London.

Yesner, D.R., 1980, Maritime Hunter-Gatherers: Ecology and Prehistory. *Current Anthropology* 21:727-750.

Yesner, D.R., 1987, Life in the Garden of Eden: Causes and Consequences of the Adoption of Marine Diets by Human Societies. In *Food and Evolution*, M. Harris and E. Ross eds., pp 285–310. Temple University Press, Philadelphia.

訳者あとがき

　本書はケネス・M・エイムスとハーバート・D・G・マシュナーにより1999年に出版された，アメリカ北西海岸の遺跡と遺物を時系列に即して細かく分析し，北西海岸の社会が採集狩猟を生業の基盤にしながらも，大規模な集団や高密度の人口，階層化した複雑採集狩猟社会を築いたことのプロセスやその要因を探った書物である。

　筆頭著者のエイムスは，1945年生まれ。ジョージ・ワシントン大学から進んだニューメキシコ大学大学院にて，プロセス考古学の泰斗ビンフォードに師事したのち，ワシントン州立大学でPhdを取得した。アイダホ州を中心にハットウェイ遺跡などの発掘調査に従事する仕事についたが，主たる調査研究の領域は，カナダのブリティッシュ・コロンビア州北部の内陸と海岸域，合衆国のワシントン州・アイダホ州のスネーク川・クリアーウォーター川流域である。その後，ワシントン州・オレゴン州のコロンビア川下流域の調査研究に従事した。1984年にポートランド州立大学教授として教鞭をとるようになり，キャスラポトル遺跡の発掘や大型住居の再建などを通じて，アメリカ北西海岸の採集狩猟民の定住や経済の集約化などの社会変化を追究している。現在，同大学の名誉教授であり，この地域の複雑採集狩猟民の研究には膨大な著作がある。縄文時代の文化にも関心を寄せている。

　マシュナーは，1958年生まれ。ニューメキシコ大学でビンフォードに学び，アラスカ大学大学院を修了したのち，カリフォルニア大学サンタバーバラ校にてPhdを取得した。現在，南フロリダ大学人類学・地球科学学科の教授および同大学の仮想空間分析センター長を務める。アメリカ北西海岸とアラスカ半島，内陸の広い範囲の考古学を指導してきた。アラスカやシベリアを含む広大な北太平洋地域の先史学に焦点を合わせており，最近では，定住集落や戦争の考古学，３Ｄ技術を用いた地理的空間分析や考古理論に関心を寄せており，地理情報システムにもとづく考古学的調査，ダーウィンの進化論にもとづく北太平洋の考古学の著作を出版している。

　プロセス考古学は，たんに遺跡や遺物の記載にとどまることなく，人類の営みの歴史的な特性を生態系とのかかわりあいのなかから明らかにしていこうという方向性をもった考古学であり，1960年代に誕生したが，本書はそれが成熟を遂げた時点で執筆された書物である。本書は，そうした学派の流れを汲んで，考古学特有の型式学や層位学という遺跡と遺物にもとづく手堅い編年研究を土台として，特異な生態系への適応過程，階層化をとげた不平等社会の形成や戦争の発生と展開といった人類に普遍の問題に，アメリカ北西海岸を背景として接近を試みている点に特色がある。

　では，この本を日本語に翻訳して出版する意義はどこにあるのだろうか。アメリカ北西海岸のネイティブは，農耕とは無縁の生活を行っていたいわゆる採集狩猟民である。その一方で，奴隷まで存在した階級社会と呼んでも差し支えない階層化社会を作り上げていた。一般的に，階層化した階級社会は農耕社会において農耕の生産力や余剰の蓄積のなかから生まれてくると信じられてきたが，それにあてはまらないアメリカ北西海岸ネイティブ社会の「発見」は，19〜20世紀最大の発見の一つと言っても過言ではない。そのような社会がなぜアメリカ北西海岸で誕生したのか，考古学的な研究によってその出現過程を追うことが発生要因を明らかにする鍵となる。

　世界のなかの多くの古代文明は，近代にいたって写真や文書が残されるはるか以前に滅びて，その実態が霧に包まれたものが多いが，アメリカ北西海岸のネイティブたちは，17世紀にヨーロッパ人

に「発見」されて以来，文明化する以前の姿を絵画や写真に残されたきわめて稀有な民族である。写真や文献を利することの困難な先史学にとって，北西海岸の先史考古学は歴史学とすんなりと接続することの可能な事例である。先史考古学的現象の意味や背景を理解するうえで多くの参照枠を提供しているが，日本考古学においても霧のベールに包まれた先史時代の社会を推測する手掛かりとされた経緯がある。

　日本の先史時代でいえば，アメリカ北西海岸のネイティブの文化は，非農耕社会である縄文時代とその文化に対比することが可能であり，古くから比較の対象とされてきた。

　戦後間もなく，縄文文化研究の泰斗である山内清男は東日本の縄文文化をカリフォルニア北部のネイティブの文化に，西日本の縄文文化をカリフォルニア南部のネイティブの文化に対応させ，東日本における縄文文化の高度化の要因を推測した。その後この説は軌道を外れ，あたかも山内が東日本の文化を北西海岸のネイティブの文化と比較したよう扱われてしまい，北西海岸ネイティブの社会の階層化をとらえて，縄文文化も階層化社会であった根拠とする研究も見られるようになった。

　山内説の曲解に加えて，アメリカ北西海岸のネイティブの文化やその先史考古学を深く掘り下げた研究に恵まれないままに縄文文化との比較が進められてきた感があり，それは縄文文化の研究にとって好ましいことではない。このような研究状況においては，参照枠を早く提示することが課題なのであり，本書の邦訳が望まれる理由である。したがって，本書は縄文文化の研究者にとって必携の書物になるであろう。

　また，先史時代の生態系への適応，階層化や戦争や美術の形成過程とその背景といった普遍性をもつ先史考古学の研究成果は，理論考古学の分野にも訴えかける点が多いのであり，縄文文化研究者を超えて広く日本の考古学研究者全体にとって有益である。

　考古学の専門用語も多出する専門書ではあるが，本書の出版は人類の多様な営みの歴史的な展開を知る絶好の機会となるのであり，一般の方の知的好奇心をもくすぐらずにはおかない。トーテム・ポールの彫刻などで世界的に知られた美術がいつどのようにして形成されたのかということも，本書で克明に掘り下げられた課題であり，このような点からも一般の方々にも益する点の多い書物といえよう。

＊

　私は，2002年3月から8月まで，オレゴン州にあるポートランド州立大学のエイムス先生のもとで在外研究の日々を過ごしました。それは，私が国立歴史民俗博物館に勤務していた時で，今から15年近く前になります。滞在期間中は，エイムス先生と奥様のジェーンさん，日本語が少しできるお嬢様のジョアンナさんに宿舎の斡旋をはじめとして，銀行口座の手続きなど何から何まで，妻まゆみとともに大変お世話になりました。

　アイダホ州のボイジーで開催されたアメリカ考古学会への参加や，オリンピック半島のクックアス遺跡，フォート・バンクーバー遺跡，ワシントン大学のバーク自然史・文化博物館の見学など，ご一緒させていただきました。風光明媚なオレゴンの海岸，うっそうとした森林地帯，マウント・レーニエ，セントヘレンズ山や内陸の砂漠とあちこち連れて行ってもらいましたが，北西海岸が地理的にいかに多様であるかという本書に書かれていた重要なことを記憶にとどめてもらいたかったのだということは，後になって気づいたことです。休日にはお宅に招いていただいたり，夏のフェスティバルや

訳者あとがき

ブリュアリーに出かけたりとポートランドの楽しい日々を満喫させていただきました。

エイムス先生をご紹介いただいたのは，カリフォルニア大学バークレー校の羽生淳子先生でした。在研の後半にはカリフォルニアに移動して，数か月間バークレー校で受け入れていただきました。おおげさではなく，命を削って研究と教育に取り組んでおられる先生には，妻ともどもすっかりお世話になりましたが，はた目にものんびりと過ごしていたことがストレスにならなかっただろうかと，今も心配しております。

エイムス先生ご一家は，私たちがお世話になる前に日本に滞在したことがあり，いろいろと親切にしてもらったそうで，私たちによくしてくださるのもそうしたことへの恩返しだとおっしゃっていたのを覚えています。私の少し前にケンブリッジ大学で在研期間を過ごした同僚の藤尾慎一郎さんが，研究成果や紀行文を研究報告や雑誌に公表しているのに，何もしないでいることに忸怩たる思いをもっていましたが，滞在中から少しずつ進めていた本書の翻訳本を出版することが，エイムス先生ご一家への恩返しになるだろうと考えて，帰国してから本格的に作業に取り組みました。

英語がからきしダメな私は，翻訳に大変長い期間を費やしてしまい，エイムス先生にお詫び申し上げます。また，いくつも怪しげな訳が出てきてしまったので，明治大学の佐々木憲一先生に校閲をお願いしました。先生は快く引き受けてくださり，隅から隅までチェックしていただきました。監訳者として連名で出版させていただいたことを感謝いたします。また，植物の名前については（株）パレオ・ラボの佐々木由香さんと国立研究開発法人森林総合研究所の能城修一さんに，動物の名前については山梨県立博物館の植月学さんにご教示いただきました。雄山閣の羽佐田真一さんと桑門智亜紀さんには，オリジナルに近い形で本書を出版していただくことにご尽力いただきました。記して感謝申し上げます。なお，註・参考文献については，原著者に確認して修正・追記をしましたが，一部省略したものもあります。

本書を，Kenneth Ames，Jane Ames，Joanna Ames さんに捧げます。

2016 年 8 月 21 日
設楽博己・設楽まゆみ

索 引

ゴシックは，用語に限らずその内容について記述している部分を指す。
イタリックは，関連する巻頭口絵の番号を指す。

【あ】

アーチャー，デビット 98
アーランドソン，ジョン 96, 124, 127-128, 134, 210
アイダホ州南西部埋葬複合（SWIBC） 188, 197
アイリッシュ・クリーク遺跡 93
アチェソン，スティーブン 96, 134
アッカーマン，ロバート 63, 69
アナサジ文化 31
アナングラ遺跡 152
アネット島 *10*
アラスカ州南東部 156, 210, 214-215, 217
アリューシャン列島 13, 61, 152
アリュート族 210
アルベルニ入江 99
アングーン族 26
アンジック遺跡 67

【い】

イーストン，ノーム 139
イェスナー，デビッド 61, 113
家と世帯 29, 89-90, 95-96, 102-105, 121-122, 133, 140, 143, 147, 173-176, 192, 196, 256, *29-32*
イクヒーネ2遺跡 62
威信 ⇨地位と社会階層
威信財 182-191, 196-197
移動・移動性 28-30, 121, 128, 132-133, 138, 140
　⇨集落，村／町，定住
イライアス，スコット 60
イングリス，リチャード 55
インゴルド，ティム 158
インディアン・サンズ遺跡（貝塚） 78, 128

【う】

ウィラパ湾 23, 105
ウィラメット渓谷 14, 23, 41, 44, 52, 137, 194, 196, 247
ウィルソン，ピーター 34, 150
ウィルソン・ブッテ洞穴 65
ウィンダスト 76, 125
ウェイクマップ・マウンド遺跡 247, *70*
ウェイソン，ポール・K 183
ウェスツウェン族 25
ウェスト，フレデリック・H 63
ウェッセン，ゲイリー 166
ウォルフ，エリック 17
ウシュキ文化複合 63
ウスト・ミル遺跡 62
海の生態系 45-47

【え】

英国人 11
エイムス，ケネス・M 109, 166, 233
エシラオ遺跡 231
エドジザ山 163
エヤク族 205
エルス，マイロン牧師 23
エルドリッジ，モーリー 134

【お】

オゼット遺跡 105, 107-108, 139, 141, 156, 166-167, 187, 219, 221, *68*
オベルグ，カレルボ 122-123
オリベラ貝／オリベラ貝の玉 167, 188
オ・レーリー，ベス 128
オン・ユア・ニーズ洞穴 127

【か】

カーティス，エドワート 24
ガーデン・アイランド遺跡 86, 93, 230
ガーフィールド，ビオラ 204-205
カールソン，キャサリン 72
カールソン，ロイ 78-79, 102, 116, 163, 189, 230, 251
貝塚 85
貝塚埋葬文化複合 195
海水準／海面の高さ 49-51, 56, 89, 124, 130
　⇨構造地質学
カウ・クリーク遺跡 243
かご 101
カスケード洞穴 77
カスケード地方 42, 125, 130, 155
カスケード・ヴィレッジⅠ 153
カスタ遺跡 70
語り伝えによる情報 25
カッツ遺跡（村） 156, 158-159, 257
カッツ川 *4, 8*
カヌー 126, 135, 150, 157, 258, *13*
カホキア 30
カルバート，ゲイ 139
環境 37, 41, 43-47, 52-53, 113-115, 256, *2-8*
　⇨ランドスケープ，古環境

【き】

キートリー・クリーク遺跡 159
キウスタ遺跡 70
飢餓 113
気候 43, 58, 60, 89　⇨古環境
季節性 121, 132　⇨移動／移動性

索引

ギツクサン族 25
キトセラス・キャニオン 71, 94
キトワンガ・フォート遺跡 212
キトワンクール 49
キャスラポトル遺跡 107, 109, 221, 249
キャトル・ポイント遺跡 26
キャノン，ウィリアム 228
キャノン，オーベリー 72, 133, 136
キャンベル，サラ 53
キュー，ミカエル 117, 136
キューユ島／キューユ・アイランド 93-96, 134, 137, 212-214, 217, 231, 242
共同集団 143-144
漁撈技術 89-91, 93-94, 117-120, 125-126, 134-135, 138, *10, 12*
キング，アーデン 26

【く】
クイーン・シャーロット海峡 99, 136, 138-139
クイーン・シャーロット諸島 12, 48, 93, 96, 117, 124, 149, 156, 209, 210, *17, 20, 28, 32, 35, 40*
クィレウト族 203
グスリー，デール 58-59, 62
唇飾り 100, 162, 184-187, 191-193, 197, 200, 217, 250, *15, 35*
クック，ジェームズ（キャプテン・クック）11, 18, 22, 210
グスタフセン，カール 68
クラッカマス *1*
クラトソップ族 12, *30*
クラトソップ平原 105
クラマス川 20, *12*
グランド・ホッグ・ベイ 2 遺跡 69
グリーンビル遺跡 194, 197
クルクシュ川 116
クレイオクォット 221
　⇨ヌー・チャー・ヌルス族
クレイオクォット・サウンド *3*
クレセント・ビーチ遺跡 137, 156
クレッスマン，ルーサー 27, 65, 77
グレムリー，ロバート 67
グレンローズ・カナリー遺跡 73, 78, 100, 126, 132-134, 161, 229-231, 234
クローヴィス文化 64-68, 79, 127
クローズ，デール 54-55
クローバー，A・L 80
クワクワカワクワ族 18, 22, 24-25, 38, 114, 174, 203-204, 206, 219

【け】
ケイン，ポール *1, 13*
ケーク海峡 210
ケープ・ブランコ *2*
毛皮交易 12, 41
ケディー，グラント 209
ケトル・フォールズ遺跡 125, 169
ケネウィックマン 208
言語 19, 79
健康状態　⇨飢餓，人口

【こ】
ゴア・クリーク遺跡 125
交易と交換 32, 123, 143, 151, 167-169, *30*
工芸の専門化　⇨専門家／専門工人／専業化
考古学と歴史 26-27
構造地質学 74　⇨海水準
コーエン，デビッド 28
コーエン，マーク 33
コースト・サリッシュ族　⇨サリッシュ族
コートル，A 161
コープランド，ゲイリー 71, 137, 155
コールドウェル，ジョセフ 151
ゴーベル，テッド 60, 65
古環境 47-51, 57-61, 84-85
古気候　⇨気候
黒曜石 163, 167, 170, 172, 178
古コーディレラン文化（構成要素）73, 78
個人 37
コフマン・コーヴ遺跡 96
コリンボー，ポール 59
ゴローブニン少佐 201
コロンビア川 20, 105, 107, 116, 134, 173, 244-248
コロンビア川河口 107
コロンビア渓谷 107
コロンビア高原 53, 135, 140

【さ】
サーカー・カバー・エントランス遺跡 96
サーリンズ，マーシャル 33
細石刃 62-63, 68-72, 78-80, 91, 93
サウビー島 *57, 59*
魚 45-46, 117, 137-138　⇨サケ
サギナウ湾 94, 213-214, 243
サクラメント川 42
サケ 19, 27, 29, 41-42, 45, 113-115, 125-126, 130, 133-134, 256
サットルス，ウェイン 113, 162
サリッシュ族 21, 139, 174, 194, 203-204, 206, 243-245, 247, *18, 51, 67*
サン族 33
山間高原 42
サン・ファン段階 104
サン・ファン諸島 26, 43, 139

288

サンド・ポイント遺跡 105
サン・ヨクイン川 42

【し】
シーダー・リバー・アウトレット・チャンネル遺跡 76
ジェサップ北太平洋探検隊 24, 26
シェリコフ，グリゴリー 13
地震 50, 52
シトカ 13, 26, 201, 204, 211
シャーク，ランドール 129
社会組織 114, 157, 159-160
社会的性差 192-193
シューメイカー・ベイ遺跡 98-99, 156
シューメイカー・ベイⅡ遺跡（文化層）99, 243
集落 138, 140, 215
首長 180-181
ジュッド洞穴 77
小氷期 48, 52
縄文文化 32
ジョージア湾 27, 38, 92, 100-102, 104, 130, 132, 137-139, 154, 169, 196, 231, 246, *62*
植生 44, 51 ⇨植物食糧／植物の生育
植物食糧／植物の生育 120, 137 ⇨ヒナユリ
ショショニ族 128
ショートリッジ，ルイス 25
序列 ⇨地位と社会階層
進化心理学 36
人口 30, 41, 53, 92, 125, 257
人口統計学 ⇨人口
親族関係／リネージ 160
新大陸への移住 57-68, 79-81
新氷期 48, 52
人物像 246-247

【す】
水産加工 *11*
スカギット遺跡の投槍器 249
スキーナ川 20, 137, 155, 205, 213
スギ／ネズコ 52, 56, 89, 120, 135
スキッジゲート *28*
スキャメル段階 103
スケダンス 149
スコーリッツ遺跡 169, 194-197, 200
スココミッシュ族 23
スシア島遺跡 245, *61*
スティキーニ川 20, 91
ステップ・アイランド・ヴィレッジ遺跡 96, 231, 243
ストレート・オブ・ジョージア 104, 217
スネーク川 78
スババディッド遺跡 166
スミス，ハーラン・I 26

スペイン人 12
スワン，ジェームズ 23
スワントン，ジョン 24
スワン・ポイント遺跡 63

【せ】
生活・生業 45-47, 63, 69-70, 113, 115-121, 125-126
　⇨植物食糧／植物の生育，哺乳類，魚，サケ
政体 151, 162, 169 ⇨相互交流圏
セキム 43
セドロ・ウーリー 168
セリオ・フォールズ *70*
戦争 31, 89, 92, 193, 201, *43-48*
セント・クレア，デニス 235
セント・ムンゴ・カナリー遺跡 100, 102, 133, 153
セント・ムンゴ期（チャールズ期）229
専門家／専門工人／専業化 31, 122, 146, 160, 172, 250, 257

【そ】
葬送儀礼 ⇨埋葬
相互交流圏 32, 151-152, 162-163, 167-168, 172-173, 260
ソーン・リバー遺跡 69

【た】
ダイフク，ヒロシ 152
ターケニッチ・ランディング遺跡 78
タックスシェーカン *11*
竪穴住居 133, 135, 147-148, 152-153, 176 ⇨家と世帯
ダレス 27, 105, 168, 244, 246

【ち】
地位と社会階層 31, 89, 144, 146, 148, 152, 172, 177, 179, 201-202, 216, 251, *1, 15-16, 32-41*
チゾム，ブレイン 132
チヌーク族／チヌーク語 79, 109-110, 123, 160, 169, 247, *30-31, 36, 41, 58*
チムシァン族 121-122, 151, 169, 203, 205, 213, *54*
チャイルド，V・ゴードン 34
チャターズ，ジェームズ（ジム）153, 156, 161, 166
チャック・レーク遺跡 69-70, 126
チュウマタ遺跡 98, 235
チュクチ（太平洋エスキモー）族 210
チュブルスキー，ジェローム 134, 185, 208-209
彫像 101
貯蔵 29-30, 89, 115, 123, 125, 128-129, 134-135, 150, 158, 172, 258, 260, *17, 29*
チルカット 161, 205, *16* ⇨トリンギット族

【つ】
ツノ貝 162, 168

【て】
ディープ湾 117
ディエーツ遺跡 67
ディクソン，E・ジェームズ 127
ディコフ，ニコライ 62
低湿地遺跡 86, 105
定住 28, 34, 86, 128, 130, 140, 143, 150, 158, 175
ティラムーク族 12, 203
デーヴィス，スタンレー 69, 96, 231
テート，ヘンリー 25
デール，ジョアン 69
鉄 99, 221
デナリ文化複合 63
デベロップト・コースト・サリッシュ段階 104
テベンコフ・ベイ遺跡／テベンコフ湾 137, 214
デモス遺跡 188
デュクタイ洞穴 62
デュクタイ文化複合 62-63, 65
デュボア，アーヴィン 28
デ・ラグナ，フレデリカ 26, 109, 205

【と】
銅，銅製品 102, 169, 172, 184, 198, *37*
頭蓋変形 162, 184-186, 193, *1*
ドゥンダス，アーチー 25
動物相 26
ドーティー，リチャード 26
ドナルド，リーランド 114, 139
ドュービンス，ヘンリー 53
ドライ・クリーク遺跡 63
ドライバー，ジョナサン 137
ドラッカー，フィリップ 26, 221
鳥 46-47
トリンギット族 13, 21, 96, 122-123, 201, 203-205, 210-211, *11, 16, 19, 23, 33, 37, 39, 44, 46-48, 52-53*
奴隷／奴隷制／奴隷労働 31, 122, 180, 182, 193, 196, 198, 203-204
トンプソン川 169

【な】
ナス川 205
ナトゥーフ文化 32
ナムー遺跡 72-73, 80, 86, 98-99, 131, 133, 136, 154, 167, 189
軟玉 168

【に】
ニューメキシコ州のフォルサム 26
認識 36

【ぬ】
ヌー・チャー・ヌルス族 11-12, 21-22, 55, 114, 151, 169, 205-206, 221, *34, 42, 69*
ヌートカ・サウンド 11-12, 98, *29*
ヌートカ湾 99
ヌクサーク族／ヌクサーク村 22, 210

【ね】
ネナナ文化複合 63-65
ネプチューン遺跡 78

【の】
農耕 33, 40

【は】
バークレー・サウンド 98, 235
バーナード・クリーク岩陰 125
バーネット遺跡 77
バーボー，マリウス（Marius Babeau）40
パームローズ遺跡 105, 156, 158, 245
ハイスラ族 22
ハイダ族 140, 149, 161, 204-205, 219, *15, 17, 20, 26, 28, 32, 38, 40*
ハガティー，ジム 55, 99
ハグィレット・キャニオン 207
パシカ文化複合 66
パシフィック・リム・パーク *3*
ハッケンバーガー，スティーブン 54-55
ハットウェイ遺跡 77, 125, 177, 231
ハドザ族 33
ハドソン湾会社 14, 205
バトラー，バージニア 78
バトラー，B・ロバート 78
ハミルトン島遺跡 107
ハム，レオナルド 100, 102, 133
バラノフ，アレクサンダー 13
パレオ・インディアン ⇨クローヴィス文化
バルボア，バスコ・ヌニィエス・デ 12
パワーズ，W・ロジャー 60, 65
バンクーバー，ジョージ 22, 210
バンクーバー島 11, 124, 233, 246
ハンソン，ダイアン 139

【ひ】
ビーチ・グローブ遺跡 156
美術 18-19, 39, 89, 103, 144, 162, 168, 219, 223, 225-228
ヒドゥン・フォールズ遺跡 69, 92, 96, 126, 133, 153, 231, 234
ヒナユリ 105, 120
ピュージェト－ウィラメット低地 43-44, 105
ヒュールスベック，デビッド 166
氷河／氷河作用 47-49, 60
病気 53-55

ピルチャー・クリーク遺跡 228-229
ヒル・トゥール，チャールズ 26

【ふ】
ファーガソン，ブライアン 202, 205
ファイブ・マイル・ラピッズ遺跡 27, 77, 107, 125
ファニング・マウンド遺跡 247
フィンライソン・ポイント遺跡 209
ブール遺跡 125, 188
プエブロ・ボニト遺跡 31
フォート・バンクーバー遺跡 110
フォート・ランゲリー遺跡 110
フォート・ロック洞穴 65
フォルト・ルパート 18, 24
武器 ⇨戦争
武具 207, 212, *46-48*
複雑化 ⇨地位と社会階層，複雑採集狩猟民
複雑採集狩猟民／裕福な採集民 15-16, 27-33, 113, 129, 255 ⇨地位と社会階層
舟 127 ⇨カヌー
ブラウナー，デビッド 228
ブラックマン，マーガレット 203
ブラック・リバー 161, 166
フラッドマーク，ナット 54, 61, 70, 72, 109, 116, 127, 130
フラニガン・マウンド遺跡 105
プリンス・オブ・ウェールズ島 48, 94, 96
プリンス・ルパート・ハーバー 38, 93-94, 104, 121, 133, 135, 139, 157, 169, 185, 191, 208, 220, 232-234, 242
ブルー・ジャケッツ・クリーク遺跡 96, 154, 189, 192, 208
ブルーフィッシュ洞穴 63
フルテン，エリック 57
フレーザー川 20, 26, 73, 100, 103-104, 116, 126, 137, 153, 169, 196, 245
フレーザー，サイモン 159
フレミング・ビーチ遺跡 209
ブロークン・マンモス遺跡 61
文化の進化／文化的進化 ⇨文化の変化
文化の多様性 37-39
文化の変化 34, 37, 172-173
墳丘墓 169, 194, 196
フント，ジョージ 18, 25

【へ】
ベアー・コーヴ遺跡 73, 98, 127
ヘイズィック・ロック遺跡 100, 133, 153-154, 177
ベイダー，アンドリュー 113
ヘイディン，ブライアン 17
ペイバシック，マックス 188
ペイリゾー・ポイント遺跡 162, 169
ヘイルサク族 22, 203
ベーリング海峡 57

ベーリング陸橋 57, 63, 65
ベーリング，バイテス 13
ベーリンジア 57-65
ヘケット島 93
ヘスクィアット・ハーバー遺跡 99, 130, 139, 235
ベッツ，ロバート（ボブ） 96
ペドラー・ベイ遺跡 209
ベニアミノフ，イワン 203, 205
ベニヨン，ウィリアム 18, 25
ペレツ，ファン 12
ペンダー・カナル遺跡 102, 154, 161, 189, 190, 230-232

【ほ】
ボアズ，フランツ 18, 23, 25
ボイド，ロバート 53, 121, 206
放射性炭素年代 10
ボーダン，カール 26-27, 66, 73
ボードウォーク遺跡 95, 155, 158, 162, 169, 191, 193, 229, 232-234
ボーナイト期 71
ホーフェッカー，ジョン 60, 65
ホームズ，チャック 61, 69
ポーリナ・レーク遺跡 76, 80, 153
ポール・メイソン遺跡（村） 71, 93-94, 105, 135, 155, 158, 177, 192
ホコ・リバー遺跡 55, 137-138, 187, 236, 249
墓地 ⇨埋葬
ポトラッチ 18, 122
哺乳類 45-46, 120, 127, 132, 136
ボブズ・ポイント遺跡 125
ホブラー，フィリップ 70
ボルドウィン段階 103
ホルム，ビル 219, 222-223, 225-227
ホルム，マーガレット 220, 230, 232-233, 235, 243-245, 249
ボワーズ，ピーター（ピート） 72, 96

【ま】
マーティン遺跡 105
マーポール遺跡 169
マーポール段階（期） 100, 102-104, 137-138, 156, 190, 193, 235, 246, 248-249, 251
マーメス岩陰遺跡 163, 167, 188
埋葬 92, 95, 98, 102, 155, 169, 183-193, 196-198, *38-41*
⇨墳丘墓
マウラー遺跡 100, 133, 153, 176
マカー族 75, 139, 161, *68*
マクインナ 11
マクドナルド，ジョージ 109, 144, 151, 212, 233, 251, *14*
マクニコル・クリーク遺跡 156, 193
マクマホン，デーブ 69
マクミラン，アラン 117, 235

索引

マシュナー，ハーバート・D・G 96, 134, 137, 212, 243
マスクィアム 51
マスクィアム・ノースイースト遺跡 101, 235
磨製石器の技術 87-89, 96, 100, 103-105, 107-108, 132, 134, 136
マセット 14, 40
マッカラム，マーク 72, 96
マッケー，アレクサンダー 23
マトソン，R・G 73, 78, 116, 137, 156
マニス遺跡 68
マニング・プロビンシャル・パーク 7
マンモス草原 59

【み】
ミード遺跡 63
ミズン，スティーブン 36
ミッチェル，ドナルド 114, 139, 162, 209
ミナード遺跡 107
ミリケン遺跡 73, 245

【む】
村／町 122, 140, 149, 176, 214-216, 257, 25-28

【め】
メイヤー遺跡 107, 158, 166, 173, 244
メーサ遺跡 64, 81
メープル・バンク遺跡 62
メンドーシノ岬 19

【も】
モス，マドンナ 96, 122, 128, 134, 210
木工 88-89, 157, 161-162
モチャノフ，ユーリ 62
鍬 88, 90, 101
モンクス，グレゴリー 116-117, 136
モンテギュー・ハーバー遺跡 87
モンテ・ベルデ遺跡 61, 64

【や】
ヤキマ渓谷 247
ヤクィナ・ヘッド遺跡 104
ヤクタット湾 19, 39
ヤトック・クリーク岩陰 94
簗 ⇨漁業技術
ヤング川 77
ヤン村 26

【ゆ】
ユークァット遺跡 12, 98-99, 139, 156, 235
ユマッティラ遺跡 125
弓と矢／弓矢 207, 210, 212, 215, 217

【よ】
要砦 208-210, 213, 217　⇨戦争

【ら】
ライス，デビッド 78
ライトフット，R・R 133
ライマン，リー 74, 78
ライム・ベイ・ペニンシュラ防御遺跡 209
ラビック＝キャンベル，クリス 96
ランドスケープ 19-20, 42-43, 2-8

【り】
リー，リチャード 28, 33
リチェイーロバーツ遺跡のクローヴィス文化のデポ（キャッシュ）66-67
リチャードソン・ランチ遺跡 109
リックス，メリー 228
リドリー・アイランド遺跡 135
両極技法 93
リロート 64
リンド・クゥーリー遺跡 26, 125

【る】
ルイスとクラーク探検隊 18, 22, 41, 109
ルーシー島 136

【れ】
レイザー洞穴 77
レイチェン遺跡 235, 249
レイド，ビル 219
レオンハーディー，フランク 78
レナ川 57, 62
レメノフスキー，アン 53
レンフリュー，コリン 159

【ろ】
労働 31, 131, 145, 162
ローリー，ネイサン 212
ローン・ポイント遺跡 70
ロカルノ・ビーチ段階（期）100-103, 137-138, 156, 190, 235
ロシア／ロシア人 13, 201, 204, 210-211
ロス砦 13
ロング・ナロウズ 27, 77
ロング・レーク遺跡 228, 231, 248

【わ】
ワカシアン 21, 99

著者紹介

Ames, Kenneth M（ケネス・エイムス）

1945年7月生まれ。ジョージ・ワシントン大学からニューメキシコ大学大学院に進み，ワシントン州立大学でPhdを取得。

ポートランド州立大学教授を経て，現在，同大学名誉教授。

【最近の著作】

Ames, Kenneth M., Michael P. Richards, Camilla F. Speller, Dongya Y. Yang, R. Lee Lyman, and Virginia L. Butler 2015 Stable isotope and ancient DNA analysis of dog remains from Cathlapotle (45CL1), a contact-era site on the Lower Columbia River *Journal of Archaeological Science*. 57: 268–282

Ames, Kenneth M. and Andrew Martindale 2014 Rope Bridges and Cables: The Prince Rupert Harbour Empirical Record and Sample. *Canadian Journal of Archaeology* 38(1): 137–175

Robert T. Boyd, Kenneth M. Ames, Tony Johnson (editors) 2013 *Chinookan Peoples of the Lower Columbia River*. University of Washington Press, Seattle

Maschner, Herbert D.G.（ハーバート・マシュナー）

1959年4月生まれ。ニューメキシコ大学でビンフォードに学び，アラスカ大学大学院を修了したのち，カリフォルニア大学サンタバーバラ校にてPhdを取得。

現在，南フロリダ大学人類学・地球科学学科教授・同大学仮想空間分析センター長。

【最近の著作】

Misarti, Nicole and Hebert D. G Maschner 2015. The Paleo-Aleut to Neo-Aleut Transition Revisited. *Journal of Anthropological Archaeology*. DOI: 10.1016/j.jaa.2014.12.004

Maschner, Herbert D.G. and Owen Mason 2013. The bow and arrow in northern North America. *Evolutionary Anthropology*. Article first published online: 17 JUN 2013, DOI: 10.1002/evan.21357

Maschner, Herbert D. G., Andrew Trites, Katherine L. Reedy-Maschner, Matthew Betts (2013). The decline of Steller sea lions (Eumetopias jubatus) in the North Pacific: insights from indigenous people, ethnohistoric records and archaeological data. *Fish and Fisheries*. Article first published online: 12 APR 2013. DOI: 10.1111/faf.12038.

監訳者・訳者紹介

佐々木 憲一（ささき　けんいち）

1962 年東京生まれの京都育ち。ミシガン大学 1986 年卒業，ハーヴァード大学人類学研究科大学院博士課程 1995 年修了，Ph.D.（学術博士）。
国際日本文化研究センター講師などを経て，現在，明治大学文学部教授。
【主な著作】『信濃大室積石塚古墳群の研究』IV（共編著，明治大学文学部考古学研究室・六一書房，2015 年），「北アメリカから見た古墳時代考古学」『21 世紀の古墳時代像』（『古墳時代の考古学』9，同成社，2014 年），「日本考古学の方法論—アメリカ考古学との比較から」『考古学研究』第 59 巻第 3 号（2012 年），『初めてまなぶ考古学』（共著，有斐閣，2011 年），『雪野山古墳―未盗掘石室の発見』（新泉社，2004 年）など

設楽 博己（したら　ひろみ）

1956 年群馬県生まれ。
静岡大学人文学部卒業後，筑波大学大学院歴史人類学研究科博士課程単位取得退学。
国立歴史民俗博物館考古研究部助手，同助教授，駒澤大学文学部助教授，教授を経て，現在東京大学大学院人文社会系研究科教授。博士（文学）。
【主な著作】『縄文社会と弥生社会』（敬文舎，2014 年），『さかのぼり日本史外交編 10 飛鳥～縄文時代』（共著，ＮＨＫ出版，2013 年），『弥生再葬墓と社会』（塙書房 2008 年），『弥生時代の考古学』全 9 巻（共編，同成社，2008～2012 年），『先史日本を復元する　稲作伝来』（共著，岩波書店，2005 年），『三国志がみた倭人たち』（編共著，山川出版社，2001 年）など

2016年9月10日 初版発行		《検印省略》

複雑採集狩猟民とはなにか
―アメリカ北西海岸の先史考古学―

PEOPLES OF THE NORTHWEST COAST
by KENNETH M. AMES & HERBERT D.G. MASCHNER

Copyright © 1999 Thames & Hudson Ltd, London
Published by arrangement with Thames & Hudson Ltd, London
through Japan UNI Agency, Inc.
This edition first published in 2016 by Yuzankaku, Inc., Tokyo
Japanese edition © 2016 Yuzankaku, Inc.

著　者　　ケネス・M・エイムス，ハーバート・D・G・マシュナー
　　　　　（KENNETH M. AMES & HERBERT D.G. MASCHNER）
監訳者　　佐々木憲一
訳　者　　設楽博己
発行者　　宮田哲男
発行所　　株式会社 雄山閣
　　　　　〒102-0071　東京都千代田区富士見2-6-9
　　　　　TEL　03-3262-3231㈹／FAX 03-3262-6938
　　　　　URL　http://www.yuzankaku.co.jp
　　　　　e-mail　info@yuzankaku.co.jp
　　　　　振替：00130-5-1685
印刷・製本　株式会社ティーケー出版印刷

©Hiromi Shitara 2016　　　　　　　　　　ISBN978-4-639-02429-3 C3022
Printed in Japan　　　　　　　　　　　　　N.D.C.250 328p 27cm